高等职业学校"十四五"规划土建类专业立体化新形态教材

公路工程监理

主　编　李　玮　张晓燕

副主编　胡凤辉　李　央　吴婷婷
　　　　何建华　徐涵晨　周胜波

主　审　习明星　翁贤杰

华中科技大学出版社

中国·武汉

内 容 简 介

本书依据公路工程监理的"五控、两管、一协调"项目设置,重点选取了工程监理的认知、公路工程进度监理、公路工程质量监理、公路工程费用监理、公路工程安全监理、公路工程施工环境保护监理、公路工程合同管理、监理的信息管理、监理的组织协调等九个学习情境来进行编写。本书根据现行最新行业规范标准编写,除了增加题库及拓展资源,还紧跟产业前沿,扩充公路工程监理案例库。本书可作为高职高专院校道桥运输类专业的教材,也可作为相关技术人员的参考用书。

图书在版编目(CIP)数据

公路工程监理 / 李玮,张晓燕主编. -- 武汉 :华中科技大学出版社,2025.8. -- ISBN 978-7-5772-2211-0

Ⅰ. U415.1

中国国家版本馆 CIP 数据核字第 2025TT1966 号

公路工程监理   李　玮　张晓燕　主编
Gonglu Gongcheng Jianli

策划编辑:胡天金

责任编辑:李曜男

封面设计:金　刚

责任校对:阮　敏

责任监印:朱　玢

出版发行:华中科技大学出版社(中国·武汉)　　电话:(027)81321913
　　　　　武汉市东湖新技术开发区华工科技园　　邮编:430223

录　　排:华中科技大学惠友文印中心

印　　刷:武汉市洪林印务有限公司

开　　本:787mm×1092mm　1/16

印　　张:18.5

字　　数:439 千字

版　　次:2025 年 8 月第 1 版第 1 次印刷

定　　价:58.00 元

前　言

公路工程监理作为道路与桥梁工程技术专业和公路监理、公路养护等专业的一门重要的专业课程,对提升我国公路建设从业人员的施工管理业务水平和现场工作能力,规范我国公路工程监理活动,加快我国交通强国建设进程具有重要的意义。本书依据公路工程监理的"五控、两管、一协调"项目设置,重点选取了工程监理的认知、公路工程进度监理、公路工程质量监理、公路工程费用监理、公路工程安全监理、公路工程施工环境保护监理、公路工程合同管理、监理的信息管理、监理的组织协调等九个学习情境来进行编写。

本书的特色与创新主要体现在以下几个方面。

1. 项目导向,任务驱动,内容新颖

遵循理论够用、注重实践原则,根据招投标实施过程、合同内容及"1+X"工程数字化应用职业技能等级证书考试要求构建课程教学内容,有选择、有层次地对内容进行碎片化梳理。本书以真实的项目为背景,采用项目导向、任务驱动的模式,打破传统教材架构,按照项目任务进展进行编写。每个工作任务均以"学习目标—任务书—工作准备—工作实施—工作评价—思考题"的思路进行设计编排,符合高职学生的认知和学习规律。学生课前了解学习目标、领取任务书、进行工作准备,完成自主学习;课中在教师的带领下通过工作实施、工作评价,分小组完成工作任务,掌握各工作任务的重点、难点;课后进行任务小结,结合思考题进行巩固提升并进行拓展学习。

2. 混合式教学灵活多元,省级在线开放课程助力线上线下互通

在内容呈现上,将教材、课堂、数字资源三者融合,构建以学生为主体的教育生态,推进教学方法和模式的改革与创新;通过"线上+线下"混合式教学,依托充实的线上资源库,采用"企业导师+专业教师"的理实一体化教学方式,实现"课前+课中+课后"全过程的师生互动和课程考核;以提高学生学习兴趣与效率为导向,让学生利用碎片时间,随时随地进行在线学习,扩大优质资源共享,推动教育教学与评价方式变革,服务全民终身学习和技能型社会建设。

3. 落实立德树人根本任务,实现三全育人

以公路建设发展为背景,打破专业知识的局限,找到切入点,将公路工程监理过程中涉及的团队意识、法律意识、公平公正、工匠精神等思政元素贯穿专业课程教学始终,落实立德树人根本任务,潜移默化地达成学生的德育培养目标,为加快建设教育强国、科技强国、人才强国奠定坚实基础。

4. 体现最新标准、规范要求,持续更新配套资源

聚焦产业前沿,选取最新的知识创新成果构建课程内容,增强课程的科技含量,同时删繁就简,摒弃落后、陈旧的内容,使课程体现时代精神和前沿品质。本书涉及的法律法规、标准、规范、文件包括《公路工程标准施工招标文件》(2018年版)、《公路工程施工监理规范》(JTG G10—2016)、《公路工程质量检验评定标准　第一册　土建工程》(JTG F80/

1—2017)、《公路水泥混凝土路面施工技术细则》(JTG/T F30—2014)、《公路沥青路面施工技术规范》(JTG F40—2004)等,均为现行最新版本。课程配套资源不断更新,除了增加题库及拓展资源,还紧跟产业前沿,扩充公路工程监理案例库。

5. 岗课融通,校企双元开发

本书融入招投标、合同管理、造价等岗位职业标准,对接新产业、新业态、新模式下招标人员、合同管理人员、造价人员等的新需求,聚焦产业前沿,及时融入"四新"教学资源,促进学校培养与行业、企业需求深度融通。

6. 创建多元化考核评价方式

为使课程考核评价结果更客观、全面,本书配套提供了评价表。考核分为过程考核、结果考核、素质考核三部分。各部分考核均分线上、线下,线上考核依靠在线平台实现,线下实行"专业教师+企业导师+学生"三元评价综合考核。

本书由江西交通职业技术学院李玮和山东交通职业技术学院张晓燕担任主编,江西交通职业技术学院胡凤辉、李央、吴婷婷、何建华、徐涵晨和宿迁学院周胜波担任副主编。江西交投咨询集团教授级高级工程师习明星和高级工程师翁贤杰担任主审。全书由李玮统稿。

江西交投咨询集团习明星为本书的编写提供了宝贵的建议和指导,在此表示感谢!

由于编者学术水平有限,书中难免存在不足之处,恳请广大读者批评指正。

目　　录

学习情境 1　工程监理的认知

1.1　工　程　监　理

所谓工程监理,是指具有相应资质的监理单位受工程项目建设单位的委托,依据国家有关工程建设的法律法规、经建设主管部门批准的工程项目建设文件、工程建设监理合同及其他工程建设合同,对工程建设实施的专业化监督管理。

按照交通运输部的有关规定,目前公路工程监理仅在施工阶段实施,因此我国的公路工程监理实质上是指公路工程施工监理。它是指具有相应资质的监理单位,按照国家有关规定受项目业主的委托,依据监理合同,对工程施工质量、进度、费用、安全、环境保护等方面实施监督管理活动,并做好合同管理、信息管理和组织协调工作。

监理机构是在项目现场设立的履行监理职责的组织,包括总监理工程师办公室(简称总监办)及驻地监理工程师办公室(简称驻地办)。

监理人员是指从事项目监理工作的专业技术人员。

监理工程师是指具备公路工程监理工程师资格、从事项目监理工作的人员。

总监理工程师是指具备公路工程监理工程师资格,负责全面履行项目监理职责的管理者,简称总监。

驻地监理工程师是指具备公路工程监理工程师资格,经总监理工程师授权,负责履行驻地办监理职责的管理者。

巡视是指监理工程师对施工现场进行定期或不定期的巡回检查活动。

旁站是指监理人员对旁站项目的施工过程进行的现场监督活动。

抽检是指监理机构按规定的项目和频率对工程材料或实体质量进行的平行或随机检验活动。

检测见证是指监理人员对施工单位关键项目检测过程进行的现场监督活动。

1.1.1　工程监理的相关单位及相互关系

国家推行建筑工程监理制度。国务院可以规定实行强制监理的建筑工程的范围。实行监理的建筑工程,由建设单位委托具有相应资质的工程监理单位监理。建设单位与委托的工程监理单位应当订立书面委托监理合同。建设单位与工程监理单位是委托与被委托的关系。监理单位依据监理合同派驻现场监理机构,承担施工现场监督和管理工作。监理单位与施工单位是监理与被监理的关系。施工单位应按照施工合同接受监理工程师的监督管理。

1.1.2 我国公路工程监理体制

我国工程监理体制主要是由"一个制度""三个层次"和"多种方式"构成的。

"一个制度"是工程监理制度,它是国家行业主管部门建立和推行监理工作的目标和组织管理体系。

"三个层次"是政府监理、社会监理和企业自检。

"多种方式"是指监理工作形式的划分。从委托性质上分,一种是委托监理,即由建设单位委托专业化的社会监理单位承担监理任务;另一种是自行监理,即由建设单位组建符合国家规定资质要求的相对独立的监理机构承担监理任务。

1.1.3 公路工程监理的原则和依据

(1) 公路工程监理工作应遵循以下原则:

①公正、科学、诚信、自律的原则;

②总监理工程师负责制原则;

③监理职责权限一致的原则;

④事前控制、主动控制原则;

⑤实事求是、审慎决定的原则;

⑥综合效益最大化的原则。

(2) 公路工程监理主要有以下依据:

①有关法律、技术标准;

②监理合同;

③施工合同、工程设计文件。

1.1.4 公路工程监理阶段的划分

公路工程监理应根据工程管理过程划分为下列三个阶段。

(1) 监理合同签订之日至开工令确定的开工之日为施工准备阶段。

(2) 工程开工之日至工程交工验收申请受理之日为施工阶段。

(3) 工程交工验收申请受理之日至缺陷责任终止证书签发之日为验收与缺陷责任期阶段。

1.1.5 施工准备阶段监理

(一) 监理准备工作

(1) 编制监理计划。监理计划由总监理工程师主持编制,经监理单位审核后报建设单位批准。当工程监理实施情况发生重大变化时,监理计划应及时修订。监理计划应包括的主要内容如下:工程概况,监理工作的依据、范围、内容和目标,监理机构的组织形式,监理人员岗位职责,监理人员和设备配备及进退场计划,监理工作制度、监理程序及工作用表,工程质量、安全、环保、费用和进度等监理工作方案,巡视、旁站、抽检和验收等具体计划要求,合同事项管理和信息工作方案,监理设施。

(2)编制监理细则。对技术复杂、专业性较强的分部分项工程,应编制专项监理细则,并报总监理工程师审批。监理过程中,监理细则应根据工程实际变化情况进行补充、修改。监理细则应包括的内容如下:工程内容和特点;监理工作流程;监理工作要点;监理工作方法和措施;巡视、旁站和抽检计划。

(3)监理机构应组织监理人员熟悉有关技术标准、合同文件、监理计划和工程设计文件。发现施工图设计文件有差错时,监理人员应及时书面通知建设单位。

(4)监理工程师应现场了解、核查施工环境和条件。

(5)监理机构应按规定填写工程质量责任登记表,如实登记监理人员。

(6)监理机构应按合同约定配备必要的试验检测仪器设备、监理工地试验室。

(7)建设单位应按合同约定提供监理必要的工作、生活设施。

(二) 监理工作内容

(1)审批施工组织设计。总监理工程师应对施工单位报审的施工组织设计进行审查,并在规定期限内批复。

(2)审核施工单位提交的单位、分部、分项工程划分并报建设单位。

(3)监理机构应对施工单位的工程质量责任登记表进行初审,对施工单位的技术、质量、安全和环保等保证体系建立情况进行检查。

(4)监理机构应核查施工单位工地试验室的人员、仪器设备和试验检测能力是否满足合同要求及施工管理需要,管理制度是否健全。

(5)监理工程师应参加设计交底,掌握本工程设计意图、设计标准和要点,了解对施工质量、安全和环保控制的要求,澄清有关问题。

(6)监理工程师应参加工程交桩,对施工单位提交的原始基准点的复测结果进行核查和平行复测,监督施工单位在原始地面线未被扰动前测定地面线并对测定结果进行必要的抽测,对工程量清单复核结果及土石方工程量计算资料进行核查。

(7)总监理工程师在施工单位完成施工准备、提交开工预付款后,按施工合同约定的金额签署开工预付款支付证书,报建设单位审批。

(8)总监理工程师主持召开由施工单位项目经理和技术、质量、安全负责人及工地试验室负责人,其他主要管理人员及主要监理人员等参加的监理交底会,介绍监理计划的相关内容。

(9)总监理工程师应主持召开第一次工地会议。会议应在工程正式开工前召开。总监办应事先将会议议程及有关事项通知建设单位、施工单位及其他有关单位并做好会议准备,宜邀请工程质量监督部门参加。

(10)总监理工程师应签发开工令并报建设单位。

1.1.6 施工阶段监理

施工阶段是工程实施的阶段。在这个阶段,监理机构应对施工单位提交的分部工程及主要分项工程开工申请进行审查,并在规定期限内批复。审查应包括下列基本内容。

(1)施工方案及主要施工工艺控制要点等是否符合有关技术标准。

(2)技术、质量和安全管理人员及主要操作人员等的配备是否满足施工合同要求和施工需要。

(3)在施工过程中,监理机构应对施工单位主体责任落实情况、施工合同执行情况和质量安全等保证体系运行情况进行监督检查。

(4)监理工程师应采取以巡视为主的方式进行施工现场监理,按计划定期或不定期巡视施工现场,对施工的主要工程每天巡视不少于1次,并填写巡视记录。巡视应包括下列内容:

① 施工现场管理人员特别是质量、安全管理人员是否到位,特种作业人员是否持证上岗;

② 使用的原材料或混合料、构配件和主要施工机械设备是否与批准的一致;

③ 是否按技术标准、工程设计文件、批准的施工组织设计和方案施工;

④ 质量、安全、环保和施工标准化等措施是否落实,施工自检和工序交接是否符合规定。

(5)监理机构应安排监理人员对合同所列旁站项目的施工过程进行旁站,对主要工程的关键项目进行检测见证,并填写旁站记录,签认检测见证结果。

1.1.7 验收与缺陷责任期阶段监理

一项工程完工后应进行交工验收,验收合格后才能投入使用。施工单位应在合同规定的期限内继续完成交工验收时未完工的项目,并修补在使用条件下因施工质量问题而出现的任何缺陷,监理工程师应继续检查该部分的工程质量。这个规定期限即为质量缺陷责任期,一般合同规定为一年,起算日期必须以签发的交工验收日期为准。对有一个以上交工日期的工程,缺陷责任期应分别计算。在缺陷责任期内,监理工程师的工作主要包括以下内容。

(1)按合同要求进行竣工工程的检查和验收。对工程交接时存在的缺陷及签发交工证书之后发生的工程缺陷情况进行记录,指示施工单位进行修复。

(2)审阅施工单位关于未完成工作的计划和保证。审批和检查施工单位未完工程计划的实施,视工程具体情况建议施工单位对未完工程的计划进行调整。

(3)确定缺陷责任和修复费用。监理工程师应对工程缺陷发生的原因和责任者进行调查。对非施工单位原因造成的工程缺陷,监理工程师应核实情况并审核施工单位提出的方案及费用报告,对修复工作进行费用估算,安排施工单位修复时应向建设单位签发追加费用的证明。

（4）监督工程项目的试运行，及时解决质量问题。监督施工单位完成未完工程和缺陷修补，直至签发缺陷责任证书。

（5）督促施工单位按合同规定完成竣工资料和图样，审核竣工资料和竣工图。

对照上述监理工作内容，监理工程师应配备缺陷责任期的监理工作人员，包括现场巡视、旁站、试验检测、审理合同事宜、资料整理等方面人员。

1.2　现场监理机构

1.2.1　监理机构设置的规定

（1）公路工程项目监理均应设总监办，100 km 以上的高速公路、一级公路工程可设驻地办。不设驻地办时，总监办应同时履行驻地办的职责。

（2）监理机构内部的组织和规模可根据工程特点和规模等因素确定。

（3）监理机构完成监理合同约定的任务后可撤离现场。

1.2.2　监理人员配备的规定

（1）监理机构中监理人员应由总监理工程师、监理工程师、试验检测人员和必要的监理员组成。

（2）监理人员的数量和专业结构，应根据监理内容、工程规模、合同工期和施工阶段等因素，按保证有效监理的原则确定。

（3）高速公路、一级公路等宜按每年每 7500 万元建安费配备监理工程师 1 名，可根据工程特点和实际需要，上述配置可在 0.8～1.2 系数范围内调整。

（4）遇重大工程变更等情况，应经建设单位同意后调整监理人员配备，并签订补充协议。

（5）监理单位变更总监理工程师或监理工程师时，应经建设单位书面同意。

1.2.3　总监理工程师和总监办应履行的职责

（1）确定监理机构岗位职责及人员，建立工地试验室。

（2）主持编制监理计划，审批监理细则。

（3）主持召开第一次工地会议，监理交底会。

（4）审批施工组织设计及总体进度计划，审验主要原材料和混合料。

（5）签发工程开工令、支付证书、单位工程和合同段的停工令及复工令。

（6）组织检查施工单位质量、安全和环保等管理体系的建立及运行情况。

（7）审查交工验收申请，评定工程质量，参加交、竣工验收。

（8）审核工程分包、工程变更、工程延期和费用索赔等。

（9）参与或配合工程质量、安全事故的调查和处理。

（10）组织编写监理月报和监理工作报告，编制监理竣工资料。

（11）提供建设单位委托的其他工程管理咨询服务。

1.2.4 驻地监理工程师和驻地办应履行的职责

（1）主持编制监理细则。

（2）主持召开工地会议。

（3）审批月进度计划，审查一般原材料和混合料。

（4）审批分部分项开工申请，签发分部分项工程停工令及复工令。

（5）核查施工单位测量、施工放线成果并进行复测。

（6）采取巡视、旁站、抽检和验收等方式，检查施工质量、安全和环保等情况。

（7）组织分项工程（中间）交工质量检验评定，进行分部工程质量评定。

（8）核算工程量清单，对已完工程进行计量。

（9）组织填写监理日志，编写监理工作报告，归集监理资料。

1.3 监 理 员

监理员是一个职位，指经过监理业务培训，具有同类工程相关专业知识，并从事具体监理工作的人员。

1.3.1 监理员的岗位职责

（1）认真学习和贯彻有关建设监理的政策、法规以及国家和省、市有关工程建设的法律、法规、政策、标准和规范，在工作中做到以理服人。

（2）熟悉所监理项目的合同条款、规范、设计图纸，在专业监理工程师领导下，有效开展现场监理工作，及时报告施工过程中出现的问题。

（3）认真学习设计图纸及设计文件，正确理解设计意图，严格按照监理程序、监理依据，在专业监理工程师的指导、授权下进行检查、验收；掌握工程全面进展的信息，及时报告专业监理工程师（或总监理工程师）。

（4）检查承包单位投入工程项目的人力、材料、主要设备及其使用、运行状况，并做好检查记录；督促、检查施工单位安全措施的投入。

（5）复核或从施工现场直接获取工程计量的有关数据并签署原始凭证。

（6）按设计图及有关标准，对承包单位的工艺过程或施工工序进行检查和记录，对加工制作及工序施工质量检查结果进行记录。

（7）旁站工作，发现问题及时指出并向专业监理工程师报告。

（8）记录工程进度、质量检测、施工安全、合同纠纷、施工干扰、监管部门和业主意见、问题处理结果等情况，做好有关的监理记录；协助专业监理工程师进行监理资料的收集、汇总及整理，交内业人员统一归档。

（9）完成专业监理工程师（或总监理工程师）交办的其他任务。

（10）现场发现问题就地解决，同时向监理工程师汇报。

1.3.2 监理工程师

监理工程师是指经考试取得中华人民共和国监理工程师职业资格证书（以下简称资格证书），按照规定注册，取得中华人民共和国监理工程师注册执业证书（以下简称注册证书）和执业印章，从事工程监理及相关业务活动的专业技术人员。未取得注册证书和执业印章的人员，不得以监理工程师的名义从事工程监理及相关业务活动。

监理工程师实行注册执业管理制度，取得资格证书的人员，经过注册方能以监理工程师的名义执业。国务院建设主管部门对全国监理工程师的注册、执业活动实施统一监督管理；县级以上地方人民政府建设主管部门对本行政区域内的监理工程师的注册、执业活动实施监督管理。

住房和城乡建设部负责组织拟定考试科目，编写考试大纲、培训教材，进行命题工作，统一规划和组织考前培训。人事部负责审定考试科目、考试大纲和试题。

考试设 4 个科目：建设工程合同管理、建设工程目标控制、建设工程监理基本理论与相关法规、建设工程监理案例分析。

2020 年开始，监理工程师分为三个专业方向，分别为土木建筑工程、交通运输工程、水利工程。

根据 2020 年 2 月 28 日颁布的《监理工程师职业资格考试实施办法》，监理工程师职业资格考试成绩实行 4 年为一个周期的滚动管理办法，在连续的 4 个考试年度内通过全部考试科目，方可取得监理工程师职业资格证书。

《监理工程师职业资格考试实施办法》第七条规定，具备以下条件之一的，参加监理工程师职业资格考试可免考基础科目：

① 已取得公路水运工程监理工程师职业资格证书；

② 已取得水利工程建设监理工程师职业资格证书。

考试合格后，核发人力资源和社会保障部统一印制的相应专业考试合格证明。该证明作为注册时增加执业专业类别的依据。免考基础科目和增加专业类别的人员，专业科目成绩按照 2 年为一个周期滚动管理。

监理工程师在施工监理过程中，应本着"严格监理、热情服务、秉公办事、一丝不苟、廉洁自律"的监理原则，遵守以下职业准则。

1.3.3 职业准则

（1）坚持公开、公正、公平、诚信的原则，不损害国家和集体利益，不违反工程建设管理规章制度，尽职尽责、兢兢业业地执行监理工作。

（2）建立健全廉政制度，开展廉政教育，设立廉政告示牌，监督并认真查处违法违纪行为。

（3）不接受任何其他商业性委托，不泄露工程和业主的秘密，忠实履行职责，对业主负责；不在同一项目中既做监理又做承包人的商业咨询，不泄露技术情报，不接受任何回扣、提成或其他间接报酬；不接受承包人的请客送礼，不介绍施工队、施工人员在本工程中分包或转包，不做有损业主利益和影响公正的事情。

（4）认为正确的判断和建议被业主否决时，应向业主说明可能产生的后果。

（5）认为业主的意见或判断不可能成功时，应向业主提出劝告。

（6）证明监理的判断错误时，勇于承认错误，及时更正错误。

（7）监理工作涉及业主和承包人双方合法利益时，应按照合同规定，在授权范围内实事求是地进行处理。

1.3.4 强制监理的工程

（1）国家重点建设工程，是指依据《国家重点建设项目管理办法》确定的对国民经济和社会发展有重大影响的骨干项目。

（2）大中型公用事业工程，是指项目总投资额在3000万元以上的下列工程项目：

① 供水、供电、供气、供热等市政工程项目；

② 科技、教育、文化等项目；

③ 体育、旅游、商业等项目；

④ 卫生、社会福利等项目；

⑤ 其他公用事业项目。

（3）成片开发建设的住宅小区工程，建筑面积在5万平方米以上的住宅建设工程必须实行监理；5万平方米以下的住宅建设工程可以实行监理，具体范围和规模标准，由省、自治区、直辖市人民政府建设主管部门规定。为了保证住宅质量，高层住宅及地基、结构复杂的多层住宅应当实行监理。

（4）利用外国政府或者国际组织贷款、援助资金的工程。

①使用世界银行、亚洲开发银行等国际组织贷款资金的项目。

②使用国外政府及其机构贷款资金的项目。

③使用国际组织或者国外政府援助资金的项目。

④国家规定必须实行监理的其他工程。

a.项目总投资额在3000万元以上关系社会公共利益、公众安全的下列基础设施项目：煤炭、石油、化工、天然气、电力、新能源等项目，铁路、公路、管道、水运、民航以及其他交通运输业等项目，邮政、电信枢纽、通信、信息网络等项目，防洪、灌溉、排涝、发电、引（供）水、滩涂治理、水资源保护、水土保持等水利建设项目，道路、桥梁、地铁和轻轨交通、污水排放及处理、垃圾处理、地下管道、公共停车场等城市基础设施项目，生态环境保护项目，其他基础设施项目。

b.学校、影剧院、体育场馆项目。

学习情境的相关知识点

（一）强制监理的应用范围

（1）国家重点建设工程。

（2）大中型公用事业工程。

（3）成片开发建设的住宅小区工程。

（4）利用外国政府或者国际组织贷款、援助资金的工程。

（5）国家规定必须实行监理的其他工程。

（二）监理单位和监理工程师的法律责任

《建设工程质量管理条例》第六十条和第六十一条规定，工程监理单位有下列行为的，责令停止违法行为或改正，处合同约定的监理酬金1倍以上2倍以下的罚款，可以责令停业整顿，降低资质等级；情节严重的，吊销资质证书：

①超越本单位资质等级承揽工程的；

②允许其他单位或者个人以本单位名义承揽工程的。

《建设工程质量管理条例》第六十七条规定，工程监理单位有下列行为之一的，责令改正，处50万元以上100万元以下的罚款，降低资质等级或者吊销资质证书；有违法所得的，予以没收；造成损失的，承担连带赔偿责任：

①与建设单位或者施工单位串通，弄虚作假、降低工程质量的；

②将不合格的建设工程、建筑材料、建筑构配件和设备按照合格签字的。

《建设工程安全生产管理条例》第五十七条规定，工程监理单位有下列行为之一的，责令限期改正；逾期未改正的，责令停业整顿，并处10万元以上30万元以下的罚款；情节严重的，降低资质等级，直至吊销资质证书；造成重大安全事故，构成犯罪的，对直接责任人员，依照刑法有关规定追究刑事责任；造成损失的，依法承担赔偿责任：

①未对施工组织设计中的安全技术措施或者专项施工方案进行审查的；

②发现安全事故隐患未及时要求施工单位整改或者暂时停止施工的；

③施工单位拒不整改或者不停止施工，未及时向有关主管部门报告的；

④未依照法律、法规和工程建设强制性标准实施监理的。

《建设工程质量管理条例》第七十二条规定，监理工程师因过错造成质量事故的，责令停止执业1年；造成重大质量事故的，吊销执业资格证书，5年以内不予注册；情节特别恶劣的，终身不予注册。

自我测评

一、判断题

1. 施工单位应按施工监理合同的规定接受监理单位的监督和管理。（　　）

2. 公路工程监理机构均应设总监办与驻地办。（　　）

3. 总监理工程师主持编制监理计划和监理细则。（　　）

4. 高速公路、一级公路等宜按每年每7500万元建安费配备监理工程师1名，不得调整。（　　）

5. 总监理工程师主持召开第一次工地会议,会议在正式开工后召开。（　　）

二、单选题

1. 根据《公路工程施工监理规范》(JTG G10—2016)对公路工程监理工作的划分,施工准备阶段的监理期限是（　　）。

A.提交投标文件截止之日至监理合同签订之日

B.监理合同签订之日至工程开工令确定的合同工程开工之日

C.合同工程开工之日至合同工程交工验收申请受理之日

D.合同工程交工验收申请受理之日至缺陷责任期终止证书签发之日

2. 公路工程项目监理均应设总监办,（　　）km 以上的高速公路、一级公路工程可设驻地办。

A. 50　　　　　　　B. 100　　　　　　　C. 150　　　　　　　D. 200

3. 公路工程交工验收合格后即开放交通,通车运营两年后,由（　　）组织竣工验收。

A. 建设单位　　　　　　　　B. 监理单位　　　　　　　　C. 行业协会

D. 交通运输部或批准工程项目初步设计文件的地方交通主管部门

4. 《公路工程标准施工招标文件》(2018 年版)通用合同条款规定,签发缺陷责任期终止证书后,（　　）应审核承包人提交的最终结清申请单。

A. 发包人　　　　　　B. 监理人　　　　　　C. 设计人　　　　　　D. 勘察人

5. 施工阶段的监理工作方式(手段)及其主要工作内容包括（　　）。

A.签发合同工程开工令　　　　　　B. 召开第一次工地会议

C.签发停工令,编写专题监理报告　　　　　　D. 参加建设单位组织的交工验收

三、多选题

1. 工程监理人员开展公路工程监理工作应遵循的监理工作原则包括（　　）。

A.公正、科学、诚信、自律的原则　　　　　　B. 以人为本的原则

C.监理工程师负责制原则　　　　　　D. 监理职责权限一致的原则

E.事前控制、主动控制原则

2. 监理机构应收集与开展工程监理工作有关的资料,包括（　　）。

A.反映工程施工项目特征的有关资料

B.工程所在地的地方政府发布的工程建设政策、法规资料

C.工程所在地的气象资料

D.工程地质水文资料

E.与工程项目相关的征地补偿情况

3. 一般情况下,第一次工地会议的召开应具备（　　）。

A.施工单位的项目现场管理机构已经建立

B.施工组织设计已经总监理工程师审批

C.合同事项管理和信息管理的工作方案已确定

D.工程划分已经监理机构审核和报送建设单位

E.设计交底、工程交桩已经完成

4. 《公路工程施工监理规范》(JTG G10—2016)规定,监理机构应参加建设单位组织

的交工验收工作,应完成的监理工作包括(　　)。

A.监理机构应按照规定审查施工单位提出的合同段交工验收申请并签署意见

B.监理机构应完成合同段工程质量评定、归集整理工程监理资料、编写监理工作报告并提交质量监督机构

C.监理机构应参加交工验收工作,签署交工验收证书,协助建设单位检查施工合同执行情况

D.监理机构接受建设单位对监理合同执行情况的检查

E.合同段交工验收证书签发后,监理机构应审核施工单位提交的交工结账单,并签认合同段交工结账证书,报建设单位审批

5.根据《公路工程施工监理规范》(JTG G10—2016),巡视监理的主要内容包括(　　)。

A.施工现场施工人员是否到位

B.使用的原材料、混合料、构配件、主要施工机械设备等是否与批准的一致

C.是否按技术标准、工程设计文件、批准的施工组织设计和方案施工

D.质量、安全、环保和施工标准化等措施是否落实

E.施工自检和工序交接是否符合规定

【参考答案】

(一)判断题

1.×;2.×;3.×;4.×;5.×

(二)单选题

1.B;2.B;3.B;4.A;5.C

(三)多选题

1. ADE　本题考查的是监理工作应遵循的工作原则。在开展公路工程监理工作过程中,工程监理人员应遵循的监理工作原则如下:①公正、科学、诚信、自律的原则;②总监理工程师负责制原则;③监理职责权限一致的原则;④事前控制、主动控制原则;⑤实事求是、审慎决定的原则;⑥综合效益最大化的原则。

2. ABCD　本题考查的是监理工作程序。监理机构应收集与开展工程监理工作有关的资料,包括以下内容:①反映工程施工项目特征的有关资料,如工程建设项目的批文、工程项目地形图、路线图、工程地质勘察报告成果文件、工程施工的设计图纸以及工程招标文件、补遗书、答疑书等;②工程所在地的地方政府发布的工程建设政策、法规资料;③工程所在地的气象资料、工程地质水文资料、交通运输能力价格等资料、建筑材料半成品的生产供应情况,以及供水、供电、供热、供燃气等情况;④类似工程监理的资料等。

3. ABDE　本题考查的是监理工作程序。一般情况下,第一次工地会议的召开应具备以下条件:①监理单位的监理机构、施工单位的项目现场管理机构已经建立;②监理计划已经建设单位审批,施工组织设计已经总监理工程师审批;③工程划分已经监理机构审核和报送建设单位、质量安全监督机构;④包括工地试验室在内的驻地建设已经完成并经验收核准;⑤设计交底、工程交桩已经完成;⑥原始基准点已经复测、平行复测,原始地面线高程测量已经完成并经监理抽测;⑦包括土石方工程量复核在内的工程量清单复核工

作已经完成;⑧开工预付款支付证书已经总监理工程师签署并报建设单位核支等。

4. ACDE 本题考查的是监理工作程序。《公路工程施工监理规范》(JTG G10—2016)规定,监理机构应参加建设单位组织的交工验收工作,应完成的监理工作包括以下内容:①监理机构应按照规定审查施工单位提出的合同段交工验收申请并签署意见;②监理机构应完成合同段工程质量评定、归集整理工程监理资料、编写监理工作报告并提交建设单位;③监理机构应参加交工验收工作,签署交工验收证书,协助建设单位检查施工合同执行情况,并接受建设单位对监理合同执行情况的检查;④合同段交工验收证书签发后,监理机构应审核施工单位提交的交工结账单,并签认合同段交工结账证书,报建设单位审批。

5. BCDE 本题考查的是监理工作方式(手段)和主要工作内容。对于巡视监理的主要内容,《公路工程施工监理规范》(JTG G10—2016)第5.1.3条给出了如下规定:①施工现场管理人员是否到位,特别是质量、安全管理人员,特种作业人员是否持证上岗;②使用的原材料、混合料、构配件、主要施工机械设备等是否与批准的一致;③是否按技术标准、工程设计文件、批准的施工组织设计和方案施工;④质量、安全、环保和施工标准化等措施是否落实,施工自检和工序交接是否符合规定等。

学习情境2　公路工程进度监理

公路工程进度
监理——
任务工单

2.1　进度监理的基本理论

为了加强公路工程基本建设项目管理,合理控制工程质量、工期和费用,提高投资效益与工程管理水平,公路工程项目必须进行工程承包合同条件下的项目建设监理,即实施质量、工期、费用三大目标的控制。建设工程进度控制是指对工程项目建设各阶段的工作内容、工作程序、持续时间和衔接关系根据进度总目标及资源优化配置的原则编制计划并付诸实施,然后在进度计划的实施过程中经常检查实际进度是否按计划要求进行,对出现的偏差情况进行分析,采取补救措施或调整、修改原计划后再付诸实施,如此循环,直到建设工程竣工验收交付使用。建设工程进度控制的最终目的是确保建设项目按预定的时间动用或提前交付使用,建设工程进度控制的总目标是控制建设工期;除满足工期要求外,还应满足合同规定的工程质量及费用要求,从而达到高效、经济的工程施工的目的。

（一）进度监理的作用、任务和目标

1）进度监理的作用

公路工程项目的施工活动,是根据工程承包合同规定的工期要求来安排的,且整个施工过程中,必须在限定的工期内,按照技术规范、图样等有关要求完成。因此,在公路工程施工过程中,工程进度监理不仅是对时间计划进行管理和控制,还需要考虑劳动力、材料和机械设备等能否有效使用,使工程在预定的工期内完成,并争取早日使工程投入使用,从而获得最佳投资效益。可见,对工程项目的施工进度进行监理是十分必要的。它的作用主要表现在以下方面。

（1）合理控制工期、质量和费用,使项目管理实现综合优化。

（2）通过审查施工进度计划及控制实际进度与计划进度的差异,完善施工进度计划管理。

（3）除了充分考虑时间控制问题,还要考虑劳动力、材料、施工机具设备等必需的施工资源,使其高效利用。

（4）通过组织、技术、经济、合同等措施,调动施工活动中的一切积极因素,努力实现施工过程中各阶段的进度目标,以确保工程施工全过程的总工期目标的实现。

2）进度监理的任务

进度监理应在保证工程质量和安全的基础上，以督促施工单位计划控制为主线进行。监理工程师在工程进度监理方面的主要任务如下：要求承包人在工程开工前或施工中根据招标合同文件和施工进展实况，编制出清楚、明了、真实、可靠，能表达施工中全部活动及逻辑关系，反映施工组织及施工方法，符合实际且便于管理的施工组织计划；审批承包人提交的进度计划；督促承包人执行已审批的施工组织计划，并在执行过程中按月或定期通过实际进度与计划进度的比较分析评价，发现偏差及时督促施工方调整进度计划；协调参建各方在施工过程中的矛盾，以便工程施工能按预期进度进行，保证总工期目标的实现。

3）进度监理的目标

在施工过程中，进度监理一般包括三个阶段，即编审计划阶段、实施计划阶段、调整计划阶段。各阶段进度控制的目标分别为计划工期、检查偏差、调整内容。

(1)编审施工进度计划阶段进度控制的目标是确定一个合理的计划工期。在承包人编制及监理工程师审批施工进度计划时，计划工期应依据以下资料确定。

①本工程项目的工程承包合同中有关工期的规定，是确定计划工期的基本依据；合同规定的工程开工、竣工日期，必须通过进度计划落到实处。

②材料和设备的供应计划如果已经编制，那么施工进度计划必须与其协调。劳动力、材料、构配件、设备及施工机具、水、电等生产要素的供应计划应能保证施工进度计划的实现，供应均衡，需求高峰期有足够能力实现计划供应。

③已建成的同类工程或相似项目的实际工程进度情况，是编制本项目施工进度计划的重要参考资料。

④投标书中确定的项目施工方案及工程进度计划。

⑤承包人的施工人员技术素质及机具设备能力。

⑥施工现场的特殊环境及气候条件等。

具体制订施工进度计划时，施工单位或监理工程师应根据上述资料编制，对其进行优化后方可实施。

(2)实施施工进度计划阶段。在实施施工进度计划的过程中，进度控制的目标是实际进度按计划进度执行，直到工程项目按计划工期完成。但在工程实际中，计划的不变是相对的，实际进度的改变是绝对的。因为在拟订施工进度计划时，不可能把施工中所有可能出现的情况都考虑进去，而且施工过程中由于自然条件等因素的影响，打破原有施工进度计划是司空见惯的事情，尤其是公路工程项目施工在露天进行，受气候影响较大。因此，公路工程施工过程中，进度计划不可能完全按照原计划执行，其实际进度与计划进度经常出现差距。监理工程师在实施进度监理时，就是控制实际值与计划值的偏差，以便做出合理的施工进度计划调整。

(3)调整施工进度计划阶段。在施工进度计划开始实施以后，监理工程师必须经常评估和监督进度计划的实际执行情况。如果出现工期延误及实际进度的其他变化，应将执行中的进度计划进行修改与调整，调整的工作内容及调整期限，应依据工程项目实际情况确定。调整进度计划的目的是确保建设项目按预定的时间动用或提前交付使用。

（二）进度监理的措施

（1）组织措施：建立进度控制目标体系，明确建设工程现场监理组织机构中进度控制人员及其职责分工；建立工程进度报告制度及进度信息沟通网络；建立进度计划审核制度和进度计划实施中的检查分析制度；建立进度协调会议制度，包括协调会议举行的时间、地点，协调会议的参加人员等；建立图纸审查、工程变更和设计变更管理制度。

（2）技术措施：审查承包商提交的进度计划，使承包商能在合理的状态下施工；编制进度控制工作细则，指导监理人员实施进度控制；采用网络计划技术及其他科学适用的计划方法，并结合电子计算机的应用，对建设工程进度实施动态控制。

（3）合同措施：加强合同管理，协调合同工期与进度计划之间的关系，保证合同中进度目标的实现；严格控制合同变更，对各方提出的工程变更和设计变更，监理工程师应严格审查后再补入合同文件之中；加强风险管理，在合同中应充分考虑风险因素及其对进度的影响，以及相应的处理方法；加强索赔管理，公正地处理索赔。

（4）经济措施：提醒建设单位按合同用款计划组织好资金供应，及时办理工程预付款并做好日常计量支付工作，为施工单位实施工程进度计划提供资金支持；分解进度目标，制订主要节点进度里程碑计划；建议建设单位组织开展劳动竞赛，对施工单位提前完工和提前完成节点进度目标给予奖励；严格履约管理，对施工单位延误工期按合同规定进行误期经济赔偿，直至建议建设单位根据合同条款终止施工承包合同，对剩余工程量进行强制分包；建议建设单位与施工单位协商，对非施工单位原因造成的应急赶工给予合理的赶工费用。

（5）信息管理措施：准确掌握实际工程进展情况，通过计划进度与实际进度的动态比较定期提供进度分析报告，了解实现进度目标的薄弱环节，抓住施工进度的重点和难点，督促施工单位实现进度目标。

（三）进度监理的工作程序

在公路工程施工进度计划的实施过程中，监理工程师的工作程序如下。

（1）施工进度计划的编制。监理工程师督促和指导承包人按要求编写和提交公路工程施工进度计划，包括总体进度计划，阶段性计划，年、季、月实施计划，控制其执行。

（2）施工进度计划的审批。监理工程师按规定的审批步骤和审查内容进行各种施工进度计划的审批。

（3）施工进度计划的执行检查。监理工程师对承包人施工进度计划的执行情况进行跟踪检查，对工程的实际进度做出评价，确认计划进度与实际进度是否相符。

（4）施工进度计划的调整。工程施工的实际进度滞后时，监理工程师应根据具体情况对原定进度计划进行合理调整。

以上施工进度计划监理的工作程序是从开始到结束循环进行的过程。

（四）工程进度控制

工程项目如期完工，对建设单位和施工单位都至关重要，关系其重大利益。对于建设单位，按期或提前竣工能迅速形成固定资产和生产能力，具有显著的经济效益和社会效益；对于施工单位，按期或提前竣工可使其投入资源和施工工作按预期得到回报。工程进度出现拖延必然会导致建设单位和施工单位一方或双方的违约责任和经济损失。想让工程项目按期完成，必须加强工程进度控制。

进度控制是指在既定的工期内,由承包人编制出合理的工程施工进度计划,经监理工程师审批后,承包人按计划进行施工。在执行过程中,监理工程师应经常性检查施工实际进度情况,并将其与计划进度比较。若出现偏差,应分析产生偏差的原因和对工程工期的影响程度,采取一定的措施或要求承包人加强进度管理、调整后续进度计划、合理投入资源。如此不断地循环反复,直到工程如约竣工。

进度控制与质量和费用控制一样,是工程施工监理的重点之一。监理工程师在进行进度控制时,要明确进度计划的不变是相对的,而进度计划的变是绝对的;平衡是相对的,不平衡是绝对的,实际进度与计划进度不可能完全一致。监理人员在施工监理过程中应分清主次,密切关注关键工作,避免造成工作盲目和被动;多观察,多记录,尽快发现影响进度的不利因素,及时采取措施和对策或敦促承包人调整后续进度计划,使进度符合目标要求。

1) 施工进度控制阶段的划分及内容

施工进度控制包括事前进度控制、事中进度控制和事后进度控制三部分内容。

(1)事前进度控制即工期预控,具体内容如下:编制施工阶段进度控制工作细则;编制或审核施工总进度计划及单位工程施工进度计划;审核承包人提交的施工方案、施工顺序的安排是否符合施工工艺的要求,劳动力及物资供应计划是否合理,施工场地是否满足要求,是否进行设计图纸和技术交底等。

(2)事中进度控制的内容如下:及时检查审核承包人提交的工程进度报告;加强旁站、巡视、抽检等监理手段;组织现场协调会;定期向总监理工程师、业主汇报工程进展情况,按期提交必要的进度报告等。

(3)事后进度控制的主要内容如下:及时组织验收;及时处理工程索赔;及时整理及归档工程进度资料;根据实际施工进度,及时修改和调整验收阶段进度计划及监理工作计划,以保证下一阶段工作的顺利开展。

工程项目进度计划是表示施工项目中各单位工程或分部分项工程的施工顺序,开工、竣工时间以及相互衔接关系的计划,既是施工单位进行现场施工管理的核心指导文件,又是监理工程师实施进度控制的依据。为了有效地控制施工进度,监理工程师应对施工进度总目标,从不同角度进行层层分解,使各层次之间相互联系,形成施工进度控制目标体系,从而作为实施进度控制的依据。

2) 监理进度控制的主要任务

监理工程师在施工阶段进度控制的主要任务如下:

①控制施工准备阶段的工作进度;

②审批施工单位提交的施工组织设计和施工总进度计划;

③审批施工单位根据总进度计划编制的年度计划、月度计划和资金流量计划;

④适时发布开工令,监督施工单位尽快开工;

⑤在施工过程中检查和监督进度计划的实施;

⑥实际进度落后于计划时,督促施工单位及时完善、调整。

(五) 工期、工程质量、工程费用的关系

工期是工程项目从开工到竣工的一系列施工活动所需的持续时间之和。工程质量是施工过程中生产出来的产品结果。工程费用是施工过程中产生的消耗。在工程项目施工过程中,工期、工程质量、工程费用既相互联系,又相互制约,如图 2-1 所示。

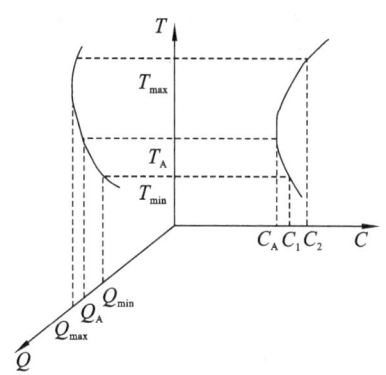

由图 2-1 可知,工程进度的加快与减慢都会对工程质量及工程费用产生直接影响。设 T_A 为正常工期,Q_A 为正常质量,C_A 为工程费用。当 $T = T_A$ 时,Q_A 满足要求,C_A 值最小;当放慢施工进度,即 $T > T_A$ 时,质量上升,但费用也随之上升;当加快施工进度,即 $T < T_A$ 时,质量下降,而费用仍然增加。因此,工程进度监理不仅是单纯的进度计划管理和时间控制,而且要同时考虑工程质量的好坏及工程费用的高低。

图 2-1　工期、工程质量、工程费用的关系

2.2　进度计划的编审

公路工程施工进度计划是对工程实施进度监理的前提,没有进度计划,也就谈不上对工程项目的进度监理。因此,在工程开始施工之前,承包人应向监理工程师提供一份科学、合理的工程施工进度计划。

2.2.1　进度计划的编制

工程项目进度计划是表示施工项目中各单位工程或分项工程的施工顺序,开工、竣工时间以及相互衔接关系的计划,既是施工单位进行现场施工管理的核心指导文件,又是监理工程师实施进度控制的依据。为了有效地控制施工进度,监理工程师应对施工进度总目标,从不同角度进行层层分解,使各层次之间相互联系,形成施工进度控制目标体系,从而作为实施进度控制的依据。

监理工程师应要求施工单位在合同规定的期限内编制并提交进度计划,要求施工单位在编制施工进度计划时必须贯彻合同条款及技术规范。施工进度计划应真实、可靠,符合实际,清楚、明了,便于管理,能阐明施工中的全部活动及其相互关系,反映施工组织及施工方法,合理使用人力和设备资源,预测可能出现的施工障碍及变化。

进度计划的编制依据包括:合同中规定的合同工期、开工日期及竣工日期,投标书中确认的工程进度计划及施工方案,主要材料和设备的采购合同和供应计划,工程现场的特殊环境及气候条件,施工人员的技术素质及设备能力,已建成的同类工程的实际进度及经济指标等。

施工单位应根据工程项目实施的不同阶段,分别编制总体进度计划及阶段性进度计划(年度、季度、月度进度计划);对于某些起控制作用的关键工程项目(如桥梁、隧道、立体交叉等),单独编制工程进度计划。

（一）施工进度计划的形式与内容

1）总体进度计划

总体进度计划是用来指导工程全局的,它是工程从开工到竣工的各个主要环节的总的进度安排,起着控制构成工程总体的各个单位工程或各个施工阶段工期的作用。

因此,工程的总体进度计划可供监理工程师作为控制和协调工程总体进度之用。FIDIC 合同条件第 14 条规定,承包人在接到中标通知书后,应在合同条件第二部分规定的时间内,向监理工程师提交一份格式和细节都符合监理工程师规定的工程总体进度计划,以取得监理工程师的同意。

在承包人提交的工程总体进度计划中,应当反映出以下主要内容:

①工程项目的合同工期;

②完成各单位工程及各施工阶段所需的持续时间、最早开始和最迟结束的时间;

③各单位工程及各施工阶段需要完成的工程量及现金流动估算;

④各单位工程及各施工阶段所需配备的人力和机械数量;

⑤各单位工程或分部工程的施工方案和施工方法等。

2）阶段性进度计划

对于一个公路工程项目来说,仅有工程项目的总体进度计划对于工程的进度监理是不够的,尤其当工程项目比较大时,还应编制阶段性进度计划,即年度和月(季)度进度计划。

年度进度计划要受工程总体进度计划的控制,而月(季)度进度计划又受年度进度计划的控制。月(季)度进度计划是年度进度计划实现的保证,而年度进度计划的实现,又保证了总体进度计划的实现。

（1）年度进度计划。

年度进度计划的主要作用如下:

①统一安排今年内各正在施工或将要开工工程的施工,确定年度施工任务;

②确定各项年度生产指标,即在年度内要完成哪些单位工程、分部分项工程或部分完成哪些工程项目;

③根据年度季节和气候的不同,合理安排施工进度。

年度进度计划的主要内容如下:

①本年度计划完成的单位工程及施工阶段的工程项目内容、工程数量及投资指标;

②施工队伍和主要施工设备的数量及调配顺序;

③不同季节及气温条件下各项工程的时间安排;

④在总体进度计划下对各分项工程进行局部调整或修改的详细说明等。

在年度计划的安排过程中,监理工程师应重点突出组织顺序上的联系,如大型机械的转移顺序、主要施工队伍的转移顺序等;优先安排重点、大型、复杂、周期长、占劳动力和施工机械多的工程;优先安排主要工种或经常处于短线状态的工种的施工任务并使其连续作业。

在安排年度进度计划时,监理工程师应注意处理好下列关系:一般工程受重点工程的制约,配套项目受主体项目的制约,下级计划受上级计划的制约,计划内短期安排受整个计划工期的制约。同时,在调整计划时,监理工程师应尽量不改变年度计划的指标,以便于考核计划的执行情况。

(2)月(季)度进度计划。

月(季)度进度计划的主要作用如下:

①确定月(季)度施工任务,如本月(季)度施工的工程项目、每项工程包括哪些内容、预计要完成到什么部位、工作量和工程量是多少、由谁来完成、相互间如何配合等;

②指导施工作业,即施工顺序如何、相关的施工专业队伍如何实现流水作业等;

③进行月(季)度施工各项指标的平衡、汇总,以便综合衡量完成的工程数量和工程投资,作为考核月(季)度施工进度情况的依据。

月(季)度进度计划的主要内容如下:

①本月(季)度计划完成的分项工程内容及顺序安排;

②完成本月(季)度及各分项工程的工程数量、投资额;

③完成各分项工程的施工队伍及人力和主要设备的配额;

④在年度计划下对各单位工程或分项工程进行局部调整或修改的详细说明等。

3)关键工程进度计划

关键工程进度计划是指一个公路工程项目中起控制作用的关键工程,如某一桥梁工程、隧道工程或立体交叉工程的进度计划。

关键工程进度计划的主要内容如下:

①工程概况(名称、位置、结构、施工要求等);

②施工准备及竣工清场的时间安排;

③具体施工方案和施工方法;

④总体进度计划及各道工序的控制日期;

⑤各施工阶段的人力和设备的配额及运转安排,现金流动估算;

⑥对总体进度计划及其他相关工程的控制、依赖关系和说明;

⑦施工现场平面布置图设计;

⑧质量控制及安全措施等。

(二) 施工进度计划的编制

FIDIC 合同条件第 14 条规定,承包人在收到中标通知书后,应在合同专用条件规定的时间内,向监理工程师提交一份格式和细节都符合要求的工程总体进度计划、阶段性进度计划及必要的关键工程进度计划等,以取得监理工程师的批准。

1)总体进度计划的编制

承包人编制的施工阶段的总体进度计划的内容与施工组织计划的内容相似。它按施工组织设计的要求编制,即在投标文件施工组织设计的基础上,根据评标和合同谈判期间提出的一些问题而增列的合同补充条款、施工现场更为精确的基础资料和承包人能进场的主要施工机械设备,再按需增编材料供应图,运输组织计划图,附属企业或自办料场施工组织设计图表,供水、供电计划图表,重点项目的技术组织措施或工艺设计,网络设计图,各种管理制度等。

监理工程师在审查承包人编制的实施性施工组织设计时,还应注意以下问题。

（1）施工条件，包括工程条件和自然条件。虽在工程的合同文件及业主提供的参考资料中已有叙述，但在施工组织设计的第一章中还应再摘抄一下，使文件前后呼应，给阅读者提供方便。

（2）施工方法是施工总进度表编制的基础，也是施工总体布置及投资单价分析的主要依据，是在料场、施工设备及施工工期一定的前提下决定的。招标文件中已明确了料场的地点、分布范围、储量和质量等，所以，只应阐述料场的施工布置、开采工艺、质量控制、施工设备及开采进度计划等。

（3）招标文件中的平面总体施工布置图仅标明可供承包人使用的施工用地，而承包人提交的施工总布置图中须标明临时工程设施和生活设施的位置、面积、规模和临时施工道路等。

（4）编制施工总进度表时，必须满足合同文件中已规定的工程进度控制时间，并应注意协调好年度进度计划及各单项合同之间的衔接关系。

2）年度进度计划的编制

年度进度计划可按路基、路面、基础、墩（台）和桥面等分项工程划分工程项目，并根据年度季节、气候的不同，确定各项年度生产指标，合理安排施工进度，编制出能反映本年度施工的各单项工程进度控制指标的切实可行的年度施工进度计划。

3）月（季）度进度计划的编制

月（季）度进度计划的编制，除了根据年度进度计划要求，还应按监理工程师的要求，确定月（季）度施工任务，指导施工作业；进行月（季）度施工各项指标的平衡、汇总，以便综合衡量完成的工程数量和工程投资，作为月（季）度施工进度情况考核的依据。因此，月（季）度进度计划应对本月（季）度计划施工的分项工程的工程数量及工程投资额等加以反映。

应注意，在安排年度及月（季）度进度计划时，要理顺下列关系：一般工程受重点工程的制约，配套项目受主体项目的制约，下级计划受上级计划的制约，计划内短期安排受总工期计划安排的制约。

4）关键工程项目进度计划的编制

关键工程的施工工期常关系到整个工程项目施工总工期，因此该施工进度计划应单独编制并服从于工程总体进度计划的重点单项工程进度计划，应满足指导施工作业的需要。

2.2.2 进度计划的审批

FIDIC合同条件第14条规定，承包人在接到中标通知书后，应在合同要求的时间内向监理工程师提交一份格式和细节符合合同要求的工程总进度计划，以取得监理工程师的批准。如果监理工程师提出要求，承包人还应以书面形式提交一份有关承包人为完成工程而建议采用的施工方案和施工方法的总说明，供监理工程师查阅。下面介绍承包人提交的进度计划包含的内容，以及监理工程师接到承包人提交的进度计划之后应当做些什么工作。

（一）提交进度计划

在中标通知书发出且签订合同协议书后28天之内，监理工程师应要求承包人书面提交以下文件（总体进度计划文件）：

①一份详细的格式符合要求的工程总体进度计划及必要的各项关键工程的进度计划；

②一份有关全部支付的现金流动估算；

③一份有关施工方案和施工方法的总说明(通过施工组织设计提出)。

监理人应在 14 天内对施工单位施工进度计划和施工方案说明予以批复或提出修改意见。

在开工以前或在开工以后合理的时间内,监理工程师应要求承包人提交以下文件(阶段性进度计划文件):

①年度进度计划及现金流动估算；

②月(季)度进度计划及现金流动估算；

③分项(或分部)工程的进度计划。

一般施工单位应在每年 11 月底前,根据已同意的合同进度计划或其修订的计划,向监理人提交两份格式和内容符合监理人合理规定的下一年度的施工计划,以供审查。施工单位应在计划开工日期 7 天前,向发包人和监理人报送施工组织设计；监理人应在 7 天内批复或提出修改意见,否则视为已得到批准。

(二) 审批进度计划

监理工程师在接到承包人提交的工程进度计划之后,应对进度计划进行认真的审核,其目的是检查承包人制订的工程进度计划是否合理、是否能实现、是否适合工程的实际条件和现场情况,避免使用空洞的、不切实际的工程进度计划来指导施工。

1) 进度计划审批的步骤

监理工程师应组织有关人员对承包人提交的各项进度计划进行审查,并在合同规定或满足施工需要的合理时间内审查完毕。审查工作应按以下程序进行:

①阅读文件,列出问题,进行调查了解；

②提出问题,与承包人进行讨论或由承包人澄清；

③对有问题的部分进行分析,向承包人提出修改意见；

④审查、批准承包人修改后的进度计划。

2) 进度计划审查的内容

监理工程师在审批承包人的工程进度计划时应审查以下内容。

(1) 施工进度计划应符合施工合同中工期的约定。施工单位编制的施工总进度计划必须符合施工合同约定的工期要求,满足施工总工期的目标要求；阶段性进度计划必须与总进度计划目标一致。将施工总进度计划分解成阶段性施工进度计划是为了确保总进度计划的完成。因此,阶段性进度计划更应具有可操作性。

(2) 施工进度计划中主要工程项目必须无遗漏,应满足分批投入试运、分批动用的需要。阶段性施工进度计划应满足总进度控制目标的要求。

(3) 施工顺序的安排应符合施工工艺要求。

(4) 施工人员、工程材料、施工机械等资源供应计划应满足施工进度计划的需要。

(5) 施工进度计划应符合建设单位提供的资金、施工图纸、施工场地、物资等施工条件。

项目监理机构收到施工单位报审的施工总进度计划和阶段性施工进度计划时,应进行审查,提出审查意见。发现问题时,应以监理通知单的方式及时向施工单位提出书面修改意见,并对施工单位调整后的进度计划重新进行审查;发现重大问题时,应及时向建设单位报告。施工进度计划经总监理工程师审核签认,报建设单位批准后方可实施。

(三) 修订进度计划

FIDIC 合同条件第 14 条规定,监理工程师通过调查研究,落实了与工程进度计划有关的条件和因素并经过评价后,如确认承包人为完成工程而提供的工程进度计划是合理的,而且计划切实可行,应在合理的时间内批准承包人编制的进度计划,通知承包人可以按照计划安排施工。如果监理工程师经过充分的分析和调查了解,认为承包人提交的工程进度计划与其实际的技术装备能力不适应,尤其是计划中关键线路上的工作安排不合理时,应要求承包人修订工程进度计划并重新拟订一份工程进度计划,报监理工程师,以取得监理工程师的批准。

监理工程师在批准了承包人提交的工程进度计划之后,应在第一次工地会议上提供有关监督控制工程进度计划方面的一整套报表和有关规定。同时,为了保证工程进度计划的正常进行,监理工程师应经常根据有关记录资料,分析工程进度方面存在的问题,随时掌握承包人的工程进展情况。实际进度滞后的当月 25 日前,施工单位应提交合同进度计划修订申请报告并应附有关措施和相关资料。监理人在收到进度计划修订申请报告14 天内进行批复。

2.3　进度的调整与优化

2.3.1　影响进度的原因

影响公路工程施工进度的因素很多,可分为承包人的原因、业主的原因、监理工程师的原因和特殊原因。

(一) 承包人的原因

(1) 承包人在合同规定的时间内,未按时向监理工程师提交符合监理工程师要求的施工进度计划。

(2) 工程施工过程中,各种原因使得工程进度不符合工程施工进度计划时,承包人未按监理工程师的要求在规定时间内提交修订的工程施工进度计划,使后续工作无章可循。

(3) 承包人技术力量及其设备、材料的变化,以及对工程承包合同和施工工艺等不熟悉,造成承包人违约而引起的停工或缓慢施工。

(4) 承包人的质检系统不完善和质量意识不强,出现质量缺陷或质量事故,对工程施工进度造成严重影响。

(5) 承包人未严格履行安全、环保要求,出现安全隐患或环保问题。

（二）业主的原因

在工程施工过程中，除了承包人的原因，业主未能按工程承包合同的规定履行义务，也将影响工程施工进度，甚至造成承包人终止合同。

（1）监理工程师同意承包人提交的工程施工进度计划后，业主未能按施工进度计划随工程进展向承包人提供施工所需的现场和通道，使承包人的施工进度计划难以实现，容易导致工程延期和索赔事件的发生。

（2）由于业主的原因，监理工程师未能在合理的时间内向承包人提供图样和指令，给工程施工带来困难；承包人已进入施工现场并开始施工，而设计发生变更，变更的设计图无法按时提交给承包人。

（3）工程施工过程中，业主未能按合同规定的期限支付承包人的款项，造成承包人暂停施工或缓慢施工。

（三）监理工程师的原因

在公路工程的施工过程中，监理工程师失职、判断或指令错误，以及未按程序办事等会影响工程施工进度。

（四）特殊原因

在工程进度计划的实施过程中，除了承包人、业主和监理工程师的原因，还存在影响进度的其他特殊原因。

（1）额外或附加工程的工程量增加。例如，土石方数量增加、土石比例发生较大变化、涵洞改为桥梁等。

（2）在工程施工中，承包人碰到异常恶劣的气候条件。

（3）人们无法预测和防范的任何自然力的作用，以及特殊风险的出现，如战争、地震、疫情和暴乱等。

2.3.2　进度计划的检查

承包人实施计划时必须对照原计划进行检查，监理人对进度计划的实施进行合理的监控，尽量保证实际进度符合原计划安排。进度计划的检查是施工进度调整和分析的依据，也是进度控制的关键步骤。

进度计划检查的方法主要是对比法，即将实际进度与计划进度进行对比，从而发现偏差，以便调整或修改计划。进度偏差有三种可能：实际进度与计划进度相比提前、按时（正常）或拖延（延误）。在进度检查时谈及的偏离往往是针对正在检查的内容，因此还应分析这些偏差对工程项目或合同段工期的影响，即工程总体进度状况发展的趋势。

总监理工程师在批准工程进度计划后，应立即着手确定有关进度控制整套报表记录和有关规定。为保证工程进度计划的正常实施，总监办应配备专门人员对承包人的工程进度进行监理，要求所有监理人员随时收集和记录影响工程进度的有关资料和事项，随时掌握承包人工程施工过程中存在的问题，及时向总监理工程师汇报，以便及时协调和解决影响进度的各种矛盾和不利因素。在整个施工进度监理过程中，专业监理工程师应做好以下工作。

在工程项目的施工中，专业监理工程师应要求承包人每日按单位工程、分项工程或工点对实际进度进行记录并进行检查,以作为掌握工程进度和进行决策的依据。每日进度检查记录应包括以下基本内容:当日实际完成及累计完成的工程量,实际参加施工的人力、机械数量及生产效率,施工停滞的人力、机械数量及其原因,承包人的主管及技术人员到达现场的情况,当日发生的影响工程进度的特殊原因和时间,当日的天气情况等。

驻地监理工程师应要求承包人根据现场提供的每日施工进度记录,及时进行统计和标记,及时分析和整理,每月向总监理工程师及其他代表、业主提交一份每月工程进度报告。该报告应包括以下主要内容:工程进度概况或说明,应以记事方式对计划进度执行情况进行分析;编制出工程进度累计曲线和完成投资的进度累计曲线;显示关键线路(或主要工程项目)上一些施工活动及进展情况的工程图片;反映承包人的现金流动、工程变更、价格调整、索赔、工程支付及其他财务支出情况等;影响工程进度或造成延误的其他特殊事项、因素及解决措施等。

监理人编制和建立各种用于记录、统计、反映实际工程进度与计划工程进度的差距的进度控制图及进度统计表,以便随时对工程进度进行分析和评价,同时作为要求承包人加快工程进度、调整进度计划或采取其他合同措施的依据。

在工程实施过程中,如果实际进度(尤其是关键线路上的实际进度)与计划进度基本相符时,监理工程师不应干预承包人对进度计划的执行,但应及时掌握影响和妨碍工程进度的不利因素,督促工程按计划进行。

2.3.3 进度计划的评价

公路工程施工进度的评价方法是采用实际进度与计划进度的图形比较法。

(一) 横道图比较法

横道图比较法是将项目实施过程中所观测到的实际进度,用横道线直接绘于原横道计划图中,并将二者进行直观比较。通过比较,进度控制人员能掌握进度现状,以便采取相应措施。

当工程项目的各项工作按匀速进展,即某项工作单位时间内完成的工作量相同,或工作量的百分比相同时,可采用图 2-2 所示的方法进行比较。工作量可以是实物工程量,也可以是工时消耗或费用支出。

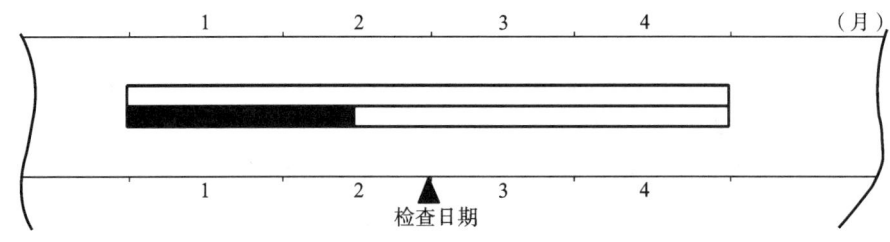

图 2-2　横道比较图(形式 1)

该图的具体画法如下:首先在横道计划图上标出进度检查日期,然后在原计划横道线的下方绘一条平行的横道线(涂黑部分),此横道线的长度应反映实际累计完成工作量的百分比且应按比例绘出。在实际工作中,这条横道线的右端点不一定正好与检查日期重合。横道线右端点在检查日期左侧表示此刻的实际进度比计划进度拖后。横道线右端点在检查日期右侧表示实际进度比计划进度超前。此外,根据横道线右端点与检查日期差距的大小,监理工程师可以了解进度超前或拖后的程度。例如,根据图 2-2 可知进度拖后 20%。

当工作按变速进展时,若再采用图 2-2 所示的形式 1,则很难判明实际进度比计划进度究竟是超前还是落后,此时,应采用如图 2-3 所示的形式 2 进行比较。

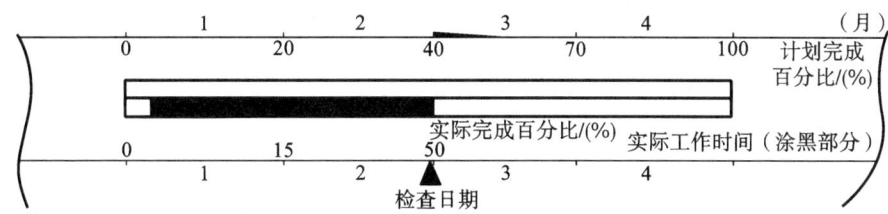

图 2-3　横道比较图(形式 2)

该图的具体画法如下:首先在原计划横道线的上方标出不同时间按计划累计应完成的百分比,然后在项目施工过程中,定期检查实际的进度情况,并将其画在原计划横道线下方,即涂黑部分,此外,还要在实际横道线下方的检查日期处,标出实际累计完成的百分比。进度控制人员只需将横道线上方计划累计完成量与横道线下方同一位置处的实际累计完成量进行比较,便可知道项目施工进度的实际情况。例如,从图 2-3 可知,在第 2 个月中,该工作的实际进度比计划进度超前 10%。

在形式 2 中,因横道线的长度表示实际投入该工作的时间,所以,形式 2 不仅适用于变速进展的工作,而且还适用于观察已完成的工作在当时的实际进展情况。如图 2-3 所示,在第 1 个月中,该工作实际完成了 15%。

(二) S 曲线比较法

S 曲线可直观反映工程项目施工的实际进展情况。通常,在计划阶段要绘制计划的 S 曲线。在项目的实际进展过程中,每隔一定时间将实际进展情况的 S 曲线绘在计划的 S 曲线上,再进行比较,如图 2-4 所示。

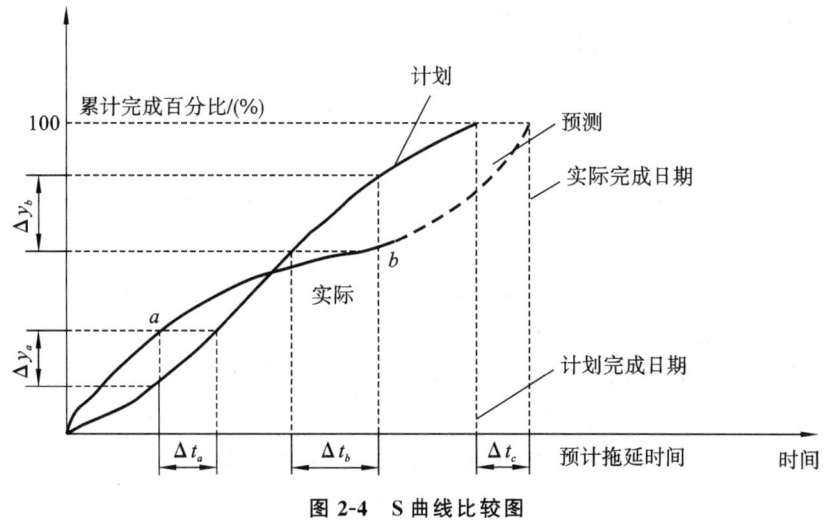

图 2-4　S 曲线比较图

从图 2-4 中可得如下信息。

(1)工程实际进度。如按工程实际进度描出的点落在计划 S 曲线左侧,表示此刻实际进度比计划进度超前,如图 2-4 中的 a 点;反之,表示实际进度拖后,如图 2-4 中的 b 点。

(2)进度超前或拖后的时间。图 2-4 中 Δt_a 表示 t_a 时刻进度超前的时间;Δt_b 表示 t_b 时刻进度拖后的时间。

(3)工程量完成情况。图 2-4 中 Δy_a 表示在 t_a 时刻超额完成的工程量;Δy_b 表示在 t_b 时刻拖欠的工程量。

(4)后期工程进度预测。图 2-4 中,虚线表示若后期工程按计划进度速度实施,则总工期拖延的预测值为 Δt_c。

(三)横道图与香蕉曲线综合比较法

单纯利用香蕉曲线能进行计划的合理安排以及实际进度与计划进度的比较,可像 S 曲线一样对后期工程进度进行预测。若能将香蕉曲线与横道图进行综合比较,就能在同一张图上既反映项目局部的进展情况(横道图中各项工作的计划进度与实际进度的比较),又反映项目总体的进展情况(香蕉曲线中项目总的实际完成情况与总的计划完成情况的比较),如图 2-5 所示。

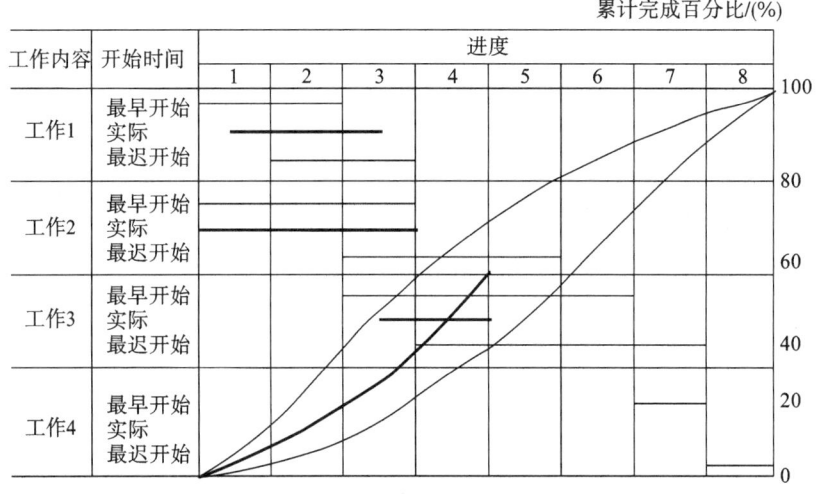

图 2-5　横道图与香蕉曲线综合比较图

从图 2-5 中可获得如下信息。

(1)各项工作分别按最早开始时间和最迟开始时间安排的进度(通过横道图反映,即横道图中的细实线)。

(2)各工作分别按最早开始时间和最迟开始时间安排进度时,项目总体应有的进展速度(通过香蕉曲线反映,即香蕉曲线中的细实线)。

(3)项目实施过程中,各项工作的实际进度(通过横道图反映,即横道图中的粗实线)。

(4)项目实施过程中,项目总的实际进度(通过香蕉曲线反映,即香蕉曲线中的粗实线)。

（5）各项工作的实际进度与计划进度之间的差距（通过横道图中粗实线与细实线的比较反映）。

（6）项目总体的实际进度与计划进度之间的差距（通过香蕉曲线中粗实线与细实线的比较反映）。

2.3.4　进度计划的调整

在工程项目的实施过程中，通过计划进度与实际进度的比较，监理工程师发现进度出现偏差时，应分析此偏差对后续工作及总工期的影响，并根据其影响程度的不同采取相应的进度调整措施，从而获得新的进度计划，用于指导项目的实施，最终保证工期总目标的顺利实现。

进度计划的调整方法可根据调整的原因分为两种：一种是延期后应根据合同工期调整计划；另一种是延误了工期却无权获得延期时应调整计划使后续计划的工作内容改变或缩短时间，以符合合同工期。

前一种相当于以原来计划为参考，重新编制符合新合同工期的计划；后一种是在原计划的基础上压缩工期，使计划的计算工期符合合同工期。我们在此主要讨论后一种压缩工期的方法。压缩工期就是网络计划优化中的工期优化，就是压缩关键线路，所以调整计划就是调整关键线路。

进度计划的调整方式主要有以下两种：

（1）改变网络计划的逻辑关系。改变网络计划的逻辑关系进行工期优化，要求通过重新考虑施工作业方式合理安排施工顺序来缩短网络计划的工期。一是改变施工作业方式，在条件允许的前提下，施工中一般应尽量组织流水作业，以使得资源需要量和工期都较合理，不便组织流水作业时，也应尽可能采用搭接施工，以缩短总工作时间。如果需要赶工，可将其中某些关键工作改为平行作业。二是合理安排工程项目的施工顺序，通过流程优化合理安排施工顺序，以缩短工期。

（2）改变工作的持续时间。此方式主要是对各工作本身的持续时间的调整，而网络计划中的工作及其逻辑关系并不发生变化。因此，当实际进度出现偏差而采用这种方式进行调整时，可在原网络计划上直接进行调整而无须另外画网络图。

若工程进度比原计划的进度拖延时差较大并影响到合同工期的关键线路时，承包人必须及时对工程进度计划进行整体修订与调整。

①关键线路的调整。当关键线路上某项工程的施工时间比计划增加，意味着整个工期延长。在这种情况下，监理工程师应要求承包人先把注意力集中在非关键线路上看非关键线路上的工程是否有机动时间，能否把非关键线路上的机械、人员调整到关键线路上的关键工序中去，以改变关键线路的时间。如果不能，为保证关键线路上的工程按计划完成，承包人可延长工作时间或者重新增加新的机械和人员来完成计划的调整工作。

②非关键线路的调整。调整工程进度计划，主要是调整关键线路上的施工安排。对非关键线路，如果实际进度与计划进度的差距并不对关键线路上的实际进度造成不利影响，监理工程师可不必要求承包人对整个工程进度计划进行调整，只用对机动和富余时间进行局部调整安排。

③加快工程进度的措施。在承包人没有取得合理延期的情况下,监理工程师认为实际工程进度过慢,将不能按照工程进度计划预定的竣工时间完成工程时,应要求承包人采取加快措施,以赶上工程进度计划中的阶段目标或总体目标。承包人提出和采取的加快工程进度的措施必须经过监理工程师批准,承包人无权要求为采取这些措施支付任何附加费用。

2.3.5　进度延误处理

工程项目或合同段施工所需的时间称为工期。延误是指工程施工中实际进度与计划进度相比存在的拖延或耽误,即进度偏差的不利一面。工期拖延即延误工期,是指工程项目所需的时间超过计划或合同规定的竣工时间,简称为误期。误期是业主、监理、承包人都不愿意看到的事件,进度控制的目标就是尽量避免误期的发生。

工期拖延按照引发工期延长的原因和责任归属不同可简单分为两类:第一类是因非施工单位的责任和风险等因素造成、施工单位依据合同规则提出延期申请并经监理工程师审查和建设单位批准的工期延长,称为工程延期;其他情形导致的工期延长,都属于第二类,称为工程延误。

出现工期拖延后,建设单位及监理工程师应依据合同规定给施工单位延长施工工期,该延期必须满足工期索赔的管理要求。

工程延误主要是指由于施工单位的责任而引起的工期拖延,如因施工组织协调不好、人力不足、设备不足或完好率较低、劳动生产率低、施工管理混乱、工程质量不符合合同规定的技术标准而造成返工等引起的工期延误。非施工单位责任等因素导致进度拖延,而施工单位放弃权利的,也属工程延误。出现工程延误时,施工单位不仅不能获得工期和费用索赔,而且还要向建设单位赔偿违约金。

(一) 工程延误的处理

当工程建设由于施工单位自身原因造成工程延误时,监理工程师、建设单位、施工单位都应积极地采取有效措施,尽可能使工程按合同规定的工期完工。

1) 未按施工进度计划施工的处理

不论何种原因造成工程的实际进度与合同进度计划不符时,施工单位可以在专用条款约定的期限内向监理工程师提交修订合同进度计划的申请报告,并附有关措施和相关资料,报监理工程师审批;监理工程师也可以直接向施工单位做出修订合同进度计划的指示,施工单位应按该指示修订合同进度计划,报监理工程师审批。监理工程师应在专用合同条款约定的期限内批复,批复前应获得建设单位的同意。倘若监理工程师不满意施工单位所提供的修正合同进度计划,应拒绝采纳。

监理工程师必须注意,批准修正的合同进度计划仍以合同工期目标为依据,否则,将会被视为准许延长施工期限的批复。

2) 施工进度过于缓慢的处理

(1)工程进度过于缓慢的处理。

工程进度缓慢,明显无法如期完成时,监理工程师应在合理的时候发出通知,告知施工单位工程进度过于缓慢,以引起施工单位的高度重视。施工单位应尽可能采取一切有效措施以确保工程的按时完成。

倘若建设单位决定将施工单位逐出,监理工程师必须确定及记明施工单位于被逐时应得的款项和已完工程的施工设备及临时工程的价值。

(2)工程进度受严重阻延的处理。

工程进度计划受到严重阻延且有理由确认施工单位无法按期完成工程时,或确认有下列情况时,监理工程师必须及时向建设单位证实施工单位违约的事实,然后由建设单位决定是否按监理工程师所证实的违约事宜采取行动。

①施工单位无法继续履行、明确表示不履行或实质上已停止履行合同。

②施工单位未按合同进度计划及时完成合同约定的工作,已造成或预期造成工期延误。

③监理工程师提出警告,而施工单位并没有遵从合同作业;作业时,持续或公然不理会合同规定应负的责任。

建设单位可采取的行动主要有终止与施工单位的合同或将部分(或剩余)工程强制分包给其他施工单位或自己完成。

(二) 工程延期的处理

当工期拖延为非施工单位原因引起时,如果施工单位提出延期申请,监理工程师应按照合同规定,进行认真的调查研究、计算和审核并报建设单位批准,同意施工单位延长工期。当然,如果采用赶工更合理且施工单位也同意赶工,监理工程师也可通过与建设单位、施工单位协商,由建设单位支付额外的赶工费用,使工程项目按合同工期完工。

延期直接影响到业主投资效益的发挥,使业主多承担了投资所付出的利息,推迟了项目运行的资金回收。但是对于非承包人责任的延误所引起的工期拖延,即工程不能按原定工期完工的情况,合同规定在申请手续齐备并符合合同的条件下,由业主承担这部分损失,给予承包人竣工时间的顺延。延期维护承包人正当的利益,监理工程师应该公正地处理工程延期。延期审批应遵循以下原则。

1) 审查的主要内容

(1)此延期事件是否符合合同规定的索赔条件。

(2)延期事件是否会影响合同项目的按期完工。

(3)延期事件是否发生在施工进度计划中的关键线路上。

(4)延期申请所提交的情况说明、证据、资料是否准确、符合实际等。

2) 延期审批期限

监理工程师在收到最终延期申请通知书后,应及时审查延期申请通知书的内容,查验施工单位的记录和证明材料,必要时监理工程师可要求施工单位提交全部原始记录副本;在收到最终延期通知书或有关延期的进一步证明材料后的 42 天内,将延期处理结果答复施工单位。

3) 延期审批的关键

施工单位的延期申请能够成立并获得批准的条件如下:

①延期事件的发生是真实的并有证据表明;

②延期事件产生的原因，是在施工单位所承担的责任和风险之外，符合合同约定的延期索赔条款；

③延期事件发生在已批准的工程进度计划的关键线路上；

④施工单位在28天内（或尽可能提前）向监理工程师提供了工期索赔申请；

⑤计算正确、合理。

监理工程师开展延期索赔计算分析时，延期的时间必须是按照影响到整个合同工程来计算，而不只是某一单体工程或某一分包单位所承包的工程，而且延期的工程项目必须是现行的施工进度计划中的关键项目。异常恶劣的气候条件不是简单地与正常的天气做比较，而是侧重异常、恶劣的程度论证。

监理工程师应选择合适的时机下达工程开工令，提醒建设单位履行施工承包合同中规定的职责，妥善处理工程延期事件，以减少或避免工程延期事件的发生。

自我测评

一、单选题

1. 工作的总时差的含义是（ ）。

A.不影响任何一项紧后工作最早开始的情况下，该工作的极限机动时间

B.不影响任何一项紧后工作最迟开始的情况下，该工作的极限机动时间

C.不影响任何一项紧前工作最早结束的情况下，该工作的极限机动时间

D.不影响任何一项紧前工作最迟结束的情况下，该工作的极限机动时间

2. 工程费用与工期的关系为（ ）。

A.直接费随工期缩短而减少，间接费随工期缩短而增加

B.直接费随工期缩短而增加，间接费随工期缩短而减少

C.直接费和间接费均随工期缩短而减少

D.直接费和间接费均随工期缩短而增加

3. 单代号网络与双代号网络的本质区别在于（ ）表示意义不同。

A.基本符号箭线和编号　　　　　　　B.基本图形和编号

C.基本符号箭线和节点　　　　　　　D.编号与节点

4. 网络计划工期优化的目标是（ ）。

A.确定最低成本工期　　　　　　　　B.确定最短工期

C.确定满足目标工期的计划方案　　　D.缩短关键线路

5. 某网络计划中有一项非关键工作，总时差为5天，局部时差为3天。由于业主未能按时提供施工场地，造成施工耽误6天，施工单位申请工程延期，监理工程师应批准的延期时间为（ ）。

A.1天　　　　　　B.5天　　　　　　C.6天　　　　　　D.不同意延期

6. 由于非承包人的原因造成计划工期的延长，则（ ）。

A.承包人无须做任何工作，理应获得延长的工期

B.承包人应向业主报告，由业主确定延长的工期

C.承包人应向监理工程师报告，监理工程师审查并确定延长的工期

D. 承包人应向监理工程师和业主报告，才能获得延长的工期

7. 双代号网络计划中引入虚工作是为了（　　　）。

A. 表达不需要消耗时间的工作　　　　　B. 表达不需要消耗资源的工作

C. 表达工作间的逻辑关系　　　　　　　D. 节省箭线和节点

8. FIDIC 通用条款第 46 条规定，承包人加快工程进度以及夜间或公认的休息日加班，必须取得监理工程师的同意，由此引起的附加费用由（　　　）负担。

A. 业主　　　　　　B. 承包人　　　　　　C. 监理人员　　　　　　D. 设计人员

9. 用 S 曲线比较法进行进度比较时，如果按工程实际进度描出的点落在原计划 S 曲线的左侧，则表示此时实际进度比计划进度（　　　）。

A. 提前　　　　　　B. 落后　　　　　　C. 一致　　　　　　D. 无法判断

10. 在双代号网络图绘制时，要遵守绘图规则。下列说法错误的是（　　　）。

A. 在网络计划图中不允许出现闭合回路

B. 一对节点之间只能有一条箭线

C. 在网络计划图中不允许使用反向箭线

D. 一张网络计划图只允许有一个起始节点

二、多选题

1. 确定施工进度控制目标的主要依据有（　　　）。

A. 工程建设总进度目标对施工工期的要求

B. 工期定额，类似工程项目的实际进度

C. 工程难易程度

D. 工程条件及其落实情况

E. 进度计划的表示方法

2. 实际进度与计划进度图形的跟踪比较方法有（　　　）。

A. 进度前锋线法　　　　　　　　　　　B. 横道图比较法

C. S 曲线比较法　　　　　　　　　　　D. 排列图法

E. 香蕉曲线比较法

3. 横道图适用于（　　　）。

A. 编制集中性工程进度计划　　　　　　B. 材料供应计划

C. 定量分析采用计算机计算　　　　　　D. 工程进度实施中的监控

4. 在网络图中，允许（　　　）。

A. 有多个起点　　　　　　　　　　　　B. 只有一个终点节点

C. 有闭合回路　　　　　　　　　　　　D. 箭头节点编号大于箭尾节点编号

E. 有箭头上引出另一条箭线

5. 网络计划中，工作的总时差等于（　　　）。

A. 该工作的最迟完成时间与其最早完成时间之差

B. 该工作的紧后工作的最迟开始时间与本工作最迟完成时间之差

C. 该工作的紧后工作的最早开始时间与本工作最迟完成时间之差

D. 该工作的最迟开始时间与其最早开始时间之差

6. 被选作压缩的各项工作应满足的条件有（　　）。

A. 必须是关键线路上的工作

B. 该工作的持续时间不短于其最短工期

C. 工程的直接成本必须与工作时间成比率

D. 是关键线路上可压缩工作中的最小值

E. 增加的成本必须是在关键线路上增加

7. 下列工作进度偏差会对工期产生影响的有（　　）。

A. 关键工作的持续时间的延长

B. 非关键工作的开始时间晚于其最迟开始时间

C. 非关键工作的持续时间延长至原持续时间加上它的自由时差

D. 非关键工作的持续时间延长至其原持续时间加上它的总时差

8. 施工过程组织必须遵循的原则有（　　）。

A. 公正性　　　　　B. 经济性　　　　　C. 连续性

D. 均衡性　　　　　E. 协调性

9. 施工组织的基本方法有（　　）。

A. 平行作业　　　B. 流水作业　　　C. 平行流水作业　　　D. 顺序作业

10. 工程进度事中控制过程中应重点做好的工作有（　　）。

A. 编制项目实施总进度计划　　　　　B. 工程进度检查

C. 按合同要求进行工程计量验收　　　D. 进度计量签证

E. 建立工程进度状况监理日志

【参考答案】

一、单选题

1. B；2. B；3. C；4. C；5. A；6. C；7. C；8. B；9. A；10. C

二、多选题

1. ABCD；2. ABCE；3. ABD；4. BD；5. AD；6. AB；7. AD；8. BCDE；9. ABD；10. BCDE

学习情境3 公路工程质量监理

公路工程质量
监理——
任务工单

3.1 质量监理的基本知识

3.1.1 工程质量与质量控制

(一) 工程质量

工程质量是指通过工程建设过程所形成的工程符合有关规范、标准、法规的程度和满足业主要求的程度。工程质量包括工程项目实体质量、功能和使用价值质量和工作质量三个方面。

(1) 工程项目实体质量从产品形成过程和形成结果方面反映工程项目质量。各工序质量集合形成分项工程质量,各分项工程质量形成分部工程质量,各分部工程质量形成具有能完成独立功能主体的单位工程质量,各单位工程质量集合为工程项目实体质量。它们的相互关系如图 3-1 所示。

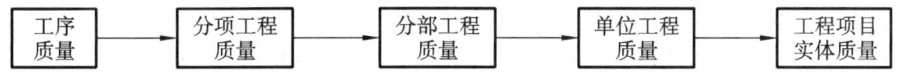

图 3-1 工程项目质量相互关系

(2) 工程项目功能和使用价值质量通过建筑工程产品满足需要的能力来反映产品质量,一般包括工程项目的适用性、可靠性、安全性、耐久性、经济性、美观性以及与环境的协调性。

(3) 工程项目工作质量从工程项目质量因素中最重要、最活跃的要素(人)的方面来反映产品质量。工作质量是指参与工程的建设者,为保证工程项目的质量、达到产品质量标准、减少废品等所从事工作的水平和完善程度。

(二) 质量控制

质量控制是质量管理的一部分,致力于满足质量要求。具体来讲,质量控制就是指为满足工程质量要求,通过采取一系列作业技术和活动对产品形成的过程实施的控制。质量控制过程围绕产品形成的全过程的每个阶段,对影响质量的人、机械、材料、方法和环境因素进行控制,对质量活动的成果进行分阶段验证,以便及时发现问题,查明原因,采取相应的纠正措施,防止不合格产品的产生。

质量控制要坚持预防为主与检验把关相结合的原则。质量控制应贯穿产品形成和体系运行的全过程。

按工程质量控制的主体划分,工程项目施工的质量控制可分为项目法人的质量控制、承包人的质量控制和政府的质量控制。"政府监督、法人管理、社会监理、企业自检"就构成了公路工程项目的质量保证体系。

3.1.2 工程质量监理的依据、特点及任务

(一) 工程质量监理的依据

(1) 合同条件。各项工程质量的保障、责任、费用支出等均应符合合同条件的规定,如建设单位与施工单位签订的工程承包合同、补遗书及特殊合同条款,监理单位与建设单位签订的监理服务协议书及澄清书。

(2) 合同图样。全部工程应与合同图样相符,符合监理工程师批准的变更与修改要求。合同图样包括以下内容:建设单位提供的各种设计图;建设单位和监理单位下达的各项通知与规定,相关的变更设计图及通知、指令等;与本工程设计有关的设计联系单;被批准分项工程的开工报告(含施工组织设计)。

(3) 技术规范。所有用于工程的材料、设施、设备及施工工艺,应符合合同文件所列技术规范、监理工程师同意使用的其他技术规范及监理工程师批准的工程技术要求。

(4) 质量标准。所有工程质量均应符合合同文件中列明的质量标准和监理工程师同意使用的其他标准。

(二) 工程质量监理的特点

以国际通用的 FIDIC 合同条件为基础的工程质量监理与传统的质量管理相比具有以下特点。

(1) 监理工程师对工程质量的监理权受法律保护。承包人和业主签订的施工合同中详细、明确地规定了监理工程师在质量监理中的地位和权力,这就以合同形式赋予了监理工程师采取各种手段进行工程质量监理的权力,使质量监理变得有法可依,减少了质量监理中的纠纷。

(2) 工程质量监理强调事先监理和主动监理。质量监理的重点在施工前的准备阶段和施工阶段,即对原材料、施工机械和施工技术方案等的检验和审查,以及对施工过程中各环节的质量监理,以便及早发现问题,防患于未然。这与工程结束后再进行检查验收的事后监督办法是完全不同的。

(3) 工程质量监理是全过程、全方位和全天候的全面质量管理。这与内部质量管理和质量监督部门的抽查是完全不一样的。这样能使工程质量形成过程中的每个环节和各种因素均处于受控状态,使工程的所有部分的质量得到有效、全面监理。

(4) 工程质量监理与工程计量支付挂钩。质量直接关系到承包人的经济利益,这是工程监理制度的显著特点。按合同条款规定,未经监理工程师验收并签字认可的工程项目,一律不予支付费用。监理工程师有了这个权力,就能运用经济杠杆的作用有效地保证工程质量,对施工过程进行全方位质量监理。

（三）工程质量监理的任务

合同工程开工之日至合同工程交工验收申请之日为施工阶段。在施工阶段，质量监理的主要工作分为以下几个方面，如图 3-2 所示。

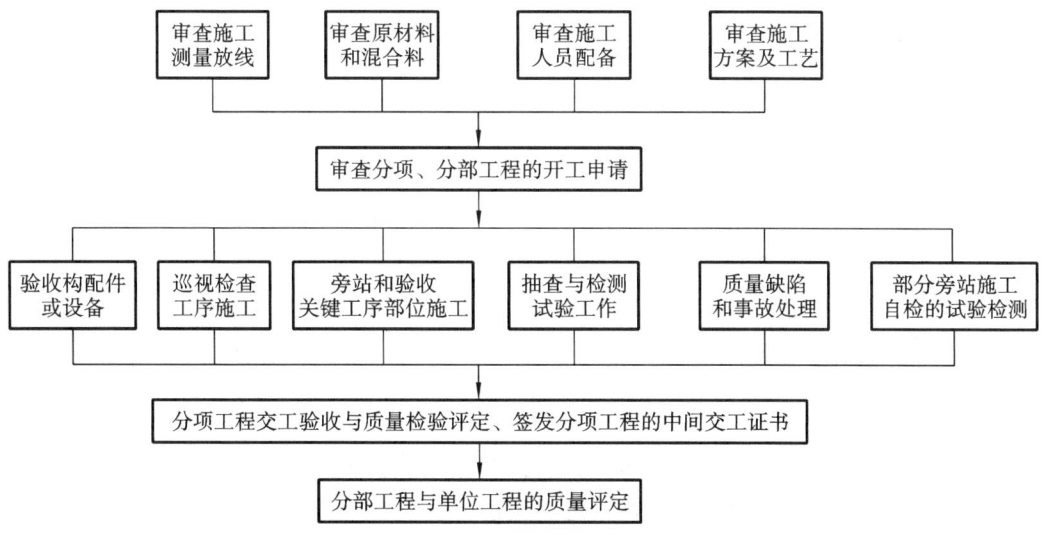

图 3-2　施工阶段质量监理的主要内容

监理机构应对施工单位提交的分部工程及主要分项工程开工申请进行审查，并在规定期限内批复。审查应包括下列基本内容。

（1）审查施工测量放线。监理工程师应审查施工单位提交的施工测量放线数据和成果，对从基准点引出的工程控制桩的重点桩位应复测不少于 30%，经复测不符合规定时应要求其重新测设。

（2）审查原材料与混合料。监理机构应审查施工单位报审的原材料和混合料试验资料，对主要原材料独立取样进行平行试验，对主要混合料的配合比和路基填料的击实试验结果进行验证，审验合格、经批复后方可在工程上使用。

（3）审查施工人员配备。监理工程师应审查该分项工程的技术、质量和安全管理人员及主要操作人员等的配备是否满足施工合同要求和施工需要。

（4）审查施工方案及工艺。监理工程师应审查施工单位提交的分项、分部工程的施工方案及主要施工工艺控制要点等是否符合有关技术标准。

施工阶段的质量监理主要是以分项工程的施工全过程为单位进行的，其工作内容主要包括以下几个方面。

（1）验收工程构配件或设备。对施工单位外部采购和委托制作的主要工程构配件或设备，监理工程师应核查产品合格证明文件和施工单位自检报告，进场后对关键项目进行抽检，验收合格后方可使用。对在施工现场不具备检测条件的，监理工程师应按合同约定到厂监督检验。

（2）巡视。巡视是指监理工程师对施工现场进行的定期或不定期的巡回检查活动。监理工程师应采取以巡视为主的方式进行施工现场监理，按计划定期或不定期巡视施工现场，对施工的主要工程每天巡视不少于 1 次，并填写巡视记录，格式见《公路工程施工监理规范》(JTG G10—2016)附录 B.1。当天问题未及时处理的,应在处理完成之日及时补记。巡视应包括下列主要内容。

①施工现场管理人员(特别是安全管理人员)是否到位,特种作业人员是否持证上岗。

②使用的原材料或混合料、构配件和主要施工机械设备是否与批准的一致。

③是否按技术标准、工程设计文件、批准的施工组织设计和方案施工。

④质量、安全、环保和施工标准化等措施是否落实,施工自检和工序交接是否符合规定。

(3)旁站和检测见证。旁站是指监理人员对旁站项目的施工过程进行的现场监督活动。检测见证是指监理人员对施工单位关键项目检测过程进行的现场监督活动。监理机构应依据《公路工程施工监理规范》(JTG G10—2016)及工程项目的特点,确定本合同工程旁站的项目(见《公路工程施工监理规范》(JTG G10—2016)附录 A),制订旁站计划并认真实施,对主要工程的关键项目进行检测见证。旁站监理人员对发现的问题应责令立即改正,可能危及工程质量、安全或环境时,应予以制止并及时向驻地监理工程师或总监理工程师报告。旁站监理人员应按规定的格式如实、准确、详细地填写旁站记录。

(4)抽检。抽检是指监理机构按规定的项目和频率对工程材料或实体质量进行的平行或随机检验活动。监理机构应在施工单位自检合格的基础上按下列规定进行抽检,并填写抽检记录。

①对钢筋、水泥、沥青、石灰和碎石等原材料及水泥混凝土、沥青混合料和无机结合料稳定材料等混合料,抽检频率按批次应不低于规定施工检验频率的 10%。

②对分项工程中的关键项目和结构主要尺寸,抽检频率应不低于规定施工检验率的 20%。

③当监理工程师对工程材料或实体质量有疑问时,应进行抽检。

(5)隐蔽工程验收。监理工程师应对施工单位报验的隐蔽工程进行检查验收、留存影像资料,合格后予以签认。未经验收或验收不合格的不得进行下一道工序施工。

(6)质量违规的处理。监理机构在监理过程中发现施工不符合法律法规、技术标准及施工合同约定的,应要求施工单位改正,并应符合下列规定。

①质量不合格的材料、构配件不得在工程上使用。

②对工程质量缺陷,监理机构应签发监理指令单(格式见《公路工程施工监理规范》(JTG G10—2016)附录 D),要求施工单位整改。

③对质量不合格的工程,监理机构应签发监理指令单,要求施工单位返工处理。

④对可能危及结构安全或存在重大隐患的质量问题,应签发停工令并向建设单位报告。

⑤当发生质量事故时,监理机构应依法按有关规定报告和处理。

3.1.3 质量监理程序与方法

公路工程施工质量监理与单纯的工程质量验收不一样,其不仅是最后的检验,而且是对施工全过程的监理。施工过程中,监理人员要认真做好事前检查审批、事中抽查监督、事后验收评定等工作,严格工作程序和工作制度的管理。监理工程师从承包人提出开工申请到中间交工证书的签发,直至工程项目竣工验收,都必须严格执行监理程序。

(一) 质量监理程序

合同工程开工前,总监理工程师应在监理交底会或第一次工地会议上向承包人明确本工程质量监理程序,以供所有监理人员、承包人的自检人员和施工人员共同遵循,使质量监理工作程序化。在施工过程中,质量监理一般应按以下程序进行。

(1) 审批开工申请单。在分项(或分部)工程开工之前,监理工程师应要求承包人提交工程开工申请单并进行审批。收到开工申请后,监理工程师应在合同规定的时间内,检查承包人的施工准备工作情况,审查其是否具备开工条件,如果确认满足合同要求和具备施工条件,批复开工申请并签发开工令。承包人在接到监理工程师签发的开工令后即可开工。

(2) 填报工序质量检验通知单。在每道工序完工之后,监理工程师应要求承包人的自检人员按照监理工程师批准的工艺流程和提出的工序检查程序进行自检,自检合格后,填写工序质量检验通知单,并附上工序自检资料,报请监理工程师进行检查认可。

(3) 签发工序质量验收单。监理工程师在收到承包人提交的工序质量检验通知单并检查该工序的质量自检资料后,对已完工的每道工序进行检查,并按规定的抽检频率进行抽检,检验合格后,签发质量验收单。质量验收单签发后承包人即可进行下道工序的施工。对不合格的工序,监理工程师应指示承包人进行缺陷修补或返工。前道工序未经检查认可,不得进行后道工序。

(4) 填报中间交工报告。分项(或分部)工程的全部工序完工后,承包人的自检人员应再进行一次系统的自检,归总各道工序的检查记录及测量和抽样试验的结果,填写中间交工报告,提出中间交工申请,报请监理工程师进行中间交工验收。自检资料不全的交工报告,监理工程师应拒绝验收。

(5) 签发中间交工证书。监理工程师在收到承包人提交的中间交工申请并检查该工程中每道工序的质量验收单后,应对该工程进行一次系统的检查验收。检查合格并按合同规定进行质量等级评定后,监理工程师签发中间交工证书。未经中间交工检验或检验不合格的工程,不得进行下一分项(或分部)工程的施工。

(二) 质量监理方法

1) 审核技术文件

审核承包人的各种技术文件是项目监理机构对工程质量进行全面监督、检查与控制的重要手段。审核的主要内容如下:审批承包人的开工申请书,检查其施工准备工作质量;审批承包人的施工方案、施工组织设计,控制工程施工质量有可靠的技术措施保障;审批承包人提交的有关材料、半成品和成品构件的质量证明文件,确保工程质量有可靠的物质基础;审核承包人提交的有关工序检验记录及试验报告、工序交接检查报告、隐蔽工程检查报告、分部分项工程质量检查报告等文件、资料,以确保和控制施工过程的质量;审批有关工程变更修改图纸等,以确保设计及施工图纸的质量;审批有关工程质量事故(问题)的处理报告,以确保质量事故(问题)的处理质量;审核并签认现场质量检验资料,对现场工程质量进行确认。

2）现场巡视

巡视是指监理人员在工程施工过程中对施工现场进行的经常性巡回检查活动。监理人员应重点巡视正在施工的分项、分部工程是否已批准开工；质量检测人员是否按规定到岗；现场使用的原材料或混合料，外购产品、施工机械及采用的施工方法与工艺是否与批准的一致；质量措施是否实施到位；试验检测仪器、设备是否按规定进行了标定；施工人员是否按规定进行了施工自检和工序交接等。通过巡视，监理人员可了解施工现场情况，发现质量隐患及影响质量的不利因素，及时采取措施加以排除。监理人员每天对每道工序的巡视应不少于 1 次，并按规定格式详细做好巡视记录。

3）旁站监理

旁站监理是指监理人员对旁站项目（见《公路工程施工监理规范》(JTG G10—2016)，附录 A)的施工过程进行的现场监督活动。这是监理人员的一种主要的现场质量监理方法。对承包人施工的隐蔽工程、重要工程部位、重要工序及工艺过程，监理工程师或其助理人员应实行全过程的旁站监督，对发现的问题应及时责令承包人立即改正，以使施工过程始终处于受控状态，及时清除影响工程质量的不利因素。

4）测量控制

测量控制就是利用测量工具，对施工控制网和规定的检测点进行测量，测得实际数据后与规定的质量标准或规范的要求对照，以确定施工质量是否符合要求。测量是监理人员对承包人的施工控制网、放线、公路及结构物几何尺寸控制和检查的重要手段。监理工程师应审查施工单位提交的施工测量放线数据和成果，对从基准点引出的工程控制桩的重点桩位应复测不少于 30%，经复测不符合规定时应要求其重新测设。

施工过程中要及时测量，检查几何尺寸和位置是否符合设计和规范要求。验收时，要对验收部位各项几何尺寸进行测量，不符合要求的要进行整修或返工。

5）试验与抽检

试验是监理工程师确认各种材料和工程部位质量的主要依据。工程监理以数据为准，用数据说话。监理机构应在施工单位自检合格的基础上按下列规定进行抽检，并填写抽检记录（格式见《公路工程施工监理规范》(JTG G10—2016)附录 B.3)。

（1）对钢筋、水泥、沥青、石灰和碎石等原材料及水泥混凝土、沥青混合料和无机结合料稳定材料等混合料，抽检频率按批次应不低于规定施工检验频率的 10%。

（2）对分项工程中的关键项目和结构主要尺寸，抽检频率应不低于规定施工检验率的 20%。

（3）当监理工程师对工程材料或实体质量有疑问时，应进行抽检。

6）指令文件

指令文件是指监理工程师对承包人发出指示和要求的书面文件，用以向承包人提出或指出施工中存在的问题，要求和指示承包人应做什么或如何做等。例如施工准备完成后，经监理工程师确认并下达开工令后，承包人才能施工；施工中出现异常情况，经监理指出后，承包人仍未采取措施加以改正时，监理工程师为了保证质量，可以下达暂停施工的指令，要求承包人停止施工，直到问题得到解决。施工过程中，监理工程师发出的各种指令都要有文字记载，作为主要技术资料存档，使各项事情的处理有根据。这是按照 FIDIC

条款进行监理的一个特点,也是监理人员对工程施工过程实施质量监理不可缺少的手段。监理工程师通过发出指令文件,指出施工中存在的各种问题,提请承包人注意,以达到控制质量的目的。

7) 工序控制

工程项目的施工过程,就是完成一道道工序的过程,所以施工过程的质量监理主要就是工序的质量控制,而工序的质量控制又表现为施工现场的质量控制,这也是施工阶段质量监理的重点。因此,工序控制是监理工程师对施工质量进行有效监理的重要手段之一,必须按质量监理程序和质量监理的"四不准"原则进行严格控制,以确保工程质量达到合同要求。"四不准"原则:事故原因未查清不准放过,责任人员未处理不准放过,责任人和群众未受教育不准放过,整改措施未落实不准放过。

8) 计量与支付

计量与支付是指由监理工程师对工程进行计量并签发支付证书后,业主才能向承包人支付工程款,否则不能支付。这是监理合同赋予监理工程师的一项权力,监理工程师可以利用这项权力进行质量监理。只有在施工质量达到规定的标准和要求时,监理工程师才进行计量并签发支付证书,否则可拒绝计量并拒签支付证书。监理工程师有了这个权力,就能运用经济的手段对工程质量进行监理。

3.1.4　工程质量事故

(一) 质量事故

工程质量事故是指由于勘测、设计、施工、监理、试验检测等责任过失而使工程在下述时限内遭受损毁或产生不可弥补的本质缺陷,因构造物倒塌造成人身伤亡或财产损失以及需加固、补强、返工处理的事故。

(1) 道路工程:现场监理工程师签认至工程项目通车后两年内。

(2) 结构工程:施工过程中和设计使用年限内。

(二) 质量事故分级

1) 质量问题

质量较差,造成直接经济损失(包括修复费用)在 20 万元以下。质量问题有时也称为质量缺陷。

2) 一般质量事故

质量低劣或达不到合格标准,需加固补强,直接经济损失(包括修复费用)在 20 万～300 万元。一般质量事故分为三个等级。

(1)一级一般质量事故:直接经济损失在 150 万～300 万元。

(2)二级一般质量事故:直接经济损失在 50 万～150 万元。

(3)三级一般质量事故:直接经济损失在 20 万～50 万元。

3) 重大质量事故

由于责任过失造成工程倒塌、报废和造成人身伤亡或者重大经济损失。

重大质量事故分为三个等级。

(1)具备下列条件之一者为一级重大质量事故:

①死亡 30 人以上;

②直接经济损失在 1000 万元以上;

③特大型桥梁主体结构垮塌。

(2)具备下列条件之一者为二级重大质量事故:

①死亡 10 人以上、29 人以下;

②直接经济损失在 500 万元以上,不满 1000 万元;

③大型桥梁主体结构垮塌。

(3)具备下列条件之一者为三级重大质量事故:

①死亡 1 人以上、9 人以下;

②直接经济损失在 300 万元以上,不满 500 万元;

③中小型桥梁主体结构垮塌。

(三)质量事故处理原则

(1)质量事故的调查处理遵循统一领导、分级负责的原则。国务院交通主管部门归口管理全国公路工程质量事故,省级交通主管部门归口管理本辖区内的公路工程质量事故。

重大质量事故由国务院交通主管部门会同省级交通主管部门负责调查处理。一般质量事故由省级交通主管部门负责调查处理。质量问题原则上由业主或企业负责调查处理。

(2)质量事故发生后,应坚持"四不放过"的原则,即事故原因调查不清不放过,事故责任者没有受到教育不放过,没有防范措施不放过,相关责任人没受到处理不放过。

(3)质量事故实行报告制度。质量事故发生后,事故发生单位必须以最快的方式,将事故的简要情况同时向业主、监理单位、质量监督站报告。在质量监督站初步确定质量事故的类别、性质后,再按下述要求进行报告。

①质量问题:质量问题发生单位应在 2 天内书面上报业主、监理单位、质量监督站。

②一般质量事故:事故发生单位应在 3 天内书面上报质量监督站,同时报企业上级主管部门、业主和省级质量监督站。

③重大质量事故:事故发生单位必须在 2 小时内速报省级交通主管部门和国务院交通主管部门,同时报告省级质量监督站和部级质量监督站,并在 12 小时内报出《公路工程重大质量事故快报》。

质量事故书面报告一般应包括以下内容:工程项目名称,事故发生的时间、地点及建设、设计、施工、监理等单位名称;事故发生的简要经过、造成工程损失状况、伤亡人数和直接经济损失的初步估计;事故发生原因的初步判断;事故发生后采取的措施及事故控制情况;事故报告单位。

(四)质量缺陷的现场处理方式

发现工程项目存在可由项目监理机构处理的质量缺陷时,现场监理人员应根据质量缺陷的性质和严重程度,按如下方式处理。

(1)因施工而引起的质量缺陷处于萌芽状态时,监理工程师应及时制止,要求承包人立即更换不合格的材料、设备,撤换不称职的施工人员,改变不正确的施工方法及操作工艺。

（2）发生因施工而引起的质量缺陷时,监理工程师应立即向承包人发出暂停施工的指令,要求其立即书面报告质量缺陷的发生时间、部位、原因及已采取的措施和进一步处理方案。监理工程师应对处理方案进行审核后报业主批准,承包人实施处理方案并采取了能保证施工质量的有效防范措施后,监理工程师应对处理方案的实施进行监理并予以验收,验收合格后发出复工指令。

（3）质量缺陷发生在某道工序或分项工程完工以后,而且质量缺陷的存在将影响下道工序或分项工程质量时,监理工程师应向施工单位发出工程暂时停工指令,要求承包人写出质量问题调查报告,由设计单位提出处理方案并征得业主同意,批复承包人处理。处理结果要重新验收,验收合格后发出复工指令。

（4）在交工使用后的缺陷责任期内发现施工质量缺陷时,监理工程师应及时签发监理工程师通知,指令承包人进行修补、加固或返工处理。

质量缺陷的修补与加固,一般应先由承包人提出修补方案,经监理工程师批准后方可进行。因设计原因而产生的质量缺陷,应通过业主由设计单位提出处理方案,由承包人进行修补。修补措施及方法要保证质量控制指标和验收标准,应是技术规范允许的或行业公认的良好工程技术。

（5）施工过程中,发生不属于项目监理机构处理的一般质量事故或重大质量事故时,监理工程师可按以下程序处理。

①总监理工程师立即签发工程暂时停工指令,要求承包人停止质量事故部位和与其有关联部位及下道工序的施工,采取必要的措施保护事故现场,抢救人员和财产,防止事故扩大,做好相应记录。

②监理工程师要求承包人尽快提出质量事故的报告并按规定速报相应的主管部门。

③监理工程师积极配合质量事故调查组进行质量事故调查,客观地提供相应证据。

④监理工程师接到质量事故调查组提出的质量事故技术处理意见后,审核签认有关单位提出的质量事故技术处理方案。

⑤监理工程师指示承包人按照批准的工程质量事故处理方案对事故进行处理。

⑥监理工程师对承包人实施质量事故处理方案或对加固、返工、重建的工程进行监理并进行检查验收。经检验合格后,总监理工程师签发工程复工令,恢复正常施工。

3.1.5 工程参建各方的质量责任

（一）建设单位的质量责任

（1）建设单位要根据工程特点和技术要求,按有关规定选择相应资质等级的勘察单位、设计单位和施工单位,在合同中约定质量条款,明确质量责任,真实、准确、齐全地提供与建设工程有关的原始资料。建设工程项目的勘察、设计、施工、监理以及工程建设有关重要设备材料等的采购,均实行招标,依法确定程序和方法,择优选定中标者。不得将应由一个承包单位完成的建设工程项目肢解成若干部分发包给几个承包单位;不得迫使承包方以低于成本的价格竞标;不得任意压缩合理工期;不得明示或暗示设计单位或施工单位违反建设强制性标准,降低建设工程质量。建设单位对其自行选择的设计、施工单位发生的质量问题承担相应责任。

（2）建设单位应根据工程特点，配备相应的质量管理人员。对国家规定强制实行监理的工程项目，必须委托具有相应资质等级的工程监理单位进行监理。建设单位应与监理单位签订监理合同，明确双方的责任和义务。

（3）建设单位在工程开工前，负责办理有关施工图设计文件审查、工程施工许可证和工程质量监督手续，组织设计和施工单位认真进行设计交底。在工程施工中，建设单位应按国家现行有关工程建设法规、技术标准及合同规定，对工程质量进行检查。涉及建筑主体和承重结构变动的装修工程，建设单位应在施工前委托原设计单位或者相应资质等级的设计单位提出设计方案，经原审查机构审批后方可施工。工程项目竣工后，建设单位应及时组织设计、施工、工程监理等有关单位进行施工验收，未经验收备案或验收备案不合格的，不得交付使用。

（4）建设单位按合同的约定负责采购供应的建筑材料、建筑构配件和设备。采购事项应符合设计文件和合同要求。对采购事项发生的质量问题，建设单位应承担相应的责任。

（二）勘察单位、设计单位的质量责任

（1）勘察单位、设计单位必须在其资质等级许可的范围内承揽相应的勘察、设计任务，不得承揽超越其资质等级许可范围的任务，不得将承揽工程转包或违法分包，不得以任何形式以其他单位的名义承揽业务，不得允许其他单位或个人以本单位的名义承揽业务。

（2）勘察单位、设计单位必须按照国家现行的有关规定、工程建设强制性技术标准和合同要求进行勘察、设计工作，对所编制的勘察、设计文件的质量负责。勘察单位提供的地质、测量、水文等勘察成果文件必须真实、准确。设计单位提供的设计文件应符合国家规定的设计深度要求，注明工程合理使用年限。设计文件中选用的材料、构配件和设备，应注明规格、型号、性能等技术指标，其质量必须符合国家规定的标准。除了有特殊要求的建筑材料、专用设备、工艺生产线，设计单位不得指定生产厂、供应商。设计单位应就审查合格的施工图文件向施工单位做出详细说明，解决施工中对设计提出的问题，负责设计变更；参与工程质量事故分析，对因设计造成的质量事故提出相应的技术处理方案。

（三）施工单位的质量责任

（1）施工单位必须在其资质等级许可的范围内承揽相应的施工任务，不得承揽超越其资质等级业务范围的任务，不得将承接的工程转包或违法分包，也不得以任何形式以其他施工单位的名义承揽工程或允许其他单位或个人以本单位的名义承揽工程。

（2）施工单位对承包的工程项目的施工质量负责。施工单位应建立、健全质量管理体系，落实质量责任制，确定工程项目的项目经理、技术负责人和施工管理负责人。实行总承包的工程，总承包单位应对全部建设工程质量负责。对建设工程勘察、设计、施工、设备采购的一项或多项实行总承包的，总承包单位应对其承包的建设工程或采购设备的质量负责。实行总分包的工程，分包单位应按照分包合同约定对其分包工程的质量向总承包单位负责，总承包单位与分包单位对分包工程的质量承担连带责任。

（3）施工单位必须按照工程设计图纸和施工技术规范标准组织施工。未经设计单位同意，不得擅自修改工程设计。在施工中，必须按照工程设计要求、施工技术规范标准和合同约定，对建筑材料、构配件、设备和商品混凝土进行检验，不得偷工减料，不得使用不符合设计和强制性技术标准要求的产品，不得使用未经检验和试验或检验和试验不合格的产品。

（四）工程监理单位的质量责任

（1）工程监理单位应按其资质等级许可的范围承担工程监理业务，不得超越本单位资质等级许可的范围或以其他工程监理单位的名义承担工程监理业务，不得转让工程监理业务，不得允许其他单位或个人以本单位的名义承担工程监理业务。

（2）工程监理单位应依照法律、法规以及有关技术标准、设计文件和建设工程承包合同与建设单位签订监理合同，代表建设单位对工程质量实施监理，对工程质量承担监理责任。监理责任主要有违法责任和违约责任两个方面。工程监理单位故意弄虚作假、降低工程质量标准，造成质量事故的，要承担法律责任。工程监理单位与承包单位串通，谋取非法利益，给建设单位造成损失的，应当与承包单位承担连带赔偿责任。工程监理单位在责任期内，不按照监理合同约定履行监理职责，给建设单位或其他单位造成损失的，属违约责任，应当向建设单位赔偿。

（五）工程材料、构配件及设备生产或供应单位的质量责任

工程材料、构配件及设备生产或供应单位对其生产或供应的产品质量负责。生产厂或供应商必须具备相应的生产条件、技术装备的质量管理体系。生产或供应的供应材料、构配件及设备的质量应符合国家和行业现行的技术规定的合格标准和设计要求，应与说明书和包装上的质量标准相符，应有相应的产品检验合格证，应有详细的使用说明等。

3.2　路基工程施工质量监理

3.2.1　基本要求

路基是公路的主要组成部分。路基工程线长量大，投资多，影响因素复杂，其工程质量直接影响着路面工程和道路建成后的服务水平。尤其是高等级公路，由于技术标准高，受地形、地质、重要地物的限制，高填或深挖的路基、特殊地质的路基、路基中的桥涵和通道增多，更容易产生路基沉降变形、桥头跳车等质量隐患。为保证路基的质量与道路使用效果，在路基施工中，应严格监督工程材料的采用、施工工艺的实施，确保路基几何要素、整体稳定性、路基强度和水温度稳定性等符合技术规范和设计要求，使工程按进度计划，优质、按期实现预定目标。

路基施工质量监理基本要求如下。

（1）监理工作应严格按路基施工规定的程序进行。

（2）对路基工程所需的各种材料及沿线土质进行规定指标的试验检查，应符合规范的要求，保证合格材料用于路基工程的施工。

（3）路基施工过程中或完成后的质量抽样检查应符合路基设计和规范要求，对发现的质量缺陷应及时予以排除，在缺陷未排除前不准进行下一道工序的施工。

（4）路基施工方案和施工工艺应符合规范要求。

（5）路基施工过程中的各种试验、检测办法和精度等均应符合规范、合同的要求。

3.2.2 准备阶段质量监理

在路基施工准备阶段（施工单位进场至正式签发开工通知书），监理工程师的工作重点是，根据合同各条款对施工单位开工之前的准备工作进行检查和审核。其主要工作内容如下。

（一）校核测量控制点、抽查测量放样并检查施工现场

监理工程师在校核施工单位的测量控制点前，应检查施工单位使用的测量仪器是否按规定进行了校准，然后检查施工恢复定线测量及施工放样，最后审查其提交的测量放线数据、图表及放线成果是否满足要求，决定是否予以批复。

1）施工恢复定线测量及施工放样的校核检查程序

（1）在合同规定时间内，监理工程师（或建设单位）向施工单位书面提供原始基准点、基准线和基准高程。

（2）施工单位根据监理工程师提供的书面数据，计算、复核，确定施工中需要的人数和中线点、高程、位置、尺寸等数据，数据应准确无误，报监理工程师审批。

（3）施工单位根据监理工程师批准后的定线数据进行准确放样。

（4）施工单位经过准确放样后，提供给监理工程师放样数据及图表，报监理工程师审批。

（5）驻地监理工程师检查批准后，施工单位按批准的段落进行开挖；未经监理工程师批准，施工单位不得对原地面做任何改变。

2）校核检验项目

（1）固定桩是否齐全和满足施工控制要求。

（2）抽查中线偏差是否满足合同规定的精度要求。

（3）水准点和加密导线点的设置是否合理，增设的临时水准点和加密导线的精度是否符合要求。

监理工程师对从基准点引出的工程控制桩进行复测，对施工放线的重点桩位100%复测，其他桩位不低于30%抽测。

（二）验收和审批料场材料

监理工程师及其助手，应在路基填筑、路基防护及支挡工程所需的土、水泥、砂石等材料运入工地前，详细了解施工单位的材料供应情况，避免不符合要求的材料进入施工现场，造成工程质量事故。

检验程序如下。

（1）施工单位应提供当地的或外购材料产地及出厂合格证书，以备监理工程师审查。必要时，监理工程师可在施工初期派人对这些厂家的生产工艺、设备等进行调查了解，按相关规定要求施工单位对材料进行取样试验。在报监理工程师审查时，施工单位应提供该材料场的开采机械、加工设备、成品率等资料，以确定是否采用该材料场的材料。

（2）对于一些商品构件，如管道、混凝土构件等，施工单位应提供生产厂家的试验报告，以备监理工程师审批。

（3）材料进场后应做进一步的抽样检查，不合格的材料不得用于工程施工。

（4）对合同段内准备用作填方材料的挖方段或借方土料场，施工单位应对土质的液（塑）限、塑性指数、颗粒含量、天然含水量、标准干密度及最佳含水量等指标进行测试。监理工程师应监控试验全过程并要求施工单位提供试验结果报告。工地试验室应进行必要的独立平行试验。当测试指标不符合合同规定的技术标准时，该土质材料在采取改性措施前不得用于路基填方施工，改性措施应报监理工程师批准。

（三）检查施工单位的人员到位情况

监理工程师应检查施工单位向现场派驻的、为实施和完成合同工程及缺陷修复所需的下述人员是否到位。

（1）投标书附表中所报名单中的各类技术人员、质量检查人员和管理人员。未经监理工程师的批准，这些人员不应无故不到位或被替换；若确实无法到位和需要变换，须经监理工程师的批准，用具有同等资质的人员替换。

（2）其他满足合同工程施工需要的各类专业技术人员、质检人员、管理人员，有能力进行施工管理、指导作业的工长。

（3）适应本工程需要的各类数量的技工和普通工。尽管施工单位已按投标书的附表中所列的数量派遣了上述各类人员，但若监理工程师认为这些人员仍不足以适应现场的需要且不能保证工程质量，监理工程师有权要求施工单位继续增派或雇用这类人员并书面抄送施工单位和报建设单位。施工单位在接到书面通知之后，应立即执行监理工程师的上述指示，不得无故拖延。

监理工程师有权要求施工单位撤换由其派遣或雇用的那些工作不能胜任，玩忽职守、工作不负责的人员，上述撤换的人员未经监理工程师的同意不得重新回到合同规定的工作中。

（四）检查和审批施工机械设备

监理工程师应对施工单位运入施工现场的土方施工机械设备进行全面的监控，应按下面要求进行系统的检查和记录。

（1）认真检查和记录进场机械的数量、型号、规格、生产能力、完好率等。

（2）施工单位按合同文件投标书附表所填的内容与进场施工机械应一致，按时到达现场，不得拖延、短缺或任意变更，否则应按相关的规定视为施工单位违约。

（3）仔细分析施工机械的配套使用是否满足施工要求。

（4）应特别细致地检验施工单位直接用于网络计划中关键线路的工程机械的生产能力、效率、性能及周转情况是否满足施工要求。

（5）施工单位应详细填写施工机械进场检验单，报监理工程师审批。

（五）检查施工单位的自检系统

工程开工前，监理工程师应进一步审校施工单位的自检系统，要求施工的每一道工序按监理工程师规定的程序提供自检报告和试验报表。监理工程师要检查施工单位的自检系统，检查内容主要包括施工单位的自检人员、试验人员和试验设备等是否准备齐全并符合规定的要求，是否能满足施工要求。

（六）审批施工方案及主要施工工艺

施工单位从接到中标通知书之日起，应在合同专用条款规定的时间内向监理工程师提交一份格式和内容符合监理工程师意见的分项、分部工程的施工方案及主要工艺;技术复杂或采用新技术、新工艺、新材料和新设备的工程,应根据试验结果进行审批。如果监理工程师提出要求,施工单位应以书面形式提交一份有关施工单位为完成工程而建议采取的施工安排和施工方法总说明,供监理工程师查阅。

(七) 铺筑试验路段

(1) 铺筑试验路段的目的如下:

①通过试验路段的施工,检验施工单位提出的施工方案和方法的适用性,了解施工单位的施工机械的实效;

②检验和确认路基施工中各道工序的质量控制指标、保证质量的有效措施及质量检验的试验方法;

③通过试验路段施工获得相关保证质量的技术参数;

④获得施工组织的经验。

试验路段的施工可以为全线(本合同段)路基土方工程施工提供技术和组织的依据。

(2) 试验路段方案监理工程师应认真审批施工单位提交的试验路段的施工方案(或施工组织设计)。施工方案的检查主要包括以下内容:

①填方材料检验;

②原地面处理的检查;

③铺筑层厚(虚铺或实铺)与压实工艺,以及压实机具等的合理性、有效性、可操作性和可靠性;

④其他特殊工艺要求的试验,如清淤换填、砂桩、砂垫层和堆载预压等,以及有基底隔离层,顶、侧面隔离层等施工要求的实施过程的检查。

(3) 试验路段工作程序如下。

①施工单位应在合同、规范或监理程序规定的期限内,向监理工程师递交试验路段开工申请报告,详列试验路段方案及准备工作情况,供监理工程师审批。

②施工单位应按监理工程师批准的试验路段方案,在现场确定试验场地,使用批准的施工机械和试用材料进行试验。

③试验过程中,要详细记录各种试验参数,经过分析,不断修正。试验必须进行到符合合同规定及规范要求,也应达到监理工程师和施工单位双方取得一致意见。

④试验路段通过交工验收后,施工单位应提交试验路段总结报告,经监理工程师批准后,以此报告推荐的施工工艺作为指导全线(合同路段)路基土方的基本技术依据。监理工程师可下发据此编制的路基工程施工指导意见。

(八) 签认路基工程开工报告

当监理工程师对施工单位施工前的准备工作进行了认真校核检查,认为均满足合同规定的开工条件,监理工程师应及时签认路基工程总体开工报告及路基工程分项开工报告。施工单位在监理工程师签发开工通知单后,应立即进行路基施工,按规定工期完成工程。

(九) 明确监理程序

监理工程师在路基开工前对施工单位进行各项检查的同时,应向施工单位明确监理程序,下发监理工作大纲、监理实施细则、工程的单元划分、资料用表和上报程序、路基施工指导意见及监理廉政建设制度等一系列监理工作文件。

3.2.3　施工工序质量控制的监理

路基工程的分项工程的每道工序完工后,施工单位的自检人员应按照专业监理工程师批准的工艺流程和提出的工序进行自检,自检合格后,填写路基现场质量检验报告单,报送监理工程师检查。

监理工程师应监督施工单位的自检或在施工单位自检的同时对每道完工的工序进行检查、验收、签认,指令施工单位对不合格的工序进行缺陷修补或返工。前道工序未经检查认可,后道工序不得开工。

3.2.4　表土清理与压实的施工监理

监理要点如下。

(1)在路基施工范围内,必须挖除树根或树根的表层,挖除深度由监理工程师现场确定;挖出的不带树根的表土应搬运到由施工单位提供且监理工程师同意的储料场。

(2)对含有地表水、淤泥、杂草、垃圾、腐殖土等的地基,应进行排除清理;对软土地基,要进行特殊处理。

(3)为使路基土均匀压实,要求使用平地机或推土机将地面推平,平整度误差不超过5 cm。旧路基平整或新铺地面,均要求进行碾压,并达到规定的压实度。

(4)基底土密实且地面横坡坡度不大于1∶5时,路堤可直接填筑在自然地面上;地面横坡坡度大于1∶5时,原地面应挖成台阶(台阶宽度不小于1 m),应使用小型夯实机夯实。

(5)零填及挖方路基的压实,应符合相关规范的规定。路床范围原状土符合要求的,可直接进行成形施工;对于土质较差的路段,应按设计厚度进行换填处理;设计未规定时应对不小于路床厚度范围内的土体进行换填或超挖、分层回填压实,基底按94%的压实度标准执行。

3.2.5　填方路堤的施工监理

(一) 监理工作的基本规定与要求

(1)土方路堤的填筑应选择合适的路基填筑材料,使用细粒土填筑路堤时,应控制其含水量在最佳压实含水量±2%之内。

(2)土方路堤必须根据设计断面分层填筑、分层压实。采用机械压实时,分层的最大松铺厚度,应采用试验路段施工所得的技术参数,并符合规范要求。分层压实一般宜采用水平层填筑法施工。对原地面纵坡坡度大于12%的地段,可采用纵向分层法施工。地面横坡坡度较大时,原地面应挖成台阶(台阶宽度不小于1 m),应用小型夯实机夯实。填筑应由最低一层台阶填起,并分层夯实,所有台阶填完之后,即可按一般填土进行施工。

(3)路堤填土宽度每侧应大于填层设计宽度,压实宽度不得小于设计宽度,最后削坡。

（4）若填方分几个作业阶段施工，两段不在同一时间填筑，应先填交界地段并应按 1:1 坡度分层留台阶。若两个地段同时填筑，应分层相互交叠衔接，其搭接长度不得小于 2 m。

（5）采用不同类型的土混合填筑路堤时，应注意以下几点。

①以透水性较小的土填筑路堤下层时，应做成坡度为 4% 的双向横坡；填筑路堤上层时，除了干旱地区，不应覆盖在由透水性较好的土所填筑的路堤边坡上。

②不同性质的土应分别填筑，不得混填。每种填料层累计总厚度不宜小于 0.5 m。

③现场挖坑的土不完全是合格的路基填料时，可掺加石灰或其他材料改良后再用作填料。

④土方路堤施工的质量标准符合规定。

（6）桥涵及其他构造物处的填筑。

①回填土工作必须在隐蔽工程验收合格且桥涵圬工的强度满足规范要求后进行。

②选择透水性良好的土作为填料。采用透水性良好的土时，应该在土中增加外掺剂，如石灰，水泥等。

③注意桥涵填土的范围满足规范要求，桥台背后填土宜与堆坡填土同时进行。

④回填土应分层填筑并严格控制含水量，注意分层松铺厚度和适当的压实方法满足规范要求。

（7）填石路堤。

①填石路堤的基底处理同填土路堤。

②填石路堤的石料强度不应小于 15 MPa（用于护坡的不小于 20 MPa），填石路堤石料最大粒径不宜超过层厚的 2/3，填石路堤的压实度检验应符合规范的要求。

③注意分层填筑，分层压实。分层松铺厚度应满足规范要求，人工铺填粒径 25 cm 以上石料时应注意铺筑方法。

④石块级配较差、粒径较大、填层较厚、石块间隙较大时，可于每层表面的空隙里扫入石渣、石屑、中粗砂，再以压力水将砂冲入下部，反复数次，使间隙填满。

⑤填石路堤的填料的岩性相差较大时，应将不同岩性的填料分层或分段填筑。

⑥用强风化石料或软质岩石填筑路堤时，应按土质路堤施工规定先检验其 CBR（加州承载比）是否符合要求，CBR 不符合要求时不得使用，符合使用要求时应按土质路堤的技术要求施工。

（8）土石路堤。

①土石路堤的基底处理同填石路堤。

②天然土石混合材料中所含石料强度大于 20 MPa 时，石块的最大粒径不得超过压实层层厚的 2/3，超过的应清除。所含石料为软质岩（强度小于 15 MPa）时，石料最大粒径不得超过压实层厚，超过应打碎。

③土石路堤不得采用倾填方法，均应分层填筑、分层压实。每层铺实厚度应根据压实

机械类型和规格确定,不宜超过 40 cm。

④压实后渗水性差异较大的土石混合填料应分层或分段填筑,不宜纵向分幅填筑。

⑤当土石混合料来自不同路段,其岩性或土石混合比相差较大时,应分层或分段填筑。

⑥土石混合填料时,应根据石料含量确定铺筑顺序。

⑦高速公路及一级公路土石路堤的路床顶面以下 30～50 cm 范围内应填筑符合路床要求的土并分层压实,填料最大粒径不大于 10 cm。其他公路填筑砂类土厚度应为 30 cm,最大粒径不大于 15 cm。

(二) 路基压实质量监理

(1) 路基压实标准。路基压实的程度常用压实度表示,即工地实际达到的干密度与室内标准击实试验所得的最大干密度的百分比。路基所受的荷载应力随深度迅速减少,因此,路基的压实度应严格执行相关规定。

(2) 压实质量的控制与检查。为了控制好路基的压实质量,首先要充分考虑影响压实的各种因素,然后根据现场实际情况采取各种技术措施,充分发挥现场压实机械的工作效率,使所施工的路基达到压实标准的要求。在路基施工过程中进行压实质量监理时,应注意以下六点。

①对确定不同种类填土的最大干密度和最佳含水量的试验进行检校。在路基填筑施工之前,必须对主要取土场采取代表性土样,进行土工试验,用规定方法求得各土场土样的最大干密度和最佳含水量,以便指导路基的压实工作。一般规定每一料源试验 1 次,施工中每 3000 m² 试验 2 次。另外,发现土质变化时,应随时试验。

②检查控制填土含水量。含水量是影响路基压实效果的主要因素,故须经常检测欲填入路基中的土的含水量。含水量接近最佳含水量时,填筑碾压的质量才有保证;填土含水量过大时,应将土推开晾晒至需要的含水量时再碾压。

③检查分层填筑、分层碾压情况。每层填土厚度也是影响压实效果的重要因素。填土层厚度大时,其深部不能获得要求的密实度。一般认为,对于细粒土,用 12～15 t 振动压路机(包括激振力)碾压时,压实厚度不超过 20 cm;用 22～25 t 振动压路机(包括激振力)碾压时,压实厚度不超过 50 cm。一般每层填土的厚度应依据试验路段的结果而定。

④全宽填筑、全宽碾压方法的检查。填筑路基时,应从基底开始在路基全宽范围内分层向上填土和碾压,尤其是路堤边坡部分,必须从下至上予以充分压实,碾压应采用“先轻后重,先边后中,先快后慢”的原则且轮迹搭接的宽度应符合要求,确保压实均匀。

⑤加强压实度检查。填筑路基时,应分层碾压、分层检查压实度,并要求每一层压实度达到要求后方能允许填上一层填土。只有分层控制填土的压实度,才能保证全深度范围的路基压实质量。

⑥现场压实质量的评定。现场压实度检验,以一个工班完成的路段压实层为一个检验单元。《公路工程质量检验评定标准 第一册 土建工程》(JTG F80/1—2017)规定,路基压实度以每 200 cm 每压实层检测 4 处(密度法)。

3.2.6 挖方路堑的施工监理

(一) 基本规定和要求

(1) 挖方路基施工前应复查施工组织设计,核实(或编制)调整土方调运表,检查施工现场是否按规范要求进行清理。

(2) 开挖前应对沿线土质进行土工检测试验。

(3) 检查路堑的排水设施。

①在路堑开挖前做好截水沟,视土质情况做好防渗工作。土方施工期间应修建临时排水设施。

②临时排水设施应与永久性排水设施结合,水不得排入农田、耕地,污染自然水源,也不得引起淤积和冲刷。

③根据施工组织设计,检查各种必要的施工机械到位情况。

(二) 土方开挖监理工作要点

(1) 土方开挖应遵照下列要求。

①已开挖的适用于种植草皮和其他用途的表土,应储存于指定地点。

②根据土工试验结果,对开挖的适用材料,应用于路基填筑,各类材料不应混杂。不适用的材料应按弃土的有关规定办理。

③土方开挖不论工程量和开挖深度大小,均应自上而下进行,不得乱挖、超挖。严禁掏洞取土。在不影响边坡稳定的情况下采用爆破施工时,应经过设计审批。

④路堑开挖中,遇土质变化需修改施工方案,即改变边坡坡度时,应及时报批。

(2) 因受冬期或雨期影响,当挖出的土方不能及时用于填筑路堤时,应按季节性施工的有关规定办理。

(3) 若路堑路床的表层下为有机土、路基土强度小于规范规定的土或不宜做路床的土,均应清除换填符合要求的土。

(4) 路基开挖如遇特殊土质,应按特殊地区施工的有关规定办理。

(5) 挖方路基施工高程,应考虑压实后的下沉量,其值应由试验确定。

(6) 土方路堑开挖,根据路堑深度和纵向长度,可采用横挖法、纵挖法或混合式开挖法进行。

(7) 边沟或截水沟的开挖应符合位置、断面尺寸及有关要求,应严格按照设计图的规定施工。

(8) 路堑施工遇到地下水时,应及时做好排水工作。路堑路床顶部以下位于含水量较多的土层时,应换填透水性良好的材料,换填深度应满足设计要求,并整平凹槽地底面,设置渗沟,将地下水引出路外,再分层回填压实。

(9) 及时按有关规定处理弃土,并满足规范和施工要求。

(三) 石方开挖监理工作要点

(1) 开挖石方时,应根据岩石的类别、风化程度和节理发育程度等确定开挖方式。对于软石和强风化岩石,能用机械直接开挖的石方均应采用机械开挖。不能使用机械或人工直接开挖的石方,应采用爆破法开挖。

（2）石方须用爆破法开挖的路段，应预先调查空中缆线、地下管线和施工区边界处建筑物的情况。任何爆破方案的制订，必须确保空中缆线、地下管线和施工区边界处建筑物的安全。

（3）石方爆破作业时，必须由经过专业培训并取得爆破证书的专业人员实施爆破。

（4）根据确定的爆破方案，进行炮位、炮孔深度和用药量设计，其设计图和资料应报送有关部门审批。

（5）根据设计的炮位和孔深打眼，工程量小、工期允许时，可采用人工打眼；工程量较大时，宜采用机械钻孔。钻孔机械可采用风钻或潜孔钻。

（6）开挖石方应按爆破法程序进行。

（7）公路石方开挖，应充分重视挖方边坡稳定，宜选用中小炮爆破；开挖风化较严重、节理发育或岩层产状对边坡稳定不利的石方，应用小型排炮微差爆破，小型排炮药室距设计边坡线的水平距离不应小于炮孔间距的 1/2。

（8）岩层走向与线路走向基本一致，倾角大于 15°且倾向公路或开挖边界线外有建筑物，实施爆破可能对建筑物地基造成影响时，应在开挖层边界，沿设计坡面打预裂孔，孔深同炮孔深度，孔内不装炸药和其他爆破料，孔的距离不宜大于炮孔纵向间距的 1/2。

（9）开挖层边坡的两列炮孔，特别是靠顺层边坡的一列炮孔，宜采用减弱松动爆破。

（10）开挖边坡外有必须保证安全的重要建筑物，即使采用减弱松动爆破都无法保证建筑物安全时，可采用人工开凿、化学爆破或控制爆破。

（11）在石方开挖区应注意施工排水，在纵向和横向形成坡面开挖面，其坡度应满足排水要求，以确保爆破出的石料不受积水浸泡。

（12）根据具体情况选择合适的爆破方法，做好充分的爆破前准备工作。

（13）尤其应注意炮眼位置的选择和炮眼深度、间距及各种爆破法的用药量的计算。

（14）重视安全措施。

3.2.7　路基排水工程的施工监理

（一）基本规定和要求

（1）路基施工中应保证路基经常处于干燥、坚固和稳定状态。

（2）监理进场后应校核全线排水系统的设计是否完备和妥善，必要时由施工单位申报设计变更，予以补充和修改，使全线的沟渠、管道、桥涵构成完整的排水体系。

（3）路基施工中，必须按设计要求，首先做好排水工程及施工场地附近的临时排水设施，然后做主体工程。在无条件时，排水工程可与路基同步施工，使其随施工进度逐步成型。临时性排水设施应尽量与永久性排水设施结合起来。

（4）排水设施的进出水口，应视当地土质、水文、地形条件及筑路材料等情况，适当加固。

（5）各类排水设施的位置，断面形状、尺寸，坡度，高程及使用材料应符合设计图的要求。

（6）路基排水设施的施工质量应符合规范要求。施工时，应及时维修和清理各类排水设施，使其保持完好状态及水流畅通，不产生冲刷和淤塞。

（二）地面排水的监理要点

（1）边沟施工应注意边沟的纵坡平顺，坡度不宜太大或太小，深度适当，应根据施工现场情况对边沟进行加固。

（2）截水沟的施工应注意截水沟的位置符合规范要求；截水沟的出水口必须与其他排水设施平顺衔接；为防止水流下渗和冲刷，截水沟应进行严密的防渗和加固。

（3）排水沟应注意线形平顺，尽可能采用直线形；转弯处曲线半径不宜小于 10 m；长度根据实际需要而定，通常不宜超过 500 m；排水沟离路基尽可能远一些，距路基坡脚不宜小于 4 m。

（4）跌水与急流槽必须采用浆砌圬工结构施工；跌水的台阶高度可根据地形、地质等条件决定；急流槽的纵坡坡度不宜超过 1∶1.5，同时应与天然地面坡度配合；急流槽很长时，应分段砌筑，每段不宜超过 10 m，接头用防水材料填塞，确保密实无空隙。

（三）地下排水的监理要点

（1）排水沟可兼排地表水，在寒冷地区不宜用于排出地下水。

（2）排水沟和暗沟沟底应根据地下水水位的高低布置；排水沟或暗沟采用混凝土浇筑或用浆砌片石砌筑时，应设置渗水孔、伸缩缝或沉降缝，其施工应符合规范要求。

（3）渗沟有填石渗沟、管式渗沟和洞式渗沟三种形式，三种渗沟均应设置排水层、反滤层和封闭层。

（4）路基附近的地面水和浅层地下水无法排出，影响路基稳定时，可设置渗井，使地面水或地下水经渗井通过不透水层的钻孔流入下层透水层排除。

（5）渗池与暗管适用于一般寒冷地区和严寒地区，应埋设于当地冰冻线以下的土层中。

（6）在承压地下水或地下水很多的地方修筑路基时，可用土工织物在原地面与路基交界处设排水隔离层，也可以在路基内部设排水隔离层，把地下水引入边沟，把从路面渗透来的水隔离。注意土工织物的抗拉强度、厚度等符合规范要求。

（7）特殊气候地区积水的排除应符合下列规定。

①埋深较浅的积水，可采用渗沟、排水渗井及砂桩等方法排除。深层积水如对路基造成危害，可采用深埋（深度大于 60 m）渗沟排除。

②砂桩由钻孔填砂而成，其直径为 15～20 cm，砂桩深度必须穿过不透水层，深达透水层，在寒冷地区砂桩底部应在冰冻线以下 30 cm。砂桩平面应按梅花形进行平面布置，其间距为 0.5～2.0 m。

（四）路基其他排水形式的监理要点

（1）高速公路和一级公路路面汇水面积大，特别是在弯道段，降雨时中央分隔带附近积水较多，路基施工应严格按设计要求进行，认真做好这一部分临时或永久性的排水沟渠管线，确保水流迅速排出路基。

（2）立交区和下穿通道是雨期容易积水成塘和冬期容易形成冰湖的两个区域，对路基的强度和稳定性影响较大，排除地面水和地下水的各种设施要严格按设计位置、高程和断面尺寸认真施工，同时应按设计规定设置集水井，在雨期宜采用集中抽水的措施。

（3）高速公路和一级公路宜在紧贴路肩部分设立拦水缘石，在适当长度内设置簸箕配合急流槽将路表水排出路基。边坡有加固设施或该地区年降雨量小且无暴雨径流产生时,在确保边坡稳定的情况下,也可以让路面水排出路基。

(4)高速公路、一级公路的填方路基坡脚处,宜设置坡脚排水沟,排水沟距路基坡脚不宜小于 2 m。

3.3　路面工程施工质量监理

3.3.1　路面工程概述

(一)路面的功能

路面是用各种筑路材料铺筑在路基上供车辆行驶的层状构造物。路面不仅要直接承受车辆荷载的作用,而且要经受自然因素(日光、温度和水等)和其他人为因素的作用。

(二)路面的构造

路面由面层、硬路肩、土路肩、路缘石及中央分隔带等组成,如图 3-3 所示。

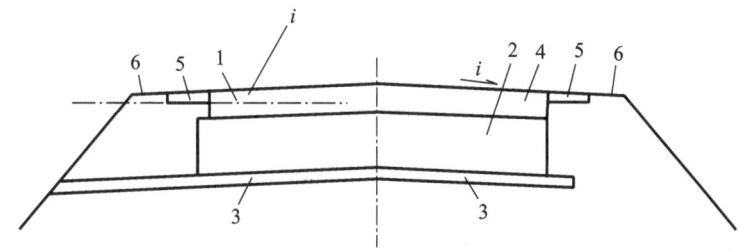

图 3-3　路面构造及结构示意图

i—路拱横坡度;1—面层;2—基层(包括底基层);3—垫层;4—路缘石;5—加固路肩;6—土路肩

路面结构层次自上而下可分为面层、基层、功能层,有时在面层之下还设有联结层,如图 3-4 所示。

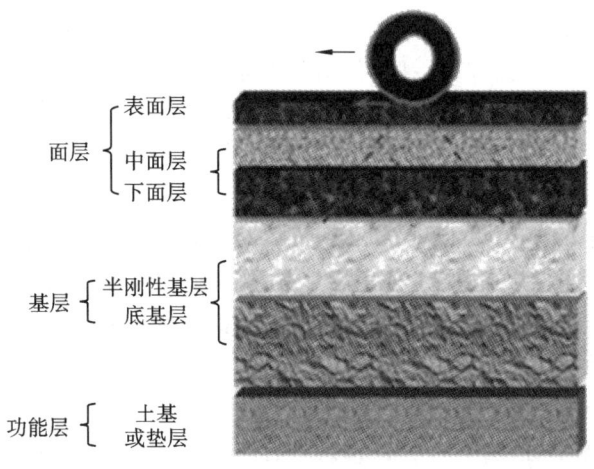

图 3-4　路面结构层次

1）面层

面层是直接同行车和大气接触的表面层次，承受较大的行车荷载的垂直力、水平力和冲击力作用，同时受到降水的侵蚀和气温变化的影响。因此，同其他层次相比，面层应具备较高的结构强度、较好的抗变形能力、较好的水稳定性和温度稳定性，而且应耐磨、不透水，其表面还应有良好的抗滑性和平整度。

2）基层

基层主要承受由面层传来的车辆荷载的垂直力，并将它们扩散到下面的功能层（垫层）和土基。实际上基层是路面结构中的承重层，它应具有足够的强度和刚度，应具有良好的扩散应力的能力。基层（底基层）可分为粒料类和无机结合料稳定类。

（1）粒料类基层（底基层）。

粒料类基层常分为嵌锁型和级配型，目前常用的有填隙碎石（嵌锁型）、级配碎（砾）石、天然砂砾（级配型）几种。

嵌锁型粒料基层的整体强度主要依靠碎石颗粒之间的嵌锁和摩阻作用，颗粒间的黏结力很小，即这种结构层的抗剪强度主要取决于剪切面上的法向应力和材料的内摩阻角。

级配型粒料基层的强度和稳定性取决于内摩阻角和黏结力的大小。

（2）无机结合料稳定类基层（底基层）。

无机结合料稳定类基层又称半刚性基层，主要有以下几类。

①水泥稳定类，主要有水泥稳定土、水泥稳定碎石（或砂砾）及水泥稳定未筛分碎石（或石屑、石渣）等。

②石灰稳定类，主要有石灰土、石灰碎石土、石灰砾石土以及石灰土稳定级配碎石和级配砂砾等。

③综合稳定类，主要有水泥石灰综合稳定土、水泥石灰稳定碎石（或砾石）、水泥石灰稳定煤渣等。

④石灰工业废渣类，主要有石灰粉煤灰（简称二灰）土、二灰砂、二灰砂砾、二灰碎石等，石灰煤渣、石灰煤渣土、石灰煤渣碎石（或砂砾）、石灰煤渣矿渣等。

半刚性基层（底基层）具有良好的力学性能，强度高、水稳定性好、板体性好。其强度不仅与使用材料本身性质有关，更主要的是混合料加水拌和碾压后发生的一系列物理-化学作用，强度随时间增长而逐渐提高。但这类基层的最大缺点是干缩或低温收缩时易产生裂缝。为减少开裂，可在混合料中掺入 60%～80% 的粒料。无机结合料稳定粒料基层中，水泥稳定碎石（或石屑）的强度较高，适宜用作大交通重轴载道路的基层，而无机结合料稳定土（如水泥土、石灰土、二灰土等）仅适宜用作高级路面的底基层。

3）功能层（垫层）

它的功能是改善土基的湿度和温度状况，以保证面层及基层的强度、刚度和稳定性不受土基水文状况变化的不良影响；将基层传下的车辆荷载应力加以扩散，以减小土层产生的应力和变形。

（三）路面分类

从路面结构的力学特性和设计方法的相似性出发，路面划分为柔性路面（见图 3-5）、刚性路面（见图 3-6）和半刚性路面三类。

图 3-5　柔性路面

图 3-6　刚性路面

1）柔性路面

柔性路面主要包括各种未经处理的粒料基层和各类沥青面层、碎（砾）石面层或块石面层组成的路面结构。

2）刚性路面

刚性路面主要指用水泥混凝土作面层或基层的路面结构。水泥混凝土的强度高，与其他筑路材料相比，它的抗弯拉强度高，有较高的弹性模量，故呈现出较大的刚性。

3）半刚性路面

用水泥、石灰等无机结合料处治的土或碎（砾）石及含有水硬性结合料的工业废渣修筑的基层，在前期具有柔性路面的力学性质，在后期强度和刚度均有较大幅度的增长，但是最终的强度和刚度仍远小于水泥混凝土。半刚性路面的刚性处于柔性路面与刚性路面之间，其基层称为半刚性基层。

3.3.2　路面施工准备阶段质量监理

（一）选择合适的路面材料

（1）土（碎石）。按土中单个颗粒的粒径大小和组成，土分为细粒土、中粒土和粗粒土三种。细粒土：颗粒的最大粒径小于 10 mm 且其中小于 2 mm 的颗粒含量不少于 90％。中粒土：颗粒的最大粒径小于 30 mm 且其中小于 20 mm 的颗粒含量不少于 85％。粗粒土：颗粒的最大粒径小于 50 mm 且其中小于 40 mm 的颗粒含量不少于 85％。

碎石由岩石或砾石压碎而成。路面中使用的碎石应洁净、干燥并具有足够的强度和耐磨耗性；应具有棱角（接近立方体），不得含有软质岩石和其他杂质。

路面工程中使用的砾石应坚硬、耐久，其有机质、黏土块和其他有害物质的含量应符合有关规范的规定。

路面工程使用的砂应洁净、坚硬、干燥、无风化、无杂质，符合级配规定，其泥土物含量小于 3％（质量分数）。

石屑系机械压碎而成。路面工程中使用的石屑应坚硬、干燥、无风化、无杂质，应具有适当的级配。

（2）水。路面施工中使用的水应洁净、不含杂质；符合现行《生活饮用水卫生标准》（GB 5749—2022）的饮用水可直接作为基层、底基层材料拌和与养护用水。拌和使用的非饮用水应进行水质检验,应符合《混凝土用水标准》(JGJ 63—2006)的技术要求。

(3) 水泥。强度等级为 32.5 或 42.5 级且满足《公路路面基层施工技术细则》(JTG/T F20—2015)要求的普通硅酸盐水泥等均可使用。所用水泥初凝时间应大于 3 h,终凝时间应大于 6 h 且小于 10 h。

(4) 石灰。石灰的技术要求应符合《公路路面基层施工技术细则》(JTG/T F20—2015)的相关规定。高速公路和一级公路用石灰应不低于Ⅱ级技术要求,二级公路用石灰应不低于Ⅲ级技术要求,二级以下公路宜不低于Ⅲ级技术要求。高速公路和一级公路的基层,宜采用磨细消石灰。二级以下公路使用等外石灰时,有效氧化钙含量应在 20% 以上,混合料强度应满足要求。不符合上述要求时,监理工程师有权拒绝使用,所发生的费用由承包商自负。

(5) 粉煤灰等工业废渣。路面工程中使用的粉煤灰中 SiO_2 和 Fe_2O_3 的总含量应大于 70%(质量分数),粉煤灰的烧失量不应超过 20%(质量分数),粉煤灰比面积宜大于 2500 cm^2/g,90%(体积分数)能通过 0.3 mm 筛孔,70%(体积分数)能通过 0.075 mm 筛孔,湿粉煤灰的含水量不宜超过 35%(质量分数)。各等级公路的底基层、二级及二级以下公路的基层使用的粉煤灰,通过率指标不满足上述要求时,应进行混合料强度试验,达到要求的强度指标时方可使用。

干排或湿排的硅铝粉煤灰和高钙粉煤灰等均可用作基层或底基层的结合料。

煤矸石、煤渣、高炉矿渣、钢渣及其他冶金矿渣等工业废渣可用于修筑基层或底基层,使用前应崩解稳定,宜通过不同龄期条件下的强度和模量试验以及温度收缩和干湿收缩试验等评价混合料性能。

水泥稳定煤矸石不宜用于高速公路和一级公路。工业废渣类作为集料使用时,公称最大粒径应不大于 31.5 mm,颗粒组成宜有一定的级配且不宜含杂质。

(6) 沥青。路面工程中使用的沥青材料包括道路石油沥青、液体石油沥青、乳化沥青和改性沥青等,沥青质量应符合《公路沥青路面施工技术规范》(JTG F40—2004)的要求。每一批沥青材料都应该有厂家技术标准、试验分析说明书,应提交监理工程师审核。

(二) 基层(底基层)混合料配合比设计

1) 混合料试验项目

重型击实试验可以确定最佳含水率和最大干密度,以规定工地碾压时的合适含水率和应达到的最大干密度。

2) 混合料配合比设计的一般方法

(1) 混合料配合比设计要求达到的目标是所设计的混合料组成在强度上满足设计要求,抗裂性达到最优且便于施工;配合比设计的基本原则是结合料剂量合理,尽可能采用综合性能稳定的集料且集料应有一定的级配。

(2) 试件应在规定温度下保湿养护 6 d,浸水养护 1 d,进行无侧限抗压强度试验,计算试验结果的平均值和偏差系数。

(三) 铺筑试验路段

在铺筑试验路段之前 28 d,施工单位应安装好与本项工程有关的全部试验仪器和设备(包括水泥、石料、混合料以及多项室内外试验的配套仪器,设备及取芯机等),配备足够数量的熟练试验技术人员,提交完整的目标配合比报告和生产配合比报告,报请监理工程师审查批准。试验段施工后,应及时总结。试验段铺筑阶段应对下列关键工序、工艺进行评价:

①拌和设备各级材料的进料比例、速度及精度;

②结合料的进料比例和精度,含水率的控制精度,松铺系数合理值;

③拌和、运输、摊铺和碾压机械的协调和配合;

④压实机械的选择和组合,压实的顺序、速度和遍数;

⑤对人工拌和工艺,应确定合适的拌和设备、方法、深度和遍数;

⑥对人工摊铺碾压工艺,应确定适宜的整平和整形机具和方法。

3.3.3　基层(底基层)施工阶段的质量监理

(一)无机结合料稳定材料基层(底基层)施工

1)一般规定

(1)根据公路等级的不同,宜按现行《公路路面基层施工技术细则》(JTG/T F20—2015)的推荐选择基层、底基层的材料施工工艺措施。对于边角部位施工,混合料拌和方式应与主线相同,可采用推土机摊平、平地机整平的人工方式摊铺,与主线同步碾压成型。

(2)稳定材料层宽11~12 m时,每个流水作业段长度以500 m为宜;稳定材料层宽大于12 m时,作业段宜相应缩短。宜综合考虑下列因素,合理确定每日施工作业段长度:施工机械和运输车辆的生产效率和数量;施工人员数量及操作熟练程度;施工季节和气候条件;水泥的初凝时间和延迟时间;减少施工接缝的数量。

(3)对水泥稳定材料或水泥粉煤灰稳定材料,宜在2 h之内完成碾压成型,应取混合料的初凝时间与容许延迟时间中较短的时间作为施工控制时间。石灰稳定材料或石灰粉煤灰稳定材料层宜在当天碾压完成,最长不应超过4 d。

(4)无机结合料稳定材料结构层施工应选择适宜的气候环境,针对当地气候环境的变化制订相应的处置预案。

2)混合料集中厂拌与运输

(1)混合料拌和能力与混合料摊铺能力应匹配。拌和厂应安置在地势相对较高的位置并做好排水设施。拌和厂场地应平整并具有足够的承载能力。

(2)工程所需的原材料严禁混杂,应分级隔仓堆放,应有明显的标志。细集料、水泥、石灰、粉煤灰等原材料应覆盖。对高速公路和一级公路,上述材料严禁露天堆放,应放置于专门搭建的防雨棚内或库房内。

(3)无机结合料稳定中、粗粒材料的拌和生产设备应满足下列要求:对高速公路和一级公路,混合料拌和设备的产量宜大于500 t/h。拌和设备的料仓数目应与规定的备料级数匹配,宜较规定的备料级数增加1个。各料仓之间的挡板高度应不小于1 m。高速公路的基层施工时,每个料斗与料仓下面应安装称量精度达到±0.5%的电子秤。

(4)装水泥的料仓应密闭、干燥,同时内部应装有破拱装置。对于高速公路,水泥料仓应配备计重装置,不宜通过电机转速计量水泥的添加量。加水量的计量应采用流量计的方式。对高速公路和一级公路,水的流量数值应在中央控制室的控制面板上显示。

（5）在正式拌制混合料之前，应先调试所用的设备，使混合料的级配和含水率都达到配合比设计的规定要求。原材料的颗粒组成发生变化时，应重新调试设备。

（6）高速公路基层的混合料拌和时，宜采用两次拌和的生产工艺，也可采用间歇式拌和生产工艺，拌和时间应不少于 15 s。

（7）在拌和过程中，应实时监测各个料仓的生产计量，对高速公路和一级公路，应每 10 min 打印各级料仓的使用量。某级材料的实际掺加量与设计要求值相差超过 10% 时，应立即停机检查原因，正常后方可继续生产。

（8）根据天气、运距等情况，无机结合料稳定材料拌和时宜适当增加含水率。应根据工程量的大小和运距的长短，配备足够数量的混合料运输车。混合料运输车装料前应清理干净车厢，不得存有杂物。

（9）混合料运输车装好料后，应用篷布将厢体覆盖严密，直到摊铺机前准备卸料时方可打开。对于高速公路和一级公路，水泥稳定材料从装车到运输到现场，时间不宜超过 1 h，超过 2 h 应作为废料处理。

3）混合料人工拌和

三、四级公路的底基层、基层混合料，可以采用人工路拌法进行拌和。混合料人工拌和工艺应包括现场准备、布料和拌和等流程。承包商可选择能满足现场拌和的施工设备，并使其始终处于良好的工作状态，经监理工程师同意后采用现场拌和法施工。现场拌和前应将下层表面杂物清除干净。对所有备土，应将超尺寸颗粒筛除，经摊铺、洒水闷料后整平，用 6~8 t 两轮压路机碾压 1~2 遍，使其表面平整。将石灰浆均匀地摊铺在整平的表面上，即可采用稳定土拌和机拌和。拌和过程中应及时检查含水量，使其等于或略大于最佳值，同时使其与石灰充分拌和均匀，不得留有"素土"夹层。

4）摊铺机摊铺与碾压

（1）混合料摊铺应保证足够的厚度，碾压成型后每层的摊铺厚度宜不小于 160 mm，最大厚度宜不大于 200 mm。

（2）具有足够的摊铺能力和压实功率时，可增加碾压厚度，具体的摊铺厚度应根据试验结果确定。进行大厚度的摊铺施工时，施工设备应增加相应的拌和能力。

（3）应在下承层施工质量检测合格后，开始摊铺上面结构层。采用两层连续摊铺时、下层质量出现问题时，上层应同时处理。

（4）下承层是稳定细粒材料时，宜先将下承层顶面拉毛或采用凸块式压路机碾压，再摊铺上层混合料；下承层是稳定中、粗粒材料时，应先将下承层清理干净，并洒铺水泥净浆，再摊铺上层混合料。

（5）应采用摊铺功率不低于 120 kW 的沥青混凝土摊铺机或稳定材料摊铺机摊铺混合料。采用两台摊铺机并排摊铺时，两台摊铺机的型号及磨损程度宜相同。在施工期间，两台摊铺机的前后间距不宜大于 10 m，两个施工段面纵向应有 300~400 mm 的重叠。

（6）在摊铺机后面应设专人消除粗细集料离析现象，及时铲除局部粗集料堆积或离析的部位，并用新拌混合料填补。

（7）可根据施工季节、气温和运距等的变化，微调混合料的含水量，保持混合料碾压过程中的含水量始终处于最佳含水量状态。

（8）应根据施工情况配备足够的碾压设备，并应符合下列规定：对于双向四车道高速公路或一级公路的半幅摊铺，应配备不少于 4 台重型压路机。对于双向六车道的半幅摊铺，应配备不少于 5 台重型压路机。

（9）应安排专人负责指挥碾压，严禁漏压和产生轮迹。采用钢轮压路机初压时，宜采用双钢轮压路机稳压 2～3 遍，再用激振力为 35 t 的重型振动压路机、18～21 t 的三轮压路机或 25 t 以上的轮胎压路机继续碾压密实，最后采用双钢轮压路机碾压，消除轮迹。采用胶轮压路机初压时，应采用 25 t 以上的重胶轮压路机稳压 1～2 遍，错轮不超过 1/3 的轮迹带宽度，再采用重型振动压路机碾压密实，最后采用双钢轮压路机碾压，消除轮迹。

（10）在碾压过程中出现软弹现象时，应及时将该路段混合料挖出，重新换填新料碾压；碾压成型后的表面应平整、无轮迹。碾压过程中，压路机严禁随意停放，应停放在已碾压完成的路段。

（11）混合料摊铺时，应保持连续。对水泥稳定材料，因故中断时间大于 2 h 时，应设置横向接缝。

（12）摊铺时宜避免纵向接缝，分两幅摊铺时，纵向接缝处应加强碾压，存在纵向接缝时，纵缝应垂直相接，严禁斜接。

（二）无机结合料稳定材料基层（底基层）养护、层间处理及其他

1）养护方式

无机结合料稳定材料基层碾压完成并经压实度检测合格后，应及时养护。养护可采用洒水养护、薄膜覆盖养护、土工布覆盖养护、铺设湿砂养护、草帘覆盖养护、洒铺乳化沥青养护等方式，宜结合工程实际情况选择适宜的方式。养护期间应封闭交通，除洒水车和小型通勤车辆外，严禁其他车辆通行。

2）无机结合料稳定材料基层之间的处理

在上层结构施工前，应将下层养护用材料彻底清理干净。应采用人工、小型清扫车及洒水冲刷的方式将下层表面的浮浆清理干净，下承层局部存在松散现象时，也应彻底清理干净。下承层清理后应封闭交通。在上层施工前 1～2 h，宜撒布水泥或洒铺水泥净浆。可采用上下结构层连续摊铺施工的方式，每层施工应配备独立的摊铺和碾压设备，不得采用一套设备在上下层来回施工。稳定细粒材料结构层施工时，根据土质情况，最后一道碾压工艺可采用凸块式压路机碾压。

3）无机结合料稳定材料基层与沥青面层之间的处理

应采用人工清扫、小型清扫车、空压机以及洒水冲刷等方式将无机结合料稳定材料基层表面的浮浆清理干净，并应符合下列规定：基层表面达到无浮尘、无松动状态。清理出小坑槽时，不得用原有基层材料找补。清理出较大范围松散时，应重新评定基层质量，必要时宜返工处理。

在无机结合料稳定材料基层表面干燥的状态下，可洒铺透层油。透层油宜采用稀释沥青、煤沥青或乳化沥青，沥青洒铺量宜为 0.3～0.6 kg/m^2。层油施工后严禁一切车辆通行，直至上层施工。下封层或黏层应在透层油挥发、破乳完成后施工，并封闭交通。

对极重、特重交通荷载等级或较薄的沥青面层，无机结合料稳定材料基层顶面应采用热洒沥青的方式加强层间结合，并应符合下列规定：根据工程情况，热洒沥青可以采用普通沥青、改性沥青或橡胶沥青,对高速公路和一级公路的极重、特重交通荷载等级或沥青层厚度小于 150 mm 时,宜选择 SBS 改性沥青或橡胶沥青。高速公路和一级公路不宜采用同步碎石封层设备,应采用分离式的施工设备。

4) 无机结合料稳定材料基层收缩裂缝的处理

无机结合料稳定材料基层在养护过程中出现裂缝,经过弯沉检测,结构层的承载能力满足设计要求时,可继续铺筑上面的沥青面层,也可采取下列措施处理裂缝:在裂缝位置灌缝,在裂缝位置铺设玻璃纤维格栅,洒铺热改性沥青。

(三) 无机结合料稳定材料基层(底基层)质量控制标准与实测项目

1) 施工过程质量检查

路面基层、底基层施工质量标准与控制应按照《公路路面基层施工技术细则》(JTG/T F20—2015)的规定执行。

施工过程中应检查外形尺寸和内在质量。其中,外形尺寸检查项目、频率和质量标准应符合规定要求。内在质量包括压实度检测和抽样检测。压实度检测应采用整层灌砂试验方法,灌砂深度应与现场实际摊铺厚度一致。无机结合料稳定材料应钻取芯样检验整体性。

2) 完工后质量检查的实测项目

完工后质量检查包括外形检查和实体质量检查两个方面,宜以 1 km 长的路段为单位评定路面结构层质量。

无机结合料稳定材料基层(底基层)完工验收阶段的质量控制要求,应符合相关规范规定。

3.3.4 沥青面层施工阶段质量控制

(一) 热拌沥青混合料面层质量控制要点

1) 材料选择

(1) 粗集料。粗集料包括碎石,破碎砾石,筛选砾石、矿渣等。沥青路面用的粗集料应洁净、干燥、无风化、无杂质,具有足够的强度和耐磨耗性,具有良好的颗粒形状(用于道路沥青面层的碎石不宜采用颚式破碎机加工),其粒径规格和质量应符合图样或规范要求。应特别注意,当按《公路工程沥青及沥青混合料试验规程》(JTG E20—2011)规定的方法试验时,沥青与集料的黏附性不低于 4 级,否则应加入外掺剂,外掺剂的精确比例由试验室确定。

(2) 细集料。细集料可采用天然砂、机制砂、石屑或天然砂和石屑两者的混合料。细集料应洁净、干燥、坚硬、无风化、无杂质或其他有害物质,应有适当的颗粒级配,其质量应符合《公路沥青路面施工技术规范》(JTG F40—2004)的要求。

(3) 填料。填料应采用石灰岩或岩浆岩中的强基性岩石等憎水性石料经磨制得到的矿粉,不应含泥土杂质和团粒。矿粉要求干燥、洁净,其质量应符合《公路沥青路面施工技术规范》(JTG F40—2004)的技术要求。

（4）沥青。承包商应于施工开始前 28 d 将拟用的沥青样品及试验报告提交监理工程师检验、批准。除了监理工程师另有指示,承包商不得在施工中以其他沥青替代。运到现场的每批沥青都应附有制造厂的证明和出厂试验报告,说明装运数量、装运日期、订货数量等。进场沥青每批都应重新进行取样和试验。取样和试样应符合《公路工程沥青及沥青混合料试验规程》(JTG E20—2011)和《公路沥青路面施工技术规范》(JTG F40—2004)的规定。沥青标号根据当地的气候情况和图样要求确定,取得监理工程师的批准。不同生产厂家、不同标号的沥青必须分开存放,不得混杂,应有防水措施。

2）试验路段

（1）在铺筑试验路段之前 28 d,承包人应安装好与本项工程有关的全部试验仪器和设备(包括多项室内外试验的配套仪器、设备及取芯机等),配备足够数量的熟练试验技术人员,报请监理工程师审查批准。

（2）在工程开工前 14 d,承包人应在监理工程师批准的现场并在监理工程师的监督下,用备齐并投入该项工程的全部机械设备及每种沥青混合料各铺筑一段长 100～200 m（单幅）的试验路段。

3）施工设备

（1）沥青拌和厂。拌和厂在其设计、协调配合和操作方面,都应能使生产的沥青混合料符合工地的配合比要求。拌和厂必须有配备足够设备的试验室,能及时提供试验资料。承包人应将试验人员及试验设备的资料报请监理工程师批准。拌和设备是能按用量(以质量计)分批配料的间歇式拌和机,其产量应与生产进度匹配(同时不小于 120 t/s),应装有温度检测系统、保温的成品储料仓和二次除尘设施。在安装完成后,应按批准的配合比进行试拌调试,直到符合要求。拌和场地的布置应保证热料运送距离合理,进出方便,电、水供应方便,远离居民区,符合环保的有关要求,见图 3-7。

图 3-7　沥青拌和厂

（2）运料设备。运输车辆应采用干净的、有金属地板的自卸翻斗车,车斗内不得沾有杂物。运输车辆应备有覆盖设备,车斗四角应密封坚固。

（3）摊铺机械。沥青混合料摊铺设备应是自动式的，应安装可调的活动摊平板或整平组件。熨平板在需要时可加热，能按照规定的典型横断面和图样所示的厚度在车道宽度内摊铺。摊铺机应配备振动夯板或可调整振动的振动熨平板组合装置，夯板与振动熨平板的频率应能进行各自的调整。摊铺沥青混合料时，摊铺机的摊铺速度应根据拌和机产量、施工机械配套情况及摊铺层厚度、宽度确定。摊铺机应配备整平板自控装置，自控装置的传感器可通过基准线自动发出信号来操纵熨平板，使摊铺机铺筑理想的横坡坡度和纵坡坡度。

（4）压实机械。压实机械包括钢轮式、轮胎式及振动式压路机。在压实过程中，这几种机械应按合理的压实工艺进行组合。承包商应备有监理工程师认可的小型振动压（夯）实机具，以用于压路机不便压实的地方。

4）混合料的拌和

（1）粗细集料应分类堆放和供料，取自不同料源的集料应分开堆放。每个料源的材料应进行抽样试验并经监理工程师批准。

（2）拌和时，每种规格的集料、矿粉、沥青都必须按批准的生产配合比准确计量，计量误差应控制在规定的范围内。

（3）沥青的加热温度、矿料的加热温度、沥青混合料的出厂温度和运到施工现场的温度均应符合《公路沥青路面施工技术规范》（JTG F40—2004）的要求。过热的混合料（沥青混合料）的出厂温度超过正常温度的高限时应废弃。

（4）拌和后的混合料必须均匀一致、无花白、无离析和结团现象。

（5）材料的规格或配合比发生改变时，都应进行试拌。试拌时必须抽样检查混合料的沥青含量、级配组成和有关指标，报请监理工程师批准。

5）混合料的运送

在沥青混合料运送时，应保证运至铺筑现场的混合料在当天或当班完成压实。已经离析、结成团块或在运料车卸料时滞留于车上的混合料，以及低于规定铺筑温度或被雨水淋过的混合料，都应废弃。

6）混合料的摊铺

只有在经监理工程师验收合格的基层上，才可铺筑沥青混合料。对高速公路、一级公路路面，通常应采用两台或两台以上摊铺机组成的梯队联合摊铺，两台摊铺机前后的距离为 10～30 m，前后两台摊铺机的轨道重叠 50～100 mm。摊铺必须匀速、缓慢，连续不断地进行。摊铺机的摊铺速度根据拌和能力、摊铺厚度和连续摊铺的长度确定；摊铺温度应符合《公路沥青路面施工技术规范》（JTG F40—2004）的要求，应随沥青的标号及气温的不同通过试验确定。在沥青混合料的摊铺过程中必须随时检查其宽度、厚度、平整度、路拱及温度，应及时对不合格之处进行调整。对外形不规则、路面厚度不同、空间受到限制和人工构造物接头等摊铺机无法工作的地方，经监理工程师批准可采用人工铺筑混合料。在摊铺面层时，必须采取措施防止层面之间被污染，见图 3-8。

图 3-8　摊铺沥青混合料

7）混合料的压实

（1）混合料完成摊铺和刮平后，应立即进行宽度、厚度、平整度、路拱及温度检查，应及时对不合格之处进行调整，随后按试验路段确定的压实设备的组合及程序进行充分均匀的压实。

（2）压实分初压、复压和终压。压路机碾压的适应速度见表 3-1。

表 3-1　压路机碾压速度

压路机	初压速度/(km/h)		复压速度/(km/h)		终压速度/(km/h)	
	适宜	最大	适宜	最大	适宜	最大
钢轮压路机	2～3	4	3～5	6	3～6	6
轮胎压路机	2～3	4	3～5	6	4～6	8
振动压路机	2～3(静压或振动)	3(静压或振动)	3～4.5(振动)	5(振动)	3～6(静压)	6(静压)

（3）初压应采用钢轮压路机或振动压路机（静压）。初压后应检查平整度和路拱，必要时应予以修整。复压应采用串联式双轮振动压路机或轮胎压路机。终压应采用光面钢轮压路机或振动压路机（静压），见图 3-9。

（4）初压时，混合料温度不应低于 120 ℃。碾压终了时混合料的温度，在钢轮压路机碾压时不得低于 60 ℃，在轮胎压路机碾压时不得低于 70 ℃，在振动压路机碾压时不得低于 55 ℃。

图 3-9　碾压作业

（5）碾压应纵向并由低边向高边慢速均匀地进行。相邻碾压最小重叠宽度：双轮为 30 cm，三轮为后轮宽度的二分之一。

（6）碾压时，压路机不得中途停留、转向或制动。压路机来回交替碾压时，前后两次停留地点应相距 10 m 以上，应驶出压实起始线 3 m 以外。

（7）压路机不得停留在温度高于 60 ℃ 的已经压过的混合料上，应采取有效措施防止油料、润滑脂或其他杂质在压路机操作或停放期间落在路面上。

（8）压实时，如接缝处的混合料温度已不能满足压实温度的要求，应采取加热器提高混合料的温度，使其达到要求的压实温度，再压实到无缝隙。否则，必须垂直切割混合料并重新铺筑，共同碾压到无缝隙。

（9）在压路机压不到的其他地方，应采用振动夯板、热的手夯或机夯把混合料充分压实。已经完成碾压的路面，不得修补表皮。

（10）当层厚等于或大于 40 mm 时，监理工程师可使用核子密度仪进行现场密度检验，以代替试验室试样测定。但每读 10 个核子密度仪读数，监理工程师必须钻取一个试样送交试验室进行密度试验，以检验核子密度仪的准确性。

8）接缝的处理

（1）铺筑工作的安排应使纵向、横向两种接缝都保持在最小数量。接缝的方法及设备，应取得监理工程师批准。接缝处的密度和表面修补应与其他部分相同。

（2）纵向接缝应该采用一种自动控制接缝机装置，以控制相邻行程间的高程，做到相邻行程间可靠结合。纵向接缝应是热接缝,应连续和平行,缝边垂直并形成直线。

（3）对于纵缝上的混合料,应在摊铺机的后面立即用一台静力钢轮压路机以静力进行碾压（见图3-10）。

图 3-10　自动控制接缝作业

（4）纵向接缝与横坡变坡线的重合应在15 cm以内,与下层接缝应错开15 cm以上。

（5）由于工作中断,摊铺混合料的末端已经冷却,或者在第二天恢复工作时,应做成一道与铺筑方向大致成直角的横向接缝。横向接缝在相连的层次和相邻的行程间均应至少错开1 m（见图3-11）。

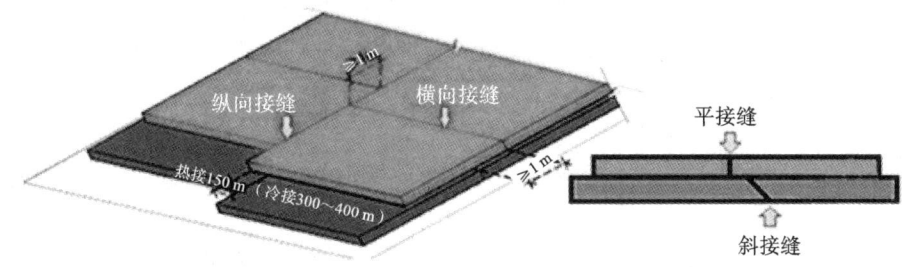

图 3-11　接缝处理

9）气候条件

（1）沥青混合料的摊铺应避免在雨季进行。路面滞水时,应暂停施工。

（2）施工气温低于10 ℃时,应停止摊铺或在摊铺时采取措施,经监理工程师同意方可继续摊铺。在气温还没有上升到10 ℃以上时,不得开始摊铺;气温下降到15 ℃以下时,应控制混合料的最大运距,保证碾压温度在规定的范围以内。

（3）未经压实即遭雨淋的沥青混合料应全部清除,更换新料,所发生的一切费用由承包人负担。

10）取样和试验

（1）沥青混合料应按统计法取样,以测定集料级配、沥青含量、压实度等,集料取样地点应在沥青掺入前的热拌设备旁。沥青含量试验应在摊铺机后面及压路机前面从已摊铺的混合料中取样。压实度试验应从压好的路面上钻取试样。

（2）所有的试验结果均应报监理工程师审批，所发生的一切费用由承包人自理。

11）质量监控

沥青路面施工时混合料的矿料质量、矿料级配、沥青材料及混合料，应符合设计要求和施工规范的规定。应严格控制各种矿料、沥青用量及各种材料和沥青混合料的加热温度。拌和后的沥青混合料应均匀一致、无花白、无粗细集料分离和结团成块的现象。摊铺时应严格掌握厚度和平整度，细致找平，注意控制摊铺和碾压温度，碾压至要求的密实度。完工后的沥青路面应平整密实，无泛油、松散、裂缝、粗细集料集中等现象；表面应无明显的碾压痕迹；接缝应紧密、平顺，烫缝不应枯焦；沥青面层内部及表面的水要排到路面范围之外；面层与路缘石及其他构筑物应衔接平顺，无积水现象。

（二）沥青表面处治施工质量监理

（1）沥青表面处治的材料除了满足前述的材料要求，还应满足以下要求：沥青表面处治所用的集料必须清洁、干燥、无风化、无杂质，具有足够的强度和耐磨耗性，集料的最大粒径应与处治的厚度相适应；除了监理工程师批准，在一个段落的沥青表面处治工程中应采用一种集料，沥青可以采用道路石油沥青或乳化沥青。

（2）沥青表面处置施工的一般规定。

①沥青表面处治宜选择在干燥或较热的季节施工，在日最高气温低于15 ℃的季节到来之前半个月及雨期到来前结束；应使表面处治通过开放交通压实，稳定成型。

②沥青表面处治可采用层拌和法和层铺法施工，厚度不宜大于3 cm。

③施工工序应紧密衔接，每个作业段长度应根据压路机、沥青洒布设备及集料拌和设备情况确定；应避免洒布沥青后等待较长时间才撒布集料，当天施工的路段必须在当天完成。

④在新建或旧路的表面进行表面处治时，应将表面的泥沙及一切杂质清理干净，底层必须坚实、平整并保持干燥。

（3）施工设备的一般规定。

①沥青表面处治应采用沥青洒布机喷洒沥青。洒布机应保持匀速，并在整个洒布宽度内均匀洒布沥青。

②应采用自行式的集料撒布机，配可靠的控制系统，将所需的集料均匀撒布到沥青材料的整个宽度的路面上。

③沥青表面处治宜采用轮胎式光面钢轮压路机进行碾压，压路机的吨位应使集料嵌挤紧密又不致使石料有较多压碎。通常采用6～8 t及10～12 t压路机进行碾压（乳化沥青表面处治宜采用较轻的压路机进行碾压）。

（4）沥青表面处治层的表面应平整、清洁、无材料松散现象，其断面应符合图样规定或监理工程师所确定的典型断面要求。沥青洒布之前，应用机动路帚或高压风动机械并辅以人工扫净表面。

（5）沥青洒布的一般规定。

①沥青材料的加热温度应满足规范要求。

②沥青应采用沥青洒布机均匀地喷洒，其洒布量、温度条件及处治面积均应在洒布前获得监理工程师的认可。在洒布沥青之前，集料和集料撒布设备应运抵施工现场。处治区附近的结构物和树木的表面应加以保护，以免溅上沥青，遭受污染。

　　③沥青洒布机应在喷油嘴打开的同时按适当的速度向前行驶,除了监理工程师同意采用其他材料或方法,应在每次喷洒开始端和结束端后面足够距离的表面上铺上施工用纸,以使喷油嘴洒出来的沥青在开始时和结束时都落在纸上并保证喷油嘴在喷洒的整个长度内正常喷洒。

　　④在喷洒交接处洒布沥青时应精心控制,使其不超过批准的洒布量,应把过量的沥青材料从洒布表面刮掉,漏洒或少洒的地区应补洒。

　　(6)集料撒布的一般规定。

　　①符合指定级配的集料,事先应清除或减少集料上的浮土,以提高和改进黏着质量。

　　②在沥青洒布 3 min 内应按确定的用量撒布集料,撒布期间,如集料不均,应采用补撒集料的方法校正,直至达到表面结构均匀;撒布机械无法靠近的地方,必须人工撒铺。

　　③在半宽施工情况下,应留下一条 15 cm 宽的接头地带暂不撒布集料,以使沥青材料稍有重叠。

　　(7)碾压的一般规定。

　　①碾压应在沥青洒布和集料撒布后立即进行,并在当日完成。

　　②撒布一段集料后,立即用 6～8 t 轮胎或双轮压路机碾压,每层集料应按照集料撒布的全宽初压一遍,并应按需要进行补充碾压以使盖面集料适当就位,碾压时每次轮迹重叠约 30 cm,从路边逐渐移向路中心,以此作为一遍,一般全宽的碾压应不少于 3～4 遍,以不大于 2 km/h 的速度进行碾压。

　　(8)养护的一般规定。

　　①集料表面应用扫帚轻扫,用适当方法养护 4 d 或按指示的天数养护。

　　②表面养护时应把盖面料撒布到整个沥青表面,以吸收游离的沥青材料或覆盖集料不足之处。

　　③养护不应使已嵌锁的集料移动位置。

　　④应采用旋转扫帚把多余的材料从整个处治表面上清扫出去。面层清扫应在监理工程师指定的时间进行。

　　(9)多层表面处治由在准备好的基层上连续洒布的沥青材料和撒布的盖面集料构成,材料应反复摊铺直至达到所需的层数。多层表面处治的沥青洒布、集料撒布等施工方法和要求与第一层相同,但第二层、第三层的碾压可采用 8～10 t 压路机。

　　(10)在施工过程中,沥青材料的各项指标和集料的质量、规格、用量应符合设计要求和施工规范的规定。沥青洒布应均匀,无花白的现象,不得污染其他建筑物;嵌缝料应分布均匀、压实平整,不应有重叠现象。完工后表面应平整密实,表面应无拖痕,松散、推挤、油丁、泛油、离析的累计长度不得超过 50 m;无明显碾压轮迹;面层与路缘石及其他构筑物应平顺连接,不得有积水现象。

3.3.5　面层混凝土施工质量监理

(一)材料的选择

1) 水泥

对极重、特重、重交通荷载等级公路,面层混凝土应采用旋窑生产的道路硅酸盐水泥、

硅酸盐水泥、普通硅酸盐水泥；对中、轻交通荷载等级公路，面层混凝土可以采用矿渣硅酸盐水泥。低温天气施工、有快通要求的路段的面层混凝土宜采用早强型水泥（R 型水泥）；高温期施工时，面层混凝土宜采用普通型水泥；采用机械化铺筑时，面层混凝土宜选用出厂温度合格的散装水泥。

面层混凝土掺用粉煤灰时，只能使用道路硅酸盐水泥、Ⅰ型与Ⅱ型硅酸盐水泥。贫混凝土和碾压混凝土用作基层时，宜使用强度等级为 32.5 以下的水泥。基层使用 42.5 级普通硅酸盐水泥时，应掺入适量粉煤灰。各种掺合料在使用前应进行混凝土配合比试验检验与掺量优化试验。水泥进场时，应附有产品合格证及化验单，承包商应对水泥品种、强度等级、包装、数量、出厂日期等进行检查验收，报监理工程师审批。

2）粗集料

粗集料可使用碎石、砾石和卵石，应质地坚硬、耐久、洁净。粗集料与再生粗集料按技术要求分为Ⅰ、Ⅱ、Ⅲ级。极重、特重、重交通荷载等级公路面层水泥混凝土使用的粗集料级别应不低于Ⅱ级；中、轻交通荷载等级公路面层水泥混凝土、碾压混凝土及贫混凝土基层，可使用再生粗集料及Ⅲ级粗集料。有抗盐冻、抗冰冻要求时，Ⅰ级粗集料吸水率不应大于 1.0％（按质量计），再生粗集料不应低于Ⅱ级；Ⅱ级粗集料吸水率不应大于 2.0％（按质量计）。再生粗集料不得用于裸露粗集料的水泥混凝土路面抗滑表面。在粗集料使用前，应至少进行一次碱集料反应检验，确认无碱活性反应或疑似碱活性反应后，方可使用。

3）细集料

细集料可采用质地坚硬、耐久、洁净的天然砂（河砂和沉积砂）、机制砂或混合砂，不宜使用再生细集料。细集料按技术要求分为Ⅰ、Ⅱ、Ⅲ级。极重、特重、重交通荷载等级公路面层水泥混凝土使用的砂级别应不低于Ⅱ级，中、轻交通荷载等级公路面层水泥混凝土、碾压混凝土及贫混凝土基层可使用Ⅲ级砂。特重、重交通混凝土路面宜使用河砂，砂的硅质量含量不应低于 25％。砂按细度模数分为粗砂、中砂和细砂。路面用天然砂宜为中砂，可使用偏粗细砂，细度模数应为 2.0～3.7。面层水泥混凝土使用的机制砂的细度模数宜为 2.3～3.1。统一配合比用砂的细度模数变化范围不应超过 0.3，否则应分别堆放，并调整配合比中的砂率后使用。

混凝土路面使用机制砂时，应检验机制砂母岩的磨光值，不宜使用抗磨性较差的泥岩、页岩、板岩等成岩类母岩生产机制砂。配置机制砂混凝土应同时掺高效引气减水剂。

钢筋混凝土、钢纤维混凝土路面不得使用淡化海砂。在细集料使用前应至少进行一次碱集料反应检验，确认无碱活性反应或疑似碱活性反应后，方可使用。

4）掺合料

面层水泥混凝土可掺用合格的粉状低钙粉煤灰、矿渣粉、硅灰等掺合料，不得掺用结块的或潮湿的粉煤灰、矿渣粉和硅灰。粉煤灰不应低于Ⅱ级粉煤灰的要求。不得掺用高钙粉煤灰或Ⅲ级、Ⅲ级以下的低钙粉煤灰。注意粉煤灰宜采用散装粉煤灰，进货应有等级检验报告，应确切了解所有水泥中已经加入的掺合物种类和数量。

混凝土路面中可使用合格的硅灰或磨细矿渣等掺合料，但使用矿渣硅酸盐水泥时不得再掺加矿渣粉。高温期施工时，不宜掺用硅灰。各种掺合料在使用前，应进行混凝土配合比试验检验与掺量优化试验，确认面层水泥混凝土弯拉强度、工作性、抗磨性、抗冰冻性、抗盐冻性等指标满足设计要求,并报请监理工程师批准后方可使用。

5) 外加剂

外加剂的产品质量及掺入量应符合图样要求及《公路水泥混凝土路面施工技术细则》(JTG/T F30—2014)的规定。供应商应提供具有相应资质的外加剂检测机构认定的品质检测报告,检测报告说明外加剂的主要化学成分且认定其对钢筋无锈蚀、对人员无毒副作用。承包商在施工中应做配合比试验,确定外加剂的品种质量和剂量。所有外加剂的使用均应得到监理工程师的批准。

6) 钢筋

钢筋应符合有关规范的力学性能要求,其外观应顺直,不得有裂纹、断伤、刻痕,表面油污和颗粒状或片状锈蚀应清除。

7) 接缝材料

胀缝板宜选用杉木板、纤维板、沥青纤维板、橡胶泡沫板或树脂泡沫板等。填缝剂可选用沥青橡胶类、聚氯乙烯胶泥类、沥青玛蹄脂类等加热施工式填缝剂,以及聚氨酯焦油类、氯丁橡胶类、乳化沥青橡胶类等常温施工式填缝剂和预制橡胶嵌缝条。

(二) 配合比设计

普通混凝土配合比设计适用于滑模摊铺机、三辊机组和小型机具三种施工方式。在兼顾经济性的同时,普通混凝土配合比设计应满足抗弯强度、工作性和耐久性三项技术要求。其中各级公路面层水泥混凝土的最大水灰比(胶)和最小单位水泥用量应符合相关规范规定。最大单位水泥用量不宜大于 420 kg/m³;使用掺合料时,最大单位胶料总量不宜大于 450 kg/m³。

外加剂的掺入量应由混凝土试配试验确定。在高温施工时,混凝土拌合物的初凝时间不得小于 3 h,否则应采取增加缓凝剂的措施。

承包商应将计划用于铺筑水泥混凝土路面的各种材料,至少在用于工程之前 28 h,通过试验进行配合比设计,其内容包括材料标准试验、混凝土抗弯拉强度试验、集料级配设计、水灰比设计、坍落度试验、水泥用量试验和质量控制试验等。承包商应及时提供所有设计、试验报告单和详细说明,报监理工程师批准(混凝土的试配强度按强度提高 10%～15%进行)。

在整个施工过程中,已批准的混凝土的配合比、生产方法和材料等,未经监理工程师的同意不得改变。如需要改变,承包商应重新做试验并报监理工程师批准。

(三) 混合料拌和、运输

(1) 承包商应根据图样、机械设备、施工条件及摊铺方式拟订混凝土路面施工方案及施工工艺流程,编制详细的施工组织设计,在开工前 28 h 报请监理工程师批准。

(2) 水泥混凝土混合料的拌和、运输,应按照《公路水泥混凝土路面施工技术细则》(JTG/T F30—2014)的有关规定进行。

(3) 在浇筑水泥混凝土路面前,施工单位应将基层(经监理工程师检查认可)表面上的浮土及杂物清除干净,并进行必要的修整。

(4) 水泥混凝土路面施工开始前,监理工程师应对进场的材料进行检查,应将相同料源、规格、品种原材料作为一个批次,其检测项目、检测频率和试验方法应符合相关规范的规定,检查合格并经配合比试验确认满足要求后方可使用,不合格的原材料不得进场。

（5）施工前,监理工程师必须对机械设备、测量仪器、基准线或模板、机具、工具及各种试验仪器等进行全面的检查、调试、校核标定、维修和保养。主要施工机械的易损零件、部件应有适量储备。

（6）不同摊铺方式所要求的搅拌楼的最小生产容量应满足要求。一般可配备 2～3 台搅拌楼,最多不宜超过 4 台;同一拌和站的搅拌楼（机）的规格宜统一且宜采用同一厂家的设备。每座搅拌楼（机）应根据集料级配进行分仓,各级集料不得混合。粗细集料仓顶应设置过滤粒径的钢筋筛。每座搅拌楼（机）应配备不少于 2 个用于储存水泥的罐仓,每种掺合料应单独设置储存料仓。

（7）搅拌楼的配备应符合《公路水泥混凝土路面施工技术细则》（JTG/T F30—2014）的规定。应优先选配间歇式搅拌楼,也可以使用连续式搅拌楼。连续式搅拌楼应配备两个或一个足够长度的搅拌锅,并应在搅拌锅上配备电视监控设备。

（8）每台搅拌楼在投入生产前必须进行标定且试拌正常。在标定有效期满或搅拌楼搬迁安装后,均应重新标定。施工中应每 15 d 校验 1 次搅拌楼的计量精确度。

（9）混凝土拌合物质量检验项目及频率应符合相关规范的规定。混凝土拌合物出料温度宜为 10～35 ℃,应测定材料温度、混凝土拌合物温度、坍落度损失率和凝结时间等。混凝土拌合物应均匀一致。生料、干料、严重离析的混凝土拌合物,有外加剂团块、粉煤灰团块的混凝土拌合物不得用于路面摊铺。一座搅拌楼（机）每盘之间,各搅拌楼（机）之间,混凝土拌合物的坍落度偏差应小于 10 mm。

（10）施工单位应根据施工进度、运量、运距及路况,选配车型和车辆总数。总运力应比总拌和能力稍有富余,以确保水泥混凝土在规定时间内运到摊铺现场。

（11）运输到现场的混凝土拌合物必须具有适宜摊铺的工作性。不同摊铺工艺的混凝土拌合物从搅拌机出料到运输、铺筑完工的允许最长时间不同,条件不满足时应通过试验,加大缓凝剂或保塑剂量。

（四）摊铺

水泥混凝土混合料摊铺方法较多,这里主要介绍滑模摊铺机摊铺法,见图 3-12。

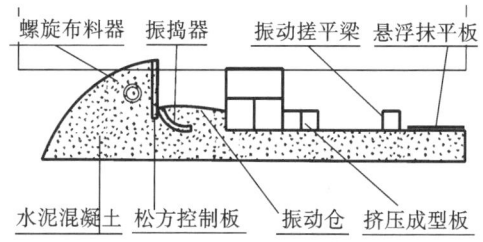

图 3-12 滑膜摊铺机作业

1）适用范围

滑模摊铺工艺宜用于高速公路和一级、二级公路的普通水泥混凝土面层、配筋或纤维混凝土面层、钢筋混凝土桥面、隧道混凝土路面,以及混凝土路缘石、路肩石、护栏等滑模施工。路线上坡的纵坡大于 5%、下坡的纵坡大于 6% 的路段以及半径小于 50 m 或超高超过 7% 的路段,不宜采用滑模摊铺机进行摊铺。

2)摊铺前准备工作

(1)摊铺机在路面基层上行走时,基层侧边缘到滑模摊铺面层边缘的宽度不宜小于 650 mm。

(2)滑模摊铺水泥混凝土面层前,应准确架设基准线。滑模摊铺高速公路、一级公路时,应采用单向坡双线基准线。横向连接摊铺时,连接一侧可依托已铺成的路面,另一侧设置单线基准线。基准线桩纵向间距直线段不宜大于 10 m。基层顶面到夹线臂的高度宜为 450～750 mm。单根基准线的最大长度不宜大于 450 m。

3)施工阶段监理要点

(1)施工工艺流程:水泥混凝土拌合物的搅拌→运输→布料→摊铺→振捣密实、挤压成型→抹面修饰→养护→切缝和灌缝→硬刻槽→继续养护→开放交通。

(2)滑模摊铺机的施工参数设定。

①滑模摊铺机应配备自动抹平板装置、传力杆插入装置(DBI)、侧向拉杆插入装置(IDBI)等。

②振捣棒应排列均匀,间距宜为 300～450 mm,振捣棒下缘位置应位于挤压底板最低点以上。

(3)传力杆、拉杆的加工和安装固定。采用传力杆插入装置时,应安排专人负责对中横向缩缝位置,应一次振动插入整排传力杆,应在试验路段铺筑时采用非破损方法对传力杆的插入深度进行检查和校准,施工过程中应复核传力杆的插入精度,可使用钢筋保护层厚度测试仪或传力杆位置专用检测仪进行无损检测。

(4)布料。滑模摊铺机前的布料,应采用机械完成,布料高度应均匀一致,不得采用翻斗车直接卸料的方式。布料还应符合下列规定。

①卸料、布料速度应与摊铺速度协调一致,不得局部或全断面缺料。

②布料机与滑模摊铺机之间的施工距离宜为 5～10 m。

③当坍落度在 10～30 mm 时,布料松铺系数宜为 1.08～1.15。

(5)摊铺。

①摊铺过程中应控制摊铺机进料,保证进料充足。滑模摊铺应缓慢、匀速、连续作业。摊铺速度可为 0.75～2.5 m/min,宜采用 1 m/min。

②严禁快速推进、随意停机和间歇摊铺。每天摊铺结束时应设置横向施工缝。因故停工 30 min 以上时、混凝土拌合物严重离析或离散时、更换振捣棒时、天气条件不允许摊铺时,应停止摊铺并设置横向施工缝,不能被振实的混凝土拌合物应铲除废弃。

③当滑模摊铺机停机等料时间超过运至现场混凝土的初凝时间,致使混凝土拌合物不能振实时,应将滑模摊铺机迅速开出摊铺工作面,及时制作横向施工缝。

(6)振捣。

①滑模摊铺机起步时,应先开启振捣棒,调整振捣频率使进入挤压板前缘的拌合物振捣密实,无大气泡冒出破灭,方可开动滑模摊铺机平稳摊铺。

②振捣频率可在 100～183 Hz 范围内调整,宜为 150 Hz,以保证混凝土拌合物不过

振、欠振和漏振。

③摊铺过程中,应经常检查振捣棒的工作状况和位置。

（7）搓平、整修。

①滑模摊铺机配备自动搓平梁时,摊铺过程中搓平梁前方的砂浆卷直径宜控制在100 mm±30 mm范围内,应避免砂浆卷中断、散开或摊展。

②滑模摊铺时,应保证自动抹平装置始终处于正常工作状态。应通过控制抹平板压力的方法,使其底部不小于85%的长度接触新铺混凝土表面。

（8）制作抗滑构造。

（五）养护

应按照《公路水泥混凝土路面施工技术细则》(JTG/T F30—2014)的规定进行养护。

3.4 桥梁工程质量监理

3.4.1 桥梁工程概述

（一）桥梁的基本组成

桥梁一般由上部结构、下部结构、支座和附属构造物等四大部分组成,见图3-13。

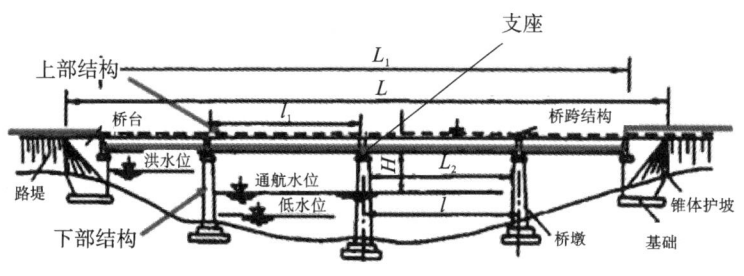

图 3-13 桥梁构成示意图

（二）桥梁的分类

（1）桥梁按承重构件受力体系情况分为以下几类。

①梁式桥:梁式桥是一种在竖向荷载作用下无水平反力的结构。

②拱桥:拱桥的主要承重结构是拱圈或拱肋;在竖向荷载作用下,桥墩或桥台将承受水平推力;水平推力将显著抵消荷载引起的拱圈内的弯矩。

③刚架桥:刚架桥的主要承重结构是梁或板和立柱或竖墙整体结合在一起的钢架结构,梁和柱的连接处具有很大的刚性。

④悬索桥(吊桥):悬索桥是通过索塔悬挂,将锚固于两岸(两端)的强大缆索作为上部结构并以其为主要承重构件的桥梁。

⑤组合体系桥:根据结构的受力特点,由几个不同体系的结构组合而成的桥梁。

（2）桥梁按跨径和桥梁总长分为特大桥、大桥、中桥和小桥。

3.4.2　桥梁工程施工准备工作质量监理

（一）原材料选用及混凝土配合比设计

桥梁工程所用原材料主要有水泥、细集料、粗集料、水、外加剂、石料、钢筋等。

1）桥梁工程原材料的质量要求

（1）水泥。水泥受潮或存放时间超过 3 个月时，应重新取样复验，根据复验结果使用。

（2）细集料。细集料宜采用级配良好、质地坚硬、颗粒洁净的河砂；河砂不易得到时，可采用符合规定的其他天然砂或人工砂；细集料不宜采用海砂。

（3）粗集料。粗集料宜采用质地坚硬、洁净、级配合理、粒形良好、吸水率小的碎石或卵石，粗集料宜根据混凝土最大粒径采用连续两级配或连续多级配。

（4）外加剂。公路桥梁工程使用的外加剂与水泥、矿物掺合料之间应具有良好的相容性。

（5）掺合料。掺合料应保证产品品质稳定、来料均匀。

（6）钢筋。

①钢筋应具有出厂质量证明书和试验报告单，进场时应检查外观和标志，还应按不同的钢种、等级、牌号、规格及生产厂家分批抽取试样进行力学性能检验，检验试验方法应符合现行国家标准的规定。钢筋经进场检验合格后方可使用。

②钢筋在运输过程中应避免锈蚀、污染或被压弯；在工地存放时，钢筋应按不同品种、规格，分批分别堆置整齐，不得混杂，应设立识别标志，存放的时间不宜超过 6 个月。

③钢丝分批检验时每批质量应不大于 60 t。检验时应先从每批中抽查 5％且不少于 5 盘，进行表面质量检查，如检查不合格，应对该批钢丝逐盘检查。在表面质量检查合格的钢丝中抽取 5％且不少于 3 盘，在每盘钢丝的两端取样进行抗拉强度、弯曲和伸长率的试验。试验结果有一项不合格时，不合格盘报废，从同批未试验过的钢丝盘中取双倍数量的试样进行该不合格项的复验；如仍有一项不合格，该批钢丝为不合格。

④钢绞线分批检验时每批质量应不大于 60 t。检验时应从每批钢绞线中任取 3 盘，从每盘所选的钢绞线端部正常部位截取一组试样进行表面质量、直径偏差和力学性能试验。如每批少于 3 盘，应逐盘取样进行上述试验。试验结果有一项不合格时，不合格盘报废，从该批未试验过的钢绞线中取双倍数量的试样进行该不合格项的复验；如仍有一项不合格，该批钢绞线为不合格。

⑤螺纹钢筋分批检验时每批质量应不大于 100 t，逐根目视检查其表面质量，外观检查合格后在每批中任选 2 根钢筋截取试件进行拉伸试验。

2）混凝土配合比设计要求

（1）混凝土配合比应以质量比表示，并通过计算和试配选定。试配时应使用施工实际采用的材料，配制的混凝土拌合物应满足和易性、凝结时间等施工技术条件；制成的混凝土应满足强度、耐久性（抗冻、抗渗、抗侵蚀）等质量要求。

（2）通过设计和试配确定的配合比，应经监理工程师批准后方可使用，应在混凝土拌制前将理论配合比换算为施工配合比。监理工程师应根据监理平行或验证试验结果对施工单位配合比报告进行审批。

3）大体积混凝土

大体积混凝土在选用原材料和进行配合比设计时,应按照降低水化热温升的原则进行,并应符合下列规定。

(1) 宜选用低水化热和凝结时间长的水泥品种。粗集料宜采用连续级配,细集料宜采用中砂。宜掺用可降低混凝土早期水化热的外加剂和掺合料,外加剂宜采用缓凝剂、减水剂;掺合料宜采用粉煤灰、矿渣粉等。

(2) 进行配合比设计时,在保证混凝土强度、和易性及坍落度要求的前提下,宜采取改善粗集料级配、提高掺合料和粗集料的含量、降低水胶比等措施,减少单方混凝土的水泥用量。

4）有抗冻性要求的混凝土

有抗冻性要求的混凝土,应符合下列规定。

(1) 宜选用硅酸盐水泥或普通硅酸盐水泥,不宜使用火山灰质硅酸盐水泥。粗集料宜选用连续级配并进行坚固性试验。

(2) 有抗冻性要求的混凝土宜掺入适量引气剂,同时宜掺入减水剂。

5）高性能混凝土

高性能混凝土的配合比应根据原材料品质、设计强度等级、耐久性以及施工工艺对工作性能的要求,通过计算、试配和调整等步骤确定。进行配合比设计时应符合下列规定。

(1) 应对不同强度等级混凝土的胶凝材料总量进行控制:C40 以下不宜大于 400 kg/m³;C40～C50 不宜大于 450 kg/m³;C60 及以上的非泵送混凝土不宜大于 500 kg/m³,泵送混凝土不宜大于 530 kg/m³。胶凝材料浆体体积宜不大于混凝土体积的 35%。水胶比应根据混凝土的配置强度、抗氯离子渗透性能和抗冻性能等要求确定。

(2) 混凝土中宜适量掺加优质的粉煤灰、粒化高炉矿渣粉或硅灰等矿物掺合料,以提高其耐久性,改善其施工性能和抗裂性能,其掺量宜根据混凝土的性能要求通过试验确定,且不宜小于胶凝材料总量的 20%。

(3) 对耐久性有较高要求的混凝土结构,试配时应进行混凝土和胶凝材料抗裂性能的对比试验,优选抗裂性能良好的混凝土原材料和配合比。

(4) 混凝土中宜适量掺加外加剂,宜选用质量可靠、稳定的多功能复合外加剂。

(5) 冻融环境下的混凝土宜采用引气混凝土。

(二) 桥梁施工的一般要求

(1) 承包商在施工开始前应对桥梁的设计文件、图样、资料进行现场核对,必要时应进行补充调查并将调查结果提交监理工程师批准。

(2) 承包商应按规定要求清理施工现场。监理工程师应检查施工现场是否按规范要求进行清理。

(3) 承包商应在开工前对桥梁中心位置桩、三角网基点桩、水准基点桩,以及其他测量资料进行核对、复测。承包商应将复测结果报监理工程师批准。

(4) 竣工后的桥梁应线形平顺、坡度均匀、外形美观。缘石、栏杆、护栏、桥面等部位的标高、线形、弯度、坡度、超高、加宽应符合设计要求,同时这些部位要做到流畅平顺、色泽均匀。为了获得满意的外观,监理工程师认为有必要进行修整时,其修整费用由承包商负责。

(5)预制场地由承包商自行选择。承包商应向监理工程师报送一份预制场地的平面位置图及预制场地的平整计划,并应获得批准。工程完工后,承包商应进行废弃物清理,使场地恢复原状并使监理工程师满意。

(6)图样要求。

①承包商应在开工前仔细阅读图样,发现疑问时应及时向监理工程师提出。

②承包商必须按照图样及有关说明施工。结构物的外形、尺寸、线条应符合图样规定,施工偏差应在《公路桥涵施工技术规范》(JTG/T 3650—2020)规定的允许值范围内。

③图样内的有关施工说明与《公路桥涵施工技术规范》(JTG/T 3650—2020)的规定有矛盾时,监理工程师应参照国内外已建同类工程及相应的规定,结合实际情况确定。

(7)承包商必须按国家有关的基本建设程序进行施工,建立完善的质量体系,在施工过程中对工程进行自检,在工程完成后配合监理工程师检查,进行验收。

(8)承包商应采取完善的安全技术措施。

(三)桥梁总体的质量标准

(1)桥梁工程应按设计内容全部完成。

(2)桥下净空不得小于设计。

(3)特大跨径的桥梁、结构复杂的桥梁和承载能力需要验证的桥梁应进行荷载试验,试验结果应满足设计要求和符合相关技术规范的要求。

(4)桥梁的内外轮廓线形应无异常突变。

(5)结构内外部、支座、伸缩缝处应无残渣、杂物。

(6)桥头不得出现跳车。

3.4.3　桥梁基础工程施工质量监理

桥梁基础常见的类型有明挖基础、桩基础和沉井基础等。基础的类型应根据桥址处的工程地质勘察资料以及水文、地形情况,结合上下部结构形式、荷载、材料供应和施工条件等确定。

(一)明挖基础

明挖基础一般分为刚性扩大基础、单独或联合基础、条形基础、片形和箱形基础等。

明挖基础施工一般包括以下内容。

1)基坑防护

(1)基坑大小应满足基础施工的要求。有渗水土质的基坑底部开挖尺寸,应根据基坑排水设计和基础模板设计所需基坑大小而定。一般基底平面各边应比设计平面各边宽50~100 cm。

(2)基坑坑壁坡度应根据地质条件、基坑深度、施工方法和现场具体情况确定。基坑深度小于5 m、施工期较短、基坑底部在地下水位以上、土的湿度接近最佳含水量、土层构造均匀时,基坑坑壁坡度可参考表3-2。基坑深度大于5 m时,应将坑壁坡度适当放缓或加设平台。土的湿度可能引起坑壁坍塌时，坑壁坡度应缓于该湿度下土的天然坡度。没有地下水，但地下水位在基坑底以上时，地下水位以上部分可以放坡开挖；地下水位以下部分，若土质易坍塌或水位高于基坑底部较多，应加固坑壁开挖。

表 3-2　基坑坑壁坡度

坑壁土类	坑壁坡度		
	基坑坡顶无荷载	基坑坡顶有静荷载	基坑坡顶有动荷载
砂类土	1：1	1：1.25	1：1.5
卵石、砾石	1：0.75	1：1	1：1.25
粉质土、黏质土	1：0.33	1：0.5	1：0.75
极软岩	1：0.25	1：0.33	1：0.67
软质岩	1：0	1：0.1	1：0.25
硬质岩	1：0	1：0	1：0

（3）基坑顶面应采取防止地面水流入基坑的措施。基坑坡顶有动荷载时，坡顶与动荷载间应至少预留 1 m 宽的护道；若工程地质和水文地质不良或动荷载过大，宜增宽护道或采取加固措施。

（4）基坑坑壁不易稳定且有地下水影响，放坡开挖场地受到限制，放坡开挖工程量大、不符合技术经济要求时，可视具体情况，采取钢板支撑、钢木结合支撑、混凝土护壁等加固措施。

2）围堰工程

围堰常采用的形式有土围堰、土袋围堰、钢板桩围堰、钢筋混凝土板桩围堰、竹（铅丝）笼围堰和套箱围堰等。

围堰的尺寸应合适。围堰高度宜高出施工期间可能出现的最高水位（包括浪高）50～70 cm；围堰外形应考虑河流断面被压缩后，流速增大引起水流对围堰、河床的集中冲刷及影响通航、导流等因素；堰内平面尺寸应满足基础施工的需要；围堰断面应满足堰身强度和稳定的要求。

围堰要求防水严密，尽量减少渗漏，以减少排水工作。

3）基坑开挖与排水

承包商应在基础开挖之前通知监理工程师，以便监理工程师检查承包商测量基础平面位置和现有地面标高的工作，在未完成检查测量及监理工程师批准之前不得开挖。为便于开挖后的检查、校核，基础轴线控制桩应延长至基坑外加以固定。开挖应进行到图样所示或监理工程师指定的标高（最终的开挖深度要依据设计期间所进行的钻探和土工试验结果，结合基础开挖的实际调查资料确定）。在开挖的基坑经监理工程师批准之前，不得浇筑混凝土或砌筑圬工。低于批准基底标高的超挖或纵横向超过规定界线的部分，应由承包商自费填补，应使用批准的材料压实到规定的标准。在开挖过程中应注意以下几点。

（1）在既有建筑物附近开挖基坑时，应采取有效防护措施，使开挖不致危及附近建筑物的安全，采用的防护措施须经监理工程师同意。所有挖出的材料，如果监理工程师认为适用,可用于回填或修筑路堤,也可按监理工程师指示的其他方法处理。

（2）在基桩处开挖基坑,应在打桩之前完成。

（3）必要时,挖方的各侧面应始终进行可靠支撑,应使监理工程师满意。

所有基础挖方都应始终保持良好的排水,使在挖方的整个施工期间都不致遭受水的危害。在低于已知地下水位的地方进行开挖并构成基础时,承包商必须提交一份建议用于每个基础的排水方法以及为此而采取的各项措施报告,并取得监理工程师的批准。特别值得注意的是,承包商应在施工期间维护天然水道的畅通,以保证地面排水。违反上述基坑与排水要求而引起的损失应由承包商负责。

4）地基检验

基坑开挖完毕,承包商应报请监理工程师到现场监督检验,将检验情况填写到地基检验表上,报请监理工程师复验合格后,可进行基础施工。检验内容如下:

①检查基底平面位置、尺寸和基坑底面标高;

②检查基底地质情况和地基承载力是否与设计资料相符;

③检查基底处理和排水情况是否符合要求;

④检查施工记录及有关试验资料等。

5）地基处理

开挖至设计标高后,应按下列要求进行地基处理。

（1）岩层地基的处理。在未风化的岩层上修建基础时,应将岩面上的松散石块、淤泥、苔藓等清除,洗净岩面;若岩层倾斜,应将岩层面凿平或凿成台阶,使承重面与重力方向垂直。在风化岩层上修建基础时,应按基础尺寸凿除已风化的表面岩层,在砌筑基础坼工的同时,将基坑填满、封闭。

（2）对于碎石类或砂类土层地基,应将其承重面修整平整,基坑底的渗水不能彻底排干时应将水引至基础外排水沟内;如果地基土为水稳性较好的土,可在基坑底面上铺一层25～30 cm厚的片石或碎石,然后在其上砌筑基础。

（3）对于黏土层地基,应将其低洼处铲平、修整妥善,于最短时间内砌筑基础,不得使基坑底面暴露或浸水过久。

承包商进行地基处理后,须报请监理工程师检查验收。违反地基处理要求而引起的损失由承包商负责。

6）回填

基础修建完成,经过养护达到设计要求的强度时可以拆模并检查混凝土外观质量,自检合格后可以报请监理工程师检查。

（1）所有基坑的回填必须采用经监理工程师批准的能够充分压实的材料,不得用草皮土、垃圾、有机土等回填。严禁结构物基础的基坑超挖后回填虚土。

（2）未经监理工程师许可,不得对基坑进行回填。一般要到结构物的拆模期终了3 d之后进行回填。如果养护条件反常,应按监理工程师的指示延长时间。桥台、桥墩等周围的回填,应同时在两侧及基本相同的标高上进行,特别要避免结构物单侧受土压的情况。必要时,挖方内的边坡应做成台阶形。

（3）回填材料应分层摊铺,并用符合要求的设备压实。每层都应压实到图样或监理工程师要求的压实度标准,回填用土的含水量应严格控制。

(4)需回填的基坑应尽可能及时排水。无法排除基坑积水时,应采用砂砾材料回填并在水中分层摊铺,直到基坑中的水全部被回填的砂砾材料吸收并达到能充分压实的程度,再进行充分压实。

(二)桩基础

桩基础根据施工方法不同分为沉入桩、钻孔桩和挖孔桩。钻孔桩施工使用的施工机械可分为冲击钻、旋转钻等。旋转钻又分为正循环和反循环两种。

1)钻孔灌注桩施工

钻孔灌注桩施工包括钻孔、安设和拆除护筒、安设钢筋笼、灌注混凝土等内容。

(1)钻孔灌注桩施工的一般要求。钻孔桩基础开工前,承包商应将准备的施工方法的全部资料(包括材料和全部设备的说明)报送监理工程师批准。任一钻孔工作开始前,都应得到监理工程师的书面批准。

承包商应保存每根桩的全部施工记录,需要时报送监理工程师供检查用。当监理工程师统一发放记录格式时,承包商应按监理工程师的要求记录和填列;监理工程师要求由承包商自行拟定记录格式时,记录格式应经监理工程师批准。

(2)材料及水下混凝土。钢筋、水泥、细集料、粗集料、水和外加剂等原材料,都应符合规范的要求。混凝土强度等级应符合图样规定。

水下灌注混凝土(导管灌注混凝土)的配置应符合下列要求。

①水泥的强度等级不应低于42.5级,其初凝时间不宜少于2.5 h。

②粗集料宜优先选用卵石,也可采用级配良好的碎石。

③粗集料的最大粒径不应大于导管内径的1/8~1/6和钢筋最小净距的1/4,同时不得大于37.5 mm。

④细集料宜采用级配良好的中砂。

⑤混凝土的含砂率宜为40%~50%。

⑥缓凝外加剂只有得到监理工程师的批准才能使用。

⑦抗硫酸盐水泥应按图样说明或按监理工程师的要求采用。

⑧坍落度宜为160~220 mm,应充分考虑气温、运距及施工时间的影响导致的坍落度损失。

⑨水下混凝土的水泥用量不宜小于350 kg/m³;监理工程师同意掺入适量的缓凝剂或粉煤灰时,水泥用量不宜少于300 kg/m³。

⑩水灰比宜采用0.5~0.6。

(3)钻孔。承包商可选择任何一种钻孔方式,但完成的钻孔应符合图样规定的允许偏差。地质情况较为复杂的大、中型桥,在钻孔灌注桩施工前,应按设计要求或监理工程师的指示,在桥位现场试桩,以验证桩的设计参数及承载能力;应根据地层情况、施工条件选择合理的施工方法。在试桩中发现地质情况(如有地下水、地层对混凝土有腐蚀作用、有较大承压水等)与原设计不符时,承包商应提出相应的技术措施或变更设计,报请监理工程师批准。

钻孔时,应采用长度适宜的护筒,以保证孔口不坍塌及避免地表水进入钻孔,保持钻孔内泥浆表面高程。护筒应符合以下要求。

①护筒宜采用钢板制作。

②护筒内径一般应比桩径稍大(至少大 200 mm),壁厚应能使护筒保持圆筒状且不变形,可根据钻孔情况、水文地质条件等选用。

③护筒高度宜高出地面 0.3 m 或水面 1.0～2.0 m,同时应高出桩顶设计高程 1 m。

④钻孔内有承压水时,护筒应高出稳定后的承压水位 2.0 m 以上;若承压水位不稳定或稳定后承压水位高出地下水很多,应先试桩。

⑤处于潮水影响地区时,护筒应高出最高施工水位 1.5～2.0 m,应采取稳定护筒内水头的措施。

⑥护筒中心竖直线应与桩中心线重合,除了设计另有规定,一般平面允许误差为 50 mm,竖直线倾斜度不大于 1%;干处可实测定位,水域可依靠导向架定位。

⑦护筒埋置深度应根据图样要求或桩位水文地质情况确定,一般情况埋置深度宜为 2～4 m,特殊情况应加深以保证钻孔和灌注混凝土的顺利进行。有冲刷影响的河床,应沉入局部冲刷线以下 1.0～1.5 m。

⑧在钻孔排渣、提钻头除土或因故停钻时,应保持孔内具有规定的水位及要求的泥浆相对密度和黏度。

⑨当设计为斜桩时,为保证开孔倾斜度准确,埋设的护筒应准确,长度不宜小于 3 m,护筒直径只宜比钻锥直径大 20～30 mm。护筒埋设的倾斜度宜稍大于设计倾斜度,应埋筑紧密。

⑩斜孔孔壁较易坍塌,故孔内水头、护壁泥浆相对密度和黏度等指标应比钻竖孔时稍大,可加入适量添加剂以改善泥浆性能。

(4)固孔。

①承包商应采用钻孔泥浆护壁,以保持孔壁在钻进过程中不坍塌(但采用全长护筒者除外)。

②承包商可用膨润土悬浮泥浆或合格的黏土悬浮泥浆作为钻孔泥浆。钻孔泥浆不得污染地下水。根据钻孔方法的实用性的论证,不加掺合物的清水钻仅在监理工程师书面同意的情况下才可采用。

③钻孔泥浆应始终高出孔外水位或地下水位 1.0～1.5 m。

④胶泥应用清水拌和成悬浮体,在灌注混凝土时应保持钻孔孔壁的稳定。泥浆的性能指标应符合相关规范规定,施工时除了相对密度和黏度应进行试验,如果监理工程师要求,其他指标也应抽检。

⑤除了图样另有规定,地面或最低冲刷线以下部分,护筒应在灌注混凝土后拔除。

(5)清孔。钻孔达到设计规定的深度且成孔质量符合设计要求,经监理工程师批准后,应立即进行清孔。清孔时,必须保持孔内水头,以防止钻孔塌陷。应将附着于护筒壁上的泥浆清洗干净,将孔底钻渣及泥沙等沉淀物清除。

清孔后,孔底沉淀厚度不得超过设计规定。设计未规定时,对桩径小于或等于 1.5 m 的摩擦桩宜不大于 200 mm;对桩径大于 1.5 m 或桩长大于 40 m 以及土质较差的摩擦桩宜不大于 300 mm;对于支承桩宜不大于 50 mm。在吊入钢筋骨架后,灌注水下混凝土之前,应再次检查孔内泥浆的性能指标和孔底沉淀厚度,如超过上述规定,应进行第二次清孔,符合要求后方可灌注水下混凝土。不得采用加深孔底深度的方式代替清孔。

（6）钻孔工序。

①采用冲击法钻孔时,为防止冲击振动使邻孔孔壁坍塌或影响邻孔已灌混凝土的凝固及邻桩混凝土质量,应待邻孔的混凝土灌注完毕并达到 15 MPa 的抗压强度后,才能开钻。在满足此条件下,为加快完成钻孔工作,可以多机同时工作。

②钻孔应连续进行,不得中断。如用抓斗开挖,应注意提升抓斗时下面不致产生真空。

③软土地段的钻孔,应先进行地基加固,在保证钻孔设备的稳定和钻孔孔位工程师签认后再钻孔。

④钻孔时须及时填写钻孔记录,在土层变化处捞取渣样,判明土层,以便与地质剖面图比较。与地质剖面图严重不符时,应及时向监理工程师汇报,按监理工程师的指示处理。

（7）钻孔检查及允许偏差。钻孔在终孔和清孔后,对孔径、孔形和倾斜度,应采用专用仪器测定。缺乏仪器时,可采用外径 D 等于钻孔桩钢筋笼直径加 100 mm（但不得大于钻头直径）,长度不小于 6D 的钢筋检孔器,吊入钻孔内检测,检查结果应报请监理工程师复查。如经检查发现有缺陷（如中心线不符、直径减小、截面呈椭圆形、孔内有漂石等）,承包商应就这些缺陷以书面形式向监理工程师报告,并采取适当措施予以修补和改正。

对于嵌岩桩,承包商还应检查嵌岩深度和孔底岩石是否发生变化,应将施工记录和收集的地质样品交监理工程师检验。嵌岩桩必须满足图样要求的嵌岩深度,桩底岩层强度应不低于图样所规定的强度。

经检验确认成孔满足要求时,承包商应立即填写成孔检查单,经监理工程师签认后进行下道工序。

（8）钢筋骨架。

①桩的钢筋骨架应在混凝土灌注前整体放入孔内。如果混凝土不能在钢筋骨架放入之后立即灌注,钢筋骨架应从孔内移走。在钢筋骨架重放前,应对钻孔的完整性（包括孔底松散物的出现）重新进行检查。

②钢筋骨架应有强劲的内撑架,以防止钢筋骨架在运输和就位时变形。在顶面应采取有效方法进行固定,以防止在混凝土灌注过程中钢筋骨架上升。支撑系统应对准中线,以防止钢筋骨架倾斜和移动。

③钢筋骨架上应事先安设控制钢筋骨架位置与孔壁净距的混凝土垫块。这些垫块应可靠地以等距离绑在钢筋骨架周径上,其沿桩长的间距不应超过 2 m;横向圆周不得少于 4 处。也可采用其他有效方法,以保证图样要求的保护层厚度得到满足。钢筋骨架底面高程允许偏差为 ±50 mm。

④钢筋骨架制作和吊放的允许偏差:主筋间距为 ±10 mm;箍筋间距为 ±20 mm;骨架外径为 ±10 mm;钢筋骨架长度为 ±100 mm;骨架保护层厚度为 +20 mm,−10 mm;骨架中心平面位置群桩为 ≤100 mm,排架桩为 ≤50 mm。

（9）灌注水下混凝土。灌注水下混凝土前,应检测孔底泥浆沉淀厚度,如大于规范要求,应再次清孔。混凝土拌合物运至灌注地点时,应检查其均匀性和坍落度,如不符合规范要求,应进行二次拌和,二次拌和仍达不到要求时不得使用。灌注水下混凝土的搅拌机的能力,应能满足桩孔在规定时间内灌注完毕的要求。灌注时间不得长于首批混凝土初凝时间。

若估计灌注时间长于首批混凝土初凝时间,应在混凝土中掺入缓凝剂。孔身及孔底检查得到监理工程师认可和钢筋骨架安放后,应立即开始灌注混凝土,应连续进行,不得中断。气温低于 0 ℃时,灌注混凝土应采取保温措施。强度未达到设计强度的 50% 的桩顶混凝土不得受冻。

混凝土一般用钢导管灌注。导管管径视桩径大小而定,一般由内径为 200~350 mm 的管子组成,用装有垫圈的法兰盘连接管节。导管应进行水密、承压和接头抗拉试验。在灌注混凝土开始时,导管底部至孔底应有 250~400 mm 的空间。首批灌注混凝土的数量应满足导管初次埋置深度大于 1.0 m 和填充导管底部间隙的需要。在整个灌注时间内,出料口应伸入先前灌注的混凝土内至少 2 m(以防止泥浆及水冲入管内)且不得大于 6 m。应经常量测孔内混凝土面层的高程,及时调整导管出料口与混凝土表面的相对位置并始终进行严密监视。

导管应在无水进入的状态下进行填充。如为泵送混凝土,泵管应设底阀或其他装置,以防止水与管中的混凝土混合。泵管应在桩内混凝土升高时,慢慢提起。管底在任何时候都应在混凝土顶面以下 2 m,输送到桩中的混凝土应一次连续操作。初凝前,受污染的混凝土应从桩顶清除。灌注混凝土时,溢出的泥浆应引流至适当地点处理,以防止其污染环境或堵塞河道和交通。

处于地面或桩顶以下的井口整体式刚性护筒,应在灌注混凝土后立即拔出;处于地面以上能拆除的护筒,须待混凝土抗压强度达到 5 MPa 后拆除。使用全护筒灌注混凝土时,应逐步提升护筒,护筒底面应保持在混凝土顶面以下 1~2 m。

混凝土应连续灌注,灌注的混凝土顶面高出图样规定或监理工程师确定的截断高度方可停止浇筑,以保证截断面以下的全部混凝土均达到强度标准。灌注的桩顶标高应比设计标高高出一定高度,一般为 0.5~1.0 m,以保证桩的混凝土强度;多余部分应在接桩前凿除,桩头应无松散层。

混凝土灌注过程中,如发生故障应及时查明原因,提出补救措施,报请监理工程师研究后进行处理,补救费用由承包商承担。

(10) 质量检验。

① 混凝土质量的检查和验收,应符合规范的规定。每桩试件组数一般为 1 组。

② 对桩身的完整性进行检验时,检测的数量和方法应符合设计或合同的规定。一般小桥选有代表性的桩或重要部位的桩进行检测,中桥、大桥及特大桥的钻孔桩.应逐根进行检测。

③ 承包商应配备能对全桩长钻取 70 mm 直径以上的芯样的设备和经过训练的工作人员,也可以分包给经监理工程师认可的钻探队来承担钻取芯样的工作。

④ 若设计有规定或对无破损法检测结果和桩的质量有疑问,在施工中遇到任何异常情况,说明桩的质量可能低于要求的标准时,承包商应采用钻取芯样法对桩进行检测。对

支承桩应钻到桩底 0.5 m 以下,以检验桩的混凝土灌注质量。钻芯检验应在监理工程师指导下进行,经检验桩身质量不符合要求时,应研究出方案,报批处理。

⑤监理工程师对每根成桩平面位置的复查、试验结果及施工记录都认可后,应以书面形式进行批准。在得到监理工程师的批准前,承包商不得进行有关该桩基础的其他工作。

⑥钻孔灌注桩实测项目应符合相关规范规定。其中,混凝土强度、桩身完整性为关键项目。

(11) 缺陷桩。如果桩不符合规定要求或在施工过程中遇到异常情况,监理工程师有理由认为桩的质量低劣,应要求承包商采取监理工程师认可的补救措施进行补救或废弃。

对于缺陷桩,承包商应做出详细的补救措施设计(包括材料和所有设备的说明),经监理工程师批准后方可实施。这些增加的工程费用由承包商承担。

由于施工过错而引起的桩长增加的费用由承包商承担。

2) 挖孔灌注桩

承包商应该将准备采用的挖孔施工的全部资料(包括材料和全部设备的说明),报请监理工程师批准。任一挖孔工作开始前,都应得到监理工程师的书面批准。承包商应派代表驻工地负责施工,对项目施工提出书面指示(包括适用的挖孔方法、挖孔的深度检查方法、混凝土拌和细节,一桩完成混凝土浇筑后下一桩开始挖孔的最小间隔时间及施工计划等)。这些指示的复制件,应报送监理工程师。

(1) 一般要求。

①挖孔灌注桩可用于无地下水或少量地下水且较密实的土层或风化岩层。人工挖孔施工用于机械成孔非常困难且水文、地质条件允许的地区。在岩溶地区、采空区,不宜采用人工挖孔施工;孔内空气污染物超过《环境空气质量标准》(GB 3095—2012)规定的三级标准浓度限值且无通风措施时,不得采用人工挖孔施工;桩径或最小边宽度小于 1200 mm 时,不得采用人工挖孔施工。

②挖孔的平面尺寸,不得小于桩的设计断面。在浇筑混凝土时,不能拆除的临时支撑及护壁所占的面积不应计入有效断面面积。

③承包商应保存每根桩的全部施工记录,以报送监理工程师作为检查用。承包商应拟定记录格式,报监理工程师批准。

(2) 支撑及护壁。

①挖孔施工应选择合适的孔壁支护类型,一般可采用木框架、竹篾、柳条、预制混凝土或钢板制成的井圈支护,也可采用现浇或喷射混凝土护壁。

②摩擦桩的临时性支撑及护壁,应在灌注混凝土时逐步拆除。无法拆除的临时性支护,不得用于摩擦桩。

③采用混凝土护壁支护的桩孔,护壁混凝土的强度等级,桩径不大于 1.5 m 时应不低于 C25,桩径大于 1.5 m 时应不低于 C30。挖孔作业时,必须挖一节浇筑一节护壁,护壁的节段高度必须严格按照专项方案执行。护壁外侧与孔壁间应保证密实。

(3) 挖孔。

①挖孔时,应注意施工安全。桩孔内的作业人员必须戴安全帽、系安全带,人员上下时必须系安全绳。桩孔内应设防水带罩灯泡照明,电压应为安全电压,电缆应为防水绝缘

电缆并应设置漏电保护器。设置的水泵、电钻等动力设备应严格接地。井口围护应高出地面 30 cm 以上,以防止土石等杂物落入孔内伤人。孔深大于 10 m 或空气质量不符合要求时,孔内作业必须采取机械强制通风措施。挖孔斜桩挖掘时容易出现孔壁坍塌,宜采取预制钢筋混凝土护筒分节下沉护壁。

②桩孔内遇到岩层需要进行爆破作业时,应进行爆破的专项设计,且宜采用浅眼松动爆破法。孔深大于 15 m 时,必须采用导爆索或电雷管引爆。桩孔内爆破后应先通风排烟 15 min 并检查无有害气体后,方可进入孔内继续作业。

③相邻两桩孔不得同时开挖,应间隔交错跳挖。挖孔的弃土应及时转运,妥善处置,孔口四周不得堆积弃土和其他杂物。挖孔达到设计高程并经确认后,应将孔底的松渣、杂物和沉淀泥土等清除干净。如地质复杂,承包商应用钢钎探明孔底以下的地质情况,报监理工程师复查认可后方可灌注混凝土。

④挖孔灌注桩的允许偏差同钻孔灌注桩。

(4)灌注混凝土。

①混凝土及钢筋骨架的施工应满足规范的要求。

②孔内无积水时,混凝土的灌注可进行干法施工;孔内有积水且无法排净时,宜按照水下混凝土的要求施工。

③对于采用钻孔灌注桩和挖孔灌注桩的结构物,监理工程师可选择工程用桩做检验荷载试验,以检验桩的承载能力;承包商应在工地先施工这些工程用桩供试验使用。试验用桩制作时,使用的施工设备及施工方法应与主要的基桩相同,其深度应符合设计的要求。工地的其他桩,应在先前的试桩完成且监理工程师满意以后,才能施工。

监理工程师也可要求在工地附近的其他指定地点进行破坏荷载试验。破坏荷载试验的目的是,确定桩设计的合理性。这些试验应在任何工程用桩开始以前完成,应使监理工程师满意。破坏荷载试验用桩,不得在以后作为工程用桩。

就地钻孔灌注桩和挖孔灌注桩是否做检验荷载和破坏荷载试验,由监理工程师根据具体情况确定。

(三)沉井基础

(1)沉井的分类。沉井根据下沉方式的不同,可分为浮运沉井和就地制造下沉的沉井;根据使用的材料不同,可分为混凝土沉井、钢筋混凝土沉井、竹筋混凝土沉井、钢沉井、砖沉井、木沉井等;根据外观情况不同,可分为圆形、箱形、圆端形三类。沉井一般由井壁、刃脚、隔墙、井孔、凹槽、封底及盖板等部分组成。

(2)沉井质量控制的要求。沉井在开始施工之前,必须报监理工程师,以便监理工程师在施工时随时进行检查、验收。

①制造沉井的场地必须具有足够的地基承载能力,支垫布置应满足设计要求且抽垫方便。第一节沉井下沉工作,应在井壁混凝土强度达到各阶段要求的强度后进行。

②浮运沉井在下水、浮运前,应进行水密性试验;应对水下基床进行检查,认为合格后才能就位落床。

③沉井下降过程中,应随时注意正位,保持其竖直下沉,至少每下沉 1 m 检查一次并做好观测记录,发现偏位或倾斜应及时纠正。

④采用空气幕方法下沉时应保持沉井内水位有一定的高差,以防止翻砂。应合理安排井外弃土的位置,尽量减少偏压。

⑤沉井接高时,各节的竖向中轴线与第一节竖向中轴线应重合,接高前应尽量纠正沉井的倾斜。

⑥沉井下沉至设计高程后,应检查基底情况是否符合设计要求,必要时应由潜水工进行检查,应填写记录,经监理工程师检验合格后方可封顶,水下封底混凝土应密实、不透(漏)水。

⑦各项施工记录应齐全。

3.4.4 桥梁下部结构施工质量监理

桥墩与桥台,合称为桥梁下部结构。常用的墩(台)结构形式有实体式墩(台)、柱式墩(台)、埋置式桥台、空心墩、Y形墩、薄壁墩及索塔等。实体式墩(台)包括重力式墩(台)和轻型墩(台)两大类。

重力式墩(台)的主要特点是靠自身重力来平衡外力而保持稳定,因此墩(台)身比较厚实,可以不用钢筋而用天然石材或片石混凝土砌筑。

轻型墩(台)的刚度小,受力后允许在一定的范围内发生弹性变形,所以用的建筑材料大都以钢筋混凝土和少量配筋的混凝土为主,但也有一些轻型墩(台)通过验算后可以用石材砌筑。

(一)浆砌石块及混凝土预制块墩(台)

1)材料的选择

(1)石材。

①石料等级应符合图样规定或监理工程师的要求。石材在使用前应按现行《公路工程岩石试验规程》(JTG 3431—2024)进行试验,以确定石料各项物理力学指标是否合格。

②石料应强韧、密实、坚固、耐久,其质地应细致,色泽应均匀,无风化剥落、裂纹及结构缺陷。石料应取自成品质量满意的采石场。

③石料不得含有妨碍砂浆正常黏结或有损外露面外观的污泥、油质或其他有害物质。石料的运输、储存和处理,不应产生过量的损坏和废料。

(2)混凝土预制块。混凝土预制块的强度、尺寸应符合图样规定或监理工程师的要求。

(3)砂浆。砂浆强度等级应符合图样规定或监理工程师的要求;砂浆强度等级指70.7 mm×70.7 mm×70.7 mm试件标准养护28 d的抗压强度(单位为MPa);标准养护条件指的是温度为20 ℃,相对湿度不小于90%的环境。

砂浆所用水泥、砂和水应符合规范的规定。砂浆宜用中砂或粗砂。砂的最大粒径,用于砌筑片石时不宜大于5 mm,用于砌筑块石、粗料石时不宜大于2.5 mm。

经监理工程师许可,承包商可以将粗集料中最大20 mm的混凝土(小石子混凝土)用于片石和块石的砂浆。

除非图样上另外标明或监理工程师另有指示,勾缝砂浆用于主体工程时其强度等级应不低于M10;用于附属工程时其强度等级应不低于M7.5且均不低于砌筑砂浆的强度等级。除非监理工程师同意,不得人工拌和砂浆。

(4)片石。片石的厚度应小于 150 mm(卵形和薄片者不得使用)。镶面片石应选择尺寸稍大并具有较平整表面者,应稍加修凿。在角隅处应使用较大片石,应大致修凿方正。

(5)块石。块石应大致方正,上下大致平行,其厚度为 200~300 mm,宽度及长度应分别为厚度的 1~1.5 倍和 1.5~3 倍(石料的尖锐边角应凿去)。所有镶面块石的表面,应进行修凿,使其表面凹陷深度不大于 20 mm。

(6)粗料石。粗料石应修凿到大致呈六面体形状,其厚度为 200~300 mm,宽度为厚度的 1~1.5 倍,长度为厚度的 2.5~4 倍。粗料石表面凹陷深度不应大于 20 mm。

镶面粗料石的丁石长度应比同层顺石宽度至少大 150 mm,镶面粗料石的外露面和所有垂直于外露面的表面应进行修凿。角隅石、拱砌块或墩尖端的镶面粗料石应修凿成所要求的形状。

2)墩(台)的施工要求

(1)一般要求。在砌筑前,每个砌块均应用干净水洗净并使其保持湿润,其垫层也应干净并湿润。所有砌块均应坐于新拌砂浆之上。各砌层的砌块应安放稳固。砌块间应砂浆饱满、黏结牢固,不得直接贴靠或脱空。竖缝满浆时应先在已砌砌块的侧面抹浆,然后侧压砌筑下一相邻砌块或在相邻砌块就位后灌入砂浆。当用小石子混凝土填塞竖缝时,应用扁钢捣实。

砌筑基础的第一层砌块时,如基底为岩层或混凝土基础,应先将基底表面清洗、湿润,再坐浆砌筑;如基底为土质,可直接坐浆砌筑。

所有砌体均应分层砌筑。砌体较长时,可分段分层砌筑,但相邻工作段的砌筑差应不大于 1.2 m。分段位置宜设置伸缩缝或沉降缝,分段水平砌缝应一致。

先砌筑角隅及镶面砌块,然后砌筑外圈定位砌块,最后砌筑里层砌块。角隅或镶面砌块应与外圈定位砌块互相锁合;外圈定位砌块应与里层砌块互相锁合。

如果砌块松动或砌缝开裂,应将砌块提起并将垫层砂浆与砌缝砂浆清扫干净,然后将砌块重新铺砌在新砂浆上。

在砂浆凝固前应将外露缝勾好,勾缝深度不小于 20 mm。如不能按此要求进行外露缝的勾缝,应在砂浆未凝固前预留不小于 20 mm 的空缝以备勾缝之用。

勾好缝或灌好浆的砌体在完工后,视水泥种类及气候情况,在 7~14 d 内应加强养护。

在软弱地基上修筑的砌体工程,应在软弱地基达到图样规定及监理工程师批准的沉降期终了之后进行。

(2)砂浆和小石子混凝土。砌体所用砂浆或小石子混凝土的材料配合比应由试拌试验决定,水灰比不应大于 0.65。砂浆应有适当的和易性和稠度,其稠度以标准锥体沉入度表示,应为 50~70 mm。小石子混凝土的坍落度应为 50~100 mm。

砌筑块体和勾缝所用砂浆或小石子混凝土等级应按图样规定选用。砂浆用机械拌和。机械拌和砂浆应在监理工程师认可的拌和机内进行,其拌和时间不应少于 1.5 min。砂浆或小石子混凝土拌和后 2~3 h 内应使用完毕,允许加水重塑。在运输过程或储存器中发生离析、泌水的砂浆，砌筑前应重新拌和；已凝结的砂浆，不得使用。

在铺筑砂浆或用作砂浆的小石子混凝土时，应遵守有关气候和温度的规定。

（3）片石砌体。片石分层砌筑，一般 2～3 层组成一个工作层，每个工作层应大致找平。应选用表面比较整齐的大尺寸块石作为角隅石及镶面石，相对长和短的石块应交错铺在同一层，并与外圈定位石或里层石交错锁结。竖缝应与邻层的竖缝错开。一般平缝与竖缝宽度，用水泥砂浆砌筑时不大于 40 mm，用小石子混凝土砌筑时为 30～70 mm。可用厚度不比宽度大的石片填塞竖缝，石片应被砂浆包裹。

（4）块石砌体。块石砌体应成行铺砌，砌成大致水平。镶面石应按丁顺相间或两顺一丁砌筑。上下层竖缝错开距离应不小于 80 mm。砂浆砌筑缝宽不大于 30 mm。

外圈定位石及里层石的竖缝应错开，砂浆砌筑平缝宽度应不大于 30 mm，竖缝宽度应不大于 40 mm；当用小石子混凝土砌筑时，宽度应不大于 30 mm。

（5）粗料石及混凝土预制砌体。粗料石砌体应成行铺砌，砌成水平层次。在铺砌前，应选择石料，使各层在厚度、外观及类别上相匹配。镶面石应丁顺相间砌筑，砌缝应横平竖直。粗料石砌缝宽度不应大于 20 mm，混凝土预制块砌缝宽度不应大于 10 mm，上下层竖缝错开距离不应小于 100 mm，丁石的上层或下层不宜有竖缝。经监理工程师批准，外圈定位石及里层石可采用符合规定的石块。

（6）质量检测（以砂浆及小石子混凝土的取样和试验为例）。对于主体砌筑物，不同强度等级及不同配合比的砂浆及小石子混凝土，每工作班应制取 2 组试件（每组试件，砂浆取 3 个 70.7 mm×70.7 mm×70.7 mm 立方体，小石子混凝土取 3 个 150 mm×150 mm×150 mm 立方体）。重要及主要砌筑物，每工作班取 2 组试件。对于一般和次要砌筑物，每工作班取 1 组试件。一组砂浆试样的强度为该组的 3 个试件 28 d 极限抗压强度的算术平均值，结果精确至 0.1 MPa。3 个试件的最大或最小值与中间值的差超过中间值的 15% 时，以中间值为该组试件的抗压强度；两个测试值与中间值的差值均超过中间值的 15% 时，该组试验结果无效。砂浆的抗压强度试验应按规范进行，砂浆试样强度应符合以下要求。

①同一组等级的各组砂浆试样的平均强度（单位为 MPa）应不低于图纸规定的砂浆等级强度的 1.1 倍。

②任一组的强度不应低于图纸规定的砂浆等级强度的 85%。

（7）检查项目。浆砌片石基础的检查项目及其标准见相关规范规定。

（8）外观鉴定。

①砌体表面平整、直顺平滑。

②勾缝平顺，无脱落现象。

（二）混凝土墩（台）

水泥混凝土墩台、承台、系梁、盖梁等，多使用现场浇筑混凝土法，高墩柱施工的翻模、爬模、滑模浇筑法等。

1）模板的制作和安装

（1）模板应按批准的施工图进行制作，成品经检验合格后方可使用。组装前应对零部件的几何尺寸和焊缝进行全面检查，合格后方可进行组装。

（2）模板应按设计要求准确就位,不宜与脚手架直接连接。安装侧模板时,支撑应牢固,应防止模板在浇筑混凝土时产生移位和变形。在模板安装过程中,必须设置防倾覆的临时固定设施。模板安装完成后,其尺寸、平面位置和顶部高程等应符合设计要求,节点联系应牢固。梁、板等结构的底模板应设置预拱度。固定在模板上的预埋件和预留孔洞均不得遗漏,要仔细检查,安装应牢固,位置应准确。

（3）采用提升模板施工时,应设置脚手平台、接料平台、挂吊脚手及安全网等辅助设施。

（4）采用翻转模板和爬升模板施工时,其结构应满足强度、刚度和稳定性要求。液压爬模应由专业单位设计和制造,应有检验合格证明及操作说明书。施工应符合下列规定:混凝土的强度应达到规定的数值后方可拆模并进行模板的翻转或爬架爬升;模板沿墩身周边方向应始终保持顺向搭接;在施工过程中,应随时检查爬模的中线、水平位置和高程等,发现问题及时纠正。

（5）采用滑升模板时,除了应符合《滑动模板工程技术标准》(GB/T 50113—2019)的规定,尚应符合下列规定:模板的高度应根据结构物的实际情况确定;模板的结构应具有足够的强度、刚度和稳定性;支承杆及提升设备应能保证模板竖直均衡上升。组装完毕经全面检验合格后方可投入使用。模板的滑升速度宜不大于 250 mm/h,滑升时应检测并控制其位置。滑升模板的施工宜连续进行,因故中断的,宜在中断前将混凝土浇筑齐平,中断期间模板仍应继续缓慢地滑升,直到混凝土与模板不致粘住。

2）现浇混凝土墩、台身施工

（1）墩、台身施工前,应对其施工范围内基础顶面的混凝土进行凿毛处理,应将表面的松散层、石屑等清理干净;对分节段施工的墩、台身,其接缝也应做相同的凿毛和清洁处理。在混凝土浇筑时,应对结合面进行湿润,不得积水。

（2）墩、台身高度超过 10 m 时,可分节段施工,节段的高度宜根据混凝土施工条件和钢筋定尺长度等因素确定。上一节段施工时,已浇节段的混凝土强度应不低于 2.5 MPa。各节段浇筑混凝土施工的间歇时间宜控制在 7 d 以内。

（3）应采取措施缩短墩、台身与承台之间浇筑混凝土的间隔时间,间歇期不宜大于 10 d。

（4）桥墩的钢筋可分阶段制作和安装,应保证其精度。有条件的最好整体制作和安装,推荐采用自动化制造,在制作、存放、运输、安装时应采取有效的保护措施保证其刚度,避免产生过大变形。

（5）浇筑混凝土时,串筒、溜槽等布置应方便摊铺和振捣,并应明确划分工作区域。混凝土浇筑完成后,应及时进行养护,养护时间不得少于 7 d。

（6）根据《公路工程施工安全技术规范》(JTG F90—2015)附录 A,墩柱施工前应编制专项施工方案;对于高度大于 40 m 的高墩,专项施工方案还需专家论证、审查,对临时结构和临时设施进行必要的设计计算和验算,经监理工程师批准。墩、台高处作业的施工安全应符合相关规定。

3）现浇混凝土墩台帽、盖梁、系梁和挡块

（1）墩台帽、盖梁等施工应在墩、台身质量检验合格后进行。

（2）对墩台帽、盖梁等施工采用的托架、支架或抱箍等临时结构，应进行受力分析、计算与验算，必要时进行预压。支架宜直接支承在承台顶部，必须支承在承台以外的承载力不足的地基上时，应对地基进行妥善加固处理，应对支架进行预压。

（3）钢筋的加工宜使用自动化设备，钢筋骨架制作宜在台架上进行，严格控制制作精度。钢筋安装施工时，应避免在钢筋的接头处起弯，应保证钢筋的混凝土保护层厚度。支座垫石的预埋钢筋及上部结构所需的预埋件的位置应准确。

（4）施工过程中应采取措施防止对墩、台身成品造成损伤和污染。达到设计强度或规范要求后方可拆除支架，拆除时按照设计方案进行。

4）外观检查

（1）混凝土表面应平整、密实，施工缝应整齐。

（2）柱、盖梁、承台、基础的混凝土蜂窝、麻面面积不得超过被检面积的 0.5%，深度不得超过 10 mm。

（3）小型构件的蜂窝、麻面面积不得超过被检面积的 1%，深度不超过 10 mm。

（4）所有蜂窝、麻面、不整齐的施工缝宽大于 0.15 mm 的裂缝，应按规定进行整修，应符合有关规定。

3.4.5　桥梁上部结构的施工质量监理

桥梁上部结构是跨越山谷、河流，连接路基的主要承重部分，常用的结构形式有梁板式和拱式两种。桥梁上部结构的施工工艺分为预制和现浇两大类。

（一）模板、拱架和支架

模板、拱架和支架所用材料一般是木材和钢材，材料质量应符合规范规定。模板制作的接缝应密合、不漏浆，外观应符合结构尺寸外形要求，应有足够的刚度、强度，以防浇筑混凝土时有明显挠度。拱架和支架应具有足够的刚度、强度和稳定性，能承受所加的荷载并使结构在尺寸及外形上符合图样要求；考虑洪水、漂流物和船只的影响，拱架和支架还应该有足够的安全性。

1）模板、拱架、支架的制作和架设

（1）承包商应在制作模板、支座前 14 d，向监理工程师提交模板、拱架和支架的施工图，以及内力和预计挠度计算书，经监理工程师批准后才能进行制作和架设。监理工程师在批准及制作、架设过程中的检查，并不免除承包商对此应负的责任。

（2）验算模板、支架的刚度，应符合下列规定：结构外露表面的模板的挠度不应超过跨径的 1/400；结构隐蔽表面的模板的挠度不应超过跨径的 1/250；支架受载后挠曲的杆件的弹性挠度为相应结构计算跨径的 1/400；钢模的面板变形为 1.5 mm，钢棱和柱箍的变形为 $L/500$ 和 $B/500$；验算抗倾覆稳定性时，抗倾覆系数不小于 1.3。

（3）混凝土外露面的模板应采用下列材料之一：胶合板、锯材（至少把一个侧面及两个边刨光），金属、玻璃纤维、粗面木材（衬以胶合板或金属板）。支架主要有满布式支架、梁式支架和特殊支架等。支架和拱架宜采用标准化、系列化、通用化的钢构件制作拼装，便于安装和拆卸。

（4）在模板内的金属连接杆或锚固件，至少应在距混凝土表面 25 mm 深处将其拆卸或截断,不应损伤混凝土。

(5)设计模板、支架时,应考虑下列荷载:

①模板、支架的自重;

②新浇筑混凝土、钢筋、预应力筋或其他圬工结构物的重力;

③施工人员及施工设备、施工材料等荷载;

④振捣混凝土时产生的振动荷载;

⑤新浇筑混凝土对模板侧面的压力;

⑥混凝土入模时产生的冲击荷载;

⑦设于水中的支架承受的水流压力、波浪力、流冰压力、船只及其他漂浮物的撞击力;

⑧其他可能产生的荷载,如风荷载、雪荷载、冬季保温设施荷载等。

(6)浇筑混凝土前,要做好检查和清理,应保证模板内无污物、砂浆及其他杂物。后期需要拆除的模板,应在使用前彻底涂刷脱模剂,涂刷时要保证均匀,局部没有积液。脱模剂或其他相当的脱模用品,应使其易于脱模,不得含有危害混凝土的成分,使混凝土不变色,保证不污染。

(7)当所有与模板有关的工作完成,待浇混凝土构件中所有预埋件亦安装完毕,应经监理工程师检查认可后,才能浇筑混凝土。与模板有关的工作应包括清除模板中所有污物、碎屑及其他杂物。

(8)支架和拱架应按施工图设计的要求进行安装。立柱应垂直,节点连接应可靠;支架在纵桥向和横桥向应加强水平、斜向连接,增强整体稳定;高支架应设置足够的斜向连接、扣件或缆风绳,横向稳定应有保证措施。

(9)为保证支架的安全性,对位于软土地基或软硬不均地基上的支架,宜通过预压的方式,消除地基的不均匀沉降和支架的非弹性变形,获取弹性变形参数作为支架支立的依据。

对位于刚性地基上的刚度较大且非弹性变形可确定控制在一定范围内的支架,经过计算确认满足强度、刚度、稳定性等要求时,经过监理工程师审核批准,可不进行预压。

(10)支架安装完成后,应对其平面位置、顶部高程、节点连接及纵、横向稳定性进行全面检查,符合要求后,方可进行下一工序。

(11)在浇筑混凝土及砌筑拱圈的过程中,承包商应随时测量和记录拱架、支架的变形及沉降量。

(12)支架应结合模板的安装一并考虑设置预拱度和卸落装置,并应符合下列规定。

①设置的预拱度应包括结构本身需要的预拱度和施工需要的预拱度两部分。

②施工预拱度应考虑下列因素:模板、支架承受施工荷载引起的弹性变形,受载后由于杆件接头的挤压和卸落装置压缩而产生的非弹性变形,支架地基在受载后的沉降变形。

③自行设计的普通支架应在适当部位设置相应的木楔、木马、砂筒或千斤顶等卸落模板的装置,应根据结构形式、承受的荷载确定卸落量。

(13)现浇混凝土的梁(板)结构,在支架架设后,应按设计的要求和监理工程师的指示,对支架进行预压,荷载宜为支架所承受全部荷载的1.05~1.10倍,预压荷载的分布应模拟支架所承受的结构荷载及施工荷载。

2）模板、拱架、支架的拆卸

（1）承包商应在拟定拆模 24 h 以前,向监理工程师报告拆模建议,应取得监理工程师的同意。

（2）由于拆模不当引起的混凝土损坏的返修费应由承包商承担。

（3）不承重的侧模板,应在混凝土强度能够保证混凝土的表面及棱角不致损坏的情况下方可拆除,一般在混凝土抗压强度达到 2.5 MPa 时方可拆除侧模。

（4）承重模板、拱架和支架,应在混凝土强度能承受自重时（不发生坍塌和裂缝现象时）方可拆除。一般跨径不超过 4 m 的梁和板应达到混凝土设计强度的 50% 时方可拆除;跨径超过 4 m 的梁、板应达到混凝土设计强度的 75% 时方可拆除。

（5）当芯模采用钢管、硬胶管或硬塑料管时,管的表面应光滑并涂刷隔离剂,应严格按图样要求定位。混凝土浇筑完成后,应定时转动芯模管,以防止其与混凝管黏结。抽拔芯模的时间,以混凝土抗压强度达到 0.4～0.8 MPa 为宜。

（6）现浇混凝土拱圈的拱架的拆除期限、要求和拆除方式应符合设计规定。设计未做规定时,拱圈混凝土强度应达到设计强度的 85%。对于浆砌石拱桥,应待砂浆强度达到混凝土设计强度的 85% 后方可卸落;设计另有规定时,应从其规定。跨径小于 10 m 的小石拱桥,宜在拱上建筑全部完成后卸架;中等跨径的实腹式石拱桥,宜在护拱砌完后卸架;跨径较大的空腹式石拱桥,宜在拱上小拱横墙砌好（未砌小拱圈）后卸架。

（7）卸落拱架应使用仪器观测拱圈挠度和墩（台）变位情况并做好记录,以供监理工程师查阅,随时控制。

（二）混凝土、钢筋混凝土现浇施工

1）钢筋混凝土梁在支架上浇筑

（1）承包商应向监理工程师送交拟采用的现浇方法的详细内容和说明（包括静力计算书和图样）,得到监理工程师的批准后,方可开始施工。

（2）支架应稳定,支架强度、刚度等要符合规范规定。支架搭设后,应对支架进行预压。

（3）支架的弹性、非弹性变形及基础的允许下沉量,应满足施工后梁体设计标高的要求。

（4）梁体混凝土一般宜按梁的全部横断面斜向分段、水平分层地连续浇筑。上层与下层前后浇筑距离不应小于 1.5 m,用插入式或附着式振捣器振捣时每层浇筑厚度不宜超过 300 mm。

（5）箱梁体需要分层浇筑时,底板可一次浇筑完成,腹板可分层浇筑,分层间隔时间宜控制在混凝土初凝前,应使层与层相互覆盖。

（6）整体浇筑时,应采取措施防止梁体不均匀下沉产生裂缝。若支架下沉可能造成梁体混凝土产生裂缝时,应分段浇筑。

2）混凝土、钢筋混凝土拱在支架上浇筑

（1）跨度较小的拱圈或拱肋,应按拱圈全宽度自两端拱脚向拱顶对称地连续浇筑,应在混凝土初凝前全部完成。不能在限定时间内完成时,应在拱脚预留一个隔缝,最后浇筑隔缝混凝土。

（2）跨度较大的拱圈或拱肋,应沿拱跨方向分段浇筑。分段接缝位置应以能使拱架受力对称、均匀和变形小为原则,宜设置在拱顶、1/4 跨部位、拱脚及拱架节点等处,各段接缝面应与拱轴线垂直,各分段处应预留间隔槽,其宽度应为 50～100 cm 且应满足钢筋接头要求。

（3）浇筑拱圈混凝土时,应严格按照预先确定的浇筑程序对称于拱顶进行,应控制两端的浇筑速度,避免产生过大的偏差。分段浇筑时,各段混凝土应一次连续浇筑完成。如因故中断,应浇筑成垂直于拱轴线的施工缝;如已浇筑成斜面,应凿成垂直于拱轴线的平面或台阶式接合面。

（4）间隔槽混凝土的浇筑应符合设计规定。设计未要求时,应在拱圈混凝土的强度达到设计强度的 85% 后,由拱脚向拱顶对称进行浇筑;拱顶及拱脚间隔槽的混凝土应在最后封拱时浇筑。

（5）大跨径拱圈采用分环(层)、分段法浇筑混凝土时,纵向钢筋宜分段设置且其接头应设在最后的几个间隔槽内,待浇筑间隔槽混凝土时再连接。混凝土浇筑程序应通过计算确定,应得到监理工程师的批准。

（6）拱圈合龙时的温度应符合设计要求。设计未要求时,宜选择夜间气温较稳定时段进行合龙。拱圈合龙前如采取千斤顶对两侧拱圈施加压力的方法调整拱圈应力,拱圈混凝土的强度应达到设计规定的强度。在拱圈浇筑施工过程中,监理工程师应随时监测拱架的变形,如变形量超过计算值,应及时查明原因并采取加固拱架或调整施加载荷顺序的措施,保证施工安全。

3）结构的外观检查

（1）混凝土表面应平整、密实、施工缝整齐。

（2）梁、主拱圈的混凝土蜂窝、麻面面积不超过结构同侧面积的 0.5%,深度不超过 10 mm。

（3）小型构件的蜂窝、麻面面积不超过结构同侧面积的 1%,深度不超过 10 mm。

（4）所有蜂窝、麻面、不整齐的施工缝及缝宽大于 0.15 mm 的裂缝,应按规定进行修整并符合有关规定。

（三）混凝土、钢筋混凝土预制构件

1）预制构件的浇筑

（1）构件预制场的布置应满足预制、移运、存放及架设安装的施工作业要求。预制场地应平整、坚实、清洁,应根据地基情况和气候条件,设置必要的防排水设施,采取有效的措施防止场地沉降。每个预制构件应一次浇筑完成,不得间断。预制构件浇筑时宜采用钢模板。

（2）构件的预制台座地基应具有足够的承载能力和稳定性。预制台座的间距应能满足施工作业的要求;预制台座表面应光滑、平整,在 2 m 长度上平整度的允许偏差应不超过 2 mm,底座或底模的挠度应不大于 2 mm。预制台座应具有对梁底的支座预埋钢板或楔形垫块进行角度调整的功能,应在预制施工时严格按设计要求的角度进行设置。

（3）在空心板的筒模周围浇筑混凝土时,应采取措施使筒模不移位,应特别注意防止筒模上浮。混凝土应分两层浇筑,底层浇至筒模的圆心处,通过振捣使之沉积,然后在下层混凝土仍有足够塑性时尽快浇筑上层混凝土,用振捣器使上、下层混凝土结合。

（4）腹板底部为扩大断面的 T 形梁和 I 形梁时,应先浇筑其扩大部分并振实,再浇筑其上部腹板及翼缘板。

（5）预制构件的底模板应按图样要求设置预拱度。对于预应力混凝土梁、板,应根据图样提供的理论预拱度,结合施工实际情况,正确预计梁体拱度的变化并采取相应措施。若后张法预应力混凝土梁预计的拱度较大,应考虑在预制台座上设置反拱。当梁体的实际拱度已较大,将对桥面混凝土的施工造成影响时,承包商应书面报告监理工程师,会同设计单位协商解决。

（6）U 形梁或拱肋,可一次浇筑或分两次浇筑。一次浇筑时,应先浇筑地板及底板承托的顶面,待上述混凝土振实后,再浇筑腹板。分两次浇筑时,应先浇筑底板至底板承托顶面,按施工缝处理后,再浇筑腹板混凝土。

（7）箱形梁宜一次浇筑完成,宜先浇筑底板至底板承托顶面,待底板混凝土振实后再浇筑腹板、顶板。

（8）所有预制构件都应按图样规定,将各种预埋件、吊环等准确埋置,不得遗漏。

（9）为加速模板周转,小构件可采用干硬性混凝土,按下述方法进行预制。

①翻转模板法:构件浇筑并振实后,连同模板翻转,然后脱去模板,立即进行混凝土表面修抹。

②在移动式底模上或平整的地面上浇筑混凝土,振动时应于表面加压,增加振动时间,然后短时间内拆模,修整混凝土边角。

2）预制构件的安装

预制构件的安装包括预制构件的起吊、运输、装卸和安装等内容。承包商至少应在施工前 28 d 将预制构件的安装方法报送监理工程师批准。预制构件的起吊、运输、装卸和安装时的混凝土强度,应符合设计规定,一般不低于预制构件混凝土设计强度的 80%。预应力混凝土预制构件孔道内的水泥浆强度,应符合设计规定;设计无规定时,不应低于设计强度的 80%。装卸、运输及储存预制构件时,应按标定的上下标记正立安放,不准上下倒置,支承点应接近构件最后放置的位置。在整个安装过程中,应力应始终小于设计应力。预制构件的损坏均应由承包商自费修复或更换,直至监理工程师检查合格。

桥墩、支柱或桥台未达到设计规定强度（或 80% 设计强度）或其他方面未经监理工程师许可时,不得架设预制构件。

分段拼装的预制构件,其接合用的混凝土的设计强度等级应不低于预制构件的设计强度等级。预制构件安装就位并经监理工程师检查认可后,才允许浇筑接合用的混凝土。构件应在正式起吊安装前进行满载或超载的起吊试验,以检验起吊设备的可靠性,进一步完善操作方法。预制构件安装前,构件的上拱度应符合图样规定,从构件出坑到开始浇筑结构整体混凝土的时间不得大于 90 d。成垛堆放装配式构件时,应注意下列事项。

①堆放构件场地,应整平压实,无积水。

②构件应按吊运及安装次序顺号堆放,应有适当通路,防止越堆吊运。

③堆放构件时,应按构件刚度及受力情况横放或竖放,应保持稳定。小型构件及块件的堆放,如有折断可能,应以其刚度较大方向为竖直方向。

④构件堆垛时,应放置在垫木上,吊环向上,标志向外,未达到混凝土养护期的应继续洒水养护。

⑤水平分层堆放构件时,其堆垛高度应根据构件强度、地面耐压力、垫木强度以及垛堆的稳定性确定,大型构件一般以 2 层为宜,不应超过 3 层。层与层之间以垫木隔开,各层垫木的位置应在吊点处,上下层垫木必须在一条垂直线上。

⑥雨期应注意防止地面软化下沉而造成构件折裂破坏。

（四）预应力混凝土

1) 预应力混凝土的浇筑

(1) 一般要求。模板、钢筋、管道、锚具和预应力钢筋经监理工程师检查并批准后,方可浇筑混凝土。预应力结构混凝土的浇筑及养护应符合下列要求。

①浇筑混凝土时,应保持锚塞、锚圈和垫板位置稳固。

②在混凝土浇筑和预应力钢筋张拉前,锚具的所有支承(如垫板)表面应加以清洗。

③拌和后超过 45 min 的混凝土不得使用。

④支梁梁体混凝土,应进行水平分层,每层一次浇筑完成。箱形梁梁体混凝土,应尽可能一次浇筑完成;梁体较高需要分两次或三次浇筑完成时,第一次浇筑应浇至底板承托顶部以上 30 cm,然后按腹板、顶板、翼板的次序浇筑。

⑤为避免孔道变形,不允许插入式振捣棒触及套管。

⑥梁式空心板端部锚固区及其与预制构件连接处,为了保证混凝土密实,应当使用平板振捣器加强振捣,集料尺寸不应超过相邻两根钢筋之间或预埋件之间间距的 1/2。

⑦混凝土立方体强度尚未达到 15 MPa 时,不得拆除模板。

⑧混凝土养护时,应对为预应力钢束所留的孔道进行保护,严禁将水和其他物质灌入孔道,以防止金属管生锈。

(2) 预应力混凝土梁的悬臂浇筑。预应力混凝土梁施工前 56 d,承包商应将施工组织设计(包括拟采用的施工工艺,施工控制方法,施工挂篮的说明、图样、静力及变形计算书等资料)报监理工程师审查、批准,未批准不得施工。

如梁与桥墩为非刚性连接,悬臂浇筑梁体混凝土时,应按图样要求预埋墩身与梁体临时固接使用的预应力钢筋,在墩顶按图样规定安装支座。

采用挂篮悬臂浇筑梁体混凝土时,可先在桥墩两侧设置托架立模浇筑 0 号块混凝土;如为连续梁,将 0 号块混凝土与桥墩临时固接。0 号块混凝土强度达到设计强度后,方可在其上组拼挂篮,逐渐向合龙段靠拢,浇筑混凝土。

浇筑墩顶块混凝土时,由于受力复杂、管道集中、钢筋密集、混凝土数量较多,应采取控制水化热温度的措施,以保证构件有足够的强度且不产生裂缝。挂篮使用的材料必须是可靠的,有疑问时应进行材料力学性能试验。挂篮试拼后,必须进行荷载试验。

挂篮支承平台除了要有足够的强度,还应有足够的平面尺寸,以满足梁段的现场作业需要。

悬臂浇筑前,待浇筑的前端底板标高和桥面板标高,应根据挂篮前端竖向变形、各施工阶段的弹塑性变形(包括先浇及后浇各梁段的质量,预应力、混凝土收缩与徐变,施工设备荷载、桥面系恒载、体系转换引起的变形),以及 1/2 静活载竖向变形确定,应设置预拱度。

悬臂浇筑梁段时,桥墩两侧的浇筑进度应尽量做到对称、均衡。桥墩两侧的梁体和设备的质量差,以及在桥墩两侧产生的弯矩差,应不超过图样规定。

悬臂浇筑用挂篮在已完成的梁段上前移时,宜在其后方设置控制其滑动的装置或在滑道上设置止动装置。挂篮前移后在其上浇筑混凝土时,后端应锚固于已完成的梁段上。挂篮前移及在其上浇筑混凝土时,抗倾覆安全系数不应小于2.0。

浇筑梁段混凝土时,应自前端开始向后浇筑,在浇筑的梁段根部与前一浇筑段接合。前、后两梁段的模板接缝应紧密接合。各跨混凝土悬臂浇筑完成,合龙时要求悬臂端相对竖向变形(包括吊带变形的总和)不大于20 mm,轴线偏差不大于10 mm。

梁的合龙顺序按图样要求办理;如图样未规定,一般先边跨,再次中跨,最后中跨。多跨一次合龙,必须同时均衡对称合龙。

浇筑合龙段长度及体系转换应按图样规定进行,将两悬臂端的合龙口进行临时刚性连接。应复查、调整两悬臂端合龙施工荷载、使其对称、相等;如不相等,合龙前应在两端悬臂预加压重,于浇筑混凝土过程中逐步撤除,使悬臂的挠度保持稳定。

合龙段混凝土浇筑应选择在一天中气温最低且稳定的时段内进行。

合龙段混凝土强度等级可提高一级,以尽早张拉预应力筋。

在箱梁和合龙段混凝土浇筑完成后,应加强养护,在达到图样规定的强度后,应尽早张拉预应力钢筋。预应力筋张拉完成并经监理工程师同意后,即可进行管道压浆。压浆时应有监理工程师在场。

(3)预应力混凝土连续梁在移动模架上浇筑。移动模架长度必须满足施工要求。移动模架应利用专用设备组拼,在施工时保证质量和安全。浇筑分段的工作缝必须设在弯矩值为零的位置附近。箱梁内、外模板在滑动就位时,模板平面尺寸、高程、预拱度的误差必须在允许范围内。混凝土内预应力筋管道钢筋、预埋件设置应符合规范的有关规定。

除非监理工程师批准,在混凝土的强度达到图样规定值之前,不得张拉预应力筋及移动模架。

2)后张法预应力的施加

(1)一般要求。承包商应在预应力筋张拉开始前,向监理工程师提交详细说明、图样、张拉应力和延伸量的静力计算书,请监理工程师审核。承包商应选派富有经验的技术人员指导预应力张拉作业。所有操作预应力设备的人员,应经过设备使用的正式训练。所有设备最少应每隔两个月进行一次检查和保养。预应力筋的张拉宜采用智能张拉,穿心式双作用千斤顶,整体张拉或放张宜采用具有自锚功能的千斤顶;张拉千斤顶的额定张拉力宜为所需张拉力的1.5倍且不得小于1.2倍。与千斤顶配套使用的压力表应选用防振型产品,其最大读数应为张拉力的1.5~2.0倍,标定精度应不低于1.0级。张拉机具设备应与锚具产品配套使用,应在使用前进行校正、检验和标定。

采用测力传感器测量张拉力时,测力传感器应按相关国家标准的规定,每年送检一次。张拉千斤顶与压力表应配套标定、配套使用,标定应在经国家授权的法定计量技术机构定期进行,标定时千斤顶活塞的运行方向应与实际张拉工作状态一致。当出现下列任何一种情况时,张拉设备应重新进行校验:

①使用时间超过6个月;

②张拉次数超过 300 次；

③使用过程中千斤顶或压力表出现异常情况；

④千斤顶检修或更换配件后以及其他需要标定的情况。

（2）施工要求。

①除非经书面允许，预应力筋张拉应在监理工程师在场时进行。

②张拉预应力钢筋的环境温度不宜低于 $-15\ ℃$。

③张拉开始前，应对张拉准备工作进行全面检查，宜对不同类型的孔道进行至少一个孔道的摩阻测试，通过测试所确定的 μ 和 k 宜用于对设计张拉控制应力的修正。所有预应力钢筋在张拉点之间应能自由滑动，同时构件可以自由地适应施加预应力时产生的水平和垂直移动。

④预应力张拉时，构件强度和弹性模量要符合设计要求；设计未规定时，混凝土的强度应不低于设计强度的 80%，弹性模量应不低于混凝土 28 d 弹性模量的 80%，采用混凝土龄期代替弹性模量控制时应不少于 5 d。

⑤预应力筋的张拉顺序应符合设计规定；设计未规定时，可采取分批、分阶段对称张拉。

⑥预应力筋张拉端的设置应符合设计规定或有关要求。设计未做要求时，应符合下列规定：对钢束长度小于 20 m 的直线预应力筋，可在一端张拉；对曲线预应力筋或钢束长度大于或等于 20 m 的直线预应力筋，应两端张拉；当同一截面中有多束一端张拉的预应力筋时，张拉端宜分别交错设置在结构的两端；采用两端张拉时，宜两端同时张拉，各千斤顶之间同步张拉力的允许误差宜为 2% 以内；应先在一端张拉并锚固后，在另一端补足预应力值再锚固。

⑦仅从一端张拉时，应精确测量另一端的回缩量，并从千斤顶测量的伸长值中适当给予扣除。

控制张拉力就是在锚固前锚具内侧的拉力。在确定千斤顶的拉力时，应考虑锚圈口预应力的损失。这些损失可以根据所用的预应力系统通过现场测试得到：对钢绞线，损失为千斤顶控制张拉的 3%；对钢丝，损失为千斤顶控制张拉力的 5%。

（3）张拉步骤。除了图纸有规定或监理工程师另有指示，张拉程序应按规范规定进行。

计算预应力筋延伸量时，应根据试样或试验证书确定弹性模量。

在预应力筋张拉完成以后，测得的延伸量与计算延伸量之差应在 $\pm 6\%$ 以内。否则，监理工程师可指示采取以下的若干步骤或全部步骤：

①校准设备；

②对预应力材料做弹性模量检验；

③放松预应力筋后重新张拉；

④预应力筋涂上润滑剂以减少摩擦损失（仅水溶性油剂可用于管道系统，应在灌浆前清洗掉）；

⑤原先如仅用一台千斤顶张拉，可改为两端用两台千斤顶张拉；

⑥监理工程师指示的其他方法；

⑦按照《公路桥涵施工技术规范》(JTG/T 3650—2020)的规定进行摩擦损失试验。

监理工程师对预应力筋张拉认可后,预应力筋应锚固。放松千斤顶压力时,应避免振动锚具和预应力筋。

预应力筋在监理工程师认可后方可截割露头。梁端锚口应按图样进行封闭,一般采用水泥砂浆。

(4)记录及报告。每次预应力筋张拉后,如监理工程师要求,应将下列数据抄录给监理工程师:

①每个测力计、压力表、油泵及千斤顶的鉴定号;

②测量预应力钢筋有延伸量时的初始拉力;

③在张拉完成时的最后拉力及测得的延伸量;

④千斤顶放松后的回缩量;

⑤在张拉中间阶段测量的延伸量及相应的拉力。

3)后张法孔道压浆

(1)压浆设备。在压浆前进行准备工作的认真检查,包括压浆设备、压浆料、孔道等,符合要求后方可进行。后张法施工的孔道压浆,应优先采用智能压浆设备。

①浆液搅拌机的转速应不低于 1000 r/min,搅拌叶的形状应与转速匹配,其叶片的线速度不宜小于 10 m/s,最高线速度宜限制在 20 m/s 以内,应能满足在规定的时间内搅拌均匀的要求。

②用于临时储存浆液的储料罐应具有搅拌功能,应设置网格尺寸不大于 3 mm 的过滤网。

③压浆机应采用活塞式可连续作业的压浆泵,其压力表的最小分度值应不大于 0.1 MPa,最大量程应满足实际工作压力在其 25%~75% 的量程范围内。孔道压浆应采用风压式压浆泵。

④真空辅助压浆工艺中采用的真空泵应能达到 0.1 MPa 的负压力。

(2)压浆。预应力筋张拉锚固后,孔道应尽早压浆,应在 48 h 内完成。预应力孔道应采用专用压浆料或专用压浆剂配制的浆液进行压浆。

①应在工地试验室对压浆材料和水进行试配验证,各种材料的称量要准确。水泥浆应由精确称量的强度等级不低于 42.5 级的硅酸盐水泥(或普通水泥)和水组成,水胶比一般为 0.26~0.28。经适配的浆液的各项指标均满足要求后,方可用于正式压浆。

②浆液的试配验证应符合有关规定,经监理工程师认可。

③在压浆前,应对孔道进行清洁处理。对抽拔成型的孔道应冲洗干净并使孔壁完全湿润,对金属管道和塑料管道,在必要时应冲洗清除附着于孔道内壁的有害物质。对孔道内可能存在的油污等,可采用无腐蚀作用的中性洗涤剂或皂液,用水稀释后进行冲洗;冲洗后,用压缩空气将孔道内的所有积水吹出。

④应对压浆设备进行清洗,清洗后的设备内不应有残渣和积水。

⑤压浆时,对曲线孔道和竖向孔道应从最低点的压浆孔压入;对结构或构件中以上下分层设置的孔道,应按先下层后上层的顺序进行压浆。同一管道的压浆应连续进行,一次

完成。压浆应缓慢、均匀地进行,不得中断,应将所有最高点的排气孔依次打开和关闭,使孔道内排气通畅。

⑥浆液自拌制完成至压入孔道的延续时间不宜超过 40 min,在使用前和压注过程中应连续搅拌。不得通过额外加水增加其流动度。

⑦对水平或曲线孔道,压浆的压力宜为 0.5～0.7 MPa;对超长孔道,最大压力不宜超过 1.0 MPa;对竖向孔道,压浆的压力宜为 0.3～0.4 MPa。压浆的充盈度应达到孔道另一端饱满且排气孔排出与规定流动度相同的水泥浆,关闭出浆口后,宜保持一个不小于 0.5 MPa 的稳压期,稳压期的保持时间宜为 3～5 min。

⑧采用真空辅助压浆工艺时,在压浆前应对孔道进行抽真空,真空度宜稳定在 −0.06～ −0.1 MPa 范围内。真空度稳定后,应立即开启孔道压浆端的阀门,同时启动压浆泵进行连续压浆。压浆过程中及压浆后 48 h 内,结构或构件混凝土的温度及环境温度不得低于 5 ℃,否则应采取保温措施并应按冬期施工的要求处理,浆体中可适量掺用引气剂,但不得掺用防冻剂。当环境温度高于 35 ℃时,压浆宜在夜间进行。

⑨压浆时,每个工作班应制作留取不少于 3 组尺寸为 40 mm×40 mm×160 mm 的试件,标准养护 28 d,进行抗压强度、抗折强度试验,作为质量评定依据。

⑩压浆完成后,在浆液强度达到规定的强度时方能移运和吊装。

施工单位应保留完整的压浆记录,包括每个管道的压浆材料、配合比、压浆日期、搅拌时间、出机时流动度、浆液温度、环境温度、稳压压力、稳压时间、真空度等数据。这些记录应在压浆后报送监理工程师审查。

压浆后应检查孔的压浆的密实情况,如有不实,应及时进行处理。完成后,应及时对锚固端按设计要求进行封闭保护或防腐处理。

4)先张法预应力的施加

(1)先张法施工应先设计、建造墩式台座。先张法的承力台座应进行专门设计,应具有足够的强度、刚度、稳定性,其抗倾覆安全系数应不小于 1.5,抗滑移系数应不小于 1.3。锚固横梁应有足够的刚度,受力后挠度应不大于 2 mm。预应力筋的安装应自下而上,防止被隔离剂污染,预应力筋与锚固横梁间的连接宜采用张拉螺杆。

(2)先张法预应力张拉的张拉程序可按表 3-3 确定。

表 3-3　先张法预应力筋张拉程序

预应力筋种类		张拉程序
螺纹钢筋		$0 \rightarrow$ 初应力 $\rightarrow 1.05\sigma_{con}$(持荷 5 min)$\rightarrow 0.9\sigma_{con} \rightarrow \sigma_{con}$(锚固)
钢丝、钢绞线	夹片式等具有自锚性能的锚具	低松弛预应力筋:$0 \rightarrow$ 初应力 $\rightarrow \sigma_{con}$(持荷 5 min 锚固)
	其他锚具	$0 \rightarrow$ 初应力 $\rightarrow 1.05\sigma_{con}$(持荷 5 min)$\rightarrow 0 \rightarrow \sigma_{con}$(锚固)

注:1.σ_{con} 为张拉时的控制应力,包括预应力损失。

2.超张拉数值超过规定的最大超张拉应力限值时,应按该条规定的限制张拉应力进行张拉。

3.张拉钢筋时,应在超张拉并持荷 5 min 后放张拉至 $0.9\sigma_{con}$ 时再安装模板、普通钢筋及预埋件等。

(3)先张法预应力筋的张拉,除了应符合相关规定,尚应符合下列规定。

①张拉前,应对台座、锚固横梁及各项张拉设备进行详细检查,符合要求后方可进行操作。

②同时张拉多根预应力筋时,应预先调整其单根预应力筋的初应力,使相互之间的应力一致,再整体张拉。在张拉过程中,应使活动横梁与固定横梁始终保持平行,应检查预应力筋的预应力,其偏差的绝对值不得超过按一个构件全部预应力筋预应力的5%。

③张拉时,预应力筋的断丝数量不得超过规定。

④预应力筋张拉完毕后,其位置与设计位置的偏差应不大于5 mm,同时不应大于构件最短边长的4%,宜在4 h内浇筑混凝土。

(4)先张法预应力筋的放张。

先张法预应力筋的放张前应检查梁体和混凝土质量情况,并应符合下列规定:

①预应力筋放张时,构件混凝土的强度和弹性模量(或龄期)应符合设计规定;设计未规定时,混凝土的强度应不低于设计强度等级值的80%,弹性模量应不低于混凝土28 d弹性模量的80%,采用混凝土龄期代替弹性模量控制时应不少于5 d。

②在预应力筋放张之前,应将限制位移的侧模、翼缘模板或内模拆除。预应力筋的放张顺序应符合设计规定;设计未规定时,应分阶段、均匀、对称、相互交错地放张。

③多根整批预应力筋的放张,采用砂箱放张时,放砂速度应均匀一致;采用千斤顶放张时,放张宜分数次完成;单根钢筋采用拧松螺母的方法放张时,宜先两侧后中间,不得一次将一根预应力筋松完。

④预应力筋放张后,对钢丝和钢绞线,应采用机械切割的方式进行切断;对螺纹钢筋,可采用乙炔-氧气切割,但应采取必要措施防止高温对其产生不利影响。

⑤放张后,预应力筋在构件端部的内缩值宜不大于1.0 mm。长线台座上预应力筋的切断顺序,应由放张端开始,依次向另一端切断。

⑥预应力筋放张前和放张后,要对混凝土、预应力筋进行检查,对起拱度进行测量,看是否符合设计要求。

(5)所有构件应标以不易擦掉的标记,记录制造的生产线、浇筑混凝土的日期及张拉日期。标记的位置应使标记在工程完工及构件置于最终位置以后,不致暴露于外。

(五)桥面系

钢筋混凝土和预应力混凝土桥的桥面部分,通常包括桥面铺装、防水和排水设备、伸缩缝、人行道、缘石、栏杆和灯柱等构造。由于桥面部分天然敞露,易受天气影响,而且其主要供车辆、行人来往,对其美观性也有一定要求。根据以往的实践经验,建桥时因对桥面重视不够而造成日后修补和维护的例子很多。因此,桥面的构造和施工也是桥梁质量监理的内容之一。

1)桥面铺装

(1)一般要求。预制板或现浇面板混凝土与桥面铺装混凝土之间的龄差应尽量缩短,以避免两者之间产生过大的收缩差。

为使桥面铺装与下面的混凝土构件紧密结合,应对桥面铺装下面的混凝土进行拉毛处理,并用高压水冲洗干净。

若桥面设置钢筋网,应采取有效措施保证其位置正确,并且有合适的保护层厚度。浇筑混凝土时,施工人员及机具不得停留在钢筋网上。

浇筑桥面混凝土前,应在桥面范围内布点测量高程,以确定浇筑后的铺装厚度。进行混凝土桥面铺装时,应按图样所示预留好伸缩缝工作槽。进行沥青混凝土铺装时,可不留伸缩缝工作槽,而是在安装伸缩缝前先切割出沥青混凝土铺装所占的伸缩缝的位置。

桥面铺装宜在全桥宽上同时进行或按监理工程师的指示办理。

(2) 混凝土桥面铺装。混凝土的铺设要均匀,铺设厚度应使其表面略高于已完成的桥面的标高,再用振捣器振实并用整平板整平。混凝土桥面铺装的最终修整工作包括抹平及清理,在修整前要清理所有的表面自由水,但不能用水泥、石粉或砂等来吸干表面水分。在一段桥面铺装修整完成并在其收浆、拉毛后,应尽快覆盖并进行养护。

混凝土桥面铺装之上另有一层沥青混凝土铺装时,该混凝土桥面铺装除了应按上述要求施工,其表面还应进行进一步的拉毛处理。

(3) 沥青混凝土桥面铺装。在沥青混凝土桥面铺装下,另有一层沥青混凝土铺装时,待底层的混凝土强度达到设计强度的 90% 以上时,方能铺筑沥青混凝土桥面铺装。

(4) 防水层。铺设防水层的桥面板表面应平整、干燥、干净。防水层沿缘石或中央分隔带的边缘应封闭,以免桥面水渗入主体结构。防水层应根据不同材料按制造商推荐的铺设要求铺设。

(5) 泄水管。浇筑桥面板时应预留泄水管安装孔,桥面铺装时应避免泄水管预留孔堵塞。泄水管顶面应略低于桥面铺装面层,下端应伸出结构物底面 100~150 mm 或按图样要求将其引入地下排水设施。

2) 桥梁接缝和伸缩缝

(1) 一般要求。桥梁接缝和伸缩缝装置的类型,应符合图样要求。承包商如果要改变类型,须自定各项安装参数并报监理工程师书面批准。

所有产品在任何时候都应严格按照生产厂家推荐的方法拆卸、放置和安装。

接缝处的温度低于 10 ℃ 时,不应浇筑热浇封缝料。

沥青混凝土铺装应在伸缩装置安装前完成,伸缩装置安装时对其进行切割即可。

伸缩装置的牌号、型号应符合图样规定。安装伸缩装置时,上部构造端部间的空隙宽度及伸缩缝装置的安装预定宽度,均应与安装温度适应并应符合图样规定。伸缩装置的安装,应在伸缩装置制造商提供的夹具控制(将伸缩缝装置预置)下进行。伸缩装置一般应在 5~20 ℃ 的温度范围内安装。伸缩装置的安装温度不同于图样规定时,各项安装参数应调整。

伸缩装置的安装须满足制造商的有关要求。伸缩装置下面或背面的混凝土应密实,不留气泡,预埋件位置应准确。安装完成后的伸缩装置应与桥面铺装接合平整。

(2) 橡胶伸缩装置。按照图样的要求选用伸缩装置,安装时应根据气温对橡胶伸缩体进行必要的预压。

气温在 5 ℃ 以下时,不得进行橡胶伸缩装置的施工。

采用后嵌式橡胶伸缩体时,应在桥面混凝土干燥收缩完成且徐变大部分完成后进行安装。

安装伸缩装置时,承包商应按生产厂家的安装说明进行施工。

（3）模数式伸缩装置。模数式伸缩装置的种类、型号众多，由异形钢梁与单元橡胶密封带组合而成（如"毛勒缝"即为其中一种）。不同牌号和型号的伸缩装置应由专门的生产厂家成套供应。

伸缩装置应根据图样提出的型号、长度、密封橡胶件的类别及安装时的宽度等要求进行购置和装配。

伸缩装置应预先在工厂组装好（组合式伸缩装置过长，受运输限制或有其他原因时，经监理工程师批准，在工厂试组装后，可以分段组装运输，但模数式伸缩装置必须在工厂组装），由专门的设备包装后运至工地。装配好的伸缩装置出厂前，生产厂家应按图样要求的安装尺寸用夹具固定，以便保持图样需要的宽度，应分别标出质量、吊点位置。伸缩装置运到工地存放时，应垫离地面至少 300 mm，不得露天存放，承包商应确保其不受损害。

在浇筑桥面板或桥台混凝土时，承包商应按图样或生产厂家提供的安装图预留安装伸缩装置的凹槽，应按图样要求预埋钢筋并使钢筋头伸进凹槽。

伸缩装置的安装，应在生产厂家提供的夹具控制下进行。安装前，承包商应对上部构造端部间的空隙宽度和预埋钢筋的位置进行检查，确保其符合图样要求，将预留凹槽内的混凝土打毛，清扫干净；根据生产厂家提供的安装温度或温度范围，查验实际气温与安装温度是否相符，如果有出入，应调整伸缩装置的安装宽度。

预留凹槽内应划出伸缩装置定位中心线和标高，用起重机将伸缩装置吊入预留凹槽，使伸缩装置正确就位。如果伸缩装置落在坡面上，应进行纵横坡的调整。应将锚固钢筋与预埋钢筋焊接，使伸缩装置固定。禁止在伸缩装置边梁上施焊，以免造成边梁局部变形。伸缩装置固定后即可松开夹具，使伸缩装置参与工作。

安装伸缩装置的最终一道工序是在槽口上立模板浇筑混凝土。模板应严密无缝，以防止混凝土进入控制箱，同时不允许将混凝土撒到密封橡胶件上。如果发生上述现象，应立即清除。边梁、控制箱及锚固板周围的混凝土务必振捣密实，及时进行养护。浇筑混凝土前，监理工程师应对安装好的伸缩装置进行检查、认可。

在桥面铺装施工中，施工人员应对伸缩装置应采取加盖临时保护措施，避免其遭受撞击及直接承受车辆荷载。桥面铺装完成后，桥面上不应出现缝隙，桥面应与伸缩装置平齐。

伸缩装置的安装宜由专业施工单位施工或在伸缩装置生产厂家派出的人员指导下施工。

（4）弹塑性材料填充式伸缩装置。弹塑性材料填充式伸缩装置亦称无缝伸缩装置，它是由支承钢板和填料（弹塑性材料结合碎石的伸缩体）组成的。弹塑性材料应经过特殊改性加工，具有特殊性能，以保证其不仅在较大温度范围内具有柔韧性，而且有较高的软化点，在室外温度下不会发生流变现象。弹塑性材料有多种，其中 TST 是目前公路桥梁中普遍使用的一种。弹塑性材料结合碎石的伸缩体的材料性能、指标及规格应符合图样规定。施工技术要求及注意事项也应符合图样要求。

（5）质量检验基本要求。

①伸缩装置必须有合格证，经监理工程师验收合格后才能安装。

②伸缩装置必须锚固牢靠,不能松动,伸缩性能必须有效。

③伸缩装置检查项目应符合相关规范规定。

④伸缩装置应无阻塞、渗漏、变形、开裂现象,不符合要求时必须进行整修。

3)防水处理与路堤材料

与路面接触的所有公路通道结构物的外表面,均应按照图样要求及规范规定进行防水处理。

(1)沥青涂刷层。须进行防水处理的混凝土按规定养护之后,其表面应平整、洁净,至少晾 10 d,应用刷子或喷枪给混凝土或砌体表面全面刷上或喷上一道沥青胶结材料。底层及三道防水沥青,应在前一层完全吸收后再喷刷下一层。防水层在封层硬结前不应与水或土接触。混凝土或前一层未干或气候条件不适宜时,不应涂防水层。

沥青胶结材料防水层的施工气温不得低于图样规定;低于图样规定时,必须采取保温措施。在炎热季节施工,应采取遮阳措施,防止烈日暴晒下沥青流淌。

(2)沥青油毡防水层。须做沥青油毡防水层的混凝土养护后,其表面应平整洁净,至少晾 10 d,用一层冷底子油全面封闭。冷底子油的溶剂完全挥发后,连续洒布一层热沥青混合物,然后在热沥青层上铺油毡。铺油毡前,应将油毡表面的云母片、滑石粉等杂物清除。

油毡应铺得紧密,使油毡与混凝土表面之间或各层油毡之间不存在空气。油毡之间应相互搭接,端头至少搭接 150 mm,侧向至少搭接 150 mm。合理安排接头,在任何一点都不超过三层油毡厚度;接头间的距离应尽可能远一些,以便把水从外露边缘排走。油毡防水层铺贴时的气温不应低于 5 ℃。

(3)晾干。使用含挥发溶剂的沥青材料时,应待所有溶剂挥发后再铺筑下一层。如果使用乳化沥青,应待全部水分蒸发后再铺筑下一层。

(4)保护。除非设计另有说明,所有暴露于外面的、无覆盖的防水层都应用最小厚度为 10 mm 的沥青砂层进行保护。

4)支座

常见的支座形式包括板式橡胶支座、盆式橡胶支座和球形支座。各种支座安装都必须按照图样规定进行,以确保其平面位置的正确。

(1)板式橡胶支座。板式橡胶支座是工厂定型产品,由数层橡胶间隔包裹数层钢夹板制成。钢夹板的最小厚度应为 2 mm。钢夹板之间每层橡胶的厚度至少应为 5 mm。所有部件都应完全模制成一个整体,夹板的橡胶保护层最小厚度为 2.5 mm。橡胶和钢夹板之间的黏结应符合要求(在对试件进行分离试验时,破坏应发生在橡胶内,而不应发生在橡胶与钢夹板的黏结面处)。板式橡胶支座在安装时应注意以下事项。

①支座安装前,应检查产品的技术指标、规格尺寸是否符合图样要求,如不符合,不得使用。

②桥墩和桥台上放置支座部位的混凝土表面应平整清洁,以保证其能在整个面积上均匀受压。应认真检查所有表面、底座及垫石标高。处于纵坡及弯道上的桥梁的支座施工时应做相应调整和处理或采用坡形板式橡胶支座。支座垫石顶面高差不得大于 2 mm。

③为便于更换，板式橡胶支座不应采用固定装置。

④支座安装应在温度为 5～20 ℃的环境下进行。

⑤在上部结构的构件吊装时，应采取措施保持支座的正确位置，以达到规范的要求。

⑥橡胶支座与上下部结构间必须接触紧密，不得出现空隙。

⑦橡胶支座应水平安装。因施工原因而倾斜安装时应征得监理工程师的同意，但其坡度不得超过 2%。选用橡胶支座时，必须考虑由于支座倾斜安装而产生的剪切变形所需要的橡胶层厚度。

（2）盆式橡胶支座。盆式橡胶支座由封闭在钢盆内的橡胶圆板组成。滑动支座用聚四氟乙烯板设于橡胶板之上，设于梁支点下面的不锈钢可以在聚四氟乙烯板上水平滑动。支座检查及验收后，应将支座各部分组装并拴紧在一起。夹紧板应足够结实，应保证异物不污染滑动面，支座各部分在运输及装卸时都应保持在原来位置。支座部件出厂后不能任意拆卸。盆式橡胶支座在安装时应注意以下事项。

①安装前应用丙酮或酒精将支座各相对滑移面及有关部分擦拭干净，擦净后在聚四氟乙烯板的储油槽内注满硅脂类润滑剂并注意使硅脂保持清洁；坡道桥注硅脂时应注意防滑。

②支座的标高应符合设计要求。支座顶板、底座表面应水平，支座承压能力小于或等于 5000 kN 时，其四角高差不得大于 1 mm；支座承压能力大于 5000 kN 时，其四角高差不得大于 2 mm。

③盆式橡胶支座的顶板和底板可用焊接或锚固螺栓连接在梁体底面和墩（台）顶面的预埋钢板上。采用焊接时，应防止损坏混凝土；安装锚固螺栓时，其外露杆的高度不得大于螺母的厚度。

④支座安装的顺序为先将上座板固定在大梁上，而后根据顶板位置确定底盆在墩（台）上的位置，最后固定。

⑤支座中心线应尽可能与主梁中心线重合，其最大水平位置偏差不得大于 2 mm；安装时，支座上下各部件沿桥梁纵向的轴线必须对正；对活动支座，其上下部件的横轴线应根据安装时的温度与年平均最高、最低温差，由计算确定其错位距离；支座上下导向挡块必须平行，最大偏差的交叉角不得大于 5°。

（3）球形支座。球形支座由上支座板、下支座板、球形板、平面、球面聚四氟乙烯滑板（平面四氟板、球面四氟板）及橡胶挡圈组成。球形支座的水平位移，由上支座板与滑板之间的活动来实现；支座的转角通过球形板与滑板之间的活动来实现。支座竖向承载力、支座转角和支座位移均应符合图样规定。支座出厂时应由生产厂家将支座调平，拧紧连接螺栓，以防止支座在安装过程中发生转动和倾覆。承包商可根据设计需要预设转角及位移，以便生产厂家在装配时预先调整好。球形支座在安装时应注意以下事项。

①支座安装前应开箱检查配件清单、原材料检验报告的复印件和产品合格证是否符合图样要求，如不相符，不得使用。开箱后，不得任意松动连接螺栓，不得任意拆卸支座。

②支座与梁体及墩（台）采用预埋螺栓连接，必要时亦可采用与预埋钢板焊接的方法连接。将支座与预埋钢板焊接时，要防止支座过热烧坏硅脂及聚四氟乙烯滑板。

③支座安装时，支座的相对滑动面应用丙酮、酒精仔细擦净，不得夹有灰尘和杂质，然

后在其表面均匀地涂满硅脂润滑剂。

④支座安装板高度应符合图样要求,保证支座支承平面的水平及平整,支座支承面四角高差不得大于 2 mm。

⑤安装支座板及地脚螺栓时,在下支座板四角用钢楔块调整支座使其保持水平,使下支座板底面高出桥墩顶面 20～50 mm;找出支座纵、横向中线位置,使之符合图样要求后,用环氧砂浆灌注地脚螺栓孔及做支座地面垫层。

⑥环氧砂浆硬化后,拆除支座四角临时钢楔块,用环氧砂浆填满抽出楔块的空间。

⑦梁体安装完毕或现浇混凝土梁体形成整体并达到图样规定强度后,在张拉梁体预压力之前,拆除上、下支座连接板,以防止约束梁体正常转动,及时安装活动支座的橡胶防尘罩。

5)栏杆及护栏

除非监理工程师批准,混凝土栏杆及护栏(防撞墙)应在该跨拱架或脚手架放松后才能浇筑。浇筑时特别要注意的是模板光顺并紧密装配,以保持栏杆、护栏的线条及外形,保证拆模时不致损坏混凝土,应按施工图详细制作所有模板及斜角条。在完成工程中,所有角隅应准确、线条分明,无裂痕、破裂或其他缺陷。

预制栏杆构件应在不漏浆的模板中浇筑;混凝土硬化到一定程度时,可从模板中取出预制构件并养护。可以采用加湿、加温的方法或用快硬水泥或减水剂以缩短养护期,具体使用方法应经监理工程师批准。存放和装卸预制构件时,应保持边缘及角隅的完整和平整;在安放前或安放时,破裂、损坏、开裂的构件应废弃并从工程中移去。可与预制栏杆相连就地浇筑栏杆帽及护栏帽;在浇筑并修整混凝土时,应防止栏杆及护栏被污染和变形。

3.5 隧道工程施工质量监理

3.5.1 隧道工程概述

公路隧道是用来克服地形障碍、改善路线线形、缩短建设和营运里程、节省建设投资和营运费用、避免山区公路的各种病害、提高公路防护能力的工程建筑物。公路隧道一般可按三种不同的方法分类。

按地质条件分为两类:一类是修建在岩层中的,称为岩石隧道;另一类是修建在土层中的,称为软土隧道。岩石隧道修建在山体中的较多,故又称为山岭隧道;软土隧道常修建在水底或作为城市立交,故又称为水底隧道或城市隧道。

按长度分为四类:公路隧道按长度可分为特长隧道(长度大于 3000 m)、长隧道(长度为 1000～3000 m)、中隧道(长度为 250～1000 m)、短隧道(长度小于或等于 250 m)。

按结构分为两类:公路隧道按结构可分为分离式隧道和联体式隧道。

埋置较浅的隧道,一般采用明挖施工;埋置较深的隧道,一般采用暗挖施工。

（一）隧道工程的划分

（1）洞口工程。隧道洞口工程是指边坡、仰坡土石方及洞门、边墙、翼墙、洞门排水等工程。

（2）洞身工程。隧道洞身工程包括隧道洞身、运营通风洞、人行避难通道、明洞等工程及有关工程的开挖、衬砌等相关的各种作业。

（3）防水与排水工程。隧道防水与排水工程可分为施工期间的防水与排水工程，以及结构物（永久性）防水与排水工程。

（4）附属设施工程。公路隧道的附属设施工程是指运营通风、照明、消防、交通监控、供电配电、消声、装饰等设施工程。

（二）隧道施工对承包商的一般要求

1）核对图样和补充调查

（1）施工前，承包商应对图样、资料等进行现场核对，进行补充调查。承包商应调查核实隧道所处的位置、地形、地貌、工程地质和水文地质、钻探图表，以及隧道进出口位置和其他相关工程的情况；调查核实水、电、交通运输及通信设施可利用的情况，当地生产、生活、劳动力供应情况；调查收集当地气象、水文资料。

（2）承包商应将调查结果复制一份提交监理工程师，如有建议或改进意见，应一并提交监理工程师审批。

2）确定施工方案，编制实施性施工组织设计

（1）承包商应根据总体施工组织设计，结合本项目的具体工程情况、工期要求、施工队伍情况、机械设备配备情况、施工中的现场监控量测等情况，正确选定施工方案，确定施工顺序，编制实施性施工组织设计。

（2）实施性施工组织设计应根据图样对施工方法、施工工艺、工序安排、劳动力组织、机械设备配备、材料供应、场地布置、监控量测、进度安排、供水、供电、通风、通信和装渣运输方案，以及采用的有关安全、质量、技术措施等规章制度做出合理计划并提出组织措施，同时应充分预计可能出现的问题并提出对策。

（3）承包商应将选定的施工方案、实施性施工组织设计和必要的图表资料送交监理工程师审批。

（4）承包商应根据批准的施工方案和实施性施工组织设计，合理安排工序进度，循环作业，做好机具选型配套工作和材料的供应保障工作，使施工按预定的计划进行。

3）施工安全

（1）承包商应贯彻《中华人民共和国安全生产法》"安全第一，预防为主"的方针，严格遵守《公路工程施工安全技术规范》（JTG F90—2015）的有关规定，制订安全制度，采取安全措施，负责检查实施情况，切实做到安全施工。

（2）在施工作业中，承包商应采取各种有效的防护措施，做好通风、照明、防尘、防水、降温和防治有害气体等工作，保护环境卫生，保障施工人员的健康和生产安全。如果承包商未采取各种有效防护措施或采取的措施不力，从而导致施工人员发生人身安全事故或身体健康受到损害的情况，承包商应对此承担全部责任。

（3）承包商应按批准的施工方案、实施性施工组织设计和监理工程师批准的安全规

则进行施工。在施工过程中,如发生工伤事故或工程事故,均不得因施工方案曾获批准而减轻承包商应负的责任。

(4)承包商应根据批准的爆破计划和施工安全技术规程的要求进行爆破作业,对所有人员、工程及财产采取保护措施,对爆破造成的事故或财产损失负责。

(5)在施工过程中,承包商应对围岩进行监控测量,根据测量结果及时反馈信息,合理修正支护参数和开挖方法,指导施工并确保施工安全。

(6)爆破器材应设专人严格保管,严格领用手续。器材应定期进行检查,失效及不符合技术条件要求的爆破器材不得使用。

(7)对地质条件复杂或风险大的工程项目,如围岩复杂,出现塌方、岩爆、涌水、瓦斯泄漏,围岩破碎,地下水渗漏,以及仰拱基础开挖等,承包商应制订预控措施,以便防止险情,确保出现险情时能及时排除。

(8)承包商或其派出的施工人员,应具有在紧急情况下提出应急措施和组织抢险的能力,确保遇到特殊情况时能及时进行正确处理。

(9)承包商对施工安全与工程防护,有责任和义务贯彻始终,一直到工程完工,经监理工程师确认交验为止。

4)施工中围岩变化的处理

在施工过程中,围岩地质条件发生变化时,承包商应报请监理工程师审定。若施工技术要相应变更,承包商应报请监理工程师批准。监理工程师对围岩变化认可后,承包商应根据实际情况组织施工,以保证工程进度与质量。

5)施工中预埋构件的设置与保护

监控、通信、照明、通风、消防等的预埋构件应按图样要求和监理工程师的指示正确设置,切实加以保护,不得受到毁损。

6)施工中的质量检查

承包商应建立自检体系,在工程的每道工序进行自检后,方可通知监理工程师检查。前道工序未经监理工程师检查、批准,不得进行下一道工序的施工。

(三)隧道施工的准备工作

1)施工测量

(1)承包商应配备能胜任施工测量工作的人员和测量器材,在监理工程师监督下完成隧道施工前的各项测量工作,以及今后工程进行中的测量校对和监控测量工作。

(2)承包商应按《公路勘测规范》(JTG C10—2007)关于洞外控制测量的有关规定进行必要的测量和计算工作,应将施测采用的方法和精度报监理工程师批准。

(3)承包商应根据合同图样和有关勘测资料,对交付使用的隧道轴线桩、平面控制三角网基点桩和标高控制的水准基桩等,及时进行详细的测量检查和核对,将测量成果报送监理工程师。测量误差和错误导致的后果,应由承包商负责。

(4)承包商在放线中除了设置公里桩、平曲线基本桩,还应设置必要加桩(在工程实施中,隧道中桩最大间距沿直线不得大于 10 m,沿曲线不得大于 5 m),明确标出用地界桩、路面和排水沟中心桩、辅助基准点及其他控制正确放线的水平和垂直标桩。

(5)承包商应保护好基准点和测桩并予以固定;如遇损坏、遗失、移位等情况,承包商应立即报告监理工程师,同时自费及时予以恢复。

(6)隧道洞口应设立中线桩及两个以上的后视点桩和两个水准点并进行联测,以核对隧道施工是否达到精度要求。

2)施工场地的准备和布置

承包商应按隧道图样,对拟建洞口构造物的施工场地进行清理,对施工区域内有碍施工的电线杆、建筑物和道路等进行拆迁或移改。承包商应根据图样要求,合理布置施工场地,为方便隧道施工创造条件,应绘制施工场地布置图。施工场地布置图的主要内容如下:

①弃渣场地位置和范围;

②轨道运输的卸渣线、编组线、牵出线和各种作业的布置情况;

③运输道路、场内道路和其他运输设施的位置;

④大型机械设备的组装场地布置情况;

⑤各种材料的存放场地及回收材料的堆放位置;

⑥各种机械设备停放场地,加工场、仓库、工棚、宿舍、办公用房及医疗用房等的位置;

⑦通风、供水、供电、通信等设施的布置情况;

⑧场内临时排水系统的位置。

3)环境保护

(1)在隧道施工中,应尽量减少对原有自然环境的破坏,对因工作行为造成的破坏,应有处理措施,如坡面防护、加固、排水、植被覆盖等措施。

(2)隧道凿岩应采用湿法钻孔。进行通风除尘和排除有害气体时,必须考虑其对洞口的环境污染,注意洞外常年主导风向与居民区位置的关系,必要时应改变排风口的位置或提高排风口的高度。

(3)隧道弃渣中的硬质岩石应充分利用,多余废渣应在规定地点弃置,应做好防护工作。必须避免因弃渣而引起的排水不畅、污染水源及过高堆积引起的坍塌崩溃等情况。

(4)对于隧道施工中排放的污水、废气或产生的噪声等,承包商应提出排放及处理方案并报请监理工程师批准。

(5)隧道施工可能产生地下水流的改变或形成洞顶地表塌陷等状况而影响当地居民的生活、生产时,承包商应于施工前采取必要的预防措施,制订施工方案,报请监理工程师批准。

3.5.2 隧道洞口与明洞工程施工质量监理

洞门是隧道的咽喉,也是外露部分,它包括边坡、仰坡土石方及边墙、翼墙、洞口排水等工程。这些工程相互关联,往往一项工程安排不周就会影响其他工程,因此应全面考虑,妥善安排,以便尽快完成,为洞身施工创造条件。

(一)洞口与明洞工程施工的一般规定

(1)洞口与明洞工程应按照隧道施工组织设计的顺序安排,按图样要求施工完成,为加速隧道施工创造条件。

(2)隧道洞口附近其他构造物的施工安排,应考虑到隧道施工场地布置并适应弃渣、运输的需要,相邻工程亦应妥善安排。

(3) 洞口工程特别是排水、坡面防护等工程,在隧道施工过程中直至完工交验,应经常进行养护维修,其费用由承包商承担。

(4) 洞口施工时,如地质情况有变化或其他原因须变更设计或施工方案时,承包商应报请监理工程师批准或按监理工程师的指示办理。

(二) 洞口与明洞工程施工要求

1) 准备工作

(1) 边坡和仰坡上的浮石、危石要清除,坡面凹凸不平的部分应整修平顺。

(2) 洞门端墙处的土石方,应结合地层稳定程度、洞门施工季节和隧道施工方法等进行开挖。

(3) 在松软地层开挖边坡、仰坡时,宜随挖随支护,加强防护,随时监测、检查坡体稳定情况。

(4) 进洞前必须完成土石方开挖工作。废弃的土石方,应堆放在指定地点;边坡、仰坡上方不得堆置弃方。

(5) 工程需要的填方,应按图样或监理工程师的指示施工;超挖部分应用混凝土回填,其费用由承包商承担。

2) 排水工程

(1) 洞外排水系统由边坡和仰坡外的截水沟、排水沟和洞口排水沟、涵管组成,排水系统的所有开挖与铺砌工作除了应按图样进行,还应符合有关砌石工程规范的规定。

(2) 边坡、仰坡外的截水沟或排水沟应于洞口土石方开挖前完成,截水沟及排水沟的上游进水口应与原地面衔接紧密或略低于原地面,下游出水口应妥善地引入排水系统。

(3) 边坡、仰坡以外的上方,有坑洼积水时,应按图样或监理工程师的指示处理;但不得用土石方填筑,以免其流失后堵塞排水沟渠,影响洞口安全。

(4) 路堑两侧边沟应与排水设施妥善连接,使排水畅通。土路肩及碎落台,应按图样要求加固。

3) 坡面防护

应按图样要求进行边坡、仰坡开挖面的防护,制订防护工程施工措施,报请监理工程师批准后及时实施。如情况有变化或图样未规定时,应按监理工程师的指示办理。

坡面防护,一般采用浆砌片石、喷射混凝土、铺种草皮等措施,应按图样及规范的有关要求进行施工。坡面喷射混凝土防护时,应将岩面浮渣及危岩清除干净。

4) 洞门

洞门应及早修筑,尽可能安排在冬期或雨期前施工,应符合以下要求。

(1) 洞门施工放样应位置准确。

(2) 洞门基础开挖及支护方案应报请监理工程师审批。基础必须置于稳固的地基上,应做好防水与排水工作,不得被水浸泡。基坑废渣、杂物等必须清除干净,报请监理工程师验收合格后,方可进行下一道工序的施工。

(3) 洞门拱墙应与洞内相邻的拱墙衬砌同时施工,连成整体。洞门端墙应与隧道衬砌紧密相连。

（4）洞门端墙的砌筑（或浇筑）与墙背回填，应两侧同时进行，以防对衬砌产生偏压作用。

（5）洞口装饰的隧道名称标志牌，字样要求美观醒目。

（6）洞门建筑完成后，洞门以上仰坡坡脚如有损坏，应及时修补，应确保坡顶以上的截水沟、墙顶排水沟与路堑排水系统的完好与连通。

（7）端墙顶排水沟砌筑在填土上时，应将填土夯实。

5）明洞

（1）明洞地段土石方的开挖。

①承包商应根据地形、地质条件，边坡、仰坡的稳定程度和图样要求，提出施工方法、施工步骤、作业时间及防护措施，报请监理工程师审查批准。

②明洞的开挖可采用全部明挖法或拱上明挖拱下暗挖法。若采用后一种方法开挖，起拱线以上的土石方为洞外明挖，按路基工程土石方开挖的要求施工；起拱线以下为拱下暗挖，按洞内开挖的要求施工，以确保施工安全。

③土石方开挖，应按顺序进行。边坡开挖要严格控制爆破药量，爆破作业应符合规范规定。明洞开挖后应立即进行边坡防护。在松软地层开挖边坡、仰坡时，宜随挖随支护。

④明洞开挖前，应先做好洞顶的防水、排水工作，防止因地面水冲刷而导致边坡、仰坡的落石、塌方。在施工过程中，无论何种原因，承包商应对落石、塌方造成的危害、破坏和损失承担全部责任。

⑤明洞开挖的弃方，应堆置于经监理工程师批准的指定地点。

⑥明洞不宜在雨期施工，必须在雨期施工时，应制订严密的施工方案和防护措施，同时应加强对坡体稳定情况的监测与检查。

（2）边墙基础。

①明洞边墙基础应设置在符合图样要求且稳固的地基上，基坑的渣体杂物、风化软层和水应清除干净，经监理工程师检验合格后，方可进行下一道工序的施工。

②偏压和单压明洞的外边墙地基，垂直于路线方向宜挖成向内的斜坡，以提高地基的抗滑力；如地基松软，应采取措施增加地基承载力。

③深基础开挖，应注意核查地质条件。挖至设计标高，地质条件不符合图样要求时，应提出变更设计，报请监理工程师审批。

（3）衬砌。明洞的衬砌施工应遵守以下规定：

①隧道的拱圈应按图样要求制作挡头板、外模、支架和支柱，应采取一定的施工措施防止渗漏、跑浆和走模。

②钢筋的加工及绑扎应按规范的有关规定处理。

③浇筑拱圈混凝土时，应连续进行，不得中断，应采取防雨措施。混凝土养护应按规范的有关规定进行。

④隧道的起拱线以下部分暗挖时，应在拱圈混凝土达到设计强度后进行，应采取一定的措施保证拱圈的安全和稳定。

⑤沉降缝及施工缝的设置与施工，应按图样要求或监理工程师的指示办理。

（4）明洞与暗洞衔接。明洞施工一般采用先墙后拱法。边坡松软易坍且明洞与暗洞衔接时,施工宜采用先拱后墙法。在仰坡暂时稳定的情况下,宜由内向外进行施工;在仰坡易坍塌的情况下,宜先将明洞拱圈浇筑到仰坡坡脚,再由内向外做洞内拱圈,以确保仰坡稳定。明洞与暗洞拱圈应连接良好。

（5）防水。

①拱圈混凝土达到设计强度的 50% 后,拱圈背部应以砂浆涂抹平整。设置防水层时应在拱背涂上一层热沥青后,立即从下向上敷设卷材防水层,敷设时应粘贴紧密,相互搭接错缝,搭接长度不小于 100 mm,向隧道内拱背延伸不少于 0.5 m。三油二毡铺好后,涂抹 20 mm 厚水泥砂浆。

②墙背竖向铺设无纺土工织物时,防水板与无纺土工织物应叠合在一起,整体铺挂。

③拱背铺设黏土隔水层时,应按图样要求选用黏性好、无杂质、无石块的黏土分层夯实,与边坡、仰坡搭接良好,封闭严密。

（6）回填及拱架拆除。

①拱圈混凝土达到设计强度、拱墙背防水设施完成后,方可回填拱背土方。

②明洞段顶部回填土方应对称分层夯实,每层厚度不得大于 0.3 m,两侧回填的土面高差不得大于 0.5 m。回填至拱顶后,应分层满铺填筑。顶层回填材料宜采用黏土,以利于隔水。回填土夯实度应符合图样要求,应经监理工程师认可。

③使用机械回填时,拱圈混凝土强度应达到设计强度,应先人工填筑夯实至拱顶以上 1.0 m,方可使用机械施工。

④在人工填筑时,拱顶中心回填高度达到 0.7 m 以上方可拆除拱架。使用机械回填时,回填工作全部完成后方可拆除拱架。

（三）质量检验

洞口的各部分工程,应符合图样要求。砌体应坚实、牢固、表面平整,无垂直通缝;勾缝应平顺,缝宽均匀,无脱落现象;混凝土表面的蜂窝、麻面面积不应超过本部分混凝土面积的 0.5%,深度不应超过 10 mm;沉降缝应整齐、垂直、上下贯通、位置正确。

3.5.3　隧道洞身工程施工质量监理

洞身工程是隧道施工中的主体,其施工主要由洞身开挖和衬砌两部分组成。洞身开挖和衬砌都在地下进行,空间有限、工作面狭小、光线暗,劳动条件差,因此要注意采用合适的施工方法保证施工通风和照明,应采取有效的安全防护措施。

（一）洞身开挖

洞身开挖主要有两种不同的设计和施工方法,即新奥法和矿山法。

新奥法是奥地利在隧道工程建设中创建的有别于传统矿山法的一种施工方法。新奥法的基本理论依据是,在利用围岩本身具有的承载能力的前提下,采用毫秒爆破和光面爆破技术,进行全断面开挖施工,以复合式内、外两层衬砌的形式来修建隧道的洞身。可以采用喷射混凝土、锚杆、钢筋网、钢支撑等作为隧道外层支护形式,称为初次柔性支护。在洞身开挖之后,必须立即进行初次柔性支护,因为蕴藏在山体中的地应力由于开挖成洞而产生再分配,隧道空间靠空洞效应而得以保持稳定,也就是说,承受地应力荷载的主要是围岩本身,而采用初次柔性支护的目的是使围岩自身的承载能力得到最大限度的发挥。

二次衬砌主要起安全储备和装饰的作用,因此总衬砌厚度是比较薄的。许多国家已经将新奥法作为隧道施工的标准方法。目前我国公路隧道设计和施工普遍采用新奥法。

矿山法是一种传统的施工方法。矿山法的基本理论依据是,隧道开挖后受爆破影响,造成岩体破裂形成松弛状态,随时都有可能坍落。基于这种松弛荷载理论,其施工方法是采取分割式,按分部顺序一块一块地开挖,边挖边支撑,以利安全,所以支撑很复杂,木料消耗也比较多。矿山法施工工作面小,不能使用大型凿岩钻孔设备和装卸运输工具,故施工进度慢、建设周期长、机械化程度低、耗用劳动力多,难以适应现代化公路建设工期的要求。

1) 洞身开挖注意事项

(1) 承包商应在开挖前 28 d,根据地质、机械设备等条件向监理工程师提出符合隧道具体情况的施工方案(包括开挖顺序和爆破、施工照明、通风、排水、支护、出渣等的措施),经监理工程师审查批准。根据施工中具体情况的变化,承包商也可及时改变施工方法,但必须报请监理工程师批准。

(2) 承包商应根据批准的施工方案,以现代化施工技术,合理地安排工序,科学地组织隧道施工,以保证合格的施工质量和合理的进度。

(3) 承包商应安排好施工过程中的测量工作,以保证隧道按设计方向和坡度施工,使开挖断面尺寸符合图样要求,尽量做到不欠挖和不超挖。洞内还应每隔 50 m 设置一个水准点。

(4) 监理工程师批准的施工方法,如有导致工程缺陷或失败的情况,不应减轻承包商在施工中的责任。

(5) 在施工过程中,承包商应根据其对开挖面的直接观察和围岩变形的测量结果,辅以超前地质预报,结合岩层构造、岩性及地下水情况,提出围岩分类的修改意见,判定坑道围岩的稳定性,提出相应的处理措施,报请监理工程师批准。

(6) 承包商应根据监理工程师批准的施工方案或批准的修改方案完成开挖作业。洞口处边坡防护工程未完成时,不得进行洞身开挖工作。

(7) 为了最大限度地利用围岩自承载能力,承包商必须采用减少围岩扰动的方法进行洞身开挖。

(8) 洞身开挖断面尺寸应符合图样要求,边沟、电缆沟及边墙基础应同时开挖,所有开挖工作应按图样标明的开挖线进行并一次挖够。在开挖过程中,承包商应随时测定隧道轴线位置和标高。预留洞室在施工前应与图样进行核对,以确保洞室的数量与位置正确。

(9) 在开挖时应考虑采用有利于减少超挖、有利于围岩稳定的施工方法。除了指定、责任未定或非承包商错误造成的超挖,超过允许范围的开挖和这部分超挖的回填,其所有材料和施工费用均由承包商承担。

(10) 应严格控制断面开挖,不应欠挖,仅在岩层完整、抗压强度大于 30 MPa、经监理工程师确认不影响衬砌结构的稳定和强度时,岩石个别凸出部分(每平方米内不大于 0.1 m^2)可侵入衬砌,锚喷支护时凹入不得大于 30 mm,衬砌侵入量不得大于 50 mm。拱脚、墙脚以上 1 m 内断面严禁欠挖。

　　(11)采用台阶法施工时,台阶不宜分层过多,上下台阶之间的距离尽量满足机具正常作业的需要,减少翻渣工作量;顶部围岩破碎、须支护紧跟时,可适当延长台阶长度。

　　(12)两相对掘进工作面接近打通时,两端施工应加强联系、统一指挥。两个工作面之间的距离不大于 15 m 时,应从一面掘进贯通。

　　(13)浅埋隧道开挖时,应严格控制地表沉陷,应根据具体情况采取适当措施减小循环开挖进尺并防止塌方。例如,施工中为减少对围岩的扰动,宜采用单臂掘进机或风镐开挖,爆破开挖时应遵循"短进尺、强支护、弱爆破、勤观测"的原则;应加强对拱脚的处理,安设拱脚锚杆;及时施工仰拱或临时仰拱等。

　　(14)岩石隧道爆破应采用光面爆破或预裂爆破技术,使隧道开挖断面尽可能符合设计轮廓线,减轻对围岩的扰动,减少超挖和欠挖。隧道爆破后,应有专人负责清理,同时应对开挖面和未衬砌地段进行检查,如察觉可能产生险情,承包商应采取措施及时处理。

　　(15)施工支护应紧随开挖面及时施作,以确保施工安全、控制围岩变形和减少围岩暴露时间。对不同级别的围岩,应采用不同结构形式的施工支护。

　　①Ⅰ、Ⅱ级围岩支护时,宜采用局部喷射混凝土或局部锚入锚杆支护;为防止岩爆和局部落石,可局部加拴钢筋网。

　　②Ⅲ、Ⅳ级围岩可采用锚杆、锚杆挂网、喷射混凝土支护或锚喷联合支护,Ⅲ级围岩必要时可加设钢架。

　　③Ⅴ、Ⅵ级围岩宜采用锚喷挂网的联合支护形式,可结合辅助施工方式进行施工支护。

　　④地质条件差、围岩不稳定时,可采用构件支护。

　　2) 洞身开挖质量检验

　　洞身开挖实测项目应符合相关规范规定。

　　(二) 衬砌

　　隧道衬砌是为了保持岩体的稳定和行车安全而修建的永久性建筑物。衬砌通常要承受较大的围岩压力和地下水压力,有时还要受到化学物质的侵蚀,在高寒地区往往还要受到冻害等的作用,所以用于衬砌的材料应具有足够的强度、耐久性、抗渗性、耐腐蚀性和抗冻性等。衬砌的质量直接影响整个结构物的安全,在施工中要加强质量监控。

　　1) 衬砌施工的注意事项

　　(1)衬砌施工时,其中线、标高、断面尺寸、净空以及衬砌材料的标准、规格,必须符合图样的要求。

　　(2)为了保证衬砌工程质量,施工时混凝土的浇筑应采用泵送作业。

　　(3)在浇筑混凝土之前,应将浇筑处的表面积水、泥浆、岩屑、油污、有害的附着物和松散物、半松散的或风化的岩块等清除掉。

　　(4)浇筑的混凝土应采用泵送直接入仓,混凝土出料口距浇筑面的垂直距离不应大于 2.2 m,应从两侧边墙向拱顶、由下向上依次分层对称浇筑,两侧混凝土浇筑面高差不应大于 1 m,同一侧混凝土浇筑面高差不应大于 0.5 m;混凝土浇筑至振捣窗下 0.2 m 时,应关闭振捣窗。混凝土浇筑中断时,承包商应在初凝以前将接缝处的混凝土振实,使缝面具有合理、均匀稳定的坡度。未振实又超过该水泥初凝时间的混凝土,应由承包商自费加以清除。

（5）无论何种原因造成的混凝土损坏和混凝土内有蜂窝、裂缝或其他缺陷，以及因有表面凹凸而不合格的混凝土，承包商均应按规范要求自费清除或进行修补。

（6）具有侵蚀性地下水的地段，根据工地水样化验结果，必须针对侵蚀类型，采用不同类型的抗侵蚀性混凝土。

（7）围岩类别有变化时，衬砌断面的类别亦应相应变化，但应获得监理工程师批准。围岩较差地段的衬砌，应向围岩较好地段延伸，一般延伸长度为 5～10 m。

（8）模筑混凝土衬砌应按设计要求设置沉降缝和伸缩缝，在对衬砌有不良影响的硬、软岩层分界处，应设置沉降缝；在明洞与暗洞交界处或不设明洞的洞口第一环衬砌与第二环衬砌连接位置应设置沉降缝。在严寒地区，整体式衬砌、锚喷衬砌或复合式衬砌，均应在洞口和易受冻害地段设置伸缩变形缝。

衬砌施工缝应结合沉降缝、伸缩缝调整位置，拱墙衬砌沉降缝、伸缩缝应与仰拱混凝土衬砌沉降缝、伸缩缝竖向对齐。施工缝、变形缝应避开预留洞室，预留洞室边缘距施工缝、变形缝的距离不应小于 1.5 m。在有地下水的隧道中，所有工作缝、沉降缝和伸缩缝均应进行防水处理。

（9）为确保衬砌不侵入隧道建筑限界，承包商在放样时可将设计的轮廓线适当予以扩大（一般为 50 mm），但因此增加的隧道开挖量和衬砌量的费用由承包商承担。

（10）衬砌前应检查边墙基底高程、基坑断面尺寸、基底承载力是否符合设计要求，应检查确定衬砌支架的形式。隧道主洞拱墙衬砌混凝土应采用全断面衬砌模板台车；车行横洞、人行横洞、紧急停车带、地下风机房等其他洞室拱墙衬砌混凝土可采用拼装式模板，模板应表面光滑、接缝严密、不漏浆；均应满足混凝土浇筑过程中的强度、刚度和稳定性要求。使用拼装式模板作浇筑支架时，一次浇筑长度宜为 3.0～8.0 m。洞身的拱、墙混凝土应一次连续浇筑，不得采用"先拱后墙"的浇筑方式，不得先浇筑矮边墙。

（11）衬砌混凝土拆模后的养护应及时，养护时间不得少于 7 d；掺加引气剂或引气型减水剂时，不得少于 14 d。隧道内空气湿度不小于 90% 时，可不洒水养护；寒冷和严寒地区养护时，应做好衬砌的防寒保温工作。

（12）隧道拱、墙背后空隙必须回填密实，应符合下列规定：

①衬砌背后空洞回填作业应在衬砌混凝土厚度达到设计厚度的条件下进行，应在下一环衬砌浇筑混凝土前完成。

②边墙背后空洞深度不大于 1 m、拱部背后空洞深度不大于 0.5 m 时，应采用衬砌同级混凝土回填密实，应与衬砌混凝土同时浇筑；边墙背后空洞深度大于 1 m、拱部背后空洞深度大于 0.5 m 时，应按设计要求处理，可用片石混凝土或浆砌片石回填密实（但初期支护必须与围岩密贴）。围岩稳定、干燥无水时，可先用干砌片石回填，再在衬砌背后压浆。

③采用浆砌片石或片石混凝土回填时，片石不得侵入二次衬砌；衬砌混凝土厚度不足时，不得采用注浆回填，应采用对结构进行补强、拆除重做等其他方式处理。

（13）衬砌装修的注意事项如下：

①承包商应根据图样要求，在装修施工前 30 d，对不同部位分别提出材料供应、装修

方法和设备配备方案,其施工程序应符合《建筑装饰装修工程质量验收标准》(GB 50210—2018)的规定并获得监理工程师批准。

②应根据图样要求,将装修表面清洗干净并补平;若有渗漏水,应先采取措施,做好装修前的防、排水工作,再进行喷涂或安装饰面砖。

③如果监理工程师认为涂料或饰面砖由于储存不当或其他原因不符合厂家的技术说明,应拒绝使用。如果已装修部分有损坏或黏结不牢、背后有空响,应要求承包商修补或更换。

④装修材料不得侵入隧道建筑限界,装饰工程应能满足运营设施维修和更换方便的要求。

2)衬砌工程质量检验

隧道混凝土衬砌实测项目应符合相关规范规定。

对隧道洞身工程的要求还有以下内容:隧道洞内应无渗漏水现象;混凝土表面应密实,蜂窝、麻面面积不得超过该面总面积的 0.5%,深度不得超过 10 mm;结构轮廓线应顺直美观,隧道衬砌钢筋混凝土结构裂缝宽度不得超过 0.2 mm,混凝土结构裂缝宽度不得超过 0.4 mm。

3.5.4 隧道防水与排水及附属工程施工质量监理

(一)防水与排水

隧道施工防、排水应与永久性防、排水设施结合,将防、截、排、堵结合起来,以因地制宜、综合治理的原则进行。隧道施工防、排水时应选择经济合理、切实可行的治水措施,以确保围岩稳定、便于初期支护施工,保证在二次衬砌施工前现场已具有防水层。施工前,应根据设计文件和调查资料,预计可能出现地下水的情况,估计水量,选择防水方案。施工中,应对隧道的出水部位、水质、水量及变化规律等做好观测试验记录,不断改进和完善防、排水措施。

1)施工防、排水

(1)地表防、排水。隧道覆盖层地表积水先进行处理,即按设计要求修筑排水设施及其他排水建筑物。洞口不得积水。洞顶附近有井、泉、池塘、水田等时应妥善处理。

地表的坑洼、钻孔、探坑等应以不透水材料或土壤填塞,分层夯实。

边坡、仰坡坡顶的截水沟、排水沟应确保可截引地表水,防止出水口顺坡漫流。洞口排水应与路基边沟组成系统。

洞外路堑向隧道内为下坡时,可将路基边沟挖成反坡,以利向路堑外排水。必要时,应在洞口外适当位置设横向截水沟。

(2)洞内防、排水。洞内施工排水不良会造成支撑基底下沉、开挖断面不易稳定、作业效率低、隧底恶化、道路泥泞等情况,从而影响施工质量。因此,无论是顺坡排水还是反坡排水都要求开挖断面不积水、隧底无水漫流;特别是在泥灰岩和砂质地层中,对洞内的防、排水工作更应予以重视。

洞内施工应设置临时顺坡排水沟,水沟断面应满足洞内渗水和排出施工废水的需要,围岩松软或裂隙发育地段的水沟应铺砌或采用管槽代替。

反坡排水时应采取抽水措施;应根据排水距离、坡度、水量和施工组织,编制反坡排水方案,选择排水设备,设置集水坑位置和容积,布置抽水管路;井下工作水泵的排水能力不应小于1.2倍的正常涌水量,井下备用水泵的排水能力不应小于工作水泵排水能力的70%。高冒水风险隧道反坡施工时,应准备一定的抢险物资、设备,宜设置两个独立的供电系统和排水管路。

开挖中洞内渗水面积较大时,宜采用钻孔将水集中汇流入排水沟;应将钻孔位置、数量、孔径、深度、方向和渗水量等进行详细记录,用以确定衬砌施工时墙面后的排水措施及位置。

洞顶上方设有高位水池时,为防止水池渗漏或溢出冲刷坡面后危及洞内和洞口施工安全,必须设有防渗和防溢水设施;特别是遇到隧道覆盖层较薄且水渗透性较强的地层时,高位水池位置应远离洞轴线,以免留下安全隐患。

2)结构永久排水设施

隧道渗漏水的长期作用,可能造成隧道侵蚀破坏;在围岩有地下水且水具侵蚀性的情况下,对衬砌和隧道设备的腐蚀性更加严重。因此,通过隧道防水与排水,使隧道衬砌不漏不渗,是隧道能够长期使用并保证行车安全的重要条件。洞内的防排水,多采用二次衬砌,即复合式衬砌施工工艺,二次衬砌前做好防水板施工,二次衬砌的混凝土应使用防水混凝土。隧道洞内宜按地下水与运营清洗污水、消防污水分离排放的原则设置纵向排水系统。隧道内路面两侧应设路侧边沟,用于运营清洗污水、消防污水的排放。地下水由设置在路面结构层以下的中心排水沟排出,隧道内不设中心排水沟时,隧道两侧宜设排水边沟,衬砌背后的地下水直接引入路侧排水边沟。

(1)路侧边沟施工应符合的规定。

①边沟沟槽开挖及预留沟槽的宽度、深度,应满足设计要求和施工安装要求。

②边沟盖板应采用预制方式生产,其强度应符合设计规定。

③断面尺寸、沟底高程、排水纵坡等应符合设计规定。

④边沟沟底采用预制件时,开挖的沟槽底应采用M20砂浆或C15混凝土铺底并找平,安放平稳、接缝紧密,沟壁外侧应回填密实。

⑤盖板安放应连续、顺直、平稳,盖板顶面高程应符合设计规定。

⑥盖板安放前,应清除沟内的泥沙、杂物等。

(2)中心水沟施工应符合的规定。

①开挖沟槽的宽度、深度应满足中心水沟断面尺寸和安装施工要求。

②无仰拱地段,中心水沟开挖宜采用切割开挖。

③圆形中心水沟的预制圆管,应施作混凝土底座,底座混凝土强度不应小于C20,底座应密实、平整。预制圆管的安放应平稳、顺直、接缝紧密。

④矩形中心水沟,盖板应预制,沟壁和沟底预制时,开挖沟槽底应采用M20砂浆或C15混凝土铺底找平,安放平稳、接缝紧密,沟壁外侧回填应密实。

⑤矩形中心水沟的盖板安放前,应清除沟内泥沙、杂物,沟底应无积水。

⑥中心水沟盖板顶面、滤水砂砾石层顶面在浇筑上部混凝土时应铺设隔离层。

(3)环向、纵向、横向排水(盲)管施工应符合的规定。

隧道衬砌背后布设的排水管包括环向的、竖向的、纵向的和横向的。其中横向管分为两段,穿过衬砌结构的一段称为横向泄水管,埋在路面结构以下的一段称为横向导水管。

①排水(盲)管的材质、强度、透水性应符合规范规定,尺寸规格应满足设计要求,盲管不得有凹瘪、扭曲。

②环向、竖向排水盲管,应紧贴初期支护表面,布置间距应符合设计要求。

③纵向排水盲管,纵向坡度应与隧道坡度一致,不得起伏不平,不得侵占衬砌结构空间。

④环向、竖向排水盲管与纵向排水盲管的连接应采用三通连接方式,应连接牢固。

⑤横向泄水管,应采用硬质不透水管,横向泄水管与纵向排水盲管应采用三通连接,衬砌混凝土浇筑时应露出管头。

⑥横向导水管宜采用切槽方式铺设,浇筑路面混凝土时,槽顶面应采取隔离措施。横向导水管与泄水管应连接牢固。

⑦各种排水盲管和横向导水管的管体应使用土工布包裹。

3)复合式衬砌中防水层的施工要求

(1)防水层的施工应在初期支护变形基本稳定后、二次衬砌施工前进行。

(2)防水层铺筑前,喷射混凝土层表面不得有锚杆头或钢筋断头外露;对凹凸不平部位应修凿补喷,使混凝土表面平顺;喷射层表面漏水时,应及时引排处理。

(3)防水层可在拱部和边墙按环状铺设,视材质采取相应的接合方法:塑料防水板应用材质与之相同的焊条焊接;橡胶防水板黏结时,搭接宽度为 10 cm,黏缝宽度不小于 5 cm。

(4)防水层的接头处应擦净;涂刷胶浆应均匀,用量应充足;防水层的接头不得有气泡、褶皱及空隙;接头处应牢固,强度应不小于同质材料。

(5)开挖和衬砌作业不得损坏防水层,发现层面损坏时应及时进行修补。

(6)防水层属隐蔽工程,二次衬砌灌注前应检查防水层质量,做好接头标记并填写质量检查记录单。

(二) 附属设施工程

(1)在设备洞、消防洞及横通道施工中发现原定位置地质状况不良时,监理单位应会同设计单位和业主对现场进行调查、研究,确定变更的位置。附属设施工程的施工要求同洞身工程。

(2)装饰工程。

①应仔细检查衬砌内表面的渗漏水情况,必要时应采取措施做好装饰前的防、排水工作。

②装饰材料不得侵入隧道建筑限界。

③洞口装饰应表面平整、清洁,隧道铭牌字样要求美观、醒目。

④采用面砖材料时,应做到横、竖缝通直。面砖贴好后,外表面应平整,不得出现凹凸。

⑤采用防火隔热涂料时,其施工方法应符合该材料的使用说明书要求。

⑥采用一般内墙涂料时,色彩应符合设计要求。涂料可采用喷涂或手工粉刷,但均应

做到色调均匀。

3）运营管理设施

①通风机的机座与基础,应按设计要求施工;应按设计要求的风机底盘螺栓孔布置位置预留风机底座与机座相连的地脚螺栓灌注孔眼;螺栓埋设时,灌浆应密实,螺栓应与机座面垂直。

②同一隧道内应采用统一规格的消火栓、水枪和水龙带。

③照明灯具和配电控制板的安装、配线和电缆的敷设,以及接地工程,应遵守《建筑电气工程施工质量验收规范》(GB 50303—2015)的有关规定。

学习情境的相关知识点

（一）质量监理概述

质量监理概述主要介绍了质量监理的依据、任务和控制程序,质量监理的三个阶段,监理试验室和承包人试验室的职责,质量缺陷或质量事故处理程序和措施,工程质量评分、工程质量等级的评定方法,工程竣工交工验收条件和程序,缺陷责任期的质量监理内容和要点等。

（二）路基工程施工质量监理

路基是按照路线位置和一定的技术要求修筑的作为路面基础的带状构造物。路基是公路的主体,贯穿公路全线,与沿线的桥梁、隧道和涵洞等相连;路基是路面的基础,与路面共同承担汽车荷载的作用;路面靠路基支撑,没有稳固的路基就没有稳固的路面。本学习情境主要从路基施工的工序、特殊路基的施工处理及路基排水这三个方面来分述。

（1）路基施工质量监理主要从路基施工的分项来进行质量控制,即从表土清理与压实、挖方路基的施工、路堤填筑施工三个方面来叙述。

（2）特殊路基施工质量监理详细列举了软土地区路基施工、盐渍土地区路基施工、黄土地区路基施工、多雨潮湿地区路基施工、季节性冻土地区路基施工、岩溶地区路基施工和膨胀土地区路基施工的质量监理要点。

（3）路基排水、支挡与防护结构。由于各种地面水和地下水对路基的强度和稳定性影响极大,必须修建路基的底面和地下排水设施;必须针对不同的涵洞形式,提出质量监理的要点;为了满足路基的使用性能,应实施支挡及石砌防护构造物的施工监理。

（三）路面工程施工质量监理

路面是用各种筑路材料铺筑在路基上供车辆行驶的层状构造物。路面不仅要直接承受车辆荷载的作用,而且要经受自然因素和其他人为因素的作用。本学习情境从路面的功能和构造出发,叙述了路面工程施工过程中监理工程师进行质量监理的要点,具体体现在以下几个方面。

（1）路面基层(底基层)施工质量监理介绍了路面基层(底基层)的主要类型,以及混合料配合比设计原则和方法;突出了基层(底基层)施工中质量控制要点,即混合料拌和与运输、摊铺及整形、碾压、养护的质量监理内容和方法。

（2）沥青面层施工质量监理针对沥青路面的不同类型,介绍了沥青混合料组成设计;针对目前公路工程中常采用的路面类型,分述其质量控制要点,即热拌沥青混合料、沥青、沥青表面处治、沥青贯入式路面的质量监理内容和方法。

（3）水泥混凝土面层施工质量监理从水泥混凝土面层的基本分类出发,介绍了水泥混凝土配合比设计的基本原理和方法,针对在目前公路工程中水泥混凝土路面施工所采用的两种方法,即摊铺机施工、人工及小型机械化施工的施工工艺和质量控制要点进行了论述。

（四）桥梁工程施工质量监理

本学习情境从桥梁的基本组成及分类入手,介绍了桥梁施工的一般要求和质量标准;分节从桥梁的基本组成方面介绍了质量监理控制要点,主要从以下几个方面来论述。

（1）基础工程的施工质量监理针对桥梁基础(明挖基础、桩基础、沉井基础)的质量控制要点逐一论述,重点介绍了钻孔灌注桩基础施工过程中各工序,即水下混凝土的拌制、钻孔、固孔、清孔、钢筋笼的吊放、灌注混凝土、质量检查等的质量控制要点。

（2）桥梁下部结构的施工质量监理主要论述了石、混凝土墩(台)的施工要求和质量标准。

（3）桥梁上部结构的施工质量监理主要对模板、支架和拱架、现浇施工、预制构件、钢构件、预应力混凝土及拱圈施工的一般要求和质量标准进行了论述。

（4）桥面系施工质量监理对桥面系的各组成部分(桥面铺装、防水和排水设备、伸缩缝、人行道、缘石、栏杆和灯柱)施工的一般要求和质量标准进行了论述。

（五）隧道工程施工质量监理

（1）隧道施工的准备工作主要介绍了施工测量、施工场地的准备和布置、环境保护工作等。

（2）隧道洞口与明洞工程施工质量监理主要介绍了洞口与明洞工程施工的一般规定、洞口与明洞工程施工要求等。

（3）隧道洞身工程施工质量监理主要介绍了洞身开挖的两种不同的设计和施工方法(新奥法和矿山法)、洞身开挖质量检查项目、衬砌工程质量检验方法等。

（4）隧道防水与排水及附属工程施工质量监理主要介绍了隧道施工防、排水与永久性防、排水设施相结合的施工方法,防、截、排、堵相结合的施工方法,因地制宜、综合治理的施工原则等。

自我测评

一、单选题

1. 隐蔽工程在隐蔽前应由(　　)通知有关单位进行验收,应形成验收文件。

A. 建设单位　　　　　　　　　　　　B. 施工单位

C. 监理单位　　　　　　　　　　　　D. 政府质量监督部门

2. 建设工程质量监督档案应按(　　)建立。

A. 检验批　　　　B. 单位工程　　　　C. 单项工程　　　　D. 分部工程

3. 质量体系程序文件是质量手册的(　　)文件。

A. 基础性　　　　B. 指导性　　　　C. 支持性　　　　D. 纲领性

4. 造成经济损失 10 万元以上或重伤 3 人以上、死亡 2 人以下等后果的质量事故属于

（　　）。

A.施工质量事故   B.严重施工质量事故

C.重大施工质量事故   D.操作责任事故

5. 在施工质量事故技术处理时,必须加强施工质量事故处理过程的管理,落实各项技术组织措施,做好过程检查、验收和记录是满足施工质量事故处理（　　）的要求。

A.搞清原因、稳妥处理   B.坚持标准、技术合理

C.安全可靠、不留隐患   D.验收鉴定、结论明确

二、多选题

1. 地质复杂的大、中桥,结构对地基有特殊要求的地基检验一般采用（　　）。

A.触探   B.钻探取样做土工试验

C.按设计要求做荷载试验   D.直观检验

2. 水下灌注混凝土前,导管应进行（　　）试验。

A.水密   B.承压   C.接头抗拉   D.焊接

3. 悬索桥索塔完工后,须测定裸塔（　　）作为主缆线形设计的调整的依据。

A.倾斜度   B.跨距   C.塔顶标高   D.刚度

4. 高速公路施工中圆管涵的部位不予单独计量的是（　　）。

A.八字墙   B.锥坡   C.基础挖方   D.回填

5. 水泥稳定碎石基层混合料的试验项目为（　　）。

A.颗粒分析   B.重型击实试验

C.延迟时间   D.抗压强度试验

6. 透层沥青采用的是（　　）。

A.道路石油沥青   B.中慢凝液体石油沥青

C.慢凝洒布型乳化沥青   D.慢裂或中慢裂的拌和型乳化沥青

7. 公路岩质路堑开挖常用的爆破方式有（　　）。

A.预裂爆破   B.钻孔爆破   C.洞式爆破   D.药壶爆破

8. 以下软基处理方案中,属于加固软基基础为主的方法有（　　）。

A.粉喷桩   B.采用轻质路基填筑   C.砂垫层   D.置换填土

9. 确定沥青配合比最佳沥青含量初始比值 OAC 采用的沥青含量为（　　）。

A.对应稳定度最大的沥青含量   B.对应密度最大的沥青含量

C.对应孔隙率范围中值沥青含量   D.对应延度范围中值沥青含量

E.对应饱和度最大的沥青含量

10. 砾类土适合的压实度检测方法为（　　）。

A.灌砂法   B.灌水法   C.环刀法   D.蜡封法

11. 挡土墙设计中,减小作用于挡土墙土压力的方法有（　　）。

A.仰斜改为俯斜   B.俯斜改为仰斜   C.减小墙背摩擦角

D.增大墙背摩擦角   E.增大挡土墙断面尺寸

12. 沥青的三大指标指（　　）。

A.稳定度   B.延度   C.软化点   D.针入度

13. 细粒土按（　　）分类。

A. 液塑限和塑性指数　　　　　　　　　B. 颗粒组成

C. 有机质含量　　　　　　　　　　　　D. 土的矿物成分

14. 关于路基取土坑的说法,正确的有（　　）。

A. 取土坑使用前应事先做好规划,与农田水利结合

B. 取土坑采取就近取土原则,以施工方便为准

C. 地面横坡陡于 1:10 时,路侧取土坑应设在路基上侧

D. 桥头两侧不宜设置取土坑

15. 水泥混凝土路面,常见的胀缝类型有（　　）。

A. 传力杆滑动型　　　B. 边缘钢筋型　　　C. 厚边型　　　D. 假缝传力杆型

16. 可用于重型交通水泥混凝土路面的水泥有（　　）。

A. 普通硅酸盐水泥　　　　　　　　　　B. 矿渣硅酸盐水泥

C. 道路硅酸盐水泥　　　　　　　　　　D. 硅酸盐水泥

17. 夏季水泥混凝土路面施工常用的外加剂有（　　）。

A. 减水剂　　　　　B. 缓凝剂　　　　　C. 速凝剂　　　　　D. 早强剂

18. 属于高级路面的有（　　）。

A. 水泥混凝土路面　　　　　　　　　　B. 沥青混凝土路面

C. 沥青表处　　　　　　　　　　　　　D. 沥青贯入式路面

19. 雨季施工路堤填筑要求有（　　）。

A. 采用透水性好的砂类土及砾类土填筑

B. 路堤分层填筑,保持 2%~3% 横坡排水

C. 随挖随填,及时压实

D. 过湿土可采用轻型压实标准,并可降低压实度标准

20. 水泥混凝土路面与沥青混凝土路面相比的优点有（　　）。

A. 使用年限长　　　　　　　　　　　　B. 行车噪声小

C. 维修方便　　　　　　　　　　　　　D. 夜晚行车可视性好

21. 土的塑限测试方法有（　　）。

A. 搓条法　　　　B. 液塑限联合测定法　　C. 碟式仪法　　　D. 落球法

22. 地下水影响范围内路基适宜填土有（　　）。

A. 砂性土　　　　　B. 砾类土　　　　　C. 黏土　　　　　D. 粉土

E. 有机土

23. 水泥混凝土纵缝有（　　）。

A. 缩缝　　　　　　B. 胀缝　　　　　　C. 施工缝　　　　　D. 假缝

24. 石油沥青按胶体结构可分为（　　）。

A. 溶胶结构　　　　B. 溶凝结构　　　　C. 凝胶结构　　　　D. 固态结构

25. 增加沥青与集料黏附性的措施有（　　）。

A. 加抗剥落剂　　　　　　　　　　　　B. 加一定剂量水泥

C. 增加矿粉　　　　　　　　　　　　　D. 加一定剂量石灰

三、分析题

1. 试简述公路工程质量和公路工程质量监理的特点。

2. 某工程项目,建设单位与施工单位签订了施工承包合同,合同中规定钢材由建设单位指定厂家,施工单位负责采购,厂家负责运输到工地,委托了监理单位进行施工阶段的监理。第一批钢筋运到工地时,施工单位认为是由建设单位指定用的钢筋,在检查了产品合格证、质量保证书后即可以用于工程,如有质量问题均由建设单位负责。监理工程师认为必须进行材质检验。此时,建设单位现场代表正好到场,认为监理工程师多此一举,但监理工程师坚持必须进行材质检验,可施工单位不愿进行检验。于是监理工程师按规定进行了抽检,检验结果未达到设计要求,遂要求对该批钢筋进行处理。建设单位现场代表认为监理工程师故意刁难,要求监理单位赔偿材料的损失并支付试验费用。

问题:

(1) 施工单位的做法是否正确?说明理由。

(2) 若施工单位将该批材料用于工程,造成质量问题时,其是否有责任?说明理由。

(3) 监理工程师的行为是否正确?若监理工程师同意将该批材料用于工程,造成质量问题时,其是否应承担责任?说明理由。

(4) 监理工程师的基本试验工作有哪些?对进场的钢筋,监理工程师应进行哪种试验?

(5) 若该批材料用于工程,造成质量问题时,建设单位是否有责任?说明理由。

(6) 建设单位现场代表要求监理单位赔偿相应损失是否合理?说明理由。

(7) 材料的损失由谁承担?试验费由谁承担?

(8) 该批钢筋应如何处理?

3. 在某公路工程项目施工前,监理工程师要求承包人建立自检系统。在施工过程中,某一分项工程施工结束后,承包人的自检人员当时不在现场,为了能够提前进行下一分项工程的施工,承包人报请监理工程师进行检查验收,被监理工程师拒绝。

问题:

(1) 承包人的自检系统表现在哪里?

(2) 监理工程师拒绝承包人的报请是否妥当?为什么?

【参考答案】

一、单选题

(略)

二、多选题

1~5:ABC ABC ABC ABCD BCD

6~10:BC ABD AD ABC AB

11~15:BD BCD ABC ACD ABC

16~20:ACD AB AB ABC AD

21~25:AB ABC AC ABC ABD

三、分析题

1. 试简述公路工程质量和公路工程质量监理的特点。

答案：

公路工程质量的特点是由公路工程产品本身和工程施工过程的特点决定的,具体如下。

①影响因素多。与决策、设计、施工和竣工验收等环节有关的各种因素都将影响工程质量,如人、机械、材料、测量器具、施工工艺、技术措施、管理制度、施工工期、工程造价和施工环境等均直接或间接影响工程质量。

②质量波动性大。公路工程以露天作业为主,施工流动性大,无稳定的生产设备和生产环境,与有固定的生产流水线的一般工业产品相比,产品质量更容易产生波动。同时,影响工程质量的偶然性因素和系统性因素比较多,其中任一因素发生变动都会使工程质量产生波动,因此要防止出现系统性因素的质量变异,要把质量波动控制在偶然性因素影响范围内。

③容易产生两类判断错误。在公路工程施工过程中,施工工序多、分项工程交接多、隐蔽工程多,因此质量存在隐蔽性。若在施工中不及时进行工序交接间的检查并发现其存在的问题,事后只能从表面上检查,很难发现内在的质量问题,就可能产生判断错误。这种判断错误分为第一类判断错误(将合格判断为不合格)和第二类判断错误(将不合格判断为合格)。第二类判断错误将造成质量隐患,给工程的使用安全带来风险,应进行严格控制,避免发生此类判断错误。

④竣工验收的局限性。由于公路工程的位置固定性和结构整体性的特点,工程项目建成以后不能像一般工业产品那样依靠终检判断产品质量,也不能将其拆卸、解体来检查其内在的质量。工程项目的竣工验收难以发现那些工程内在的、隐蔽的质量缺陷。因此,工程项目的竣工验收存在一定的局限性。这就要求工程质量的控制应以预防为主,加强事先、事中控制。

⑤评价方法的特殊性。工程质量是在承包人按合同规定的质量标准自行检查评定的基础上,由监理工程师组织进行检查验收并进行评定,由质量监督站进行最终的现场检查验收和质量评定。这种评定方法体现了“验评分离、强化验收、完善手段、过程控制”的指导思想。

以国际通用的FIDIC合同条件为基础的工程质量监理与传统的质量管理相比具有以下特点。

①监理工程师对工程质量的监理权受法律保护。承包人和业主签订的施工合同中详细、明确地规定了监理工程师在质量监理中的地位和权力,这就以合同形式赋予了监理工程师采取各种手段进行工程质量监理的权力,使质量监理变得有法可依,减少了质量监理中的扯皮现象。

②工程质量监理强调事先监理和主动监理。质量监理的重点在施工前的准备阶段和施工阶段,即对原材料、施工机械和施工技术方案等的检验和审查,以及对施工过程中各环节的质量监理,以便及早发现问题,防患于未然。这与过去工程结束后再进行检查验收的事后监督办法是完全不同的。

③工程质量监理是全过程、全方位和全天候的全面质量管理。这与内部质量管理和质量监督部门的抽查是完全不一样的。这样能使工程质量形成过程中的每个环节和各种

因素均处于受控状态,使工程的所有部分的质量得到有效、全面监理。

④工程质量监理与工程计量支付挂钩。质量直接关系到承包人的经济利益,这是工程监理制度最显著的特点。按合同条款规定,未经监理工程师验收并签字认可的工程项目,一律不予支付费用。监理工程师有了这个权力,就能运用经济杠杆的作用有效地保证工程质量,形成了监理工程师对施工全过程、全方位质量监理的特征。

2. 某工程项目,建设单位与施工单位签订了施工承包合同,合同中规定钢材由建设单位指定厂家,施工单位负责采购,厂家负责运输到工地,委托了监理单位进行施工阶段的监理。第一批钢筋运到工地时,施工单位认为是由建设单位指定用的钢筋,在检查了产品合格证、质量保证书后即可以用于工程,如有质量问题均由建设单位负责。监理工程师认为必须进行材质检验。此时,建设单位现场代表正好到场,认为监理工程师多此一举,但监理工程师坚持必须进行材质检验,可施工单位不愿进行检验。于是监理工程师按规定进行了抽检,检验结果未达到设计要求,遂要求对该批钢筋进行处理。建设单位现场代表认为监理工程师故意刁难,要求监理单位赔偿材料的损失并支付试验费用。

问题:

(1)施工单位的做法是否正确?说明理由。

(2)若施工单位将该批材料用于工程,造成质量问题时,其是否有责任?说明理由。

(3)监理工程师的行为是否正确?若监理工程师同意将该批材料用于工程,造成质量问题时,其是否应承担责任?说明理由。

(4)监理工程师的基本试验工作有哪些?对进场的钢筋,监理工程师应进行哪种试验?

(5)若该批材料用于工程,造成质量问题时,建设单位是否有责任?说明理由。

(6)建设单位现场代表要求监理单位赔偿相应损失是否合理?说明理由。

(7)材料的损失由谁承担?试验费由谁承担?

(8)该批钢筋应如何处理?

分析:

(1)我国有关建设工程的法律法规均对进场材料有明确的检验要求。承包人应对所有进场材料进行试验,不管这种材料是自购的还是指定的。未经检验或检验不合格的材料不得用于本工程。

(2)施工单位必须对施工质量问题负责,不管质量问题是由材料还是工艺造成的。

(3)根据监理程序中的"四不准"要求,未经检查认可的材料不准使用。材料未经检查认可,监理工程师同意使用,存在明显的失职行为,视造成的质量问题的严重程度,监理工程师应承担相应责任。

(4)考查对监理工程师基本试验工作的内容的掌握。

(5)考查建设单位是否对具体的质量问题负责。在质量保证体系中,建设单位处于主体地位,但建设单位不是质量控制的行为主体,不对质量问题负责,除非质量问题是由其错误指令造成的。建设单位只指定钢材厂家,采购、试验等均由施工单位负责,施工单位应对自己的施工行为负责。

(6)监理工程师行为是正确的,建设单位现场代表要求监理单位赔偿损失不合理。

控制材料质量是监理工程师的职责,监理工程师履行了职责,实际上是维护了建设单位的权益。

（7）不再详述。

（8）对于不合格的材料,只有令其退场。如施工单位提出,也可根据其强度进行降级使用。

答案:

（1）不正确。对到场的材料,施工单位必须进行抽样检验。

（2）有责任。施工单位必须确保用于工程的原材料的质量。

（3）监理工程师的做法是正确的。有责任,监理工程师必须对进场原材料进行检查,未经监理工程师检验合格的材料不准用于工程项目。

（4）监理工程师的基本试验工作包括验证试验、标准试验、工艺试验、抽样试验和验收试验。对进场的钢筋,监理工程师应在施工单位自检合格的基础上进行验证试验。

（5）没有。建设单位只是指定厂家,其余一切活动（包括采购及试验）均由施工单位负责。

（6）不合理。材料质量由厂家和施工单位负责,控制材料质量是监理工程师的职责。监理工程师履行了职责,维护了建设单位的权益。

（7）材料的损失由厂家承担,试验费用由施工单位承担。

（8）退场或降级使用。

3. 在某公路工程项目施工前,监理工程师要求承包人建立自检系统。在施工过程中,某一分项工程施工结束后,承包人的自检人员当时不在现场,为了能够提前进行下一分项工程的施工,承包人报请监理工程师进行检查验收,被监理工程师拒绝。

问题:

（1）承包人的自检系统表现在哪里?

（2）监理工程师拒绝承包人的报请是否妥当? 为什么?

答案:

（1）承包人是施工质量的直接实施者和责任者,应建立完善的质量自检体系。承包人的自检体系表现在以下几点:施工作业活动的作业者在作业结束后必须自检;不同工序交接、转换必须由相关人员交接检查;承包人的专职质检员的检查验收。

（2）监理工程师拒绝承包人的报请是妥当的。因为监理工程师的质量检查与验收,是对承包人施工作业活动质量的复核与确认;监理工程师的检查绝不能代替承包人的自检,而且监理工程师的检查必须是在承包人自检并确认合格的基础上进行的。承包人的自检人员没有检查或检查不合格,不能报请监理工程师进行检查验收。不符合上述规定,监理工程师一律拒绝进行检查。

学习情境 4 公路工程费用监理

4.1 费用监理的基本理论

公路工程费用
监理——
任务工单

4.1.1 费用监理的含义

关于"费用"一词,我国在工程项目基本建设程序的不同阶段有着不同的称谓,在项目建议书及可行性研究阶段称为"投资估算",在初步设计、技术设计阶段称为"设计概算",在施工图设计阶段称为"施工图预算",在项目招投标阶段称为"招标控制价或标底价、投标报价",在发包人与承包人签订施工合同协议时称为"合同价",在结算时称为"结算价",在工程项目竣工或合同结束时称为"决算价"。

工程监理单位或其派驻现场的监理机构(如总监办或驻地办)、工程监理人员在工程施工阶段依据招标文件、合同协议书、中标工程量清单、监理规范、计量规则(或计价规范)等文件的规定,对施工单位在工程施工生产和施工管理过程中付出的"费用"和建造合格的工程实体形成的工程量或工作量进行检查、测量、计算、审核、确认工程计量单、签认费用支付证书,报送建设单位核定支付(拨款)的监督管理工作就是费用监理工作。

(一)费用监理的工作依据

费用监理的工作依据有合同条款、技术规范、合同图纸、工程量清单及说明、工程量清单计量规则、工程变更令、索赔审批表等。

(二)费用监理的范围

费用监理的范围:工程量清单项目、合同文件规定的各项支付项目(如费用索赔、各种预付款及其扣回、保留金、违约罚金、材料设备的价格调整等)。

(三)费用监理的工作目标

工作都有目标,目标控制是开展各项工作的核心。工程施工项目费用监理的工作目标就是在保证工程施工质量合格、施工安全、按期完工的前提下,把施工合同段的结算费用控制在签约合同价以内。也就是说,费用监理人员应对施工过程中的工程费用进行动态管理与控制,使合同工程各项目的静态投资控制在中标工程量清单报价的合同总价之内,控制实际投资额不超过计划投资额。

（四）费用监理的工作任务

费用监理工作是指工程施工阶段的费用监督管理工作，主要工作任务包括：协助建设单位审查施工招标文件、投标文件中有关商务条款和商务文件，协助建设单位进行合同谈判工作，进行合同价格调整；协助建设单位编制投资控制目标和分年度投资计划及支付计划；对新增项目、工程变更、工期调整的经济合理性进行审议并提出审议意见；审查施工单位提交的资金流计划，严格审核施工单位的月计量表格，签发工程款支付证书；制订避免或减少费用索赔的措施，受理施工单位提交的费用索赔申请；编制竣工后的最终支付证书，协助建设单位进行竣工决算等。

（五）费用监理的工作措施

费用监理的工作措施包括组织措施、经济措施、技术措施和合同措施等。经济措施与技术措施结合是控制工程费用的有效手段。

1）组织措施

（1）明确监理组织结构，明确费用监理人员，明确工作任务、目标和职责分工。

（2）编制费用监理细则。

2）经济措施

（1）督促施工单位编制资金使用计划，分解费用监理目标，对费用控制进行风险分析并制订防范性对策。

（2）及时进行工程计量并准确计量。

（3）审核施工单位编制的费用支付申请表，编制并签发支付证书。

（4）定期进行费用控制的偏差分析，采取纠偏措施。

（5）协商确定工程变更、费用索赔、物价调整等价款。

3）技术措施

（1）认真审核总体施工组织设计，对专项施工方案进行技术经济比较，对危大工程的专项施工方案组织专家论证。

（2）对设计变更进行技术经济比较，严格控制设计变更。

4）合同措施

（1）收集工程施工记录、监理记录，保管好各种施工图纸、往来文件，为处理好费用索赔积累资料，提供依据。

（2）参与合同协议的补充、补签工作，重点考虑影响费用控制的因素。

4.1.2　费用监理的作用、原则与方法

（一）费用监理工作的作用

1）费用监理是控制施工"合同价格"的核心环节

在工程施工承包合同履行过程中，签约合同价是发包人和承包人关注的焦点，发包人、承包人由于各自利益的不同，可能会对合同价的高低及费用的支付产生各种各样的矛盾和分歧，从而影响合同的正常履行。发包人委托监理单位实施费用监理，可以及时处理承包人在工程施工结算中存在的高估冒算、超前计量等现象，有效控制工程变更的发生，积极预防违约产生的索赔费用，解决工程施工结算中的各种矛盾和纠纷，保证工程费用计

算的合法性、公平性、合理性和及时性,达到动态控制工程投资的目的。

2）费用监理是质量控制的重要辅助手段

质量检验合格是工程计量、费用支付及办理施工合同价款结算的前提,因此,费用监理是质量控制的重要辅助手段,是促使承包人履行质量义务的保障。费用监理中的准确计量、合理支付、拒付、扣款等方式,可以激励或制约承包人履行质量义务,保证施工质量。

3）费用监理是进度控制的重要辅助手段

施工合同的完成情况是通过累计支付曲线来反映的,因此,通过费用监理中的工程量计量、费用支付数据可以动态反映施工合同的实际进度情况,及时发现进度偏差,为监理工作中动态进行施工进度监理提供有力的依据;通过费用监理中扣除逾期竣工违约金及支付提前竣工奖金等方式,可以制约或激励承包人严格履行施工进度义务,从而起到进度控制的作用。

4）费用监理是保护承包人合法权益的重要途径

费用监理也是对发包人履行付款义务及其他相关义务的监理,因此,费用监理的过程实际上也是保护承包人合法权益的过程。承包人按时得到根据施工合同有权得到的各种款项既是承包人的合法权益,也是费用监理人员的义务。通过费用监理可以及时办理计量支付签证,及时办理工程变更、施工索赔及价格调整等审批签证,从而保护承包人的合法权益;通过费用监理可以促进发包人严格按基本建设程序办事,认真做好施工项目的前期准备工作,尽量减少工程变更及违约现象导致的施工索赔,从而提高施工合同履行的质量和效率。

总之,工程费用监理工作的作用是全面的、综合性的,它和质量监理工作、进度监理工作、安全环保监理工作及其他合同管理工作紧密地联系在一起。

(二) 费用监理工作的原则

1）遵法守规的原则

费用监理是一项法律性、政策性、经济性和技术性很强的工作,要严格遵守国家的法律法规和有关制度,合法维护国家利益、发包人利益和施工企业利益,还必须严格遵照工程项目本身内在规律的要求,处理好质量、进度、安全、环保与费用之间的辩证关系。监理人员在进行费用监理时必须做到经其签认的每一笔工程费用都符合国家有关政策的规定和招标文件、施工合同协议书的要求,协调好承包人与发包人的利益关系。

2）执行合同条款、计价规范(计量规则)的原则

工程施工承包合同一方面综合体现了国家的经济政策和基本建设管理制度及法规,另一方面全面概括了工程设计意图和要求,综合考虑了施工中的各种因素,是工程施工的综合性约束文件。因此,根据约定优先原则,监理人员在进行工程费用监理时必须以合同条款为依据,按合同条款的规定处理好各类工程费用的审核与签认。监理人员不得超越合同条款或业主赋予的权力开展监理工作,必须保证每笔工程费用的确认、签认都符合合同条款的规定。

3）恪守公正的原则

保持公正立场,是监理人员进行费用监理的基本原则和最低要求。在工程施工及承包合同履行过程中,监理人员处于主导地位,承包人与发包人的货币收支是否准确和合

理,取决于监理人员签认的工程费用是否公正合理。因此,监理人员必须恪守公正、正义的原则来进行费用监理,做到不偏不倚。监理人员对工程费用的签认,直接涉及发包人和承包人的利益,要使工程费用既合理又准确,只有监理人员保持公正才有可能。

4）坚持质量合格的原则

工程费用控制与质量控制有着极为密切的关系,它既直接以质量控制为基础,又是质量控制的基本保障。当然,两者的内容和侧重点不同,质量控制是对工程项目施工各环节中的工艺、技术以及所用材料的质量进行全面监督和管理,对承包人所完成工程与设计图纸技术规范等进行分析对比,对工程性能进行检测,以判断其是否满足合同约定要求;费用控制主要是通过计量、支付,对承包人的施工活动及成果进行计量并估价,对质量不合格的工程,报验资料不全、与合同文件约定不符的项目,不予进行工程计量。

5）遵守支付期限的原则

费用的支付涉及发包人、承包人的合法权益,影响合同的正常履行,因此,费用监理工作应依据合同条款规定的工程计量时限、费用支付期限做好工程计量或计量审核,支付金额审定,支付证书的编制、签发工作,严格按计量支付的程序办事,督促发包人按时向施工单位支付工程进度款,杜绝付款延误现象,为工程施工中正常的资金周转提供积极有利的条件,避免由此引起的工期索赔、费用索赔。

（三）费用监理工作的方法

1）事前监理

事前监理也称为前馈控制、主动控制,是指在发生目标偏差以前,即在实际工程费用超过合同价格之前,根据预测的信息,采取相应的预防措施予以调节,使工程费用不偏离或尽量少偏离合同价。

2）事中监理

事中监理也称为过程控制、跟踪监理,是指监理人员跟踪施工过程并对其进行监理的一种监理方法。监理人员实施的旁站、巡视、抽检、见证、指令、报告、计量审核等工作是事中监理的主要工作(行为或方式)。

3）事后监理

事后监理也称为反馈控制、被动控制,是指监理人员将监理信息输送出去后又把作用结果返送回来,对信息的再输出产生影响,以起到监理的作用。在费用监理过程中,为了对施工中的各种耗费进行有效的监理,要求把实际耗费同中标工程量清单进行比较,把发生偏差的信息反馈给各方,以便及时进行调整,保证费用监理目标的实现。

（四）费用监理人员的职责与权限

费用监理人员的职责包括两个方面:一是作为发包人的代理人,负责发出监理指示,检查工程质量、进度、安全环保等现场管理工作;二是作为第三方,负责商定或者确定有关合同管理事项,如单价的调整、变更估价、费用索赔等。

费用监理人员的权限包括两个方面。一是全面授权。按工程量清单上的项目进行的进度款支付,是以监理人的计量结果、合同约定的单价或者费用为依据计算的支付项目,发包人对于这种支付一般全面授权给监理人。合同中预付款的支付和扣还,也只是程序问题,监理人在通用合同条款和专用合同条款的有关规定下进行监督、审查,按程序支付和扣还,发包人同样是全面授权的。二是有限授权。发包人在施工阶段聘请监理人进行费用控制,而合同条款中明确指出,由发包人主办工程,发包人对永久工程项目投资活动的成败负有全部责任,发包人是施工阶段全部活动的施控主体。因此,除了程序性控制工作,发包人对涉及费用变动的问题必然对监理人的权力具有有限授权的一面。即使在程序性控制的全面授权中,发包人仍要对监理人费用监理的基础工作(质量检查和计量工作)进行必要的检查和监督。归纳起来,监理人员在费用监理工作中的职责与权限如下:

①工程计量权、付款审批权和付款签证权;

②工程变更的单价确认权和变更工程造价的确定权、施工索赔事件发生后的费用审查权、物价上涨现象发生时的价格调整权;

③在质量控制、进度控制等工作中的拒付权、扣款权。

4.2　公路工程计量与支付

4.2.1　公路工程费用支付的依据、原则、程序

(一) 费用支付的依据

中标工程的施工合同协议书和招标文件、合同条款、施工图纸、技术规范、工程量清单计量规则或计价规范是办理支付的重要合同依据。

1) 工程量清单

工程量清单经承包人填报价格后就成了报价单。发包人和承包人在合同签订前进行合同谈判,在报价单的基础上形成合同价,承包人与发包人以合同价签订工程承包合同。合同价是工程费用支付时确定各支付子目单价的依据。在合同履行中,合同价里的单价不能变动,除非工程变更。

对于费用已摊入其他工程子目单价中的工程内容,报价单中如没有填写单价,则其单价按零单价处理,相应的支付额为零,但承包人必须完成技术规范和图纸约定的全部工作内容并达到合同约定的要求;对于有单价的工程子目,则以此单价支付工程费用,但应该注意其单价的包容程度。单价的包容程度一方面是指单价的价值构成,另一方面是指单价包含的工作内容。例如,路基挖方与填方的单价中除了路基的压实和成型等主要费用,还包含人工土质台阶、修整边坡、路基整形和临时排水的费用,因此,在支付路基挖方和填方的工程费用时,必须等路基达到设计规定的要求。又如,浇筑水下钻孔灌注桩时,需要搭设施工桥或租用船只,但搭设施工桥和租用船只的费用包括在钻孔灌注桩的单价中,不能另计。

2) 技术规范或计量规则(或计价规范)

技术规范或计量规则(或计价规范)文件的每一章每一节都有计量支付的具体规定,它详细说明了各工程子目的工作内容以及计量支付要求,如哪些内容不单独计量和支付、其价值归入哪一子目;计量规则(或计价规范)还对每个工程项目的计量支付子目进行了

划分。因此,计量规则(或计价规范)既是承包人报价时的指导文件和依据,又是监理人计量支付工程费用的指导文件和依据。

3)合同条款

合同条款是办理支付的另一重要工作依据,该文件不仅规定了支付的程序和期限,而且对清单外的支付内容做了较为详细的规定。例如,价格调整、工程变更和施工索赔等支付内容在工程量清单中并未明确,而是通过合同条款来约定的,但合同条款中也只给出了一些原则性的约定。因此,监理人员必须将合同条款约定的原则与工程实施中的日常记录结合起来,才能做好这方面的支付工作。

(二) 费用支付的基本原则

工程费用支付的目标是组织和协调好发包人与承包人之间的收支行为,使双方发生的每笔工程费用都符合合同的约定,做到公平合理。监理人员在工程费用支付中责任重大,必须站在公正的立场上,客观、准确地评价承包人的施工活动,仔细、正确地计算各项工程费用,及时签发付款证书。为了做好这个工作,监理人员必须遵循以下几个基本原则。

1)必须以合同为依据

招标文件中的合同条款、工程量计量规则、工程清单是办理支付的合同依据。

2)必须遵循规定的程序

费用支付工作涉及各方面的利益且需要大量资料和表格,工作十分繁杂,所以一方面必须加强对支付工作的管理,另一方面必须严格遵循规定的支付程序。

3)必须以工程计量为基础

对于单价合同,没有准确的计量就不可能有准确的支付,质量合格是工程计量的前提,计量是支付的基础,所以工程费用支付必须在质量监理和准确计量的基础上进行。因此,在进行工程费用支付时,应当对这两个环节的工作进行严格检查和认真分析,以确保费用支付准确可靠。

4)必须准确、及时

及时支付工程费用是合同的基本要求。《标准施工招标文件》通用合同条款第 17.3.3 条规定了相应的支付期限。监理人在收到承包人进度付款申请单以及相应的支持性证明文件后的 14 天内完成核查,发包人在监理人收到承包人进度付款申请单后的 28 天内将进度应付款支付给承包人。发包人不按期支付的,应按照约定支付逾期付款违约金。监理人有权扣发承包人未能按照合同要求履行任何工作或义务的相应金额。监理人出具进度付款证书,不应视为监理人已同意、批准或接受承包人完成的该部分工作。在对以往历次已签发的进度付款证书进行汇总和复核中发现错、漏或重复的,监理人有权予以修正。承包人也有权提出修正申请。经双方复核同意的修正,应在本次进度付款中支付或扣除。

5)支付货币必须与招标文件一致

涉及世行、亚行、亚投行等国际金融组织贷款或利用国外政府、外商投资的工程项目,工程费用中人民币与外汇的比例应按招标文件的投标函附录中规定的百分比确定。需要说明的是,投标函附录对工程费用支付有较大的参考价值,它不仅规定了外汇需求量,而且有支付计划表、价格调整指数表等,这些资料直接关系到费用支付。因此,监理人进行费用监理时,应参照投标函附录中的有关内容。

(三) 费用支付的程序

1)期中支付

期中支付是合同履行过程中每月发生的付款申请、审查和支付工作,依据《标准施工招标文件》通用合同条款的规定。

(1)承包人递交付款申请。

承包人应在每个付款周期末,按监理人批准的格式和专用合同条款约定的份数,向监理人提交进度付款申请单(一般为月结账单)并附相应的支持性证明文件。除了专用合同条款另有约定,付款申请单应包括下列内容:

①自开工截至本期末止已完成的工程价款;

②自开工截至上期末止已完成的工程价款;

③本期完成的(应结算的)工程价款;

④本期完成的应结算的计日工价款;

⑤本期应支付的暂列金额价款;

⑥本期应支付的材料设备预付款;

⑦根据合同约定本期应结算的其他款项;

⑧价格调整及法规变更引起的费用;

⑨本应扣除的保证金、材料设备预付款及开工预付款;

⑩根据合同约定,本期应扣的其他款项。

(2)监理人审查。

监理在收到承包人进度付款申请单以及相应的支持性证明文件后的14天内完成核查,提出发包人到期应支付给承包人的金额以及相应的支持性材料,经发包人审查同意后向承包人出具经发包人签认的进度付款证书。监理人有权扣发承包人未能按照合同要求履行的任何工作或义务的相应金额。

监理人的审查工作主要有以下内容。

①对承包人完成的工程价款,应审查各工程子目完成的工程量是否质量合格(有质量验收单或中间交工证书)、是否有相应的计量证书、采用的单价是否与清单中的单价相符、计算结果是否准确无误。

②对付款申请,应审查计日工是否有监理人的书面指示、计日工数量是否有监理人的签字和认可、计日工单价是否与清单中的单价相符、计日工金额是否计算无误。

③对材料设备预付款付款申请,应审查是否是合同约定应给予预付款的主要材料和设备、到场材料和设备是否有监理人的现场计量和确认、是否提交了材料和设备的付款发票或使用凭证、支付百分率是否与投标函附录的规定相符、金额是否计算无误。

④对变更工程付款申请,应审查是否有监理人的书面变更指令、完成的变更工程量是否已通过质量验收、采用的单价是否符合合同条款的约定、是否有相应的计量证书、计算结果是否准确无误。

⑤对价格调整付款申请,应审查调价方法是否符合合同约定、人工与材料价格指数是否准确、调整金额的计算结果是否正确无误。

⑥在审查其他款项的付款申请过程中,对逾期付款违约金(延迟付款利息),应审查其计算方法和计算结果是否正确;对费用索赔,应审查是否有相应的索赔审批证书。

以上是审查期中支付申请中应重点审查的内容。期中支付申请书的申请格式和内容应满足合同要求,各项资料、证明文件应手续齐全,所有款项计算与汇总应无误。

审查中若发现各项资料、证明文件不齐全,应要求承包人补充;若发现列出的数量不正确或工程项目的质量不符合要求,应调整承包人的月报表;如各方面出入较大,计算有重大错误,可以拒绝签发付款证书,退回给承包人重做或累积到下期付款申请中重新审查签证。

在审查完应付款项后,对应扣回的各种款项特别是开工预付款、材料和设备预付款以及质量保证金等应认真计算并及时从月结账单中扣回或扣留。

(3)期中支付证书的签发。

①监理人审核并修正承包人的支付申请后,计算付款净金额(计算付款净金额时,应将须扣留的保证金和扣回的预付款从承包人月报表中应得的金额中扣除)。

②将付款净金额与合同中约定的支付最低限额进行比较。如果该付款周期应结算的价款经扣留和扣回后的款额少于项目专用合同条款数据表中列明的进度付款证书的最低金额,该付款周期监理人可不核证支付,上述款额将按付款周期结转,直至累计应支付的款额达到项目专用合同条款数据表中列明的进度付款证书的最低金额。若净金额大于最低金额,监理人应向发包人签发期中支付证书,将副本抄送承包人。

③除了特殊项(如计日工、暂列金额和费用索赔等),监理人签发的期中支付证书中的支付数量应基本正确;对工程变更、费用索赔等支付项目,如一时难以确定,监理人可先确定一笔临时付款金额。

④监理人在签发期中支付证书时应做好分级审查工作,做到不重不漏、准确无误。

(4)发包人的付款工作。

根据《标准施工招标文件》通用合同条款第 17.3.3 条的有关规定,发包人应在监理人收到付款申请单后的 28 天内,将进度应付款支付给承包人。发包人不按期支付的,按项目专用合同条款数据表中约定的利率向承包人支付逾期付款违约金。承包人可向发包人发出通知,要求发包人采取有效措施纠正违约行为。发包人收到承包人通知后的 28 天内仍不履行付款义务,承包人有权暂停施工并通知监理人,发包人应承担因此增加的费用和(或)工期延误并支付承包人合理利润。暂停施工 28 天后,发包人仍不纠正违约行为的,承包人可向发包人发出解除合同通知。

2)竣(交)工支付

公路工程的合同工程施工结束,质量等检测合格后交付通车前的验收称为交工验收;水运工程的合同工程施工结束,质量等检测合格后交付使用的验收称为竣工验收。公路工程的交工验收等同于水运工程的竣工验收,本书将其合称(或混称)为竣(交)工验收。

(1)承包人递交付款申请。

根据《标准施工招标文件》通用合同条款第 17.5.1 条的规定:工程接收证书颁发后,承包人应按专用合同条款约定的份数和期限向监理人提交竣(交)工付款申请单并提供相关证明材料。除了专用合同条款另有约定,竣(交)工付款申请单应包括下列内容:①竣

（交）工结算合同总价；②发包人已支付承包人的工程价款；③应扣留的质量保证金；④应支付的竣（交）工付款金额。

通常情况下，竣（交）工支付的付款内容和付款范围比期中支付更广泛。第一，在所完成的工程价款中，合同中的全部工程子目都已发生，都需要办理结算；第二，有些工程变更、费用索赔等支付项目在期中支付中并未完全解决，需要全面清理；第三，有些竣（交）工支付中独有的支付项目需要专门处理，如逾期交工违约金（拖期损失赔偿金）的扣留、提前竣（交）工奖金的支付等。

（2）竣（交）工支付申请的审定与付款证书的签发。

监理人在收到承包人提交的竣（交）工付款申请单后的 14 天内完成核查，提出发包人到期应支付给承包人的价款，送发包人审核并抄送承包人。发包人应在收到后 14 天内审核完毕，由监理人向承包人出具经发包人签认的竣（交）工付款证书。监理人未在约定时间内核查，又未提出具体意见的，视为承包人提交的竣（交）工付款申请单已经监理人核查同意；发包人未在约定时间内审核，又未提出具体意见的，监理人提出发包人到期应支付给承包人的价款视为已经发包人同意。

3）最终结清

最终支付应符合《标准施工招标文件》通用合同条款第 17.6.1 条的规定。

（1）承包人递交付款申请。

①缺陷责任终止证书签发后，承包人可按专用合同条款约定的份数和期限向监理人提交最终结清申请单并提供相关证明材料。

②发包人对最终结清申请单内容有异议的，有权要求承包人进行修正和提供补充资料，向监理人提交修正后的最终结清申请单。

承包人向监理人提交最终结清申请单（包括相关证明材料）的份数在项目专用合同条款数据表中约定。最终结清申请单中的总金额应是代表了根据合同约定应付给承包人的全部款项的最后结算。

（2）最终结清申请单的审核与签证。

监理人收到承包人提交的最终结清申请单后的 14 天内，提出发包人应支付给承包人的价款，送发包人审核并抄送承包人。发包人应在收到后 14 天内审核完毕，由监理人向承包人出具经发包人签认的最终结清证书。监理人未在约定时间内核查，又未提出具体意见的，视为承包人提交的最终结清申请单已经监理人核查同意；发包人未在约定时间内审核，又未提出具体意见的，监理人提出的应支付给承包人的价款视为已经发包人同意。

如果监理人不同意或者不核证最终结清申请单的任何一部分，承包人应按监理人要求提交进一步的资料并对最终结清申请单做出他们之间协商同意的修改，然后由承包人编制并向监理人提交双方同意的最终结清申请单。

在提交最终结清申请单时，承包人应给发包人一份书面清账书并抄送监理人。

（3）发包人的付款工作。

发包人应在监理人出具最终结清证书后的 14 天内，将应支付款支付给承包人。发包人不按期支付的，应按合同条款的约定将逾期付款违约金支付给承包人。承包人对发包人签认的最终结清证书有异议的，按合同条款的约定办理。

最终结清时,如果发包人扣留的质量保证金不足以抵减发包人损失,承包人还应承担不足部分的赔偿责任。

(四) 公路工程的工程量清单组成

工程量清单由说明、工程量清单表、计日工明细表、暂估价表、工程量清单汇总表和工程量清单单价分析表等组成。

(1) 工程量清单说明约定计量规则中没有的子目,其工程量按照有合同约束力的图纸所标示尺寸的理论净量计算。计量采用中华人民共和国法定计量单位。工程量清单中所列工程数量是估算的或设计的预计数量,仅作为投标报价的共同基础,不能作为最终结算与支付的依据。实际支付应按实际完成的工程量,由承包人按工程量清单计量规则规定的计量方法,以监理人认可的尺寸、断面计量,按中标工程量清单的单价和总额价计算支付金额;或者根据具体情况,按合同条款的规定,按监理人确定的单价或总额价计算支付金额。工程量清单中所列工程量的变动,不会降低或影响合同条款的效力,也不免除承包人按规定的标准进行施工和修复缺陷的责任。图纸中所列的工程数量表及数量汇总表仅是提供资料,不是工程量清单的外延。图纸与工程量清单所列数量不一致时,以工程量清单所列数量作为报价的依据。

(2) 工程量清单中的每个工程子目必须填入单价或价格,只允许有一个报价。工程量清单中没有填入单价或总额价的子目,其费用应视为已分摊在工程量清单的其他相关子目的单价或价格之中,承包人必须按监理人指令完成工程量清单中未填入单价或价格的工程子目,但不能进行结算与支付。

(3) 工程中标实施时,未经监理人书面指令,任何工程不得按计日工施工;接到监理人按计日工施工的书面指令,承包人不得拒绝。计日工不参与调价。

4.2.2　工程量清单计量规则

(一) 一般要求

(1) 公路工程的计量规则应按照《公路工程标准施工招标文件》(2018 年版·第三册)的规定执行。

(2) 所有工程项目,除了个别注明,均采用我国法定的计量单位,即国际单位及国际单位制导出的辅助单位。

(3) 计量规则应与合同条款、工程量清单以及图纸同时阅读。

(4) 任何工程项目的计量,均应按计量规则规定或监理人书面指示进行。

(5) 根据合同提供的材料数量和完成的工程数量采用的测量与计算方法,应符合计量规则规定。计算方法,应经监理人批准或指示。承包人应提供计量设备和条件,保证设备精度符合要求。

(6) 除非监理人另有准许,一切计量工作都应在监理人在场的情况下,由承包人测量、记录。有承包人签名的计量记录原本,应提交给监理人审查和保存。

(7) 工程量应由承包人计算,由监理人审核。工程量计算的副本应提交给监理人并由监理人保存。

(8) 除了合同特殊约定单独计量,全部必需的模板、脚手架、装备、机具、螺栓、垫圈和钢制件等其他材料,应包括在工程量清单中所列的有关支付项目中,均不单独计量。

（9）除了监理人另有批准,超过图纸所示的面积或体积的部分,都不予计量与支付。

（10）承包人应严格把控标准计量基础工作和材料采购检验工作。沥青混凝土、沥青碎石、水泥混凝土、高强度等级水泥砂浆的施工现场必须使用电子计量设备称重。因不符合计量规定引发质量问题,发生的费用由承包人承担。

（11）承包人驻地建设与施工标准化属选择性工程子目,由发包人根据工程项目管理实际情况选择使用或同时使用。

（12）质量按以下要求计量。

①以质量计量或以质量作为配合比设计的材料,都应在精确与批准的磅秤上,由称职合格的人员在监理人指定或批准的地点进行称重。

②称重计量时应满足以下条件:监理人在场;称重记录;载明包装材料、支撑装置、垫块、捆束物等质量的说明书在称重前提交给监理人作为依据。

③钢筋、钢板或型钢计量时,应按图纸或其他资料标示的尺寸和净长计算。搭接接头、接头套筒、焊接材料、下脚料和固定、定位架立钢筋等不予另行计量。钢筋、钢板或型钢应以千克计量,四舍五入,不计小数。钢筋、钢板或型钢存在理论单位质量与实际单位质量的差异而引起材料质量与数量不匹配的情况,计量时不予考虑。

④金属材料的质量不得包括施工需要加放或使用的灰浆、楔块、填缝料、垫衬物、油料、接缝料、焊条、涂敷料等的质量。

（13）面积计量,除非另有规定,计算面积时,其长、宽应按图纸所示尺寸线或按监理人指示计量。对于面积在 1 m² 以内的固定物（如检查井等）,不予扣除。

（14）结构物按照以下要求计量。

①结构物应按图纸所示净尺寸线或根据监理人指示修改的尺寸线计量。

②水泥混凝土的计量应按监理人认可的并已完工工程的净尺寸计算,钢筋的体积不扣除,倒角不超过 0.15 m×0.15 m 时不扣除,体积不超过 0.03 m³ 的开孔及开口不扣除,面积不超 0.15 m×0.15 m 的填角部分也不增加。

③所有以米（m）计量的结构物（如管涵等）,除非图纸另有表示,均应按平行于该结构物位置的基面或基础的中心方向计量。

（15）土方按照以下要求计量。

①土方体积可采用平均断面面积法计算,但与似棱体公式计算结果比较,如果误差超过 5%,监理人可指示采用似棱体公式。

②各种不同类别的挖方与填方计量,应以图纸所示界线为限,而且应在批准的横断面图上标明。

③用于填方的土方量应按压实后的纵断面高程和路床面为准来计量。承包人报价时,应考虑在挖方或运输过程中引起的体积差。

④在现场钉桩后 56 天内,承包人应将设计和进场复测的土方横断面连同土方的面积与体积计算表一并提交监理人批准。

（16）用体积计量的材料,应以经监理人批准的车辆装运并在运到地点进行计量。

（17）质量与体积按照以下要求换算。

①如承包人提出要求并得到监理人的书面批准,已规定要用立方米(m³)计量的材料可以称重,并将此质量换算为立方米(m³)计量。

②将质量计量换算为体积计量的换算系数应由监理人确定,并应在此种计量方法使用之前征得承包人的同意。

(18)沥青和水泥按照以下要求计量。

①沥青和水泥应以千克为单位计量。

②如用货车或其他运输工具装运沥青材料,可以按经过检定的质量或体积计算沥青材料的数量,但要对漏失量或泡沫进行校正。

③水泥可以以袋作为计量的依据,但一袋的标准应为 50 kg,散装水泥应称重计量。

(19)成套的结构单元,如规定的计量单位是一成套的结构物或结构单元(实际上就是按"总额"或称"一次支付"计的工程子目),该单元应包括所有必需的设备、配件和附属物及相关作业。

(20)标准制品项目按照如下要求计量。

①如规定采用标准制品(如护栏、钢丝、钢板、轧制型材、管子等)且这类项目是以标准规格(单位质量、截面尺寸等)标识的,这种标识可以作为计量的标准。

②除非采用标准制品的允许误差比规范的允许误差要求更严格,生产厂确立的制造允许误差不予认可。

(二) 第 100 章"总则"的计量规则

根据《公路工程标准施工招标文件》(2018 年版·第三册)第八章"工程量清单计量规则"第 100 章的规定,保险、竣工文件、施工环保费、安全生产费、信息化系统(暂估价)、临时工程与设施(包括临时道路修建、养护与拆除,临时占地,临时供电设施架设、维护与拆除,电信设施的提供、维修与拆除,临时供水与排污设施)、承包人驻地建设和标准化等主要工程内容均以总额为单位计量。具体计算,参照技术规范包括的工程内容进行。其中,安全生产费按投标价的 1.5%(若招标人公布了最高投标限价,按最高投标限价的 1.5% 计算),以总额为单位计量。

(三) 第 200 章"路基工程"的计量规则

1)场地清理

(1)清理与掘除。

清理现场的工程量应根据图纸所示位置及范围(路基范围以外临时工程用地清场等除外),按路基开挖线或填筑边线之间的水平投影面积,以平方米(m²)为单位计量。

清理现场的工程内容如下:灌木、竹林、胸径小于 10 cm 树木的砍伐及挖根,清除场地表面 0～30 cm 范围内的垃圾、废料、表土(腐殖土)、石头、草皮,与清理现场有关的一切挖方、坑穴的回填、整平、压实,适用材料的装卸、移运处理,现场清理。

砍伐树木和挖除树根的工程量可根据图纸所示路基范围内胸径 10 cm 以上(含 10 cm)树木,按实际砍伐或挖除树根数量以棵为单位计量。

砍伐树木的工程内容如下:砍伐、截锯、移运至指定地点堆放,场地清理等。

挖除树根的工程内容如下:挖除树根、装卸、移运至指定地点堆放,场地清理等。

（2）挖除旧路面。

挖除旧路面的工程量应按不同的路面结构类型,如沥青路面、水泥混凝土路面等的水平面积,同时考虑挖除厚度,以立方米（m³）为单位计量。

挖除旧路面的工程内容如下:挖除、装卸、移运处理,场地清理、平整。

拆除钢筋混凝土、混凝土、砖、石及其他砌体等圬工工程量应依据图纸所示位置,拆除路基范围内原有的不同类型的结构物,包括钢筋混凝土结构、混凝土结构、砖、石及其他砌体结构的体积,以立方米（m³）为单位计量。

（3）拆除结构物。

拆除圬工的工程内容如下:挖除、装卸、移运处理,场地清理、平整。

拆除金属结构物应依据图纸所示位置,拆除路基范围内原有的金属结构,以千克为单位计量。金属回收须按合同有关约定办理。

拆除金属结构物的工程内容如下:切割、挖除,装卸、移运、堆放,场地清理、平整。

在植物移栽工程中,工程量应依据图纸所示位置,起挖路基范围内原有的乔（灌）木或草皮并移栽,移栽各类乔（灌）木时按成活的数量以棵为单位计量,移栽草皮时按成活的草皮面积以平方米（m²）为单位计量。

（4）植物移栽。

植物移栽的工程内容如下:起挖,植物保护、装卸、运输,坑（穴）开挖,种植,支撑、养护,场地清理。

2）挖方路基

路基挖方工程和改河、改渠、改路挖方工程中,挖土石方工程量应依据图纸所示地面线、路基设计横断面图、路基土石比例,采用平均断面面积法计算,包括边沟、排水沟、截水沟的土石方,按照天然密实体积（土方）或天然体积（石方）以立方米（m³）为单位计量,如图 4-1 所示。需注意,路床顶面以下挖松 300 mm 再压实是挖土方的附属工作,不另行计量。

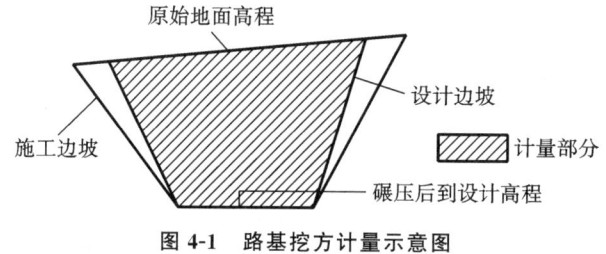

图 4-1 路基挖方计量示意图

3）填方路基

路基填筑工程或改河、改渠、改路填筑工程中利用土方、石方时,应依据图纸所示地面线、路基设计横断面图,按平均断面面积法计算压实的体积,以立方米（m³）为单位计量,如图 4-2 所示。

填料中石料含量小于30%时,应按利用土方算。

填料中石料含量大于70%时,应按利用石方算。

填料中石料含量大于30%、小于70%时,应按利用土石混填算。

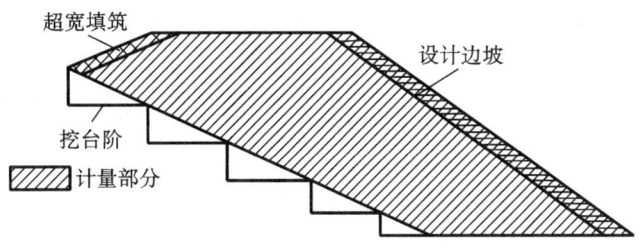

图 4-2　路基填方计量示意图

　　填前压实、地面下沉增加的填方量按填料来源计量。需注意的是,满足施工需要,预留路基宽度填的填方量不另行计量。利用土方填筑的工程内容如下:基底翻松、压实、挖台阶、临时排水、翻晒、分层摊铺、洒水、压实、刷坡、整形。利用石方填筑的工程内容如下:基底翻松、压实、挖台阶、临时排水、翻晒、边坡码砌、分层摊铺、小石块(或石屑)填缝、找补、洒水、压实、整形。利用土石混填的工程内容如下:基底翻松、压实、挖台阶、临时排水、翻晒、边坡码砌、分层摊铺、洒水、压实、刷坡、整形。

　　4)特殊地区路基处理

　　(1)软土路基处理。

　　①抛石挤淤、爆炸挤淤应依据图纸所示位置和范围,按照抛石体积的片石数量,以立方米(m³)为单位计量。

　　②各类垫层,如砂垫层、碎石垫层等应依据图纸所示位置和断面尺寸,按图示中各类垫层的密实体积,以立方米(m³)为单位计量。需注意,因换填而挖除的非适用材料应按挖方路基中挖除非适用材料(不含淤泥、岩盐、冻土)的计量规则进行计量。

　　③土工合成材料,如反滤土工布、防渗土工膜、土工格栅等工程量,应根据图纸所示位置和规格,按土层中分层铺设各类土工合成材料的累计净面积,以平方米(m²)为单位计量,接缝的重叠面积和边缘的包裹面积不予计量。

　　(2)滑坡处理。

　　①滑坡处理的主要工程内容为清除滑坡体,应按照清除滑坡体土方和石方的天然体积,以立方米(m³)为单位计量。

　　②滑坡处理的工程内容如下:地表水引排、防渗、地下水疏导引离,挖除、装载,运输到指定地点堆放,现场清理。

　　5)坡面排水

　　(1)边沟、排水沟、截水沟、跌水与急流槽。

　　①浆砌片(块)石或干砌片石应按浆砌片(块)石或干砌片石的体积,以立方米(m³)为单位计量。

　　②现浇或预制安装混凝土的工程量根据图纸尺寸,按照不同强度等级的混凝土浇筑或预制的边沟、排水沟、截水沟、跌水与急流槽的体积,以立方米(m³)为单位计量。

　　③预制安装混凝土盖板的工程量按照不同强度等级混凝土预制的盖板体积,以立方米(m³)为单位计量。

（2）渗沟。

渗沟的工程量应根据断面尺寸,分不同类型及规格,按长度以米（m）为单位计量。

（3）蒸发池。

①挖土（石）方的工程量应依据图纸所示地面线、断面尺寸、土石比例,按开挖的天然密实体积,以立方米（m³）为单位计量。

②圬工工程量应分不同类型及强度等级,按圬工体积,以立方米（m³）为单位计量。

（4）涵洞上下游改沟、改渠铺砌。

①浆砌片石铺砌的工程量应依据图纸所示位置及断面尺寸,按照不同强度等级水泥砂浆铺砌的片石体积,以立方米（m³）为单位计量。

②现浇或预制混凝土铺砌的工程量应依据图纸所示位置及断面尺寸,按照不同强度等级的混凝土浇筑或预制的沟、渠铺砌体积,以立方米（m³）为单位计量。

（5）现浇、预制混凝土坡面排水结构物。

混凝土坡面排水结构物的工程量按照不同强度等级的混凝土浇筑或预制的结构物体积,以立方米（m³）为单位计量。

6）护坡、护面墙

（1）护坡垫层。

护坡垫层的工程量应依据图纸所示位置和密实厚度,按照不同材料类别的垫层体积,以立方米（m³）为单位计量。

（2）干砌片石护坡。

此类护坡的工程量应依据图纸所示位置和铺砌厚度,以立方米（m³）为单位计量。需注意,此类清单工程量包括碎落台、护坡平台满铺干砌片石数量,但是应扣除急流槽所占部分。

（3）浆砌片石护坡。

①满铺浆砌片石护坡工程量依据图纸所示位置和铺砌厚度、水泥砂浆强度,按照铺砌体积,以立方米（m³）为单位计量,包括碎落台、护坡平台满铺浆砌片石数量,但是应扣除急流槽所占部分。

②浆砌骨架护坡工程量除了考虑铺砌厚度及水泥砂浆强度,还应考虑骨架形式,按照护坡体积,以立方米（m³）为单位计量,包括碎落台、护坡平台砂浆骨架数量,但是应扣除急流槽所占部分。

③现浇混凝土的工程量依据图纸所示位置及断面尺寸,按照不同强度等级混凝土浇筑的现浇混凝土体积,以立方米（m³）为单位计量。

（4）混凝土护坡。

①混凝土满铺护坡和骨架护坡均分现浇和预制两种,工程量依据图纸所示位置,现浇护坡须同时考虑断面尺寸,预制件护坡须同时考虑构造尺寸,按照不同强度等级混凝土浇筑（或预制件铺砌）的实体体积,以立方米（m³）为单位计量。

②浆砌片石护坡的工程量依据图纸所示位置和铺砌厚度,按照不同强度等级水泥砂浆砌筑的浆砌片石护坡体积,以立方米（m³）为单位计量。

（5）护面墙。

护面墙工程主要分为三种,即预制安装混凝土护面墙、现浇混凝土护面墙、浆砌片(块)石护面墙,工程量依据图纸所示位置及断面尺寸,分别按照不同强度等级混凝土预制件体积、混凝土体积、水泥砂浆片(块)石体积,以立方米(m³)为单位计量,均不扣除沉降缝、泄水孔、预埋件所占体积。

7)挡土墙

(1)垫层。

垫层工程量根据垫层密实厚度,按照不同材料的垫层体积,以立方米(m³)为单位计量。

(2)基础。

挡土墙基础主要为浆砌片(块)石基础或混凝土基础,工程量依据图纸所示位置和断面尺寸,按图示不同强度等级的水泥砂浆砌石体积或混凝土体积,以立方米(m³)为单位计量。

(3)干砌、砌体、混凝土挡土墙。

干砌、砌体、混凝土挡土墙墙体的工程量依据图纸所示位置和断面尺寸,分别按图示的干砌体积、不同强度等级水泥砂浆砌石体积、混凝土体积,以立方米(m³)为单位计量,均不扣除沉降缝、泄水孔、预埋件所占体积。

(4)混凝土挡土墙所含的钢筋依据图纸所示及钢筋表所列钢筋质量以千克(kg)为单位计量;固定钢筋的材料、定位架立钢筋、钢筋接头、吊装钢筋、钢板、铁丝是钢筋作业的附属工作,不另行计量。

8)锚杆、锚碇板挡土墙

(1)锚杆挡土墙。

锚杆挡土墙包括现浇混凝土立柱、预制安装混凝土立柱、预制安装混凝土挡板,工程量均依据图纸所示位置及断面尺寸,按照不同强度等级混凝土体积,以立方米(m³)为单位进行计量。

(2)锚碇板挡土墙。

锚碇板挡土墙包括现浇混凝土肋柱、预制安装混凝土肋柱、预制安装混凝土锚碇板,工程量均依据图纸所示位置及断面尺寸,按照不同强度等级混凝土体积,以立方米(m³)为单位进行计量。

(3)现浇墙身混凝土、附属部分混凝土、现浇桩基混凝土。

以上挡土墙混凝土工程量均依据图纸所示位置及断面尺寸,按照不同强度等级混凝土体积,以立方米(m³)为单位进行计量。护壁混凝土是桩基的附属工作,不另行计量。

(4)锚杆、拉杆。

锚杆、锚碇板挡土墙中锚杆及拉杆的工程量均依据图纸所示位置,按照其设计长度和规格计算质量,以千克(kg)为单位计量。

(四)第 300 章"路面工程"的计量规则

1)垫层

垫层包括碎石垫层、砂砾垫层、水泥稳定土垫层和石灰稳定土垫层,均依据图纸所示压实厚度,按照铺筑的顶面面积,以平方米(m²)为单位计量。

2）底基层、基层

底基层、基层的材料包括石灰稳定土、水泥稳定土、石灰粉煤灰稳定土、级配碎（砾）石和沥青稳定碎石。除了各类材料的搭板、埋板下的底基层依据图纸所示尺寸、范围，按照铺筑体积，以立方米（m³）为单位计量，其他各类材料的底基层、基层，均依据图纸所示压实厚度，按照铺筑的顶面面积，以平方米（m²）为单位计量，如图4-3所示。

图4-3　路面计量示意图

3）透层和黏层

透层和黏层均依据图纸所示沥青品种、规格、喷油量，按照洒布面积，以平方米（m²）为单位计量。

4）面层

热拌沥青混合料面层，包括细粒式、中粒式和粗粒式沥青混凝土，均依据图纸所示类型及铺筑压实厚度，按照铺筑的顶面面积，以平方米（m²）为单位计量。

沥青表面处治依据图纸所示级配类型及铺筑压实厚度，按照铺筑的顶面面积，以平方米（m²）为单位计量；封层依据图纸所示沥青种类、厚度，按照封层面积，以平方米（m²）为单位计量。

改性沥青及改性沥青混合料计量规则同热拌沥青混合料面层。

5）水泥混凝土面板

面板依据图纸所示厚度和混凝土强度等级，按照铺筑体积，以立方米（m³）为单位计量。钢筋依据图纸所示水泥混凝土路面钢筋，按图示质量，以千克（kg）为单位计量。因搭接而增加的钢筋是附属工作，不另行计量。

6）路面工程其他结构物

（1）路肩培土、中央分隔带回填土、土路肩加固及路缘石。

路肩培土或中央分隔带回填土依据图纸所示断面尺寸，按照压实体积或压实后体积，以立方米（m³）为单位计量。

现浇混凝土加固土路肩或混凝土预制块加固土路肩和混凝土预制块路缘石依据图纸所示断面尺寸和混凝土强度等级，按照浇筑体积或预制安装体积，以立方米（m³）为单位计量。

（2）路面及中央分隔带排水。

路面及中央分隔带排水包括排水管、纵向雨水沟（管）、集水井、中央分隔带渗沟、路肩排水沟和拦水带。

排水管、纵向雨水沟（管）、中央分隔带渗沟、路肩排水沟和拦水带依据图纸所示位置，分不同类型及规格，按埋设长度或设置长度，以米（m）为单位计量。

集水井依据图纸所示位置，分不同类型及规格，按设置的集水井数量，以座为单位计量。

（五）第 400 章"桥梁、涵洞工程"的计量规则

1）基坑挖方及回填

基坑挖方及回填包括干处挖土方、水下挖土方、干处挖石方和水下挖石方。

基坑挖方及回填均根据图示，取用底、顶面间平均高度的棱柱体体积，分别按干处、水下及土、石，以立方米（m^3）为单位计量；在地下水位以上开挖的为干处挖方，在地下水位以下开挖的为水下挖方。基坑底面、顶面及侧面的确定应符合下列规定，如图 4-4 所示。

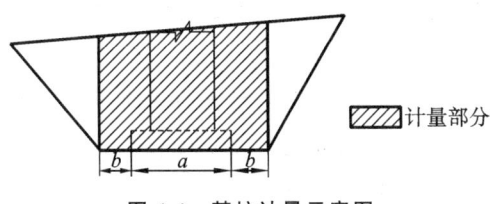

图 4-4　基坑计量示意图

（1）基坑开挖底面：按图纸所示的基底高程线计算。

（2）基坑开挖顶面：按设计图纸横断面上标示的原地面线计算。

（3）基坑开挖侧面：按顶面到底面，以超出基底周边 0.5 m 的竖直面为界，即 $b=0.5$ m。

2）钻孔灌注桩和挖孔灌注桩

（1）钻孔灌注桩依据图纸所示桩长及混凝土强度等级，按照不同桩径的桩长，以米（m）为单位计量，见图 4-5。桩长为桩底高程至承台底面或系梁底面高程。

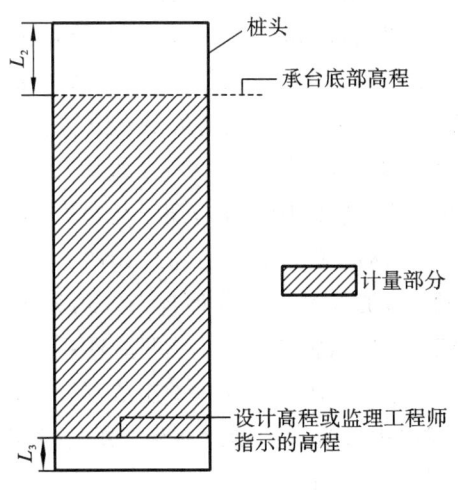

图 4-5　桩基础计量示意图

（2）钻取混凝土芯样检测按实际钻取的混凝土芯样长度，分不同钻径，以米（m）为单位计量；如混凝土质量合格，钻取芯样给予计量，否则，不予计量。

工程内容包括场地清理、钻机安拆、钻芯、取样、试验。

（3）破坏荷载试验用桩依据图纸所示桩长及混凝土强度等级，按照不同桩径的桩长，以米(m)为单位计量。

钻孔灌注桩破坏荷载试验用桩工程内容包括钻孔平台搭设、筑岛或围堰,钻机安、拆,就位、钻孔、成孔、成孔检查,安装声测管,混凝土制拌、运输、浇筑,破桩头。

【案例 4-1】在工程项目建设过程中,有关工程费用和费用控制有如下说法。

(1)工程施工过程中的费用监理,主要工作是对工程计量与支付的监督和管理。

(2)工程费用监理的目标就是将工程费用控制在合同价格内。

(3)已经支付材料预付款的材料的所有权应属于业主,工程交工时所有剩余材料的所有权也应属于业主。

(4)监理工程师可指令承包人按计日工完成特殊的、较小的变更工作。

(5)工程量清单中的工程量是承包人在投标时根据图纸计算而填报的工程量。

(6)属于进度付款证书支付的项目包括开工预付款、工程索赔费用、工程进度款和交工应付款等。

问题:

上述说法中,哪些说法是错误的? 哪些说法是正确的? 简要分析说明。

【案例评析】

第(1)条正确。由于工程项目的各种复杂因素,通常采用单价为主的费用支付方式,该支付方式中的费用监理的关键环节是工程计量与支付。因此,工程施工过程中的费用监理,主要工作就是对工程计量与支付的监督和管理。

第(2)条错误。由于工程项目的各种复杂因素,实际发生的费用总与合同价不符。工程费用监理的目标是使实际支付的费用合理,符合合同的要求。费用监理的目的是在监理计划的指导下,通过对工程费用目标的动态控制,使其能最优地实现。

第(3)条错误。前一句是正确的,后一句是错误的。材料预付款是业主提供给承包人用于购买永久工程组成部分的材料的一笔无息款额,已经支付材料预付款的材料的所有权当然应属于业主。工程交工时,业主提供的材料预付款已经被业主全部扣回,实际上是承包人支付了材料款,所有剩余材料的所有权应属于承包人,不属于业主。

第(4)条正确。《公路工程标准施工招标文件》(2018 年版·第三册)合同条款规定:发包人认为有必要时,监理人可通知承包人以计日工方式实施变更的零星工作。采用计日工计价的任何一项变更工作,应从暂列金额中支付。

第(5)条错误。工程量清单是施工招标文件的组成部分,工程量清单中开列的工程量是招标人在编制招标文件时根据合同及图纸计算出来的工程量,而不是承包人在投标时根据图纸计算、填报的工程量。

第(6)条错误。根据《公路工程标准施工招标文件》(2018 年版·第三册)合同条款的规定,开工预付款、材料设备预付款、索赔费用、工程进度款都应在进度付款证书中支付或扣回。交工应付款需要业主签认交工付款证书而单独支付,它并不包含在进度付款证书中。

4.3　预付款与质量保证金

预付款包括开工预付款、材料预付款、设备预付款。

4.3.1　开工预付款的支付与扣回

（1）开工预付款是一项由业主提供给承包人用作开工费用的提前付款（又称前期付款），用于承包人为合同工程施工购置材料、工程设备、施工设备以及修建临时设施、组织施工队伍进场等。

（2）开工预付款的支付条件包括施工项目中标人与发包人签订了施工合同协议书，承包人提交了履约保函、开工预付款保函，承包人承诺的主要设备已经进场等。开工预付款保函的担保金额应与开工预付款的金额相等。保函的担保金额可根据预付款扣回的金额相应递减。

（3）开工预付款的预付比例在合同工程的专用条款数据表中约定，一般为5%～30%，通常约定为有效合同价的10%。开工预付款的预付总金额用下式计算：

$$B = H \times a \tag{4-1}$$

式中：H——有效合同价（元）；

a——开工预付款的比例，如7%。

（4）在颁发工程接收证书前，由于不可抗力或其他原因解除合同时，预付款尚未扣清的，尚未扣清的预付款余额应作为承包人的到期应付款。开工预付款在进度付款证书的累计金额未达到签约合同价的30%之前不予扣回，在达到签约合同价30%之后，开始按工程进度以固定比例分期从各月的进度付款证书中扣回，全部金额在进度付款证书的累计金额达到签约合同价的80%时扣完，即采用固定比例法扣回，每完成签约合同价的1%，扣回开工预付款的2%。

①固定比例法的扣回时间始于期中支付证书中工程量清单累计支付金额超过合同价30%的当月，止于支付金额达到合同价的80%的当月。在此期间，按期中支付证书当期完成的工程款占合同价50%的比例扣回用下式计算：

$$G_t = \frac{\sum M_t - \sum M_{t-1}}{H \times 50\%} \times (H \times a) = \frac{\sum M_t - \sum M_{t-1}}{50\%} \times a \tag{4-2}$$

式中：G_t——第 t 个月开工预付款的扣回金额（元）；

M_t——第 t 个月末的累计完成金额，$M_t \leqslant 80\%H$（元）；

M_{t-1}——第 $t-1$ 个月末的累计完成金额，$M_{t-1} \geqslant 30\%H$（元）。

【例题 4-1】某工程的有效合同价为 1500 万元，开工预付款在投标函附录中规定的额度为 10%，5月份完成 200 万元的工程量且到第 5 个月末累计支付工程金额为 600 万元，试计算该月应扣回开工预付款的金额。

解：该工程开工预付款的预付总金额 $B = 1500 \times 10\%$ 万元 $= 150$ 万元，第 5 个月末累计支付工程金额为 600 万元,已超过合同价的 30%(1500×30%万元=450 万元),5 月份应该扣回的开工预付款金额 $G_t = \dfrac{\sum M_t - \sum M_{t-1}}{50\%} \times a = \dfrac{600-450}{50\%} \times 10\%$ 万元 $= 30$ 万元。因此,5 月份开工预付款的扣回金额为 30 万元。

②第二种计算公式如下:

$$\sum G_t = 2B\left(\frac{\sum M_t}{H} \times 100\% - 30\%\right) \qquad (4\text{-}3)$$

其中,$30\% \leqslant \dfrac{\sum M_t}{H} \times 100\% \leqslant 80\%$

式中:$\sum G_t$——第 t 个月末开工预付款的累计扣回金额(元),$\sum G_t \leqslant B$;第 t 个月内开工预付款的扣回金额为 $G_t = \sum G_t - \sum G_{t-1}$。

【例题 4-2】某工程的有效合同价为 3000 万元,开工预付款在投标函附录中规定的额度为 10%。每个月完成的工程量如表 4-1 所示。合同约定在期中进度付款证书的累计金额达到有效合同价的 30% 之后,开始按工程进度以固定比例分期从各月的进度付款证书中扣回,全部金额在进度付款证书的累计金额达到有效合同价的 80% 时扣完。试计算开工预付款的扣回金额。

表 4-1　每个月完成的工程量

月份	1	2	3	4	5	6	7	8	9	10	11
工程量/万元	100	100	200	200	400	200	600	500	300	300	100

解:(1)开工预付款的预付总金额 $B = 3000 \times 10\%$ 万元 $= 300$ 万元。

(2)每个月末完成的累计工程量及其百分比如表 4-2 所示。

表 4-2　每个月末完成的累计工程量及其百分比

月份	1	2	3	4	5	6	7	8	9	10	11
工程量/万元	100	100	200	200	400	200	600	500	300	300	100
累计工程量/万元	100	200	400	600	1000	1200	1800	2300	2600	2900	3000
累计百分比	3%	6%	13%	20%	33%	40%	60%	76%	86%	96%	100%

可见,第 5 个月末的累计完成金额 $\sum M_5 \geqslant 30\% H$,应从第 5 个月末开始扣回已经支付的开工预付款。第 5 个月末及其以后各月末开工预付款的累计扣回金额计算如下。

$$\sum G_5 = 2B \times \left(\frac{\sum M_t}{H} \times 100\% - 30\%\right) = 600 \times \left(\frac{1000}{3000} \times 100\% - 30\%\right) \text{万元} = 20 \text{ 万元}。$$

$$\sum G_6 = 600 \times \left(\frac{1200}{3000} \times 100\% - 30\%\right) \text{万元} = 60 \text{ 万元},G_6 = (60-20) \text{万元} = 40 \text{ 万元}。$$

$$\sum G_7 = 600 \times \left(\frac{1800}{3000} \times 100\% - 30\%\right) \text{万元} = 180 \text{ 万元},G_7 = (180-60) \text{万元} = 120 \text{ 万元}。$$

$$\sum G_8 = 600 \times \left(\frac{2300}{3000} \times 100\% - 30\%\right) 万元 = 280 万元, G_8 = (280-180)万元 = 100 万元。$$

$$\sum G_9 = 600 \times \left(\frac{2600}{3000} \times 100\% - 30\%\right) 万元 = 340 万元 \geq B, G_9 = B - \sum G_8 = 20 万元。$$

验算:各月实际扣回金额合计$=(20+40+120+100+20)$万元$=300$万元$=B$。

4.3.2　材料、设备预付款的扣回

材料、设备已用于或安装在永久工程之中时,材料、设备预付款应从进度付款证书中扣回,扣回期不超过 3 个月。多数高速公路工程项目规定为 3 个月内等额扣回。已经支付材料、设备预付款的材料、设备的所有权应属于发包人。

（1）按月等额扣回法,该方法较简单。

（2）起扣点扣回法。起扣点扣回法是指从未完工程尚需的材料价值相当于已经预付的材料款金额时起扣,按照材料占比从工程后期每次期中进度付款中抵扣材料预付款,直至公路工程交工前全部扣完的方法,也称为工程后期起扣点扣回法。起扣点的计算公式如下:

$$P = H - C/\beta \tag{4-4}$$

式中:P——起扣点,即开始扣回预付款时累计完成的工程款金额;

$\quad\quad H$——有效合同价格;

$\quad\quad C$——材料预付款的总额;

$\quad\quad \beta$——材料占有效合同价的比例。

第 t 个月末累计完成的工程款金额超过起扣点金额时,开始扣还预付款(第 1 次扣回),计算公式如下:

$$G_{t1} = \left(\sum h_t - P\right) \times \beta \tag{4-5}$$

式中:G_{t1}——第 t 个月末应扣回的材料预付款金额(元);

$\quad\quad \sum h_t$——第 t 个月末累计完成的工程款金额(元),$\sum h_t \geq P$。

第 m 次$(m \geq 2,$第 $t+m-1$ 个月末)扣还的预付款金额计算公式如下:

$$G_{(t+m-1)m} = h_{t+m-1} \times \beta \tag{4-6}$$

式中:$G_{(t+m-1)m}$——第 $t+m-1$ 个月应扣回的材料预付款金额(元);

$\quad\quad h_{t+m-1}$——第 $t+m-1$ 个月内完成的工程款金额(元)。

【例题 4-3】某沥青混凝土路面工程的有效合同价为 610 万元,沥青材料预付款额度为有效合同价的 25%,假定沥青材料占合同价的比例为 60%。此工程各月实际完成施工产值如表 4-3 所示。如何扣回材料预付款?

表 4-3　各月实际完成施工产值

月份	2 月	3 月	4 月	5 月	6 月	7 月
产值/万元	69	181	200	98.54	41.46	20

解:(1)材料预付款:$C = 610 \times 25\%$万元$=152.50$万元。

（2）起扣点金额:$P = (610 - 152.50 \div 60\%)$万元$=356$万元,将从 4 月份开始扣回。

(3)第 4 个月末(第 1 次)应扣回的材料预付款金额:$G_{41} = (450 - 356) \times 60\%$ 万元 $= 56.40$ 万元。

(4)第 5 个月末(第 2 次)应扣回的材料预付款金额:$G_{52} = 98.54 \times 60\%$ 万元 $= 59.12$ 万元。

(5)第 6 个月末(第 3 次)应扣回的材料预付款金额:$G_{63} = 41.46 \times 60\%$ 万元 $= 24.88$ 万元。

(6)第 7 个月末(第 4 次)应扣回的材料预付款金额:$G_{74} = 20 \times 60\%$ 万元 $= 12.00$ 万元。

监理人应注意检查核对实际扣回的预付款金额的累计值是否等于已经实际支付的预付款总金额,即用减法核对最后一次扣回的金额是否准确。本例题中,经核对,第 7 个月末实际应扣回的材料预付款金额为 12.10 万元,因为 $G_7 = 12.00$ 万元 $+ (152.50 - 56.40 - 59.12 - 24.88 - 12.00)$ 万元 $= 12.10$ 万元。

4.3.3 质量保证金的扣留与返还

(一) 质量保证金的扣留

监理人应从第一个支付周期开始,在发包人的进度付款中按照专用合同条款的约定扣留质量保证金,直至扣留的质量保证金总额达到专用合同条款约定的金额或比例。扣留质量保证金时的计算额度或计算基数,不包括预付款的支付、扣回以及价格调整的金额。质量保证金的计算额度=本月完成的工程价款+本月完成的计日工+本月应支付的暂列金额+根据合同规定本月应结算的其他款额+费用和法规的变更发生的款额。质量保证金按项目专用合同条款数据表规定的百分比扣留。2017 年,建设工程的质量保证金扣留金额由工程结算金额的 5% 降至 3%。缺陷责任期内,承包人应认真履行合同约定的责任。对于由承包人原因造成的缺陷,承包人应负责维修并承担鉴定及维修费用。如承包人不维修也不承担费用,发包人可按合同约定扣除保证金,由承包人承担违约责任。承包人维修并承担相应费用后,不免除对工程的一般损失赔偿责任。对于由他人原因造成的缺陷,发包人负责组织维修,承包人不承担费用,发包人不得从质量保证金中扣除费用。缺陷责任期满时,承包人没有完成缺陷责任的,发包人有权扣留与未履行责任剩余工作所需金额相应的质量保证金,有权根据约定要求延长缺陷责任期,直至完成剩余工作。

【例题 4-4】某施工合同约定质量保证金的扣留比例为 3%,承包人在该月完成的工程价款为 400 万,完成的计日工价款为 20 万元,发生的暂列金额为 60 万元,设备、材料预付款为 80 万元,其他应付费用为 20 万元。求本月应扣的质量保证金。

解:本月应扣的质量保证金为 $(400 + 20 + 60 + 20) \times 3\%$ 万元 $= 15$ 万元。

(二) 质量保证金的返还

约定的缺陷责任期满且质量监督机构按照规定对工程质量检测鉴定合格,承包人应向发包人申请到期应返还承包人剩余的质量保证金金额,如无异议,发包人应当在核实后返还承包人。

【例题 4-5】某工程项目建设单位与施工单位签订了工程施工承包合同。合同中估算工程量为 5300 m³,原价为 180 元/m³。合同工期为 6 个月。有关支付条款如下。

①开工前,建设单位向施工单位支付估算合同价 20% 的预付款。

②建设单位从第 1 个月起,从施工单位的工程款中,按 5% 的比例扣留保证金。

③当累计实际完成工程量超过(或低于)估算工程量的 10% 时,价格应予调整,调整系数为 0.9(或 1.1)。

④每月签发付款证书最低金额为 15 万元。

⑤预付款从施工单位获得累计工程款超过估算合同价的 30% 以后的下一个月起至第 5 个月均匀扣除。

施工单位每月实际完成并经签认认可的工程量见表 4-4。

表 4-4　每月完成的工程量统计表

月份	1	2	3	4	5	6
完成工程量/m³	800	1000	1200	1200	1200	500
累计完成工程量/m³	800	1800	3000	4200	5400	5900

问题:

(1)估算合同总价是多少?

(2)预付工程款是多少?预付工程款从哪个月起扣?每月扣预付工程款是多少?

(3)每月工程量价款是多少?应签证的工程款为多少?应签发的付款凭证金额是多少?

解:(1)估算合同总价为 95.40 万元,即 5300×180 元 $= 95.40$ 万元。

(2)预付工程款为 19.08 万元,即 $95.40 \times 20\%$ 万元 $= 19.08$ 万元。

因为第一、二期累计工程款 1800×180 元 $= 32.40$ 万元 $> 95.40 \times 30\%$ 万元 $= 28.62$ 万元,根据合同规定,累计工程款超过估算合同价的 30% 以后的下一个月起至第 5 个月均匀扣除,可知预付工程款从第 3 个月开始扣留,3 个月扣完,则每月应扣预付工程款为 $19.08/3$ 万元 $= 6.36$ 万元。

(3)第 1 个月工程款:800×180 元 $= 14.40$ 万元。

本月应扣留保证金:14.40×0.05 万元 $= 0.72$ 万元。

本月应签证的工程款:14.40×0.95 万元 $= 13.68$ 万元 < 15.00 万元,本月不予付款。

第 2 个月工程款:1000×180 元 $= 18.00$ 万元。

本月应扣留保证金:18×0.05 万元 $= 0.90$ 万元。

本月应签证的工程款:18×0.95 万元 $= 17.10$ 万元。

本月应签发的工程款:$(17.10 + 13.68)$ 万元 $= 30.78$ 万元。

第 3 个月工程款:1200×180 元 $= 21.60$ 万元。

本月应扣留保证金:21.60×0.05 万元 $= 1.08$ 万元。

本月应扣预付款:6.36 万元。

本月应签证的工程款:$(21.60 \times 0.95 - 6.36)$ 万元 $= 14.16$ 万元 < 15.00 万元,本月不予付款。

第 4 个月工程款:1200×180 元 $= 21.60$ 万元。

本月应扣留保证金:21.60×0.05 万元 $= 1.08$ 万元。

本月应扣预付款:6.36 万元。

本月应签证的工程款:(21.60×0.95-6.36)万元=14.16 万元。

本月应签发的工程款:(14.16+14.16)万元=28.32 万元。

第 5 个月累计完成 5400 m^3,比原估算的工程量超过 100 m^3,但未超过估算的 10%,仍按原价估算工程价款:1200×180 元=21.60 万元。

本月应扣留保证金:21.60×0.05 万元=1.08 万元。

本月应扣预付款:6.36 万元。

本月应签证的工程款:(21.60×0.95-6.36)万元=14.16 万元<15.00 万元,本月不予付款。

第 6 个月累计完成 5900 m^3,比原估算的工程量超过 600 m^3,已超过估算的 10%,对超过部分应调整单价。应调整单价的工程量:5900 m^3-5300×(1+10%) m^3=70 m^3。

本月完成的工程价款:70×180×0.9 元+(500-70)×180 元=8.874 万元。

本月应扣留保证金:8.874×0.05 万元=0.4437 万元。

本月应签证的工程款:(8.874-0.4437)万元=8.43 万元。

本月应签发的工程款:(14.16+8.43)万元=22.59 万元。

自我测评

一、单选题

1. 以下选项应单独计量的是( )。

A. 模板　　　　　　B. 脚手架　　　　　　C. 螺栓　　　　　　D. 主筋

2. 工程量计算的副本应提交给( )并由( )保存。

A. 监理人,发包人　　　　　　　　　B. 发包人,发包人

C. 监理人,监理人　　　　　　　　　D. 发包人,监理人

3. 将质量计量换算为体积计量的换算系数应由( )确定,并应在此种计量方法使用之前征得( )的同意。

A. 发包人,发包人　　　　　　　　　B. 监理人,承包人

C. 监理人,发包人　　　　　　　　　D. 发包人,承包人

4. 根据《公路工程标准施工招标文件》(2018 年版·第三册)第八章"工程量清单计量规则"第 100 章的规定,安全生产费按投标价的( )以总额为单位计量。

A. 1%　　　　　　B. 1.5%　　　　　　C. 2%　　　　　　D. 2.5%

5. 根据第 200 章"路基工程"的计量规则,其场地清理的工程内容包括( )。

A. 胸径小于 8 cm 树木的砍伐及挖根

B. 清除场地表面 0~20 cm 范围以内的垃圾、废料

C. 挖淤泥、挖石方

D. 与清理现场有关的一切挖方、坑穴的回填、整平

6. 挖方路基挖土石方工程计量中,路床顶面以下挖松深( )再压实是挖土方的附属工作,不另行计量。

A. 100 mm　　　　　　B. 200 mm　　　　　　C. 50 mm　　　　　　D. 300 mm

7. 路基填筑工程或改河、改渠、改路填筑工程中,填料中石料含量(　　)时,应按利用土方算。

A. 小于 30%

B. 大于 70%

C. 大于 30%、小于 70%

D. 大于 30%

8. 下列选项中,关于加筋土挡土墙说法正确的是(　　)。

A. 扁钢带、塑钢复合带以长度为单位计量

B. 混凝土中的钢筋是加筋带的附属工作,不另行计量,但是加筋带中的钢筋要另行计量

C. 预制安装混凝土墙面板工程量应以立方米为单位计量

D. 计算塑料土工格栅的工程量时,接缝的重叠面积和边缘的包裹面积也要计量

9. 下列不属于混凝土下部结构的是(　　)。

A. 桥台混凝土　　　　B. 桥墩混凝土　　　　C. 台帽混凝土　　　　D. 基础混凝土

10. 下列选项中,水深(　　)为水中钻孔灌注桩。

A. 小于 2 m　　　　B. 小于等于 2 m　　　　C. 大于 2 m　　　　D. 大于等于 2 m

二、多选题

1. 以下关于计量规则的说法正确的有(　　)。

A. 除了监理人另有批准,超过图纸所示的面积或体积,都不予计量与支付

B. 工程量应由承包人计算,由监理人审核

C. 钢筋、钢板或型钢计量时,应按图纸或其他资料标示的尺寸和净长计算

D. 钢筋搭接接头、接头套筒、焊接材料、下脚料和固定、定位架立钢筋等另行计量

E. 计算面积时,对于面积在 1 m² 以内的固定物(如检查井等)不予扣除

2. 以下选项中,以米(cm)为单位计量的有(　　)。

A. 路基开挖土石方　　　　　　　　B. 路基填筑土石方

C. 抛石挤淤　　　　　　　　　　　D. 袋装砂井

E. 塑料排水板

3. 质量保证金的计算额度包括的内容有(　　)。

A. 本月完成的工程价款

B. 本月完成的计日工

C. 本月应支付的暂估价

D. 本月应支付的暂列金额

E. 根据合同规定本月应结算的其他款额

4. 以下关于计量的说法中,正确的有(　　)。

A. 任何工程项目的计量,均应按工程量清单计量规则规定或监理人书面指示进行

B. 除非监理人另有准许,一切计量工作都应在监理人在场的情况下,由承包人测量、记录

C. 工程量必须由承包人和监理人共同计算

D. 除了监理人另有批准,超过图纸所示的面积或体积,不予计量与支付

E. 除了合同特殊约定单独计量,全部必需的模板、脚手架、装备、机具、螺栓、垫圈和钢制件等其他材料,均不单独计量

5. 以下的水泥混凝土的计量,正确的有(   )。

A. 计量应按监理人认可的并已完工工程的净尺寸计算

B. 钢筋的体积不扣除

C. 倒角不超过 0.15 m×0.15 m 时不扣除

D. 体积不超过 0.03 m³ 的开孔及开口不扣除

E. 面积不超过 0.3 m×0.3 m 的填角部分不增加

6. 有关工程计量规则的说法中,正确的有(   )。

A. 工程计量所采用的测量与计算方法,应经监理人批准或指示

B. 一切计量工作都应在监理人在场的情况下,由承包人测量、记录

C. 工程量应由监理人与承包人共同计算

D. 除非监理人另有批准,超过图纸所示的面积或体积,都不予计量与支付

E. 工程量计算的副本应提交给监理人并由监理人保存

7. 下列选项中关于开工预付款的说法正确的有(   )。

A. 开工预付款保函的担保金额应与开工预付款的金额不等

B. 预付款必须专用于合同工程

C. 有的工程项目的招标文件或合同专用条件约定,开工预付款在施工准备阶段分两次支付

D. 开工预付款的预付比例在合同工程的专用条款数据表中约定,一般为 5%～30%

E. 预付款用于承包人为合同工程施工购置材料、工程设备、施工设备,修建临时设施以及组织施工队伍进场等

8. 下列关于质量保证金扣留与返还的描述正确的有(   )。

A. 监理人应在最后一个付款周期,从发包人的进度付款中扣留全部质量保证金

B. 扣留质量保证金时的计算额度或计算基数,不包括预付款的支付、扣回以及价格调整的金额

C. 监理人应从第一个付款周期开始,在发包人的进度付款中扣留质量保证金

D. 扣留质量保证金时的计算额度或计算基数,包括预付款的支付、扣回以及价格调整的金额

E. 2017 年,建设工程的质量保证金扣留金额由工程结算金额的 5%降至 3%

9. 工程变更的依据有(   )。

A. 市场价格变化

B. 工程变更令

C. 费用的增减

D. 确定的变更费用清单

E. 施工人员的变化

10. 准确的工程数量可以从(   )方面获取。

A. 设计图纸　　　　　　　　　B. 发包人提供的工程数量

C. 监理人的记录　　　　　　　D. 承包人提供的工程数量

E. 合同文件及技术规格书

【参考答案】

一、单选题

1. D；2. C；3. B；4. B；5. D；6. D；7. A；8. C；9. D；10. C

二、多选题

1. ABCE；2. DE；3. ABDE；4. ABDE；5. ABCD；6. ABDE；7. BCDE；8. BCE；9. BD；10. ACDE

学习情境5 公路工程安全监理

5.1 安全监理的基本理论

公路工程安全
监理——
任务工单

5.1.1 安全生产方针及安全生产管理原则与制度

（一）安全监理的含义

安全监理是指工程监理单位受建设单位（或业主）委托,依据国家有关的法律、法规和工程建设强制性标准及合同文件,对交通建设工程安全生产实施的监督检查。

安全生产关系到人民群众的生命财产安全,是以人为本、构建和谐社会的重要基础,也是交通建设永恒的主题和追求的目标。作为交通建设履约行为的重要的一方,监理单位对安全生产应该起到关键的监督作用。但是在工程项目施工过程中,一些监理单位只注重对施工质量、进度和投资的监控,忽视对施工安全的监控,有的只是把安全监理作为质量控制内容的一部分,由负责质量的监理工程师兼管。这样,施工安全监控的效果往往较差,施工现场因违章指挥、违章作业而发生的伤亡事故局面难以得到有效控制。近几年,建筑物倒塌、大桥垮塌事件时有发生,有的在建设过程中发生,有的在投入生产使用后发生。

造成安全事故的原因很多,有的是认识不到位、责任不落实、监管不力,有的是施工过程中违章指挥、违章作业等。要扭转工程建设项目事故多发的被动局面,施工单位必须提高认识、健全机构、加强监管、落实责任、照章作业。同时,监理单位必须加强安全监理工作,使安全监理成为工程建设监理的一项重要监理内容;必须配备安全监理人才,加强安全监理方面的管理工作。这样才能从源头上和在管理中减少安全事故的发生。

《建设工程安全生产管理条例》明确规定了工程监理单位的安全责任以及工程监理单位和监理工程师应对建设工程安全生产承担监理责任。因此,监理单位在监理过程中必须开展安全监理工作,使安全监理成为工程监理重要的一部分。

监理人员的安全管理工作是消除安全事故因素。工程的安全事故与工程施工生产密切相关,为了能够真正预防工程安全事故,必须消除施工生产过程中人的不安全行为和物的不安全状态。然而监理人员的管理活动属外部管理,是安全管理工作中的外部原因,外部原因必须通过施工单位这一内因方能发挥作用。监理人员的安全管理必须通过施工管理人员的贯彻才能成为有效的措施。

（二）安全生产方针的内容

1）"安全第一"是原则和目标

"安全第一"是原则和目标，是从保护和发展生产力的角度，确立了生产与安全的关系，肯定了安全在公路建设工程生产活动中的重要地位。安全第一，就是在生产过程中把安全放在第一重要的位置上，切实保护劳动者的生命安全和身体健康。它要求所有参与工程建设的人员必须树立安全的观念，不能一味追求经济利益而牺牲安全。安全与生产发生矛盾时，必须先解决安全问题，在保证安全的前提下从事生产活动，只有这样才能使生产正常进行。

2）"预防为主"是手段和基本途径

预防为主，就是把安全生产工作的关口前移，超前防范，建立预教、预测、预想、预报、预警、预防的递进式、立体化事故隐患预防体系，改善安全状况，预防安全事故。在工程建设活动中，根据工程建设的特点，对不同的生产要素采取相应的管理措施，有效地控制不安全因素的发展和扩大，把可能发生的事故消灭在萌芽状态，以保证生产活动中人的安全与健康。

3）"综合治理"是落实安全生产方针政策和法律法规的最有效手段

综合治理是指为适应安全生产的需要，要自觉遵循安全生产规律，正视安全生产工作的长期性、艰巨性和复杂性，抓住安全生产工作中的主要矛盾和关键环节，综合运用经济、法律、行政等手段，人管、法治、技防多管齐下，充分发挥社会、职工、舆论的监督作用，有效解决安全生产领域的问题。

"安全第一、预防为主、综合治理"的安全生产方针是一个有机统一的整体。安全第一是预防为主、综合治理的统领和灵魂，没有安全第一的思想，预防为主就失去了思想支撑，综合治理就失去了整治依据。预防为主是实现安全第一的根本途径。只有把安全生产的重点放在建立事故隐患预防体系上，超前防范，才能有效减少事故损失，实现安全第一。综合治理是落实安全第一、预防为主的手段和方法。

（三）安全生产管理的原则

1）以人为本，坚持人民至上、生命至上，把保护人民生命安全摆在首位的原则

对安全生产的人、物、环境因素的管理，有效地控制人的不安全行为和物的不安全状态，消除或避免事故，达到保护劳动者的安全与健康的目的。

2）管行业必须管安全、管业务必须管安全、管生产经营必须管安全的原则

安全寓于生产之中，并对生产发挥促进与保证作用。一切与生产有关的机构、人员，都必须参与安全管理并在管理中承担责任。安全生产人人有责。

3）安全生产动态管理的原则

生产活动中必须坚持全员、全过程、全方位、全天候的动态管理。安全管理涉及生产活动的方方面面，涉及从开工到竣工交付的全部生产过程，涉及全部生产时间，涉及一切变化着的生产因素。它是一种动态管理，必须坚持持续改进的原则，以适应变化的生产活动，及时发现并消除新的危险因素。

4）科学严谨、依法依规、实事求是、注重实效的事故调查处理原则

事故调查处理应当按照科学严谨、依法依规、实事求是、注重实效的原则，及时、准确地查清事故原因，查明事故性质和责任，总结事故教训，提出整改措施并对事故责任者提出处理意见。事故调查报告应当依法及时向社会公布。

5）安全一票否决的原则

安全具有否决权是指安全生产工作是衡量建设工程项目管理的一项基本内容，它要求在对项目各项指标进行考核、评优创先时，必须考虑安全指标的完成情况。安全指标没有实现，其他指标即使顺利完成，该项目也不能认为已实现了最优化目标，安全工作具有一票否决的作用。

6）安全工作的"五同时"原则

安全工作的"五同时"原则是指企业的生产组织领导者必须在计划、布置、检查、总结、评比生产工作的同时，计划、布置、检查、总结、评比安全工作。

7）同步协调发展的原则

环境保护与经济建设和社会发展统筹规划、同步实施、协调发展，实现经济效益、社会效益和环境效益的统一。

（四）安全生产管理制度

1）安全生产许可证制度

《建设工程安全生产管理条例》规定施工单位应当具备安全生产条件。同时，《安全生产许可证条例》明确规定，国家对矿山企业、建筑施工企业和危险化学品、烟花爆竹、民用爆炸物品生产企业实行安全生产许可制度。上述企业未取得安全生产许可证的，不得从事生产活动。

2）全员安全生产责任制度

全员安全生产责任制度是指企业对企业中各级领导、各个部门、各类人员所规定的在他们各自职责范围内对安全生产应负责任的制度。

3）安全生产教育培训制度

安全教育主要包括安全生产思想教育、安全知识教育、安全技能教育、安全法制教育四个方面，其中对新职工的三级安全教育（公司、工地、班组），是安全生产基本教育制度。培训制度主要包括对施工单位的管理人员和作业人员定期培训，特别是在采用新技术、新工艺、新设备、新材料时，对作业人员的培训。

4）安全生产费用保障制度

安全生产费用保障制度是指施工单位必须将安全生产费用用于施工安全防护用具及设施的采购和更新、安全施工措施的落实、安全生产条件的改善。

5）安全生产管理机构和专职安全员制度

专职安全员是指施工单位专门负责安全生产管理的人员，是国家法律、法规、标准在本单位实施的具体执行者，其职责是对安全生产进行现场监督检查并做好记录，发现生产安全事故隐患，应当及时向项目负责人和安全生产管理机构报告，对违章指挥、违章操作和违反劳动纪律的行为应当立即制止。

6）特种作业人员持证上岗制度

特种作业人员是指从事容易发生事故，对操作者本人、他人的安全健康及设备、设施的安全可能造成重大危害的工作的作业人员。施工单位的电工、焊接与热切割作业人员、架子工、起重信号司索工、起重机械司机、起重机械安装拆卸工、高处作业吊篮安装拆卸工、锅炉司炉、压力容器操作人员、电梯司机等人员必须按照国家规定，经过专门的安全作业培训，取得特种作业操作资格证书后方可上岗作业。

7）安全生产技术交底制度

安全生产技术交底制度指每项工程实施前，施工单位负责项目管理的技术人员对有关的施工技术要求向施工作业班组、作业人员详细说明并由双方签字确认的制度。

安全生产技术交底主要内容：本项目的施工作业特点和危险点；针对危险点的具体预防措施；应注意的安全事项；相应的安全操作规程和标准；发生事故后应及时采取的避难和急救措施等。

8）三类人员考核任职制度

三类人员是指施工单位的主要负责人、项目负责人和专职安全生产管理人员。施工单位的主要负责人对本单位的安全生产工作全面负责，项目负责人对所承包的项目的安全生产工作全面负责，专职安全生产管理人员直接并具体承担本单位日常的安全生产管理工作。从事交通建设工程的三类人员，必须经交通运输主管部门对其安全知识和管理能力考核合格后方可任职。

9）工伤、意外伤害和安全生产责任保险制度

中华人民共和国境内的企业、事业单位等组织和有雇工的个体工商户应当依照规定参加工伤保险，为本单位全部职工或者雇工缴纳工伤保险费。

施工单位应当为施工现场从事危险作业的人员办理意外伤害保险。意外伤害保险费由施工单位支付。实行施工总承包的，由总承包单位支付意外伤害保险费。意外伤害保险期限自建设工程开工之日起至竣工验收合格止。

属于国家规定的高危行业、领域的生产经营单位，应当投保安全生产责任保险。

10）双重预防机制建设制度

双重预防机制是指风险分级管控和隐患排查治理两种手段相结合的生产安全事故预防机制。

11）专项施工方案审查制度

结构复杂、危险性较大、特性较多的特殊工程，必须编制专项施工方案并附安全验算结果，经施工单位技术负责人签字后，必要时还应当组织专家进行论证审查，经总监理工程师审查同意和签字后，方可组织施工。

12）安全技术措施制度

安全技术措施是指从技术上采取措施，防止工伤事故和职业病的危害。在工程施工中，应具体针对工程项目特点、环境条件、劳动组织、作业方法、施工机械、供电设施等制订确保安全施工的措施。安全技术措施是建设工程项目管理实施规划或施工组织设计的重要组成部分。

13）消防安全责任制度

消防安全责任制度是指施工单位确定施工现场的消防安全责任人，制订用火、用电、

使用易燃易爆材料等各项消防安全管理制度和操作规程,在施工现场设置消防通道、消防水源,配备消防设施和灭火器材,在施工现场入口处设置明显消防标志。

14)防护用品及设备管理制度

防护用品及设备管理制度是指施工单位采购、租赁的安全防护用具、机械设备、施工机具及配件应当具有生产(制造)许可证、产品合格证并在进入现场前进行查验。必须做好防护用品和设备的维修、保养、报废和资料档案管理。

15)起重机械和设备设施验收登记制度

施工单位在工程中使用施工起重机械和整体提升式脚手架、滑模、爬模、架桥机等自行式架设设施前,应当组织有关单位进行验收,或者委托具有相应资质的检验检测机构进行验收。使用承租的机械设备和施工机具及配件的,承租单位、出租单位和安装单位共同进行验收,验收合格方可使用。验收合格后30日之内,应当向当地交通运输主管部门登记《特种设备安全监察条例》规定的施工起重机械;在验收前应当经有相应资质的检验检测机构监督检验合格。

16)安全事故应急救援制度

施工单位应当针对本项目工程特点制订生产安全事故应急预案,定期组织演练,了解掌握相关应急资源;建立应急救援组织或者配备应急救援人员,配备必需的应急救援器材、设备,根据建设工程施工的特点、范围,对施工现场易发生重大事故的部位、环节进行监控。

实行施工总承包的,总承包单位统一组织编制建设工程生产安全事故应急救援预案;工程总承包单位和分包单位按照应急救援预案,各自建立应急救援组织或配备应急救援人员,配备救援器材、设备,定期组织演练。

17)安全事故报告制度

交通建设工程施工单位发生生产安全事故,施工单位应当立即向建设单位、监理单位和事故发生地的公路水运工程安全生产监督部门以及其他安全监督机构报告。应按照国家有关伤亡事故报告和调查处理的规定,及时、如实地报告;特种设备发生事故时,应当同时向特种设备安全监督管理部门报告。实行施工总承包的建设工程,总承包单位负责上报事故。

18)工艺、设备、材料的淘汰制度

在交通建设工程的设计、施工中,不得采用国家有关部门公布的淘汰工艺、设备和材料,各项机械、设备应建立相应的资料档案并按国家有关规定及时报废。对在规定淘汰期限之后仍继续使用淘汰工艺、设备、材料的单位和个人,有关部门将依法责令停止使用,对屡禁不止的追究其法律责任。

5.1.2 与安全监理相关的法律法规和方针政策

(一)与安全监理相关的法律法规
与安全监理相关的主要法律、行政法规、部门规章如下:
①《中华人民共和国安全生产法》;
②《中华人民共和国消防法》;

③《中华人民共和国公路法》；

④《中华人民共和国建筑法》；

⑤《中华人民共和国特种设备安全法》；

⑥《中华人民共和国刑法修正案（九）》；

⑦《建设工程安全生产管理条例》；

⑧《安全生产许可证条例》；

⑨《生产安全事故报告和调查处理条例》；

⑩《特种设备安全监察条例》；

⑪《公路水运工程安全生产监督管理办法》；

⑫《危险性较大的分部分项工程安全管理规定》。

（二）与安全监理相关的政策

与安全监理相关的政策如下：

①《交通运输部关于印发公路水运工程平安工地建设管理办法的通知》；

②《交通运输部办公厅关于印发公路水运"品质工程"评价标准（试行）的通知》；

③《交通运输部办公厅关于开展"坚守公路水运工程质量安全红线"专项行动的通知》；

④《交通运输部关于印发公路水运建设工程质量安全督查办法的通知》；

⑤《住房城乡建设部办公厅关于进一步加强危险性较大的分部分项工程安全管理的通知》；

⑥《交通运输部关于发布高速公路路堑高边坡工程施工安全风险评估指南（试行）的通知》；

⑦《交通运输部关于开展公路桥梁和隧道工程施工安全风险评估试行工作的通知》；

⑧《公路水运工程生产安全事故应急预案》；

⑨《交通运输部办公厅关于印发〈公路水路行业安全生产风险辨识评估管控基本规范（试行）〉的通知》；

⑩《关于落实建设工程安全生产监理责任的若干意见》《建筑工程项目总监理工程师质量安全责任六项规定（试行）》等。

5.1.3 安全生产责任体系

（一）一般规定

（1）责任制是安全生产的核心，是改进安全状况的根本途径、基本方法和工作平台。

（2）安全生产管理必须坚持"管生产必须管安全""谁主管谁负责"的原则，坚持全员参与、全面覆盖和全过程管理的原则。

（3）工程项目应成立由项目建设单位牵头，勘察设计、施工、监理等单位项目负责人共同参与的项目安全生产领导小组（或项目安全生产委员会），负责规划、指导、协调工程参建单位的安全生产行为。

（二）安全生产目标

安全生产目标应以"减少危害，预防事故，尽量避免生产过程中的人身伤害、财产损失、环境污染等"为准则设定。安全生产目标应通过设立相应的考核指标强化落实。

（1）安全生产考核指标。

安全生产考核指标包括以下几类。

①管理类，包括安全生产总目标、安全生产管理人员到位率、培训教育覆盖率、设备完好率等。

②事故类，包括事故数量、重伤人数、死亡人数、设备事故率、经济损失等。

③隐患类，包括重大事故隐患整改率。

（2）安全生产目标实施。

①制订实施计划，分解总目标。

②落实主体责任，分级考核控制。

③组织考评验收，管理缺陷整改。

④兑现目标奖惩，推动循环活动。

（3）安全生产监理岗位职责中未明确总监理工程师及各专业监理工程师的岗位职责。

（三）项目安全生产领导小组

（1）项目安全生产领导小组组长由建设单位项目负责人担任，副组长由建设单位主管安全的项目负责人、监理机构总监理工程师等担任，小组成员为勘察设计、施工、监理等单位项目负责人。

（2）项目安全生产领导小组应贯彻落实国家、行业有关安全生产方针政策、法律法规和技术标准，制订安全生产指标和安全工作计划，落实项目安全生产条件，规范施工安全管理程序，开展安全检查评价，定期组织应急演练，督促落实企业安全生产责任。

（四）监理机构安全生产责任体系

1）组织管理机构

工程项目监理机构要成立安全监理领导小组（安全监理组织机构）并报建设单位备案；总监理工程师（以下简称总监）要与全员签订安全责任书。

2）安全生产责任

（1）监理机构和监理人员应按照法律法规、规章和标准实施监理，对工程项目安全生产承担监理责任。

（2）监理机构应审查施工项目安全生产条件，审查施工组织设计中的安全技术措施和专项施工方案（是否符合工程建设强制性标准）。

（3）监理机构在实施监理过程中，发现存在安全事故隐患时应当要求施工单位整改；情节严重的，应当下达工程暂停令要求施工单位暂时停止施工，及时报告建设单位。施工单位拒不整改或不停止施工的，监理机构应当及时向有关主管部门书面报告，有权拒绝计量支付审核。

（4）监理单位应当如实记录安全事故隐患和整改验收情况，应当妥善保存有关文字、影像资料。

3）安全监理岗位职责

安全监理是工程建设监理的重要组成部分，也是建设工程安全管理的重要保障。安全监理的实施，是提高施工现场安全管理水平的有效方法，也是建设工程项目管理体制改革中加强安全管理，控制重大伤亡事故的一种新模式。监理单位的主要安全责任如下。

（1）总监及总监办岗位职责。

①负责组织实施安全监理工作，承担安全监理责任，组织"平安工地"考核。坚持"安全第一、预防为主、综合治理"的方针，认真贯彻执行国家有关安全生产法律、法规及各项规章制度，以及上级单位的安全管理规定，对本监理机构的安全生产工作负总责，并对履行本总监办安全职责负总责；定期和不定期对安全生产工作进行监督、检查和指导，切实履行安全生产第一责任人职责。

②负责建立健全安全管理组织机构，组织制订并批准安全监理岗位职责及各项管理制度；建立健全监理项目安全生产责任制，组织监理人员层层签订安全生产责任书，落实监理人员"一岗双责"，组织检查和考核。

③主持编制监理机构安全监理计划，报送相关部门进行审核批准；组织编制安全监理细则并批准执行（设二级监理机构的总监办只编制安全监理细则）。

④组织制订并实施监理项目年度安全监理工作计划、安全生产监督检查计划、本监理机构的安全生产教育培训和技术交底计划等，组织或参与监理项目开展日常安全检查和隐患排查工作，抓好落实。

⑤主持检查施工单位安全生产责任制、安全生产规章制度的建立和落实情况，教育培训和技术交底情况，风险识别、安全风险管控和隐患排查治理情况等安全管理体系运转情况；对施工单位项目负责人、专职安全生产管理人员和特种作业人员资质及在岗履职情况，以及特种设备、大型机械设备、安全设施的安全许可验收手续和检验报备情况等进行动态监管、适时抽查。

⑥主持审查施工组织设计中的安全技术措施、危险性较大工程专项施工方案和应急预案，组织或督促专业监理工程师检查施工单位危大工程的专项施工方案和其他安全方案的实施情况。

⑦对拟投入的安全生产经费使用计划和实施情况进行审核把关，督促建立安全生产经费使用和计量台账。

⑧推动构建安全风险分级管控和隐患排查治理"双重预防"体系建设（每月至少开展1次有针对性的检查）。

⑨研究解决安全生产重大问题，在监理过程中发现存在安全事故隐患时，立即督促施工单位进行整改。情况严重的，下发书面指令、通知单等责令施工单位暂停施工，并及时报告项目业主；施工单位拒不整改或者不停止施工的，及时向有关监管部门报告。配合政府监督部门对本项目的安全检查及事故调查处理。

⑩定期和不定期对安全生产工作进行安排、部署，每月组织召开不少于1次安全监理例会；根据监理服务范围内安全生产状况和安全工作实际适时组织召开安全生产专题会议。

⑪掌握监理服务范围的安全生产动态，研究制订适应监理项目安全管理特点和发展的新举措。

（2）驻地监理工程师及驻地办岗位职责。

①负责驻地办安全监理工作，落实安全监理各项管理制度。

②编制并组织实施安全监理实施细则，建立安全管理对象目录清单、安全工作权责清

单,明确各级各岗位监理人员安全管理对象及重点,细化职责内容,确定安全监管重点内容。

③检查施工单位安全生产责任制、各项安全管理制度制订和执行情况,以及重大危险源安全管理和生产安全事故隐患排查治理情况;组织检查施工单位的项目经理、专职安全生产管理人员和特种作业人员的资格,以及施工机械设备和设施的安全许可验收手续。

④督促施工单位在开工前编制总体施工组织设计、建立危大工程清单或台账,对照清单编制专项施工方案并进行审批。落实安全检查,发现安全隐患时要求施工单位立即整改;发现未按专项施工方案实施时签发监理指令单;发现危大工程施工现场存在事故隐患或安全管理问题时及时签发监理指令或通知责令施工单位暂停施工,进行整改,拒不整改的应停止计量支付并书面报告总监办。

⑤将"平安工地建设"作为安全监理的主要内容,严格检查,确保"平安工地建设"要求落到实处。按规定时限及时、如实报告安全生产事故。

⑥督促安全专监和合同专监对施工单位的安全生产费用使用计划和实际投入情况进行检查,进行现场核查,建立安全费用计量台账。

⑦贯彻落实安全生产风险分级管控和隐患排查治理"双重预防体系",按相关要求每年组织开展不少于1次全面风险辨识,编制监理项目内部安全风险辨识评估管控手册并进行公示告知和交底,开展对应的隐患排查治理工作;按规定督促施工单位开展风险辨识、评估工作,审核重大风险管控措施并督促落实。

⑧定期组织召开安全例会,编写会议纪要。组织或者参与监理项目安全生产教育和培训。开展或参与应急演练,收集整理应急演练资料。

⑨负责驻地办监理人员、设施的安全管理。定期检查安全监理档案情况,检查监理人员的旁站记录、巡视记录、机构监理日志、机构安全监理日志记录情况。按规定编制监理项目安全统计报表,及时反馈安全生产信息。

⑩对于近期上级单位、行业主管部门、公司下达的或需要长期开展的安全专项工作进行部署和落实,应有相关工作记录(计划、过程、总结)。

(3)安全监理工程师岗位职责。

①落实安全监理各项管理制度,严格执行安全监理实施细则。

②检查施工单位安全生产组织机构、安全保证体系是否建立健全,检查安全保证体系运转情况,检查施工单位安全生产责任制制订和落实情况。

③初步审查施工组织设计中的安全技术措施、危险性较大工程专项施工方案和应急预案。建立危险性较大的分部分项工程专项施工方案台账,督促对应的专业监理工程师对危险性较大的分部分项工程专项施工方案进行审查,督促对应的专业监理工程师动态检查施工单位危险性较大工程的专项施工方案的实施情况,发现未按专项施工方案实施时,向总监理工程师汇报,签发监理指令,要求施工单位立即进行整改。收集检查资料,建立危大工程专项施工方案检查台账。

④检查施工单位资质证书、安全生产许可证,以及安全管理人员、特种作业人员持证、在岗履职情况;检查施工单位从业人员安全教育与培训、安全资料整理归档情况。督促施工单位进行安全生产自检自查工作、落实施工安全生产技术措施情况,参加施工现场安全

生产检查。

⑤督促施工单位建立和健全安全生产保证体系;检查施工单位安全生产责任制的落实、安全生产规章制度的建立和执行情况,以及重大危险源安全管理和生产安全事故隐患排查治理情况。

⑥对施工现场进行安全巡查,重点检查安全防护、临时用电、特种设备、危化品等,排查安全隐患,发现安全隐患时要求施工单位整改,情况严重时立即暂时停工并及时上报。

⑦督促施工单位编制安全生产费用使用计划并对计划进行审核;与合同工程师一起对计划执行情况进行现场核查,核查安全生产费用使用凭证等;建立安全生产费用计量台账。

⑧督促施工单位按照施工图及《公路工程施工安全技术规范》(JTG F90—2015)附录A编制危险性较大分部分项工程清单或台账,要求施工单位编制相应的专项施工方案(含需要专家论证的方案),进行安全风险等级评估,建立重大风险源清单。

⑨负责指导、检查和布置各专监和监理员的安全监理工作,监督检查监理人员在旁站、巡视记录中记录安全监理情况(重点检查危大工程专项施工方案落实情况)。组织或者参与监理项目安全生产教育培训和安全技术交底,做好记录。按规定编制监理项目安全统计报表,及时反馈安全生产信息,负责填写安全监理日志、编写安全会议纪要、起草安全监理指令或通知单等。建立安全监理工作台账,管理安全监理资料,资料台账分类合理、内容完整、目录清晰。

⑩组织或参与开展六月"安全生产月"活动、抓好每年的防汛工作。组织开展或参与应急演练,收集整理应急演练资料。帮助落实好特殊节假日值班制度,参与复工复产安全生产条件审查工作,做好记录。

⑪按照要求督促施工单位每月开展一次"平安工地建设"工作自查自纠和每季度开展一次"平安工地建设"工作的自评,对施工单位"平安工地建设"评价结果进行审核,在总监理工程师(驻地工程师)的指导下组织总监办每半年一次的自评。

⑫负责抓好对政府专项文件的落实工作,建立落实文件台账,制订相应的工作方案或行动计划,按方案或计划执行,留下执行过程痕迹资料,进行总结(最后有总结报告)。

(4)专业监理工程师岗位职责。

①在总监理工程师(或驻地监理工程师)的领导下,参与本监理机构的施工安全监理工作。

②参与编制施工安全监理计划或安全监理实施细则;负责编制本专业相关专项监理细则,向相关监理人员交底。

③审查施工组织设计中相关专业的安全技术措施、(专项)施工方案及主要工艺、应急预案。

④熟悉本专业施工中的安全监理控制要点以及安全防护措施和要求,监督施工单位落实有关安全措施和要求。在施工过程中,采用巡查、旁站等形式进行安全监理,发现违规操作或存在安全隐患时及时下发书面整改通知,向施工单位提出整改要求并督促现场整改落实;自身落实不了的,应向总监理工程师汇报,情况严重时应及时报告总监理工程师(或驻地监理工程师)签发停工令。

⑤负责对总监办下发的监理通知单或监理指令中涉及安全方面的问题进行跟踪,督促落实整改,做好现场复查验收工作。

⑥督促施工单位进行安全生产自检自查工作,落实施工生产安全技术措施,参与监理机构、建设单位组织的与本专业相关的施工安全检查活动。

⑦参与总监理工程师主持召开的第一次工地会议、监理交底会和驻地监理工程师主持召开的工地例会,根据工程需要主持召开安全专题会议。

⑧履行好"一岗双责"监理工作职责,编写和提供与本职责有关的施工安全监理资料。

(5)监理员岗位职责。

①根据项目监理机构岗位职责安排,参与相关的施工安全监理工作。接受安全监理工程师和专业监理工程师的指导和交底。

②检查施工现场安全生产状况,参与专项施工方案实施情况的定期检查;对关键工程、重点部位实施旁站监理时,检查施工现场管理人员,特别是质量、安全管理人员是否到位,特殊作业人员是否持证上岗,发现问题及时报告专业监理工程师或安全监理工程师。

③在施工监理安全管理中,认真做好个人检查记录、旁站记录等工作,并在旁站中如实记录施工现场每天的安全生产情况,定期将安全监理资料报送给安全专业监理工程师。

重点掌握总监理工程师及安全监理工程师的岗位职责。

(五)施工单位安全生产责任体系

1)组织管理机构

工程项目施工单位要成立安全生产领导小组,组长由项目经理担任,副组长由安全总监、副经理、总工程师担任,成员为各部门负责人以及分包单位负责人。

2)施工单位安全生产责任

(1)施工单位是安全生产责任主体,主要负责人依法对本单位安全生产工作全面负责。项目负责人应由取得相应职业资格证书的人员担任,经授权对相应的工程项目施工安全生产负责。

(2)工程项目实行施工总承包的,总承包单位对施工现场安全生产负总责。

(3)施工组织设计应明确安全技术措施,危险性较大的分部分项工程还应编制专项施工方案并附安全验算结果。经施工单位技术负责人、总监理工程师签字同意后实施,超过一定规模的危险性较大的分部分项工程,施工单位应组织专家对专项施工方案进行论证、评审。施工单位应按规定制订临时用电组织设计方案。

(4)工程施工期,施工单位应将有关施工安全技术要求分三级向施工项目部各职能部门、施工作业班组、一线作业人员进行交底。

(5)施工单位应定期开展安全检查评价和隐患治理工作,消除安全事故隐患。

(6)施工单位应对因工程施工可能造成损害的毗邻建筑物、构筑物和地下管线等进行安全风险论证并采取专项保护措施。

(7)作业人员应遵守安全施工的规章制度、强制性标准和操作规程,正确使用安全防护用具、机械设备。

(8)施工单位应针对本工程项目特点制订生产安全事故应急预案,定期组织演练。

3）分包单位安全生产责任

（1）分包单位必须具有相应的资质，应在其资质等级许可的范围内承揽施工业务。严禁个人承揽分包工程业务。

（2）分包单位应与总承包单位就所承建的工程签订安全分包合同，约定双方权利义务。

（3）分包单位应服从总承包单位的安全生产管理，遵守总承包单位的安全生产管理制度；分包单位不服从管理导致生产安全事故的，分包单位承担主要责任。

（4）分包单位不得将其承包的工程再分包。

（六）其他有关单位安全生产责任

各单位要健全安全生产管理机构，配备专职安全生产管理人员，对重点或关键岗位落实安全生产负责人。

5.1.4 危险源的分类与识别

（一）概述

安全系统工程涉及两个系统对象：事故致因系统和安全管理系统。事故致因系统涉及四个要素，通常称"4M"要素：人（men），人的不安全行为是事故产生的最直接因素；机器（machine），机器的不安全状态也是导致事故的直接因素；环境（medium），不良的生产环境影响人的行为，同时对机械设备安全产生不良作用；管理（management）。

危险源是指导致人身伤害或疾病、财产损失、工作环境破坏或这些情况组合的危险和有害因素。

（二）危险源的分类

危险源分为第一类（根源性）危险源和第二类（状态性）危险源。第一类危险源是指生产或活动过程中存在的可能发生意外释放的能量或危险物质，如机械能、电能、热能、化学能、声能、光能、生物能和辐射能等。第二类危险源主要指导致能量或危险物质的约束或限制措施破坏或失效的各种因素，包括生产活动中的人、物、环境、管理几个方面的问题。

一起事故的发生往往是两类危险源共同作用的结果。两类危险源相互关联、相互依存。第一类危险源的存在是事故发生的前提；第二类危险源是第一类危险源造成事故的必要条件，决定事故发生的可能性。

1）按诱发危险、有害因素失控的条件分类

危险、有害物质和能量失控主要体现在人的不安全行为、物的不安全状态和管理缺陷等三个方面。

2）按导致事故和职业危害的直接原因进行分类

危险、有害因素分类如图 5-1 所示。

3）按引起的事故类型分类

按引起的事故类型分类如下：①物体打击；②车辆伤害；③机械伤害；④起重伤害；⑤触电；⑥淹溺；⑦灼烫；⑧火灾；⑨高处坠落；⑩坍塌；⑪冒顶片帮；⑫透水；⑬放炮；⑭火药爆炸；⑮瓦斯爆炸；⑯锅炉爆炸；⑰容器爆炸；⑱其他爆炸；⑲中毒和窒息；⑳其他伤害。

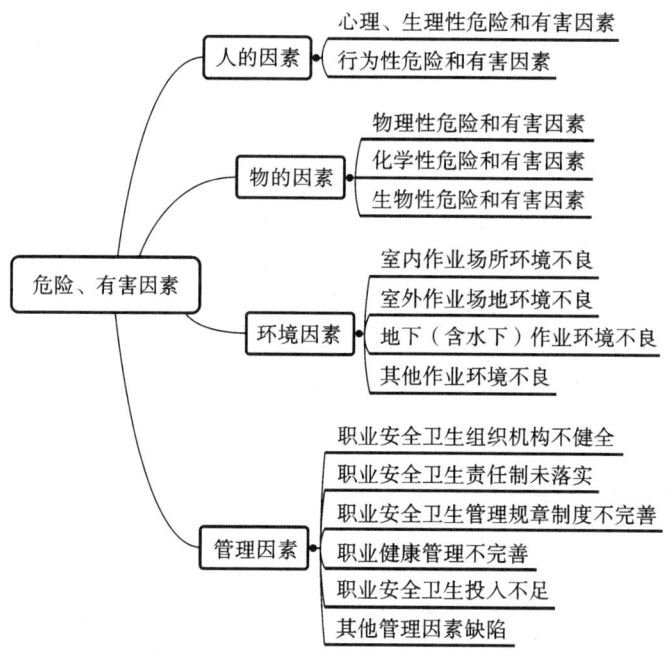

图 5-1　危险、有害因素分类

4）按职业健康分类

按职业健康分为生产性粉尘,毒物,噪声和振动,高温,低温,辐射(电离辐射、非电离辐射),其他危险、有害因素 7 类。

（三）危险源的识别

1）危险源识别的方法

识别施工现场危险源的方法有许多,如现场调查、工作任务分析、安全检查表分析、危险与可操作性研究、事件树分析、故障树分析等,其中现场调查是安全管理人员采取的主要方法。

2）危险源辨识的步骤

危险源辨识的步骤如下:

①划分作业活动;

②危险源辨识;

③风险评价;

④判断风险是否容许;

⑤制订风险控制措施计划。

3）危险源辨识应注意事项

应充分了解危险源的分布。

（1）从范围上讲,应包括施工现场受到影响的全部人员、活动与场所,以及受到影响的社区、排水系统等,还应包括分包商、供应商等相关方的人员、活动与场所可施加的影响。

（2）从状态上,应考虑以下三种状态:

①正常状态,指固定、例行性且计划中的作业与程序;

②异常状态,指在计划中,但不是例行性的作业;

③紧急状态,指可能或已发生的紧急事件。

(3)从时态上,应考虑以下三种时态:

①过去,指以往发生或遗留的问题。

②现在,指现在正在发生的并持续到未来的问题。

③将来,指不可预见什么时候发生且会对安全和环境造成较大影响的问题。

(4)从内容上,应包括涉及所有可能的伤害与影响,包括人为失误,物料与设备过期、老化、性能下降造成的问题。

①要弄清危险源伤害与影响的方式或途径。

②要确认危险源伤害与影响的范围。

③要特别关注重大危险源与重大环境因素,防止遗漏。

④要对危险源与环境因素保持高度警觉,持续进行动态识别。

⑤要充分发挥全体员工对危险源辨识的作用,广泛听取意见和建议。

5.1.5　安全生产双重预防机制

(一)概述

双重预防机制是防范生产安全事故的两道防火墙。第一道是管风险,通过定性定量的方法把风险用数值表现出来,按等级从高到低依次划分为重大风险、较大风险、一般风险和较小风险,让企业结合风险大小合理调配资源,分层分级管控不同等级的风险;第二道是治隐患,排查风险管控过程中出现的缺失、漏洞和风险控制失效环节,整治这些失效环节,动态管控风险。

1)基本要求

(1)双重预防机制是指风险分级管控和隐患排查治理两种手段相结合的生产安全事故预防机制。

生产经营单位应建立安全风险分级管控制度,按照安全风险分级采取相应的管控措施;应建立健全生产安全事故隐患排查治理制度,采取技术、管理措施,及时发现并消除事故隐患。事故隐患排查治理情况应如实记录,向从业人员通报。

(2)监理机构应督促并参与施工单位双重预防机制建设,在施工安全风险评估报告的基础上,开展风险分级管控;在重大风险管控的基础上,开展隐患排查治理,提升安全生产整体预控能力,夯实遏制安全事故发生的基础。

2)监理工作内容

(1)监理机构应督促施工单位开展安全风险辨识,在安全风险辨识的基础上,开展安全风险评估,编制施工安全风险评估报告,落实安全风险分级管控措施;开展事故隐患排查治理,落实事故隐患排查治理和防控责任制度,改进安全生产工作。

(2)监理机构应审查施工单位报送的安全风险评估报告、安全风险清单、重大安全风险管控措施,审查重大安全事故隐患治理方案;参与施工单位隐患排查治理,定期检查隐患排查治理台账的建立和记录情况。

（二）基本概念

（1）风险：不确定性对目标的影响，影响是偏离预期，通常指负面的。

（2）风险管理：在风险方面，指导和控制组织的协调活动。

（3）致险因素：促使公路水路行业各类突发事件发生、增加其发生的可能性、扩大其损失程度或增大其不良社会影响的潜在原因或条件。

（4）风险辨识：发现、确认和描述风险的过程，包括风险原因和潜在后果的辨识。

（5）风险评估：将风险辨识的结果按照风险评估标准进行评估，以确定风险和（或）其的大小、级别及是否可接受或容许。

（6）风险等级：单一风险或组合风险的大小，以后果和可能性的组合来表达。

（7）风险管控：应对风险的措施，包括应对风险的流程、策略、设施设备、操作或其他行动。

（8）风险降低：减少风险的消极后果，降低其发生概率或二者兼有的行为。

（三）安全风险分级管控

1）分类分级

（1）公路水路行业安全生产风险（以下简称风险）是指生产经营过程中发生安全生产事故的可能性。

（2）风险等级按照可能导致安全生产事故的后果和概率，由高到低依次分为重大、较大、一般和较小四个等级，见表5-1。

①重大风险：特别重大安全生产事故的风险。

②较大风险：重大安全生产事故的风险。

③一般风险：较大安全生产事故的风险。

④较小风险：一般安全生产事故的风险。

同时满足两个以上条件的，按最高等级确定风险等级。

2）辨识、评估

全面辨识应每年不少于1次，专项辨识应在生产经营环节或其要素发生重大变化或管理部门有特殊要求时及时开展。安全生产风险辨识结束后应形成风险清单。

生产经营单位应依据风险等级判定指南，对风险清单中所列风险进行逐项评估，确定风险等级以及主要致险因素和控制范围。

（1）风险评估指标体系确定。

风险等级主要由风险事件发生的可能性（L）、后果严重程度（C）决定。

①可能性指标分级标准。

可能性统一划分为五个级别，分别是极高、高、中等、低、极低。

②后果严重程度分级标准。

后果严重程度统一划分为四个级别，即特别严重、严重、较严重、不严重。

（2）风险等级评估标准。

公路水路交通运输行业安全生产风险等级（D）由高到低统一划分为四级：重大、较大、一般、较小。风险等级大小（D）由风险事件发生的可能性（L）、后果严重程度（C）两个指标决定，计算公式为 $D = L \times C$。

表 5-1　风险等级取值区间表

风险等级	风险等级取值区间	风险等级	风险等级取值区间
重大	(55,100]	一般	(5,20]
较大	(20,55]	较小	(0,5]

注：区间符号"[　　]"包括等于,"(　　)"不包括等于,如区间(0,5]表示 0＜取值≤5。

3）风险管控

（1）一般要求。

企业要对辨识出的安全风险进行分类梳理,对不同类别的安全风险采用相应的风险评估方法确定安全风险等级。安全风险评估过程要突出遏制重特大事故,高度关注暴露人群,聚焦重大危险源、劳动密集型场所、高危作业工序和受影响的人群规模。重大安全风险应填写清单、汇总造册,从组织、制度、技术、应急等方面对安全风险进行有效管控,在醒目位置和重点区域分别设置安全风险公告栏,制作安全风险告知卡。

①生产经营单位应依据风险的等级、性质等因素,科学制订管控措施,建立风险动态监控机制,按要求进行监测、评估、预警,及时掌握风险的状态和变化趋势。

②生产经营单位应严格落实风险管控措施,保障必要的投入,将风险控制在可接受范围内。

③生产经营单位应将风险基本情况、应急措施等信息通过安全手册、公告提醒、标识牌、讲解宣传等方式告知本单位从业人员和进入风险工作区域的外来人员,指导、督促做好安全防范。

④当风险的致险因素超出管控范围,达到预警条件时,生产经营单位应及时发出预警信息,立即采取针对性的管控措施防范安全生产事故发生。发生安全生产事故时,应按有关规定,及时有效处置。

⑤生产经营单位应对管理范围内风险辨识、评估、登记、管控、应急等情况进行年度总结和分析,针对存在的问题提出改进措施;对本单位风险可能导致的安全生产事故,制订或完善应急措施。

⑥生产经营单位应如实记录风险辨识、评估、监测、管控等工作,规范管理档案。重大风险应单独建立清单和专项档案。

（2）重大风险管控与登记。

①生产经营单位应按下列要求加强重大风险管控。

a.生产经营单位应对重大风险制订动态监测计划,定期更新监测数据或状态,每月不少于 1 次,单独建档。

b.重大风险应单独编制专项应急措施。

c.重大风险确定后,生产经营单位应按年度组织专业技术人员对风险管控措施进行评估改进。年度评估报告应在次年 1 个月内通过交通运输安全生产风险管理系统向属地负有安全生产监督管理职责的交通运输管理部门报送。

d.生产经营单位应对进入重大风险影响区域的本单位从业人员组织开展安全防范、应急逃生避险和应急处置等相关培训和演练。

②重大风险登记主要内容包括基本信息、管控信息、预警信息和事故信息等。

a.基本信息包括重大风险名称、类型、主要致险因素、评估报告,所属生产经营单位的名称、联系人及联系方式等信息。

b.管控信息包括管控措施(含应急措施)和可能发生的安全生产事故及影响范围与后果等信息。

c.预警信息包括预警事件类型、级别,可能影响区域范围、持续时间、发布(报送)范围,应对措施等。

d.事故信息包括重大风险管控失效引发的安全生产事故名称、类型、级别、发生时间、造成的人员伤亡和损失、应急处置情况、调查处理报告等。

③重大风险登记分为初次、定期和动态三种方式。

a.初次登记,应在评估确定重大风险后5个工作日内填报。

b.定期登记,采取季度和年度登记。季度登记截止时间为每季度结束后次月10日;年度登记时间为自然年,截止时间为次年1月30日。

c.生产经营单位发现重大风险的致险因素超出管控范围或出现新的致险因素,导致发生安全生产事故概率显著增加或预估后果加重时,应在5个工作日内动态填报相关异常信息。

(四)安全隐患排查治理

生产经营单位是隐患治理的责任主体。生产经营单位主要负责人对本单位隐患治理工作全面负责,应当部署、督促、检查本单位或本单位职责范围内的隐患治理工作,及时消除隐患。

1)分级

隐患分为重大隐患和一般隐患两个等级。重大隐患是指极易导致重特大安全生产事故,整改难度较大,需要全部或者局部停产停业,经过一定时间整改治理方能消除的隐患或者因外部因素影响致使生产经营单位自身难以消除的隐患。一般隐患是指除重大隐患外,可能导致安全生产事故发生的隐患。

2)隐患排查治理

(1)施工单位应建立事故隐患排查制度。

(2)施工单位应落实事故隐患排查治理和防控责任制度,组织事故隐患排查治理工作,按规定对隐患排查、登记、治理、销号等全过程予以记录,并向从业人员通报,实行常态化、闭环管理。

(3)对于一般事故隐患,事故单位应按照职责分工立即组织整改,确保及时进行治理:

①现场立即整改隐患;

②限期整改隐患。

(4)对于重大事故隐患,施工单位应在确定后5个工作日内向直接监管的交通运输主管部门报备,涉及民爆用品、危险化学品及特种设备等重大事故隐患时还应向相应的主管部门报备。

①重大事故隐患整改。项目主要负责人应组织制订专项隐患治理整改方案,确保整改措施、责任、资金、时限和预案"五到位"。

②重大事故隐患挂牌督办。

各级交通运输主管部门应对以下重大隐患实行挂牌督办:

a.交通运输主管部门(或项目管辖部门)督查、巡视发现的重大隐患;

b.企业或个人报告或举报并经查实的重大隐患;

c.同级安全监管部门移交的重大隐患;

d.其他需要挂牌督办的重大安全生产问题。

(5)事故隐患整改完成后,施工单位应按规定成立事故隐患整改验收组进行专项验收或组织专家对重大事故隐患治理情况进行评估,出具整改验收意见并签字确认。重大事故隐患整改验收通过的,施工单位应将验收结论向建设单位及安全生产监督管理部门、直接监管的交通运输主管部门报备,申请销号。

5.1.6　生产安全事故等级、处理依据和程序

(一)生产安全事故等级

生产安全事故等级见表 5-2。

表 5-2　生产安全事故等级

属性描述	死亡(含失踪)或危及生命安全	重伤	直接经济损失	其他
Ⅰ级(特别重大)事故	30 人以上	100 人以上	1 亿元以上	国务院责成交通运输部组织处置的事故
Ⅱ级(重大)事故	10 人以上,30 人以下	50 人以上,100 人以下	5000 万元以上,1 亿元以下	省政府责成省级交通运输主管部门组织处置的事故
Ⅲ级(较大)事故	3 人以上,10 人以下	10 人以上,50 人以下	1000 万元以上,5000 万元以下	
Ⅳ级(一般)事故	3 人以下	10 人以下	1000 万元以下	

注:"以上"包括本数,"以下"不包括本数。

(二)防止建设工程安全事故的基本方法

最基本的安全对策被归纳为众所周知的"3E"原则。

(1)工程技术(engineering):对工程技术进行层层把关,确保技术的安全可靠性,运用工程技术手段消除不安全因素,实现生产工艺、机械设备等生产条件的安全。

(2)教育(education):利用各种形式的教育和训练,使职工树立"安全第一"的思想,掌握安全生产必需的知识和技能。

(3)强制(enforcement):借助规章制度、法规等必要的行政乃至法律手段约束人们的行为。

（三）安全生产事故报告与处理

1）事故报告

事故报告规定见表 5-3。

表 5-3　事故报告规定

事故类型	上报部门	时限	报告有关部门
一般事故	施工企业	单位负责人接到报告后，应当于 1 小时内报告	向事故发生地县级以上人民政府应急管理部门和负有安全生产监督管理职责的有关部门报告。逐级上报至设区的市级人民政府应急管理部门和负有安全生产监督管理职责的有关部门
较大事故	施工企业	单位负责人接到报告后，应当于 1 小时内报告	向事故发生地县级以上人民政府应急管理部门和负有安全生产监督管理职责的有关部门报告。逐级上报至省、自治区、直辖市人民政府应急管理部门和负有安全生产监督管理职责的有关部门
重大事故、特别重大事故	施工企业	单位负责人接到报告后，应当于 1 小时内报告	向事故发生地县级以上人民政府应急管理部门和负有安全生产监督管理职责的有关部门报告。逐级上报至国务院应急管理部门和负有安全生产监督管理职责的有关部门

事故报告内容如下：

①事故发生单位概况；

②事故发生的时间、地点以及事故现场情况；

③事故的简要经过；

④事故已经造成或者可能造成的伤亡人数（包括下落不明的人数）和初步估计的直接经济损失；

⑤已经采取的措施；

⑥其他应当报告的情况。

自事故发生之日起 30 日内，事故造成的伤亡人数发生变化的，应当及时补报。

2）事故调查处理

（1）事故调查权限。

特别重大事故由国务院或者国务院授权有关部门组织事故调查组进行调查。重大事故、较大事故、一般事故分别由事故发生地省级人民政府、设区的市级人民政府、县级人民政府负责调查，可以直接调查，也可以授权有关部门组织事故调查组进行调查。未造成人员伤亡的一般事故，县级人民政府也可以委托事故发生单位事故调查组进行调查。

（2）事故处理。

重大事故、较大事故、一般事故负责调查的人民政府应当自收到事故调查报告之日起15 日内做出批复；特别重大事故 30 日内做出批复，特殊情况下可以延长，但延长的时间不得超过 30 日。

5.2　公路工程施工安全监理

5.2.1　安全监理的依据和目标

（一）安全监理的工作依据
公路水运建设工程安全监理工作的依据包括有关安全生产、劳动保护、环境保护、消防等的法律法规和标准规范，建设工程批准文件和设计文件、建设工程委托监理合同和有关的建设工程合同等。

（二）安全监理的工作目标
安全监理履行安全生产管理的监理职责，其管理的目标是实现安全生产，减少和控制危害，减少和控制事故发生，尽量减轻事故所造成的损失。

（三）安全监理的作用
（1）有利于防止或减少安全生产事故，保障人民群众生命和财产安全。

（2）有利于实现工程投资效益最大化。

（3）有利于规范工程建设参与各方主体的安全生产行为。

（4）有利于提高建设工程安全生产管理水平。

（5）有利于建设工程安全生产保证机制的形成。

5.2.2　安全生产事故应急救援预案

（一）安全生产应急管理一般规定
（1）工程项目安全生产应急管理应遵循"以人为本、安全第一、居安思危、预防为主"的原则。

（2）实行施工总承包的，总承包单位统一组织编制建设工程生产安全事故应急预案，工程总承包单位和分包单位应按照应急预案做好应急管理工作。

（3）工程参建单位应建立应急救援组织或者配备应急救援人员，明确兼职队伍人数。原则上，合同价不大于 5000 万元的，人数不少于 15 人；5000 万元以上的，每增加 3000 万元，人数增加 5 人。工程参建单位应配备必要的应急救援器材、设备并定期组织演练。

（4）生产安全事故发生后，工程参建单位应按照《生产安全事故报告和调查处理条例》规定，及时、准确报告安全生产事故内容，保护事故现场，配合事故调查处理工作。

（二）应急预案的编制程序
1）编制准备

全面分析项目危险因素、可能发生的事故类型及事故的危害程度；排查事故隐患的种类、数量和分布情况,在隐患治理的基础上预测可能发生的事故类型及其危害程度;确定事故危险源,进行风险评估;针对事故危险源和存在的问题,确定相应的防范措施;客观评价本项目的应急能力,充分借鉴类似项目事故教训及应急工作经验。

2)编制程序

(1)成立编制工作组。

应急预案编制应成立编制工作组。编制工作组应由编制单位主要负责人牵头成立,一般由安全、技术、船机、物资等相关部门人员组成。编制工作组可邀请外部相关专家参加。项目综合应急预案编制工作组还可邀请合同段代表参加,合同段施工专项应急预案或现场处置方案编制工作组还可邀请现场经验丰富的班组代表参加。编制工作组应明确工作任务和职责分工,制订工作计划。

(2)资料收集。

编制工作组应安排专人负责资料的收集,及时进行更新。收集的资料应包含但不局限于以下方面的内容:相关的法律法规、规章制度、标准规范、上级单位应急预案等;项目所在地医院、交通、消防、水电燃气、通信、应急管理等单位联络方式、救援路线、应急物资装备等信息;项目区域气象、水文、地质等自然环境和管线、道路、航道、建(构)筑物等社会环境信息;项目相关施工、安全资料及自有应急资源等信息;国内外类似项目典型事故案例。

(3)事故情景分析。

根据所收集事故案例等资料,结合项目实际,选取具有代表性的事故类型形成项目典型事故情景清单,有针对性地组织开展应急预案编制。事故情景清单应明确情景名称、易发部位(场所、环节等)、情景描述等内容,公路水运工程典型事故情景清单参见《公路水运工程项目生产安全事故应急预案编制要求》(JT/T 1405—2022)附录 A。事故情景清单应根据施工作业活动和环境条件变化情况适时动态更新。

(4)风险评估。

应结合施工安全风险评估报告等资料,辨识事故情景风险因素,分析事故发生的可能性与后果严重程度,评估风险等级,提出风险预控措施,作为应急预案编制依据。事故情景清单发生变化时,应及时开展动态风险评估,根据风险评估结论制订相适应的应急处置措施。

(5)应急资源调查与应急能力评估。

根据风险预控措施,明确项目或合同段应急资源配置需求,开展专(兼)职应急救援队伍、应急物资与装备等应急资源的内部调查,对周边可借助的医院、消防等社会应急资源分布情况、联系方式等进行外部调查,明确可调用的应急资源数量、种类、功能与存储方式等信息。根据应急资源配置需求和调查情况评估应急能力,明确现有应急资源是否与风险评估得出的实际需求匹配,提出资源补充、合理利用和资源集成整合等对策建议,宜结合实际编制应急资源调查报告,绘制项目或合同段应急资源清单和应急资源分布图,根据应急资源变化情况进行动态更新。

(6)预案编制。

应结合项目或合同段实际情况,按照项目预案层次要求,编制相应的应急预案并根据变化情况及时对预案进行修订或补充。应急预案编制格式参见《公路水运工程项目生产安全事故应急预案编制要求》(JT/T 1405—2022)附录 B。应急预案编制完成后,编制工作组应组织开展桌面推演,检验其合理性与可操作性。

(7)预案评审。

应急预案编制单位应根据工程实际情况与相关要求,组织开展应急预案内部评审与外部评审。内部评审由编制单位主要负责人组织有关部门和人员进行,外部评审可邀请工程技术、安全生产、应急管理等有关专家参加。预案评审时应考虑应急预案基本要素的完整性、组织体系的科学性、预案间的衔接性、响应程序的可操作性、应急资源配置的合理性、应急措施的针对性等内容。

(8)预案发布。

应急预案评审通过后,应由编制单位主要负责人签发实施,以正式文件向项目或合同段全体人员公开发布,按要求进行预案备案和管理。

(三)安全事故应急预案体系的构成

交通建设工程项目应急预案一般分为综合应急预案、合同段施工专项应急预案和现场处置方案。

综合应急预案包括项目综合应急预案和施工合同段综合应急预案。项目综合应急预案,由建设单位根据项目特点,在对项目进行安全风险评估的基础上制订;施工合同段综合应急预案是由施工单位根据施工合同段工程特点、建设条件、自然环境、风险特征和施工组织设计等制订的综合性工作方案。综合应急预案应从总体上阐述项目应急领导机构、预警预防、应急联动、现场救援、应急资源调配等要求。

项目综合应急预案由建设单位技术负责人组织编写,报其上级主管部门备案。施工合同段综合应急预案由施工单位技术负责人组织编写,由驻地监理工程师(或监理工程师)审核,由总监理工程师审批,报建设单位备案。

合同段施工专项应急预案是施工单位根据项目综合应急预案,结合施工工艺、地质、水文、环境和气候等实际情况,对合同段不同事故情景制订的专项工作方案,重点规范应急组织机构以及应急救援处置程序和措施,一般由施工单位项目负责人组织编写,由驻地监理工程师(如有)审核,由总监理工程师审批,报建设单位备案。

现场处置方案是施工单位根据合同段不同事故情景,针对具体的工程部位、作业环节和设施设备等制订的应急处置措施,重点分析风险事件,规范应急工作职责、处置措施和注意事项,突出班组自救互救与先期处置的特点。现场处置方案由施工单位项目负责人组织编写,由驻地监理工程师(如有)审核,由总监理工程师审批,报建设单位备案。

(四)相关单位应急管理职责

1)项目监理机构

督促施工单位编制安全专项施工方案和生产安全事故应急预案,审批施工单位报送的安全专项施工方案。检查施工单位是否编制并向监理机构、建设单位、质量安全监督机构报送了生产安全事故应急预案,检查施工单位是否对应急预案进行了演练。

监督检查施工单位是否按照批准的安全专项施工方案施工,对危险性较大的工程进行重点巡查,对发现的安全事故隐患及时责令改正。

核查施工单位的应急预案,监督安全专项施工方案或安全技术措施的实施;对危险性较大的分部分项工程进行重点巡查,对发现的安全事故隐患及时责令改正;对安全防护措施和应急措施的月度计量支付严格管理;及时向建设单位、当地交通运输主管部门、地方安全监管部门报告事故情况,配合事故调查、分析和处理工作;对现场监理人员进行安全教育,配备必要的安全防护用品。

2)项目施工单位

根据不同生产安全事故类型,制订详细的施工专项应急预案及现场处置方案,建立应急救援组织,规范应急工作职责、处置措施和注意事项,突出班组自救互救与先期处置的特点。

配备必要的应急救援器材、设备,对救援器材、设备等设专人进行维护;定期组织应急救援演练,以提高应急处理能力和熟悉应急程序。编制项目年度应急工作资金预算,对本项目部人员进行安全生产培训、教育;对施工过程中生产安全技术问题组织专家进行专项研究;组织开展事故应急知识培训、教育和宣传工作,要求所有员工在发现应急事件时立即上报。应急事件发生后,应按照应急预案的要求,迅速启动应急救援措施,及时报告相关部门。

3)项目建设单位

建设单位应组织项目参建单位,根据项目组织管理体系、建设规模和风险特点及相关单位的应急预案等科学合理地确定项目的应急预案体系,明确项目各参建单位的责任,建立健全预警、响应、善后、评估等一系列工作制度,建立应急救援组织,设立应急处置部门。

对项目各参建单位的应急工作进行日常监督检查,定期检查应急救援器材、设备情况,定期组织演练,组织开展事故应急知识培训和宣传工作。负责联络气象、水利、国土等相关部门,对自然灾害、施工管理以及其他可能导致生产安全事故发生的信息进行风险分析,为项目施工单位提供预测信息;做好与工程项目所在地有关应急救援机构和人员的联系沟通,事故发生后,按规定及时向相关部门报告事故情况,组织事故善后工作,配合事故调查、分析和处理。

(五)应急预案培训与演习

1)预案训练和演习类型

(1)可根据演习规模进行桌面演习、功能演习和全面演习。

桌面演习是指针对事故情景,利用图纸、沙盘、流程图、计算机、视频等辅助手段,依据应急预案进行交互式讨论或模拟应急状态下应急行动的演练活动。这种演练方式可以检测应急预案的合理性和有效性,提高参与人员的应急反应能力。功能演习是指针对某项应急响应功能或其中某些应急响应活动进行的演习活动。功能演习注重针对一个或少数几个参与单位(岗位)的特定环节和功能进行检验。全面演习是指针对某一类型突发事件应急响应全过程或应急预案内规定的全部应急功能,检测、评估应急体系整体应急处置能力的演习活动。这种演练方式可以更全面地检测应急预案的合理性和有效性,提高参与人员在实际情况下的应对能力。

(2)可根据演习内容进行基础训练、专业训练、战术训练和自选科目训练。

基础训练主要是指队列训练、体能训练、防护装备和通信设备的使用训练等内容。训练的目的是使应急救援人员具备良好的战斗意志和作风,熟练掌握个人防护装备的穿戴、通信设备的使用等。

专业训练主要包括专业常识、堵源技术、抢运和清消训练，以及现场急救等技术训练。通过训练，救援队伍应具备一定的救援专业技术，有效地发挥救援作用。

战术训练是救援队伍综合训练的重要内容和各项专业技术的综合运用，是提高救援队伍实践能力的必要措施。通过训练，各级指挥员和救援人员应具备良好的组织指挥能力和实际应变能力。

自选科目训练可根据各自的实际情况，选择开展防化、综合演练等项目的训练，进一步提高救援队伍的救援水平。

2）应急预案培训

（1）明确对项目相关人员开展应急预案培训的计划、内容、方式和要求，并满足以下要求：

①应急预案培训应纳入项目安全生产培训工作计划；

②项目综合应急预案培训应侧重项目应急预案体系、应急组织机构、预警信息、应急响应、应急保障等；

③应结合项目实际，明确专题培训、全员培训、案例研讨等培训方式及培训时间等要求，如涉及沿线附近社会公众，施工单位应明确做好宣传和公示告知等工作。

（2）应急演练应明确应急预案演练目的与形式、演练组织机构构成与职责、演练方案制订、演练内容与实施、演练频次、演练记录、演练评估总结等要求，应急演练的计划、准备、实施、评估总结和持续改进等应满足相关要求。

①建设单位应结合本项目特点，制订项目综合应急预案演练计划并组织实施。

②施工单位应制订本合同段的应急预案演练计划，组织合同段施工专项应急预案或现场处置方案应急演练。

③应急预案演练组织单位应对应急预案演练效果进行评估，编写应急预案演练评估报告，分析存在的问题，提出应急预案修订意见。

5.2.3　施工安全风险评估

（一）评估对象

施工单位应对新建、改建、扩建以及拆除、加固等公路水运工程项目，在施工阶段，按有关规定进行施工安全风险评估，如图 5-2 所示。

（二）评估要求

施工单位应建立安全风险评估管理制度，明确安全风险评估的目的、范围、频次、准则和工作程序等。施工安全风险评估应在施工安全风险辨识的基础上开展。

（三）评估内容

公路工程施工安全风险评估分为总体风险评估和专项风险评估，评估工作原则上由项目施工单位具体负责。被评估项目含多个合同段时，总体风险评估应由建设单位牵头组织，专项风险评估由合同施工单位具体实施。

1）总体风险评估

桥梁工程的总体风险评估主要考虑桥梁建设规模、地质条件、气候环境条件、地形地

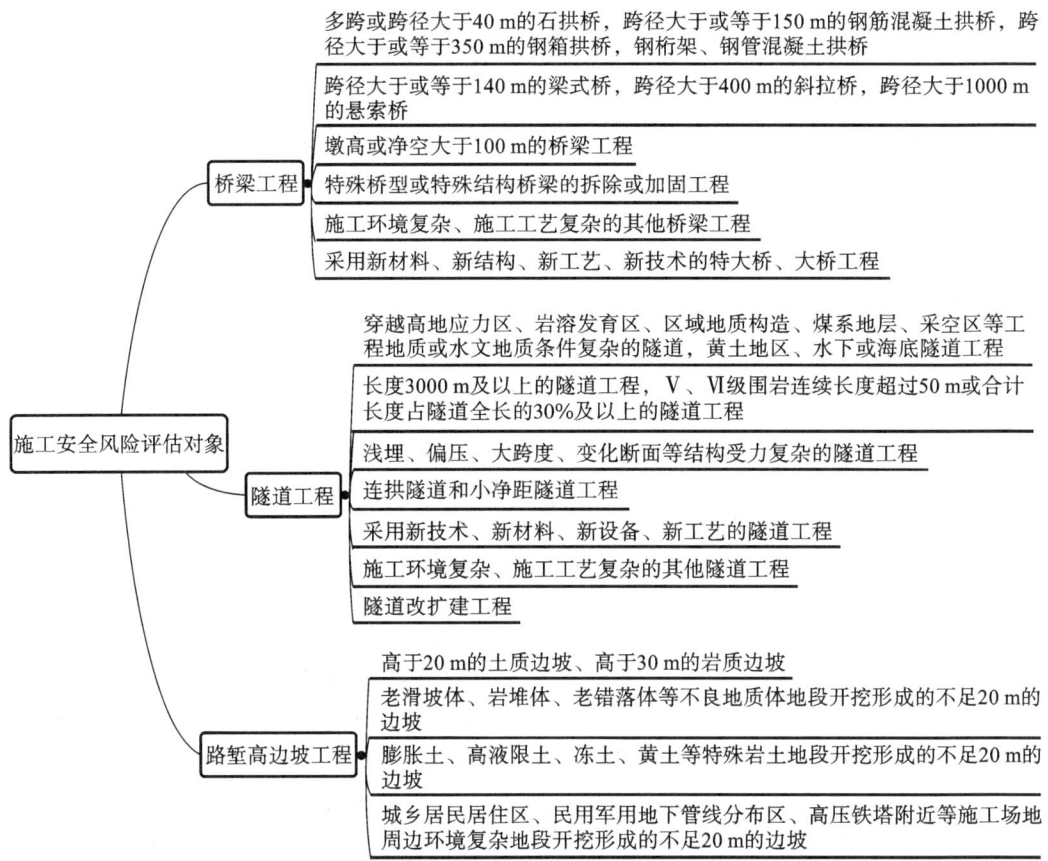

图 5-2　施工安全风险评估对象

貌、桥位特征及施工工艺成熟度等评估指标;隧道工程的总体风险评估主要考虑隧道地质条件、建设规模、气候与地形条件等评估指标。

路堑高边坡工程的总体风险评估的依据主要有地质勘察报告、施工图设计文件、评估人员的现场调查资料,以及行业标准、规范等。路堑高边坡工程的总体风险评估推荐采用专家调查评估法和指标体系。评估方法只考虑客观致险因子,不考虑主观因素(如人的因素、管理等)。

2)专项风险评估

总体风险评估等级达到Ⅲ级(高度风险)及以上时,将高风险的施工作业活动(或施工区段)作为评估对象,根据安全风险特点,进行风险辨识、分析、估测,针对其中的重大风险源进行量化评估,划分风险等级,提出风险控制措施。

(1)桥梁和隧道工程。

在专项风险评估中,风险估计和评价是风险评估的重点,风险评价中最关键的是风险因素概率和后果等级的取值。

(2)路堑高边坡工程。

路堑高边坡工程的专项风险评估可分为施工前专项风险评估和施工过程专项风险评估。路堑高边坡分部分项工程开工前,应完成施工前专项风险评估,形成专项风险评估报告。

路堑高边坡施工过程中,出现如下情况之一时,应开展施工过程专项风险评估:

①经论证出现了新的重大风险源;

②风险源(致险因子)发生了重大变化,如现场揭露地质条件与事前判别的地质条件相差较大、主要施工工艺发生实质性改变、发生生产安全事故或重大险情等情况。

(四) 施工安全风险评估报告

1) 编制要求

施工单位应根据施工安全辨识和评估,编制施工安全风险评估报告。

2) 报告内容

报告包括以下内容:

①编制依据;

②工程概况(含现场调查资料);

③评估过程和评估方法;

④评估内容;

⑤对策措施及建议;

⑥评估结论;

⑦附件(评估计算过程、评估人员信息、评估单位资质信息等)。

(五) 实施要求

(1) 施工单位应根据风险评估结论,完善施工组织设计和危险性较大工程专项施工方案,制订相应的专项应急预案,对项目施工过程实施预警预控。

(2) 监理单位在审查工程施工组织设计文件、危险性较大工程专项施工方案、应急预案时,应同时审查施工安全风险评估报告;无风险评估报告,不得签发开工令。

5.2.4　施工准备阶段安全监理

(一) 安全监理的工作准备

(1) 组织监理人员开展安全教育,确定工作内容。

(2) 安全监理计划的编制。总监理工程师组织安全专监、分管安全副总监负责编制安全监理计划,编制人员、审核人员在安全监理计划总监办内审表签字确认。

(3) 安全监理细则。危险性较大的分部分项工程必须编制安全监理细则。

(二) 核查施工企业资质条件

(1) 驻地办应审核施工单位报送的企业安全生产许可证及相应资质等级证书,驻地监理工程师签认后报总监办和建设单位备案。

(2) 施工单位及分包单位安全生产许可证及相应等级资质证书应符合下列规定。

①承包类别和承包工程范围应与资质证书认定的业务范围相适应。

②安全生产许可证及相应等级资质证书应在有效期内。施工过程中,施工单位资质证书或安全许可证已到有效期限的,应及时向上级部门办理有关手续,按规定报监理机构核查备案。

③核查发现施工单位超越本企业资质等级或以其他企业的名义承揽工程、安全生产

许可证及相应等级资质证书逾期未办理延期的,应向颁发许可机关、主管部门或监察机关等有关部门举报。

(三) 审查施工单位安全生产管理体系

(1) 检查施工单位安全管理体系中的管理机构,总、分包现场项目经理和专职安全生产管理人员执证上岗、安全员数量配备情况。

检查企业主要负责人、项目负责人、专职安全生产管理人员(简称"三类人员")持证合规性。

检查安全证件合规性。"三类人员"必须取得交通运输主管部门颁发的安全生产考核合格证书;"三类人员"有一个无证的,不合格。

应按照年度施工产值配备专职安全生产管理人员:不足 5000 万元的至少配备 1 名;5000 万元以上不足 2 亿元的,按每 5000 万元不少于 1 名的比例配备;2 亿元以上的不少于 5 名,按专业配备。

(2) 安全培训检查。

认真进行施工单位安全人员管理与培训检查;在施工单位提交交底核查申请后 3 天内完成检查工作;主要核查施工单位从业人员安全生产培训教育计划及落实情况。

①核查从业人员是否全员先培训后上岗。安全培训教育的分类:"三类人员"培训教育、特种作业人员培训教育、进场安全教育、三级安全教育、班前安全教育等。三级安全教育中的"三级"指的是"公司级""项目部级""班组级"。

②核查受教育人是否亲笔签名、是否记录。

③核查培训教育后的考核结果。

④核查施工单位是否制订安全生产培训教育计划、培训教育学时是否符合要求。

(3) 检查施工单位的安全生产责任制度、安全生产教育培训制度、安全生产规章制度和操作规程、消防安全责任制度、安全生产事故应急救援预案、安全施工技术交底制度,以及设备的租赁、安装拆卸、运行维护保养、自检验收管理制度等是否健全和完善。

安全技术交底的核查在工程开工前完成。分管安全副总监组织安全专监检查施工单位安全交底;施工单位未进行安全交底或交底不符合要求的,不得开工。总监办安全专监建立安全技术交底核查台账,分管安全副总监检查台账建立情况。安全施工技术交底检查的内容如下:

①核查安全施工技术交底内容是否齐全;

②核查施工单位交底程序是否符合要求;

③核查施工单位提交安全技术交底记录的时间是否符合要求(分部分项工程施工前,施工单位填安全技术交底核查台账,向监理提交安全技术交底记录);

④检查施工现场各种安全标志和临时设施的设置;

⑤检查、督促施工单位与分包单位之间签订施工安全生产协议书;

⑥检查施工单位安全技术措施或文明施工措施费用的使用计划;

⑦督促施工单位制订安全事故应急救援方案,监控对重点部位和重点环节制订的工程项目危险源监控措施和应急救援方案的实施;

⑧对施工单位安全生产管理体系的检查项目,在第一次工地会议上向施工单位书面

告知；

⑨明确本项目工程安全事故上报与处理程序，要求事故单位在第一时间内，按预定程序上报建设单位、所在地安全生产监督管理部门、交通主管部门、公安部门、工会等相关部门，不得隐瞒和拖延上报。

（四）审查施工单位特种作业人员、设备设施管理

审查施工单位特种作业人员、设备设施管理如图 5-3 所示。

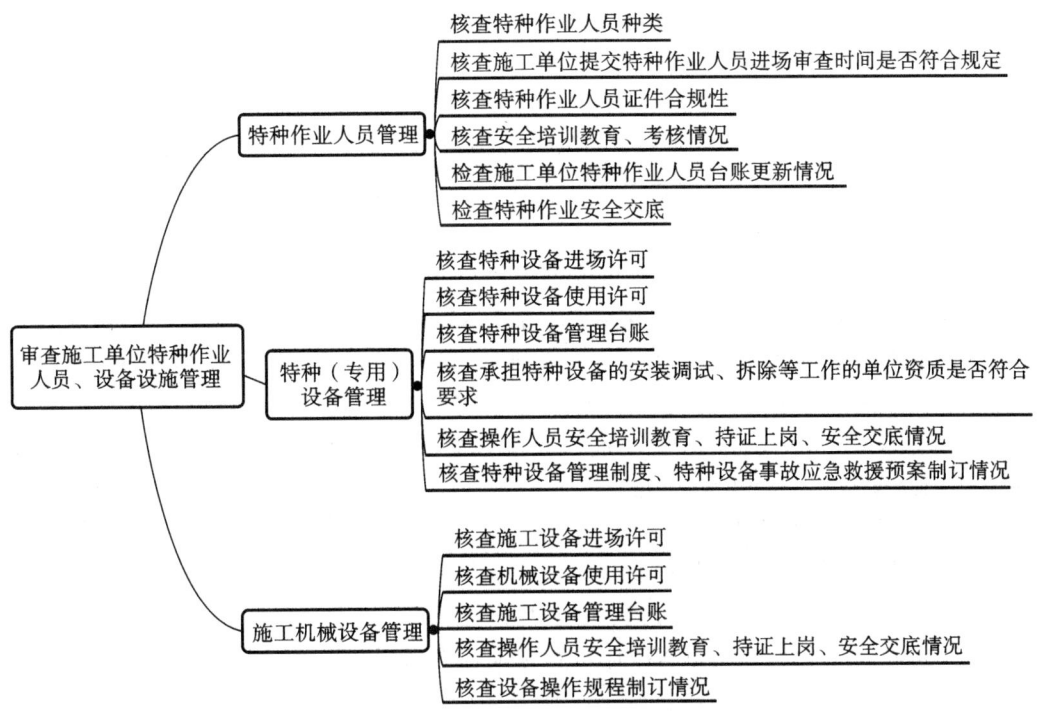

图 5-3　施工单位特种作业人员、设备设施管理规定

（五）审查施工现场的临时设施与设备

1）驻地和场站建设

（1）驻地和场站选址应符合安全性要求，考虑周边地形地质、水文气象、既有建（构）筑物、线路管道等因素；在滑坡、崩塌等不良地质区域施工时应开展地质灾害危险性评估，采取有效安全防护措施。两区三场不应设置在已发现的泥石流影响区、滑坡体等危险区域。

（2）驻地和场站应进行总体布局规划，生活区、办公区与施工现场应分开设置并保持安全距离，钢筋加工场、拌和场和预制场应合理分区。两区三场厂房设计应满足当地防风、防雪、防汛、防雷、防风暴潮等相关要求，防火措施应符合《建设工程施工现场消防安全技术规范》（GB 50720—2011）的规定，生活区、办公区用房建筑构件的芯材的燃烧性能等级应为 A 级。

（3）驻地和场站重要结构、设施设备应编制专项施工方案。

（4）驻地和场站宜实施视频监控与封闭管理，应对存在物体打击、机械伤害、车辆伤害等事故风险的作业区域采取隔离、警示、防护等措施。

（5）驻地和场站应验收合格后投入使用。

2）施工便道

（1）施工现场便道应保证畅通，与现场的存放场、仓库、施工设备等位置协调，以满足施工车辆的行车速度、密度、载重等要求。便道路面应保持路况完好，确保行车安全。

（2）便道应对不良地质地段进行地基处理或边坡防护，在急弯或特殊路段增设减速、防撞等设施及警示标志。

（3）施工便道应尽量避免与既有铁路、公路平面交叉。便道干线不宜占用路基，特殊地段短期占用路基时，应明确临时过渡性措施，尽量缓解干扰。

（4）平纵线形及路基断面宽度应根据地形条件确定。便道最大纵坡不宜大于 9%，山岭重丘区可适当调整。挖方和低填路段纵坡应不小于 0.3%，便道坡率应不小于 1∶0.5。单车道宽度应不小于 3.5 m，路基宽应不小于 4.5 m，原则上每 100 m 范围内应设置一条长 20 m、路面宽度不小于 5.5 m 的错车道。

（5）便道经过水沟地段时，应埋置钢筋混凝土涵管或设置过水断面，做到排水通畅。施工便道应设排水沟，沟底宽度和深度应不小于 30 cm，以确保排水畅通。

（6）隧道洞口、拌和场、预制场等重点作业区域进出场便道 200 m 范围应进行硬化。

3）临时码头和栈桥

（1）栈桥、临时码头应根据施工荷载、使用功能、环境条件等进行设计，便道宜避开不良地质地段，便桥应考虑洪水、风浪、潮汐、通航等因素的影响，临时码头宜选址在岸坡稳定、波浪和流速较小的岸段。

（2）栈桥、临时码头安全防护设施设置应满足使用要求。便桥应设置限高、限宽、限载及通航水域航行警示标志。临时码头应设置救生设施。

（3）栈桥、临时码头使用过程中应进行定期检查、设施维护及结构安全监测，验收合格后方可使用。

（4）受季风影响较大的区域，宜根据需要在背风向各设置一处船舶停靠码头；受潮汛、水库泄洪等影响较大的区域，宜在值班室设置潮报器、喊话系统，在桥面、水上作业平台上设置扩音器等。临时码头、栈桥桥面和水上作业平台应具有较强的防滑性，突棱高度宜为 2 mm，宜采用整体拼装式面板。

（5）栈桥桥面不得长时间堆放材料、停放机具设备，临时堆（停）时宜采用锥形帽、隔离栅等在四周做好警示。

4）施工临时用电

（1）施工现场应根据工程规模、场地特点、负荷性质、用电容量、供电条件等编制临时用电组织设计，经审核批准后实施。

（2）施工现场临时用电应实行三级配电，设置逐级回路保护，符合《建设工程施工现场供用电安全规范》（GB 50194—2014）的规定。用电设备应满足"一机一闸一漏"的要求，动力开关箱与照明开关箱应分别设置，定期维修检查。

（3）水上或潮湿地带电缆线应绝缘良好并具有防水功能，船舶进出的通行航道、抛锚区和锚缆摆动区不应架设或布设临时电缆线。

（4）一般作业场所的配线线路，三级开关箱与施工机具之间应使用电缆线，不得使用护套线。电缆沿作业场所悬挂敷设时应用绝缘子固定，不得使用金属裸线绑扎；电缆接头应牢固可靠，绝缘包扎后不得降低原来的绝缘强度并不得承受张力；拖地敷设时宜采用套PVC管等保护措施。架空线路宜采用定型电缆支架。一级和二级配电箱宜安装"智慧用电"系统，利用检测环实时检测每个三级配电箱的用电电流、剩余电流、温度等；二级、三级配电箱宜选用插拔式开关配电箱。

（六）审查安全技术措施或专项施工方案

1）审查安全技术措施

监理工程师在审查施工单位编制的施工组织设计时，应根据工程项目的特点制订相应的安全监理措施。

（1）安全技术措施审查内容如下：

①审查安全技术措施编制内容合规性；

②审查施工单位报审时间合规性；

③审查施工单位内部编制与审批程序合规性；

④审查安全技术措施合规性，即安全技术措施是否符合强制性标准。

有一项不符合要求时，监理工程师不得同意工程开工。

2）审查专项施工方案

监理工程师应依据交通运输部《公路水运工程安全生产监督管理办法》督促施工单位在施工前单独编制专项安全施工方案。施工现场临时用电设备数量在 5 台以上或用电设备容量在 50 kW 及以上时，监理工程师应监督施工单位编制临时用电专项安全施工方案。

（1）危险性较大工程划分。

依据《公路水运工程安全生产监督管理办法》，施工单位应在施工组织设计中编制安全技术措施和施工现场临时用电方案，应对危险性较大的工程编制专项施工方案并附安全验算结果，由施工单位技术负责人、监理工程师审查同意并签字后实施，由安全生产管理人员进行现场监督。

（2）专项施工方案的内容如下：

①工程概况；

②编制依据；

③分部分项工程影响安全的风险源分析及相关预防措施，包括组织保障、安全技术措施等施工安全保证措施；

④设计计算书和设计施工图等设计文件；

⑤施工准备，包括施工进度计划、材料与设备计划；

⑥施工部署，包括技术参数、工艺流程、施工方法、施工技术要点；

⑦人员计划，包括专职安全生产管理人员、特种作业人员资格等要求；

⑧施工控制；

⑨应急预案及处置措施；

⑩专项施工方案是否包含项目负责人轮流带班生产方案。

（3）监理工程师对专项安全施工方案的审查。

①施工单位应分别编写各危险性较大的分部分项工程的专项安全施工方案，在施工前办理监理报审。

②审查内容。

程序性审查：专项安全施工方案按规定须经专家论证、审查的，是否执行；专项安全施工方案是否经施工单位技术负责人签认。不符合程序的应退回。

符合性审查：专项安全施工方案必须符合强制性标准的规定，应附有安全验算的结果。须经专家论证、审查的项目应附有专家审查的书面报告，专项安全施工方案应有紧急救护措施等应急救援预案。

针对性审查：专项安全施工方案应针对本工程特点以及所处环境、管理模式，具有可操作性。

③专项安全施工方案经专业监理工程师审查后，应在报审表上填写监理意见并由监理工程师签认。

④对于特别复杂的专项安全施工方案，项目监理机构应报请工程监理单位技术负责人主持审查。

⑤须经专家论证的专项施工方案审查注意事项：专家人数为5名及以上且符合相关专业要求；与本工程有利害关系的人员不得以专家身份参加专家论证会。

专家论证主要内容如下：

a.专项施工方案是否完整、可行；

b.专项施工方案计算书和验算依据是否符合有关规范；

c.安全施工的基本条件是否满足现场实际情况；

d.专家组明确的书面意见、论证报告及专家签字。

须经专家论证的专项施工方案审批流程：施工单位提交专家论证报告并根据论证报告修改完善专项施工方案，施工单位技术负责人、总监、建设单位签字同意后，方可组织实施。

（七）审查施工安全风险评估报告、重大风险管控方案

施工安全风险评估报告的核查在工程开工之前完成。分管安全副总监、安全专监核查并形成书面核查意见，填入专项施工方案报审表，报总监审批；总监将监理书面核查意见填入专项施工方案报审表并加盖总监办公章，向建设单位报备；没有专项风险评估报告的或未按风险评估报告进行改进的，总监办不得签发开工令。

1）风险评估报告内容

风险评估报告内容包括评估依据、工程概况、评估方法、评估步骤、评估内容、评估结论及对策建议等。

2）审查的内容

审查的内容包括施工单位风险评估工作开展情况、评估程序、评估深度和管控措施合理性。

3）重大风险管控方案审查

重大危险源防控措施的审查应在收到重大危险源清单后7天内进行，在合同段工程开工之前完成。

(八) 审查应急预案

1) 审查施工合同段综合应急预案

总监办应督促施工单位在合同段工程开工之前完成施工合同段综合应急预案的编制,在监理合同规定时限内组织专业监理工程师完成审查。施工合同段综合应急预案的审查一般包括以下内容。

(1) 核查施工合同段综合应急预案内容是否齐全。

(2) 核查施工单位报审时间是否符合要求。在合同段工程开工之前,施工单位应填写专项施工方案报审表,将施工合同段应急预案报总监办审批,报建设单位备案。

(3) 核查施工合同段综合应急预案施工单位内部编制与审核程序是否符合要求,施工合同段综合应急预案是否由施工单位技术负责人组织编制,其签名是否为手签,是否加盖施工单位印章。

(4) 核查应急演练方案、技术交底、演练记录、演练总结、修改完善及再交底情况。

2) 审查合同段施工专项应急预案

审查合同段施工专项应急预案应在监理合同规定时限内,在合同段工程开工之前完成。分管安全副总监、安全监理工程师核查并形成书面意见,填入专项施工方案报审表,报总监审批;总监将监理书面审批意见填入专项施工方案报审表,加盖总监办公章,向建设单位报备;安全监理工程师将总监办核查工作填入安全应急预案管理台账,分管安全副总监检查记录情况。合同段施工专项应急预案的审查一般包括以下内容。

(1) 核查施工合同段专项应急预案内容是否齐全。

(2) 核查施工单位报审时间是否符合要求。在合同段工程开工之前,施工单位应填写专项施工方案报审表,将施工合同段专项应急预案报总监办审批。

(3) 核查施工合同段专项应急预案施工单位内部编制与审核程序是否符合要求,施工合同段专项应急预案是否由施工单位项目负责人组织编制,其签名是否为手签,是否加盖施工单位项目部公章。

3) 审查现场处置方案

总监办应在现场处置方案收悉后,在监理合同规定时限内进行审查,在该工程开工之前完成。分管安全副总监、安全监理工程师核查并形成书面意见,填入专项施工方案报审表,报总监审批;总监将监理书面审批意见填入专项施工方案报审表并加盖总监办公章,向建设单位报备;安全监理工程师将总监办核查工作填入安全应急预案管理台账,分管安全副总监检查工作记录情况。分管安全副总监、安全监理工程师检查施工单位演练情况。现场处置方案的审查一般包括以下内容。

(1) 核查现场处置方案编制内容是否齐全。

(2) 核查施工单位报审时间是否符合要求。在该工程开工之前,施工单位应填专项施工方案报审表,一式三份,将现场处置方案报总监办审批。

(3) 核查现场处置方案施工单位内部编制与审核程序是否符合要求,现场处置方案是否由施工单位项目负责人组织编制,其签名是否为手签,是否加盖施工单位项目部公章。

5.2.5　施工阶段安全监理

在施工阶段,监理机构应派专人对施工现场安全情况进行巡视检查,对发现的各类安全隐患,应书面通知施工单位并督促其立即整改;情况严重的,监理机构应及时下达工程停工令,要求施工单位停工整改,同时报告建设单位。隐患消除后,监理机构应检查整改结果,签署复查或复工意见。施工单位拒不整改的,监理机构应当及时向建设单位或工程所在地交通运输主管部门报告。

（一）施工现场日常安全监理的工作程序和内容

1）日常安全监理

（1）加强监督。

①监督施工单位按照国家有关法律、法规、工程建设强制性标准和经审查同意的施工组织设计或专项施工方案组织施工,制止违规作业。

②监督施工单位定期进行安全生产自查、工作班组检查、项目部检查、公司检查,将检查结果报送项目监理部。

③督促施工单位定期进行自查自评。工程监理单位根据现场安全实况和自查自评情况,认真、公正地进行审查评价,填写有关报表,报送当地交通运输主管部门或其授权的建设工程安全监督管理机构（部门）备案。

（2）巡视检查。

监理工程师对施工现场安全生产情况进行巡视检查时,应检查安全保证体系的运行情况,特别是质量、安全管理人员是否到位,特种作业人员是否持证上岗;应检查安全技术措施和施工方案执行情况和安全防护设施情况。

施工的主要工程、危险性较大工程每天巡视检查不少于1次并填写巡视记录。发现有违规施工和存在安全事故隐患的,监理工程师应要求施工单位整改并跟踪整改结果;情况严重的,总监理工程师应下达工程停工令并报建设单位。施工单位拒不整改或不停止施工的,监理工程师应及时向当地政府有关部门书面报告。

（3）监理会议。

在定期召开的监理会议上,将安全生产列入会议主要内容,评述现场安全生产现状和存在的问题,提出整改要求,制订预防措施,使安全生产工作落到实处。

发现施工单位违反安全施工有关要求时,应在监理会上提出或签发监理工程师通知单,责成施工单位整改。在监理月报中向建设单位汇报安全、文明施工情况。

2）日常安全监理实施程序

（1）发出口头通知,开具监理通知单。

在日常的现场巡视、检查工作中,若发现存在违反强制性建设标准的现象或安全事故隐患,监理工程师应签发监理通知单,要求立即采取措施整改。未按期整改且无整改措施时,专业监理工程师或总监理工程师应及时向施工方签发监理工作指令;在签发监理工作指令时,应注意文件的时效性。

（2）召开专题监理例会。

签发监理工作指令后仍未采取措施整改的,监理工程师应当组织建设单位、施工单位及其他有关单位召开专题监理例会,对书面通知、指令中的内容,结合强制性建设标准加以强调,要求责任方说明原因、落实整改措施、明确计划整改完成的时间,同时要求责任方明确在后续工作中对类似问题的预控措施,形成例会纪要。

(3)签发工程停工令。

在签发监理通知单或召开专题例会后仍未及时整改或拒不整改,情况严重的,监理工程师应要求施工方暂时停止施工,由总监签发工程停工令,同时报告建设单位。"停工"的部位视工程的情况,可以是整个工程暂停,也可以是局部工程暂停。若工程停工令发出后执行效果不佳,监理工程师可进一步向建设单位提出,加强与施工企业管理部门协调,要求其参与执行。

(4)向建设主管部门报告。

若施工单位拒不整改或不停止施工,总监理工程师应及时向有关交通运输主管部门以书面形式报告。

(二)监督施工单位按已批准的施工方案组织施工

1)监督施工安全技术措施实施

在施工阶段,监理工程师应根据通过审核后的施工组织设计中的施工安全技术措施,对项目施工单位安全生产责任制的建立和落实,项目安全生产管理机构的建立、专职安全生产管理人员的配置,管理人员和作业人员安全生产教育培训制度的落实等情况进行监督检查;依照经审查批准的方案定期或不定期对施工现场施工起重机械、整体提升脚手架、模板等自升式架设设施和安全设施进行专项检查,核查验收手续。监理人员现场巡查中应检查实际上岗人员是否有相应的上岗资格,现场各种安全标志和安全防护措施是否符合强制性标准要求;检查安全文明措施费用的使用情况,督促承包单位切实履行好各自的安全管理职责;认真督促检查施工单位按照已批复的施工组织设计落实安全交底情况,要求施工方提供安全交底相关记录材料。

2)监督专项安全施工方案实施

危险性较大的分部分项工程必须按照批准的专项安全施工方案进行施工,在施工过程中需要对专项安全施工方案进行修改的,必须报原批准部门同意,不得擅自修改。监理工程师应对危险性较大的分部分项工程专项施工方案的实施进行重点监督检查。

3)及时制止违规行为

监理工程师在施工现场实施监理工作中,发现施工单位有违反国家法规、标准、安全操作规程的行为,应及时制止并采取以下措施:

(1)发现严重冒险作业和严重安全事故隐患的,应责令其暂时停工进行整改;

(2)下达隐患整改通知单,要求施工单位整改事故隐患,并复查整改结果;

(3)向建设单位报告施工单位整改情况;

(4)施工单位拒不整改或不停止施工的,及时报告建设单位和工程所在地政府有关部门。

监理工程师应及时制止现场的违规行为,根据合同要求采取相关措施,进行处罚教育。

（三）巡视检查

1）高处作业

（1）在坠落高度基准面 2 m 以上（含 2 m）时，有可能坠落的高处进行的作业属于高处作业，见图 5-4。

（2）高处作业不得同时上下交叉进行。

（3）高处作业场所临边设置的安全防护栏杆应能承受 1000 N 的可变荷载。

（4）安全带的安全绳不得打结使用，安全绳上不得挂钩。安全绳的有效长度不应大于 2 m，有两根安全绳的安全带，单根绳的有效长度不应大于 1.2 m。安全绳不得用作悬吊绳。安全绳与悬吊绳不得共用连接器。新更换安全绳应加设绳套。

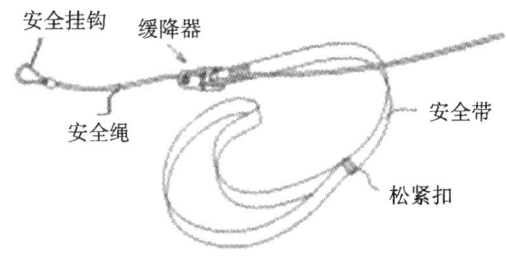

图 5-4　高处作业

（5）自行搭设的人行塔梯踏步高度不宜大于 0.2 m，踏步梯应设置防滑设施和安全护栏。

（6）搭设高度 24 m 及以上的落地式钢管脚手架的钢管、扣件应进行抽样检测，脚手架设计计算应以钢管抽样检测的壁厚及力学性能为依据。

（7）脚手架的脚手板应满铺、固定，离结构物立面的距离不得大于 0.15 m。

2）机电设备使用状况

（1）各种机具不得带病运转。运转中发现不正常时，应先停机检查，排除故障后方可使用。

（2）齿轮传动、皮带传动、联轴器传动的小型机具应设安全防护装置。

（3）不得站在不稳定的地方使用电动或气动机具，必须使用时应有专人监护。

（4）手持式电动工具应配备安全隔离变压器、漏电保护器、控制箱和电源连接器。

3）电焊与气焊作业

（1）电工、焊工与热切割作业人员应按规定正确佩戴、使用劳动防护用品。

（2）电焊机一次侧电源线长度不得大于 5 m；二次侧焊接电缆线应采用防水绝缘橡胶护套铜芯软电缆，长度不宜大于 30 m，进出线处应设置防护罩。

（3）气瓶与实际焊接或切割作业点的距离应大于 10 m，无法达到时应设置耐火屏障；气割作业氧气与乙炔瓶之间的距离不得小于 5 m。

（4）不宜使用交流电焊机。使用交流电焊机时，除了应在开关箱内装设一次侧漏电保护器，尚应安装二次侧空载降压触电保护器。

（5）密闭空间内实施焊接及切割，气瓶及焊接电源应置于密闭空间外。

4）起重吊装

（1）起重机械司机、起重信号司索工、起重机械安装拆卸工应按照有关规定经专业机构培训，应取得相应的从业资格。

（2）吊装作业应设警戒区，警戒区不得小于起吊物坠落影响范围。

（3）作业前应检查起重设备安全装置、钢丝绳、滑轮、吊索、卡环、地锚等。

（4）利用吊索上的吊钩、卡环钩挂重物上的起重吊环时，安全系数不得小于 6。

（5）高空吊装梁等大型构件应在构件两端设溜绳，起重机严禁吊人。

（6）吊点位置应符合设计规定，设计无规定时应经计算确定。

（7）双机抬吊宜选用类型或性能相近的起重机，负荷分配应合理，单机荷载不得超过额定起重量的 80%。两机应协调起吊和就位，起吊应平稳缓慢。

5）钢筋工程

（1）钢筋冷弯作业时，弯曲钢筋的作业半径内和机身不设固定销的一侧不得站人或通行。

（2）钢筋冷拉作业区两端应装设防护挡板，冷拉钢筋卷扬机应置于视线良好位置并应设置地锚。钢筋或牵引钢丝两侧 3 m 内及冷拉线两端不得站人或通行。

（3）作业高度超过 2 m 的钢筋骨架应设置脚手架或作业平台，钢筋骨架应有足够的稳定性。

（4）吊运预绑钢筋骨架或成捆钢筋应确定吊点的数量、位置和捆绑方法，不得单点起吊。

（5）作业平台等临时设施上存放钢筋不得超载。

（6）钢筋对焊机应安装在室内或防雨棚内，应设可靠的接地、接零装置。多台并列安装对焊机的间距不得小于 3 m。

6）混凝土工程

（1）维修、保养或检查清理搅拌系统、供料系统，应封闭下料口、切断电源、锁定安全保护装置、悬挂"禁止合闸"安全警示标志，派专人看守。

（2）水泥隔离垫板的刚度及稳定性应满足要求。袋装水泥应交错整齐码放，高度不得超过 10 袋，不得靠墙码放。砂石料堆放不得超过规定高度。

（3）吊斗灌注混凝土应设专人指挥起吊、运送、卸料，人员、车辆不得在吊斗下停留或通行，人员不得攀爬吊斗。

（4）混凝土浇筑的顺序、速度应符合施工方案的要求,不得随意更改。

（5）检修或作业停止时,应切断电源;不得用电缆线、软管拖拉或吊挂振捣器;装置振捣器的构件模板应坚固牢靠。

7）支架及模板工程

（1）模板吊环不得采用冷拉钢筋,吊环的计算拉应力不得大于 50 MPa。

（2）模板应按设计方案设置纵、横、斜向支撑和水平拉杆,拉杆不得焊接。

（3）制作钢木结合模板时,钢、木加工场地应分开,应及时清除锯末、刨花和木屑;模板应堆放稳固,堆放高度不宜超过 2 m。

（4）跨通行道路、通航水域的支架应根据道路、水域通行情况设置防撞设施。

（5）支架基础的场地应设排水措施,遇洪水或大雨浸泡后,应重新检验支架基础、验算支架受力;冻胀土基础应有防冻胀措施。

8）爆破作业

（1）爆破作业单位实施爆破项目前,应按规定办理审批手续,批准后方可实施爆破作业。

（2）爆破作业必须设警戒区和警戒人员,起爆前必须撤出人员并按规定发出声、光等警示信号。

（3）爆破源与人员、其他保护对象的安全距离应按地震波、冲击波和飞散物三种爆破效应分别计算,取最大值。

（4）雷电、暴雨、下雪时不得实施爆破作业,强电场区爆破作业不得使用电雷管,遇能见度不超过 100 m 的雾天等恶劣天气不得露天实施爆破作业。

（5）水下电爆网路的主线和连接线应强度高、电阻小、防水、柔韧、绝缘;波浪、流速较大水域中的爆破主线应呈松弛状态,应与伸缩性小的导向绳固定。

9）涂装作业

（1）作业、储存场所严禁明火。

（2）涂装作业人员应正确佩戴安全防护用品并穿防静电服。

（3）涂装作业设备属于特种设备的应由国家认可的检验机构检验并取得使用登记证书。

（4）储存、作业场所应设立安全警戒区,配备消防设备。

（5）积聚有机溶剂蒸发的低凹死角区域,应设置局部排风装置。

（6）涂装作业结束后,应及时清理现场,撤出涂装作业设备和原料,清除被污染的涂料及有机溶液、废弃物。

10）船舶作业

（1）工程船舶应按规定配备有效的消防、救生、堵漏和油污应急设施,制订安全技术措施和应急预案,按规定定期演练。施工船舶应安装船舶定位设备,保证有效的船岸联系。

（2）在狭窄水道和船舶来往频繁的水域施工时,应设专人值守通信频道。

（3）水上工况条件超过施工船舶作业性能时,必须停止作业。

（4）交通船舶必须配备救生设备,载人严禁超过乘员定额。

（5）工程船舶必须有有效的船检证书，船员必须持有与其岗位相适应的适任证书，船员配置必须满足最低安全配员要求。

（6）工程船舶甲板、通道和作业场所应根据需要设防滑装置，施工船舶楼梯、走廊等应保持通畅，梯口、应急场所应设醒目的安全警示标志。

11）潜水作业

（1）在水温低于 5 ℃、流速大于 1 m/s 或具有噬人海生物、障碍物或污染物等的潜水作业区，潜水员潜水作业必须采取安全措施。

（2）潜水作业时，潜水作业船应按规定显示号灯、号型。

（3）潜水员水下作业时，必须有专人值守，严禁向作业区域抛掷物件。

（4）潜水作业现场应备有急救箱及相应的急救器具，作业水深超过 30 m 应配备预备潜水员和减压舱等设备。

（5）施工前，潜水员应熟悉现场的水文、气象、水质和地质等情况，掌握作业方法和技术要求，了解工程船舶的锚缆布设及移动范围等情况。

12）水上起重作业

（1）水上作业人员应正确穿戴救生衣等个人安全防护用品。

（2）遇雨、雾、霾等能见度不良天气时，施工区域应显示规定的信号，必要时应停止航行或作业。

（3）作业前，人员应熟悉吊装方案，明确联系方式和指挥信号。

（4）根据吊装要求，起重船应指导驳船选择锚位和系缆位置。

（5）吊装结束后，起重船应退离安装位置并对其中吊钩进行封钩。

（6）吊装前，吊钩升降、吊臂仰俯、制动性能应良好，安全装置应正常有效。

（四）核查现场机械和安全设施的验收手续并签署意见

监理工程师应对施工现场使用的施工机械设备的采购、租赁，特种设备现场安拆、检测及验收等情况进行检查验收。监理单位应核查施工单位提交的有关施工机械、安全设施等验收记录，项目总监应在验收记录上签署意见。

（1）施工单位采购、租赁的安全防护用具、机械设备、施工机具及配件，应具有生产（制造）许可证、产品合格证，在进入施工现场前由使用单位或承租单位、出售单位或出租单位、安装单位共同进行验收查验，验收合格后方可使用。

（2）出租单位应对出租的机械设备和施工机具及配件的安全性能进行检测，在签订租赁协议时，应出具检测合格证明。严禁出租检测不合格的机械设备和施工机具及配件。

（3）在施工现场安装、拆卸施工起重机械和整体提升式脚手架、滑模爬模、架桥机等自行式架设设施，必须由具有相应资质的单位承担；安装前应编制拆装方案、制订安全施工措施，由专业技术人员现场监督；安装完毕后，施工单位应组织有关单位进行验收，也可委托具有相应资质的检测机构进行验收，验收合格的方可使用。

（4）《特种设备安全监察条例》规定的施工起重机械，在验收前应经有相应资质的检验检测机构监督检验合格。

（5）施工单位应自施工起重机械和整体提升式脚手架、滑模爬模、架桥机等自行式架设设施验收合格之日起 30 日内，向交通运输主管部门备案或者在其他有关部门登记。登记标志应置于或者附着于该设备的显著位置。

（6）施工现场的机械设备、施工机具及配件必须由专人管理，定期进行检查、维修和保养，建立相应的资料档案，按照国家有关规定及时报废。施工机械操作人员必须建立机组责任制，依照有关规定持证上岗，严禁无证人员操作。

（五）检查现场安全防护设施

1）检查施工现场安全防护用品

施工单位应为从业人员免费提供符合国家规定的安全防护用具和安全防护服装。从业人员应正确使用防护用品，做到"三会"，即会检查防护用品的可靠性、会正确使用防护用品、会正确维护保养防护用品。劳动防护用品的使用必须在其性能范围内，不得超极限使用；不得使用未经国家指定检测部门认可或检测达不到标准的产品；不得随便代替，更不能以次充好。施工单位应建立健全防护用品的购买、验收、保管、发放、使用、更换、报废等管理制度和使用档案。

2）检查现场安全标志

施工单位应在施工现场出入口、通道口、沿线各交叉口等位置设置安全标志，标志的设置位置应合理、醒目，能使观察者引起注意、迅速判读、有必要的反应时间或操作距离。施工单位应经常检查标志的状态，保持清洁醒目、完整无损；发现有破损、变形、褪色等不符合要求的情况时，应及时修整或更换。施工单位应根据工程特点和不同的施工阶段，对现场安全标志标牌实行动态管理，及时增补、删减或变动。

3）检查安全防护设施

施工单位应当在施工现场做好各项施工的安全防护，配备必要的防护设施。这些防护设施主要包括高处作业防护，临边作业防护，洞口作业防护，攀登作业防护，悬空作业防护，移动式操作平台防护，交叉作业防护，特殊季节、气候条件施工防护，临时用电防护，对毗邻构筑物的专项防护等。

（六）签认安全生产专项费用

安全生产专项费用管理应坚持"规范计取，合理计划，计量支付，确保投入"的原则，按照有关规定、行业标准以及合同约定确定提取标准。监理单位应对施工单位安全生产费用投入计划和使用范围的合规性进行审核，审核总体、年度及月度安全生产费用使用计划是否合理，审核安全生产费用使用范围是否符合《公路水运工程施工安全标准化指南》表3.2-1的规定。安全生产专项费用的计量与支付应以现场计量为主，现场计量与总额包干项结合的方式进行，原则上以当月计价施工产值为计提依据。监理单位应核查施工单位安全生产费用实际使用情况，应建立安全生产费用监理审核台账；施工单位实际投入少于投标时按安全生产专项费用报价时，监理单位核实后，余额部分应不予支付。

（七）督促施工单位进行安全自检、抽查及参与安全生产专项检查

1）督促施工单位进行安全自检

（1）日常性检查，即经常的、普遍的检查。

（2）专业性检查，即针对特种作业、特种设备、特殊场所进行的检查，如电焊、气焊、起重设备、运输车辆、锅炉压力容器、易燃易爆场所等。

（3）季节性检查，即根据季节特点，为保障安全生产的特殊要求的检查。春季风大，

要着重防火、防爆;夏季高温多雨,要着重防暑、降温、防汛、防雷击、防触电;冬季要着重防寒、防冻等。

2)对施工单位自查情况进行抽查

监理工程师应对施工单位自查情况进行抽查,抽查后应编制安全检查报告,对施工单位自检情况进行综合评价。抽查一般包括以下内容:施工过程中,人员、施工机械设备、材料、施工方法、施工工艺及施工环境条件等是否符合保证施工安全的要求;重要的和对工程施工安全有重大影响的工序、工程部位施工过程中的施工专项方案、施工组织设计中的安全技术措施落实情况;施工单位自查记录资料整理情况,自查存在问题整改情况;施工工艺、机械设备安全操作规程执行情况,现场安全防护设施、文明施工、用电安全及消防安全管理情况等。

5.2.6　交工验收阶段安全监理

交工验收阶段安全监理的主要工作如下:

(1)协助业主落实工程项目"三同时"的规定。工程建设项目中的劳动安全卫生设施必须符合国家规定的标准,必须与主体工程同时设计、同时施工、同时投入生产和使用。

(2)审查安全设施等是否按设计要求与主体工程同时建成交付使用。

(3)承担交工验收阶段至竣工验收阶段质量缺陷和问题修复施工的安全管理责任。

5.2.7　平安工地建设监理内容

(一)平安工地概述

经依法审批、核准或者备案的公路水运基础设施的新建、改建、扩建工程在施工期间应开展平安工地建设活动。平安工地建设管理主要包括工程开工前的安全生产条件审核,施工前的安全生产条件核查,施工过程中的平安工地建设、考核评价等。

(二)平安工地建设内容

平安工地建设内容如下:保障安全生产条件,落实安全生产责任,建立项目安全生产管理体系,实现安全管理程序化、现场防护标准化、风险管控科学化、隐患治理常态化、应急救援规范化,持续改进;依法依规制订完善全员安全生产责任制,明确各岗位的责任人员、责任范围和考核标准等内容并进行公示;贯彻执行安全生产法律法规和标准规范,以施工现场和施工班组为重点,加强施工场地布设、现场安全防护、施工方法与工艺、应急处置措施、施工安全管理活动记录等方面的安全生产标准化建设;实施安全风险分级管控,安全生产事故隐患排查治理实行常态化、闭合管理;按要求制订相应的项目综合应急预案、施工合同段的专项应急预案和现场处置方案,定期组织演练。

(三)监理机构平安工地建设

1)基本要求

(1)监理单位应将平安工地建设作为安全监理的主要内容,在危险性较大工程开工前及时开展安全生产条件审核;结合安全生产标准化建设的有关要求,对监理范围内的合同段平安工地建设管理情况进行监督检查。

（2）建设单位应建立平安工地建设、考核、奖惩等制度，在项目开工前组织安全生产调研审核，每半年对施工、监理合同段进行一次平安工地建设考核评价。

2）监理机构平安工地建设内容

（1）监理机构应在工程项目开工前，根据工程项目特点，编制平安工地建设监理方案，明确平安工地建设规划和计划，开展平安工地建设的教育与培训，在安全监理责任制度及考核制度中列入平安工地建设工作责任和考核内容，将平安工地建设监理工作要求落实到位。

（2）监理机构应在对合同段工程开工前安全生产条件进行审核的同时，进行工程项目开工前安全生产条件中监理单位相关内容的自查，将自查结果与合同段开工前安全生产条件核查结果一同报建设单位，作为建设单位进行工程项目开工前安全生产条件核查的参考。

（3）监理机构平安工地建设的主要内容包括责任落实、审查审批、安全建设与督促整改、监理人员管理、安全生产专项工作、安全监理资料管理及安全监理效能七部分。

（4）建设单位考核评价结果不合格时，监理机构应及时按平安工地建设监理单位考核评价标准规定进行整改，提请建设单位复评。

（四）考核评价

1）考核评价方法

平安工地建设考核评价包括安全生产条件核查，施工、监理、建设等从业单位考核评价两个方面，见图5-5。

2）考核评价结果

（1）平安工地建设考核评价按照百分制计算得分，计算得分精确到小数点后1位。考核评价结果分为合格、不合格两类。考核评价分数70分及以上的为合格，70分以下的为不合格。

（2）施工单位考核评价结果即施工合同段考核评价结果，监理单位考核评价结果即监理合同段考核评价结果。

（3）所有施工、监理合同段考核评价结果均合格，工程项目总体考核评价结果方为合格。

（4）施工、监理合同段考核评价结果不合格的，该施工、监理合同段应立即整改，整改完成后由建设单位组织复评，复评仍不合格的施工、监理合同段应全部停工整改并及时向直接监管的交通运输主管部门报告。

已经发生重特大生产安全责任事故、存在未及时整改的重大事故隐患、被列入安全生产黑名单的合同段，直接评为不合格。

（5）发生1起一般生产安全责任事故，负有主要责任的施工合同段直接评为不合格，负有直接责任的监理合同段在考核评价得分基础上直接扣10分。

发生2起一般或1起较大及以上生产安全责任事故，负有直接责任的监理合同段在考核评价得分基础上直接扣15分，建设单位在考核评价得分基础上直接扣15分。

（6）项目因安全生产问题被停工整改2次以上，被主管部门通报批评、挂牌督办、行政处罚、约谈项目法人代表及企业法人代表，逾期不落实书面整改要求的，在考核评价过

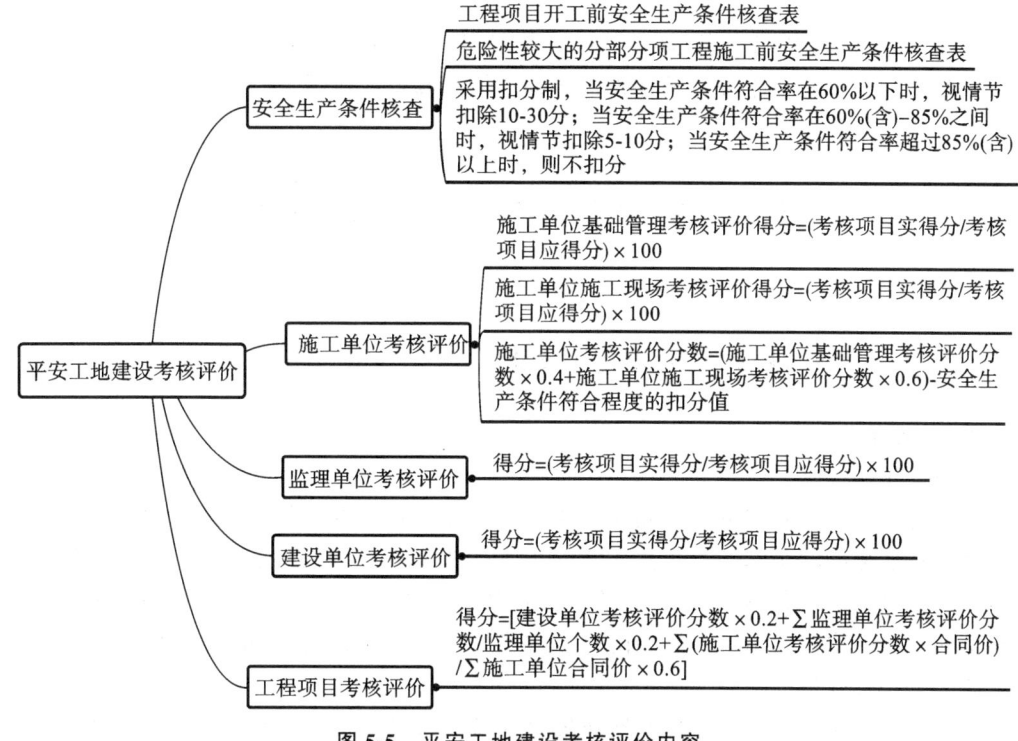

图 5-5 平安工地建设考核评价内容

程中发现存在明显安全管理漏洞、事故隐患治理不力反复存在的,可根据实际情况在工程项目计算得分的基础上酌情扣 5~15 分。

3)平安工地建设考核评价机制

(1)施工单位。

施工单位是平安工地建设的实施主体。

从合同段开工到交工验收,施工单位应每月至少开展一次平安工地建设情况自查自纠,及时改进安全生产管理中的薄弱环节;每季度至少开展一次自我评价,对扣分较多的指标及反复出现的问题采取针对性措施加以完善。施工单位自我评价报告应报监理单位。

(2)监理单位。

监理单位应将平安工地建设作为安全监理的主要内容,在危险性较大的分部分项工程开工前按照标准要求及时开展安全生产条件审核,将审核结果报建设单位。

(3)建设单位。

建设单位是施工、监理合同段平安工地建设考核评价的主体,应建立平安工地建设、考核、奖惩等制度,将平安工地建设情况纳入合同履约管理,加强过程督促检查,对项目平安工地建设负总责。

(4)交通运输主管部门。

交通运输主管部门应对发现存在重大事故隐患的项目加大抽查频率。监督抽查重点应包括项目建设单位考核评价工作的规范性、安全风险防控与事故隐患排查治理的实施情况等。

每年一季度末,省级交通运输主管部门通过该系统填报上一年度本地区高速公路和大型水运工程建设项目平安工地建设监督抽查情况以及考核结果。

5.3　安全监理的安全防护技术

5.3.1　安全防护用品正确使用要求

(一) 安全帽

1) 安全帽的概念

(1) 安全帽是用来避免或减轻外来冲击和碰撞对头部造成伤害的防护用品。

(2) 安全帽可以在以下几种情况下保护人的头部不受伤害或降低头部伤害的程度:飞来或坠落下来的物体击向头部时;作业人员从 2 m 及以上的高处坠落时;头部有可能有电流通过时;在低矮的部位行走或作业,头部有可能碰撞到尖锐、坚硬的物体时。

2) 安全帽使用要求

(1) 使用之前应检查安全帽的外观是否有裂纹、碰伤痕迹、凹凸不平、磨损,帽衬是否完整,帽衬的结构是否处于正常状态。安全帽上如存在影响其性能的明显缺陷应报废,以免影响防护作用。

(2) 使用者不能随意在安全帽上拆卸或添加附件,以免影响其原有的防护性能。

(3) 使用者不能随意调节帽衬的尺寸,这会直接影响安全帽的防护性能;落物冲击一旦发生,安全帽会因佩戴不牢脱出或因冲击后触顶直接伤害佩戴者。

(4) 佩戴者在使用时一定要将安全帽戴正、戴牢,不能动,要系紧下颚带,调节好后箍以防安全帽脱落。

(5) 不能私自在安全帽上打孔,不要随意碰撞安全帽,不要将安全帽当板凳坐,以免影响其强度。

(6) 经受过一次冲击或做过试验的安全帽应作废,不能再次使用。

(7) 安全帽不能在有酸、碱或化学试剂污染的环境中存放,不能放置在高温、日晒或潮湿的场所,以免其老化变质。

(8) 应注意在有效期内使用安全帽,植物枝条编织的安全帽的有效期为两年,塑料安全帽的有效期为两年半,玻璃钢(包括维纶钢)和胶质安全帽的有效期为三年半,超过有效期的安全帽应报废。

(二) 安全带

1) 安全带的概念

(1) 高空安全带是工人穿戴的用于坠落防护的个人防护用品。

(2) 其主要作用在于防止高处作业人员发生坠落或发生坠落后将作业人员安全悬挂,保护其不受伤害且不会从安全带中滑脱。

2）安全带使用要求

（1）思想上必须重视安全带的作用。无数事例证明,安全带是"救命带"。高处作业时必须按规定要求系好安全带。

（2）安全带使用前应检查绳带是否损坏、卡环是否有裂纹、卡簧弹跳性是否良好。

（3）高处作业时如安全带无固定挂处,应采用适当强度的钢丝绳或采取其他方法。禁止把安全带挂在移动或带尖锐棱角或不牢固的物件上。

（4）将安全带挂在高处,人在下面工作就叫作高挂低用。这是一种比较安全合理的科学系挂方法,可以使坠落发生时的实际冲击距离减小。与之相反的是低挂高用,就是安全带挂在低处而人在上面作业。这是一种很不安全的系挂方法,因为坠落发生时实际冲击的距离会加大,人和绳都要受到较大的冲击负荷。

（5）安全带要挂在牢固的构件或物体上,要防止摆动或碰撞,绳子不能打结使用,钩子要挂在连接环上。

（6）安全带绳保护套要保持完好,以防绳被磨损。若发现保护套损坏或脱落,必须加上新套后再使用。

（7）安全带严禁擅自接长使用。使用 3 m 及以上的长绳时必须加缓冲器,各部件不得任意拆除。

（8）在使用安全带前,要检查各部位是否完好无损。安全带在使用后,要注意维护和保管,要经常检查安全带缝制部分和挂钩部分,必须详细检查捻线是否发生裂断和残损等。

（9）安全带不使用时要妥善保管,不可接触高温、明火、强酸、强碱或尖锐物体,不可存放在潮湿的仓库中。

（10）安全带在使用 2 年后应抽验 1 次,频繁使用时应经常进行外观检查,发现异常必须立即更换。

（三）安全网

1）安全网的概念

安全网是用来防止人、物坠落或用来避免、减轻坠落及物击伤害的网具。

2）安全网使用要求

（1）施工现场使用的安全网必须有产品质量检验合格证,旧网必须有允许使用的证明书。

（2）根据安装形式和使用目的,安全网可分为平网和立网。施工现场立网不能代替平网。

（3）安装前,必须对网及支撑物(架)进行检查,要求支撑物(架)有足够的强度、刚度和稳定性且系网处无撑角及尖锐边缘,确认无误时方可安装。

（4）安全网搬运时,禁止使用钩子,禁止把网拖过粗糙的表面或锐边。

（5）在施工现场,安全网的支搭和拆除要严格按照施工负责人的安排进行,不得随意拆除安全网。

（6）在使用过程中,不得随意向网上乱抛杂物或撕坏网片。

（7）安装时,在每个系结点上,边绳应与支撑物(架)靠紧并用一根独立的系绳连接,系结点沿网边均匀分布,其距离不得大于 750 mm。系结点应符合打结方便、连接牢固又容易解开、受力后不会散脱的原则。有筋绳的网在安装时,必须把筋绳连接在支撑物(架)上。

(8)多张网连接使用时,相邻部分应靠紧或重叠,连接绳材料与网相同,强力不得低于网绳强力。

(9)安装平网应外高里低,以 15°为宜,网不宜绑紧。

(10)装立网时,安装平面应与水平面垂直,立网底部必须与脚手架全部封严。

(11)要保证安全网受力均匀。必须经常清理网上落物,网内不得有积物。

(12)安全网安装后,必须经专人检查验收合格签字后才能使用。

5.3.2 施工作业的安全防护要求

(一)临边与洞口作业

1)临边作业的概念

临边作业是指施工现场工作面边无围护或围护设施高度低于 80 cm 时的高处作业。

2)临边作业的安全防护

临边高处作业必须设置防护措施,并符合下列规定。

(1)基坑周边,尚未安装栏杆或栏板的阳台、料台与挑平台周边,雨篷与挑檐边,无外脚手架的屋面与楼层周边及水箱与水塔周边,都必须设置防护栏杆。

(2)头层墙高度超过 3.2 m 的二层楼面周边,以及无外脚手架的高度超过 3.2 m 的楼层周边,必须在外围架设安全平网一道。根据《建筑施工安全检查标准》(JGJ 59—2011)的规定,平网不得在落地式脚手架外围使用,改为立网全封闭。立网应该使用密目式安全网,其标准如下:密目密度不低于 2000 个/100 cm^2;做耐贯穿试验,将网与地面成 30°夹角,在其中心上方 3 m 处,用 5 kg 的钢管(管径为 48~51 mm)垂直自由落下,不穿透。

(3)分层施工的楼梯口和梯段边,必须安装临时护栏。回转式楼梯间应支设首层水平安全网,每隔 4 层支设一道水平安全网。对于主体工程,上升阶段的顶层楼梯口应随工程结构进度安装正式防护栏杆。

(4)井架与建筑物通道的两侧边,必须设防护栏杆。地面通道上部应装设安全防护棚。双笼井架通道中间,应分隔封闭。

(5)各种垂直运输接料平台,除了在两侧设防护栏杆,还应在平台口设置安全门或活动防护栏杆。

(6)阳台栏板应随工程结构进度及时进行安装。

(二)洞口作业

1)洞口作业的概念

(1)洞口作业是指在洞与孔口旁的高处作业,包括施工现场及通道旁深度在 2 m 及 2 m 以上的桩孔、人孔、沟槽与管道、孔洞等旁边的作业。

(2)施工现场因工程和工序需要而产生的洞口,常见的有楼梯口、电梯井口、预留洞口、井架通道口,即常称的"四口"。

2）洞口作业的安全防护

（1）进行洞口作业以及在因工程和工序需要而产生的使人与物有坠落危险或危及人身安全的其他洞口进行高处作业时,必须按下列规定设置防护设施。

①板与墙的洞口,必须设置牢固的盖板、防护栏杆、安全网或其他防坠落的防护设施。

②电梯井口必须设防护栏杆或固定栅门;电梯井内应每隔两层并最多隔 10 m 设一道安全网。

③钢管桩、钻孔桩等桩孔上口,杯形、条形基础上口,未填土的坑槽,以及人孔、天窗、地板门等处,均应按洞口防护设置稳固的盖件。

④施工现场通道附近的各类洞口与坑、槽等处,除了设置防护设施与安全标志,夜间还应设红灯示警。

（2）洞口根据具体情况采取设防护栏杆、加盖件、张挂安全网与装栅门等措施时,必须符合下列要求。

①楼板、屋面和平台等面上短边尺寸小于 25 cm、大于 2.5 cm 的孔口,必须用坚实的盖板盖严。盖板应防止挪动移位。

②楼板面等处边长为 25～50 cm 的洞口、安装预制构件时的洞口及缺件临时形成的洞口,可用竹、木等做盖板盖住洞口。盖板须能保持四周搁置均衡,应有固定位置的措施。

③边长为 50～150 cm 的洞口,可设置以扣件扣接钢管而成的网格并在其上满铺竹笆或脚手板;也可采用贯穿混凝土板的钢筋构成防护网,钢筋网格间距不得大于 20 cm。

④边长在 150 cm 以上的洞口,四周应设防护栏杆,洞口下应张设安全平网。

⑤垃圾井道和烟道,应随楼层的砌筑或安装而消除洞口或参照预留洞口进行防护。管道井施工时,除了按上述方法办理,还应加设明显的标志。如有临时性拆移,应经施工负责人核准,工作完毕后必须恢复防护设施。

⑥位于车辆行驶道旁的洞口、深沟与管道坑、槽,所加盖板应能承受不小于当地额定卡车后轮有效承载力 2 倍的荷载。

⑦墙面等处的竖向洞口,落地的洞口应加装开关式、工具式或固定式防护门,门栅网格的间距不应大于 15 cm,也可采用防护栏杆,下设挡脚板(笆)。

⑧下边至楼板或底面低于 80 cm 的窗台等竖向洞口,侧边落差大于 2 m 时,应加设1.2 m 高的临时护栏。

⑨对邻近的人与物有坠落危险性的其他竖向孔、洞口,均应用钢板或钢筋制成的盖板加以防护且有固定其位置的措施。

（三）攀登作业

1）攀登作业的概念

攀登作业指借助登高用具或登高设施,在攀登条件下进行的高处作业。

2）攀登作业的安全防护

（1）在施工组织设计中,应确定用于现场施工的登高和攀登设施。现场登高应借助建筑结构或脚手架上的登高设施,也可采用载人的垂直运输设备。进行攀登作业时可使用梯子或采用其他攀登设施。

（2）柱、梁和行车梁等构件吊装所需的直爬梯及其他登高用拉攀件,应在构件施工图或说明内做出规定。

（3）攀登的用具、设施、建筑结构必须牢固可靠。供人上下的踏板的使用荷载不应大于 1100 N。梯面上有特殊作业，重量超过上述荷载时，应按实际情况加以验算。

（4）便携式梯子应按现行的国家标准进行质量验收。

（5）梯脚底部应坚实，不得垫高使用。梯子的上端应有固定措施。立梯不得有缺档。立梯工作角度以 75°±5°为宜，踏板上下间距以 30 cm 为宜。

（6）梯子如须接长使用，必须有可靠的连接措施且接头不得超过一处。连接后梯梁的强度，不应低于单梯梯梁的强度。

（7）折梯使用时，上部夹角以 35°～45°为宜。连接铰链必须牢固，应有可靠的拉撑措施。

（8）固定式直梯应采用金属材料制成。梯子内侧净宽应为 400～600 mm，支撑应采用不小于 L70×6 的角钢，埋设与焊接必须牢固。直梯顶端的踏棍应与攀登的顶面齐平，加设高 1.1～1.5 m 的扶手。使用直梯进行攀登作业时，攀登高度以 5 m 为宜。超过 3 m 时，宜加设护笼；超过 8 m 时，必须设置梯间平台。

（9）作业人员应从规定的通道上下，不得在阳台之间等非规定通道进行攀登，也不得任意利用吊车臂架等施工设备进行攀登。上下梯子时，必须面向梯子，不得手持器物。

（10）钢柱安装登高时，应使用钢挂梯或设置在钢柱上的爬梯，钢柱的接柱应使用梯子或操作台。操作台横杆的高度，无电焊防风要求时不宜小于 1.2 m，有电焊防风要求时不宜小于 1.8 m。

（11）登高安装钢梁时，应视钢梁高度，在两端设置挂梯或搭设钢管脚手架。梁面上可行走时，其一侧的临时护栏横杆可采用钢索，改用扶手绳时绳的自然下垂度不应大于 1/20（1 为绳的长度）并应控制在 10 cm 以内。

（12）钢屋架的安装应遵守下列规定。

①在屋架上、下弦登高操作时，三角形屋架应在屋脊处，梯形屋架应在两端，设置攀登时上下的梯架。材料可选用毛竹或原木，踏步间距不应大于 40 cm；毛竹梢径不应小于 70 mm。

②屋架吊装以前，应在上弦设置防护栏杆。

③屋架吊装以前，应预先在下弦挂设安全网；吊装完毕后，将安全网铺设固定。

（四）悬空作业

1）悬空作业的概念

在无立足点或无牢靠立足点的条件下进行的高处作业统称为悬空作业。在施工现场，高度在 2 m 及 2 m 以上，周边临空状态下进行作业，属于悬空作业。悬空作业必须建立牢靠的立足点，如搭设操作平台、脚手架或吊篮等。

2）悬空作业的安全防护

（1）悬空作业处应有牢靠的立足处，必须视具体情况配置防护网、栏杆或其他安全设施。

（2）悬空作业所用的索具、脚手架、吊篮、操作平台等设备，在检查或技术鉴定后方可使用。

（3）悬空安装大模板、吊装第一块预制构件、吊装单独的大中型预制构件时,必须站在操作平台上操作。吊装中的大模板和预制构件上严禁站人和行走。

（4）安装管道时,必须有已完结构或操作平台为立足点,严禁在安装中的管道上站立和行走。

（5）浇筑离地 2 m 以上的框架、过梁雨篷和小平台时,应设操作平台,不得直接站在模板或支撑件上操作。

（6）进行各项窗口作业时,必须系好安全带。

3）悬空作业的安全规定

（1）构件吊装和管道安装悬空作业。

①钢结构的吊装,构件应尽可能在地面组装,应搭设进行临时固定、电焊、高强螺栓连接等工序的高空安全设施,随构件同时上吊就位。拆卸时的安全措施应一并考虑和落实。高空吊装预应力钢筋混凝土屋架、梁、柱等大型构件前,应搭设悬空作业中所需的安全设施。

②悬空安装大模板、吊装第一块预制构件、吊装单独的大中型预制构件时,必须站在操作平台上操作。吊装中的大模板和预制构件及石棉水泥板等屋面板上严禁站人和行走。

③安装管道时,必须有已完结构或操作平台为立足点,严禁在安装中的管道上站立和行走。

（2）混凝土浇筑悬空作业。

①浇筑离地 2 m 以上框架、过梁、雨篷和小平台时,应设操作平台,不得直接站在模板或支撑件上操作。

②浇筑拱形结构时,应自两边拱脚对称相向进行。浇筑储仓时,下口应先封闭并搭设脚手架以防人员坠落。

③特殊情况下,如无可靠的安全设施,必须系好安全带并扣好保险钩或架设安全网。

（3）预应力张拉悬空作业。

①进行预应力张拉时,应搭设站立操作人员和设置张拉设备用的牢固可靠的脚手架或操作平台。雨天张拉时,还应架设防雨篷。

②预应力张拉区域应标示明显的安全标志,禁止非操作人员进入。张拉钢筋的两端必须设置挡板。挡板应距所张拉钢筋的端部 1.5～2 m,应高出最上一组张拉钢筋 0.5 m,其宽度应距张拉钢筋两外侧各不小于 1 m。

③孔道灌浆应按预应力张拉安全设施的有关规定进行。

（4）门、窗安装悬空作业。

①安装门、窗,涂装及安装玻璃时,严禁操作人员站在樘子、阳台栏板上操作。门、窗临时固定,封填材料未达到其应有强度,以及电焊时,严禁手拉门、窗进行攀登。

②在高处外墙安装门、窗,无外脚手架时,应张挂安全网。无安全网时,操作人员应系好安全带,其保险钩应挂在操作人员上方的可靠物件上。

③进行各项窗口作业时,操作人员的重心应位于室内,不得在窗台上站立,必要时应系好安全带进行操作。

（5）钢筋绑扎悬空作业。

①绑扎钢筋和安装钢筋骨架时,必须搭设脚手架和马道。

②绑扎圈梁、挑梁、挑檐、外墙和边柱等钢筋时,应搭设操作台架和张挂安全网。悬空大梁钢筋的绑扎,必须在满铺脚手板的支架或操作平台上操作。

③绑扎立柱和墙体钢筋时,不得站在钢筋骨架上或攀登骨架。在 2 m 以上的高处绑扎柱钢筋时,必须搭设操作平台。

（五）操作平台

1）操作平台的概念

现场施工中用来站人、载物并可进行操作的平台。

2）操作平台的安全防护要求

（1）移动式操作平台是指可以搬动的用于结构施工、室内装饰和水电安装等的操作平台。移动式操作平台必须符合以下规定方可使用。

①操作平台由专业技术人员按现行的相应规范进行设计,计算书及图样应编入施工组织设计。

②操作平台面积不应超过 10 m^2,高度不应超过 5 m。同时为保证稳定性,其高宽比不应大于 2：1。

③装设轮子的移动式操作平台连接应牢固可靠,立柱底端离地面不得大于 80 mm。

④操作平台采用 ϕ48.3 mm×3.6 mm 钢管扣件连接,亦可采用门架式部件按产品要求进行组装。平台的次梁间距不应大于 40 cm,台面应满铺 5 cm 厚的木板或竹笆。

⑤操作平台四周必须设置防护栏杆,应设置登高扶梯。

⑥移动式操作平台在移动时,平台上的操作人员必须撤离,不准上面载人移动平台。

（2）悬挑式钢平台是指可以吊运和搁置于楼层边的用于接送物料和转运模板等的悬挑式的操作平台,通常采用钢构件制作。悬挑式钢平台必须符合以下规定方可使用。

①按现行规范进行设计,其结构应能防止左右晃动。计算书及图样应编入施工组织设计或专项方案,按规定进行审批。

②悬挑式钢平台的搁置点与上部拉结点必须位于建筑物上,不得设置在脚手架等施工设施上。

③斜拉杆或钢丝绳,构造上宜两边各设置前后两道,每道均应做单道受力计算。应设 4 只吊环(经验算),吊环用甲类 3 号沸腾钢(不得使用螺纹钢)。

④安装、吊运时应用卸扣(卸甲)。钢丝绳绳卡应按规定设置(最少不少于 3 只),钢丝绳与建筑物(柱、梁等)锐角利口处应加软垫物。钢平台外口略高于内口,周边设置固定的防护栏杆,用结实的挡板进行围挡。钢平台底板不得有破损。

⑤钢平台搭设完毕后应组织专业人员进行验收,合格后挂牌方可使用,同时挂设限载重量牌以及操作规程牌。

（六）交叉作业

1）交叉作业的概念

施工现场常会有上下立体交叉的作业。在上下不同层次,处于空间贯通状态下同时进行高处作业,属于交叉作业。

2）交叉作业的安全防护

（1）支模、粉刷、砌墙等各工种进行立体交叉作业时，不得在同一垂直方向上操作。下层作业的位置，必须处于依上层高度确定的可能坠落范围半径之外。不符合以上条件时，应设置安全防护层。

（2）钢模板、脚手架等拆除时，下方不得有其他操作人员。

（3）钢模板部件拆除后，临时堆放处距楼层边不应小于1 m。楼层边口、通道口、脚手架边缘等处，严禁堆放任何拆下物件。

（4）结构施工自二层起，人员进出的通道口（包括井架、施工用电梯的进出通道口）均应搭设安全防护棚。高度超过24 m的层次上的交叉作业，应设双层防护棚。

（5）由于上方施工可能坠落物件或处于起重机拖杆回转范围之内的通道，在其受影响的范围内，必须搭设顶部能防止穿透的双层防护棚。

5.3.3　高处作业施工中的危险因素及其安全技术措施

（一）高处作业

1）高处作业的概念

（1）在坠落高度基准面2 m或2 m以上，有可能坠落的高处进行的作业称为高处作业。

（2）坠落高度基准面，是指通过可能坠落范围内最低处的水平面，如从作业位置可能坠落到的最低点的地面、楼面、楼梯平台、相邻较低建筑物的屋面、基坑的底面、脚手架的通道板等。

2）高处作业的危险因素

高处作业时极易发生高处坠落事故，也容易因高处作业人员违章或失误发生物体打击事故。结构安装工程的高处作业还可能发生起重伤害事故。

3）高处作业的安全隐患主要表现形式

（1）作业人员不正确佩戴安全帽，在无可靠安全防护措施的情况下不按规定系安全带。

（2）作业人员患有不适合高处作业的疾病。

（3）违章酒后作业。

（4）各种形式的临边无防护或防护不严密。

（5）各种类型的洞口无防护或防护不严密。

（6）攀登作业使用的工具不牢固。

（7）设备、管道安装，临空构筑物模板支设，钢筋绑扎，安装钢筋骨架，框架、过梁、雨篷、小平台混凝土浇筑等作业无操作架，操作架搭设不稳固，防护不严密。

（8）构架式操作平台、预制钢平台设计、安装、使用不符合安全要求。

（9）不按安全程序组织施工，地上地下同时施工，多层多工种交叉作业。

（10）安全设施无人监管，在施工中任意拆除、改变。

（11）高处作业的作业面材料、工具乱堆乱放。

（12）高温季节施工无良好的防暑降温措施。

4）高处作业的基本安全要求

（1）必须将每个工程项目中涉及的所有高处作业的安全技术措施列入工程的施工组织设计，经公司上级主管部门审批后方可施工。

（2）施工前，应逐级进行安全技术教育及交底，落实所有安全技术措施及人身防护用品，未落实时不得进行施工。

（3）高处作业中的安全标志、工具、仪表、电气设施以及各种设备，必须在施工前进行检查，确认其完好，方能投入使用。

（4）攀登和悬空高处作业人员以及搭设高处作业安全设施的人员，必须通过专业技术培训及专业考试合格，持证上岗，必须定期进行体格检查。

（5）高处作业人员的衣着要轻便，必须正确穿戴好个人防护用品。

（6）高处作业中所用的物料，应堆放平稳，不妨碍通行及装卸。对有坠落可能的物件，应一律先将其撤除或加以固定。工具应随手放入工具袋；作业中的走道、通道板以及登高用具，应随时清扫干净；拆卸下的物件及余料和废料应及时清理运走，不得任意乱置或者向下丢弃。传递物件时禁止抛掷。

（7）雨天和雪天进行高处作业时，必须采取可靠的防滑、防寒以及防冻措施。水、冰、霜、雪应及时清除。对进行高处作业的高耸建筑物，应事先设置避雷设施。在有六级以上强风及浓雾等恶劣天气时，不得进行露天攀登与悬空高处作业。在暴风雪、台风、暴雨之后，应对高处作业安全设施逐一进行检查，发现有松动、变形、损坏或脱落等现象时应立即修理完善。

（8）不得擅自拆除用于高处作业的防护设施。因作业需要必须临时拆除或变动安全防护设施时，必须经施工负责人同意，采取相应的可靠措施，在作业之后立即恢复。

（9）建筑物出入口应搭设长 6 m 且宽于出入通道两边各 1 m 的防护棚，棚顶必须满铺厚度不小于 5 cm 的脚手板，防护棚两侧必须封严。

（10）对人或物构成威胁的地方，必须支搭防护棚，确保人、物安全。

（11）搭设与拆除高处作业的防护棚时，应设置警戒区并应派专人监护。禁止上下同时拆除。

（12）施工中如果发现高处作业的安全设施有缺陷及隐患，必须及时解决；危及人身安全时，必须停止作业。

（13）高处作业安全设施的主要受力杆件，力学计算按照一般结构力学公式进行，强度及挠度计算按现行有关规范进行，但是钢受弯构件的强度计算不考虑塑性影响，构造上应符合现行的相应规范的要求。

（14）高处作业应建立及落实各级安全生产责任制，高处作业安全设施应符合现行的相应规范的要求。

5）高处作业的安全控制要点

（1）起重吊装于高处作业时，应按规定设置安全措施防止高处坠落，包括各洞口盖严盖牢，临边作业搭设防护栏杆、封挂密目网等。屋架吊装以前，应预先在下弦挂设安全网；吊装完毕后，将安全网铺设固定。

（2）吊装作业人员必须佩戴安全帽，在高空作业和移动时必须系牢安全带。

（3）作业人员上下应有专用的爬梯或斜道，不允许攀爬脚手架或建筑物。

（4）在大雨、雾、大雪、6 级以上大风等恶劣天气，应停止吊装作业。雨雪后进行吊装作业时，应及时清理冰雪并采取防滑和防漏电措施，先试吊，确认制动器灵敏可靠后方可进行作业。

（5）在高处用气割或电焊切割物件时，应采取措施防止火花飞落伤人，应在下部设看火人。

自我测评

一、单选题

1. （　　）是实现安全第一的根本途径。

A. 预防为主　　　　　　B. 安全管理　　　　　　C. 综合管理　　　　　　D. 综合治理

2. （　　）是安全生产的核心。

A. 安全技术交底　　　　　　　　　　　B. 责任制

C. 安全费用保障　　　　　　　　　　　D. 安全生产许可

3. 按导致事故和职业危害的直接原因进行分类，化学性危险和有害因素属于（　　）。

A. 人的因素　　　　　B. 物的因素　　　　　C. 环境因素　　　　　D. 管理因素

4. 某工程出现安全生产事故，造成 10 人死亡，该事故属于（　　）。

A. 特别重大事故　　　B. 重大事故　　　　　C. 一般事故　　　　　D. 较大事故

5. 特别重大事故的批复期限最长为（　　）。

A. 15 天　　　　　　　B. 30 天　　　　　　　C. 45 天　　　　　　　D. 60 天

6. 以下桥梁不需要进行安全风险评估的是（　　）。

A. 墩高 110 m 的桥梁　　　　　　　　B. 跨径 150 m 的梁桥

C. 跨径 990 m 的悬索桥　　　　　　　D. 钢管混凝土拱桥

7. 施工单位应自施工起重机械和整体提升式脚手架、滑模、爬模、架桥机等自行式架设设施验收合格之日起（　　）日内，向交通运输主管部门备案或者在其他有关部门登记。

A. 15　　　　　　　　　B. 25　　　　　　　　　C. 20　　　　　　　　　D. 30

8. 某工地平安工地建设考核评价结果为合格，按照百分制计算得分为（　　）及以上。

A. 60 分　　　　　　　B. 70 分　　　　　　　C. 75 分　　　　　　　D. 80 分

9. 在我国安全生产工作基本责任制度中，政府是安全生产的监管主体，（　　）是最主要的安全生产责任主体。

A. 建设单位　　　　　　　　　　　　　B. 监理单位

C. 施工单位　　　　　　　　　　　　　D. 质量安全监督机构

10. 监理工程师在实施监理过程中，发现存在一般安全事故隐患的，应（　　）。

A. 要求施工单位整改　　　　　　　　　B. 发出要求施工单位暂停施工的指令

C. 向建设单位书面报告　　　　　　　　D. 向有关行政主管部门书面报告

二、多选题

1. 双重预防机制是指以（　　）和（　　）两种手段相结合的生产安全事故预防机制。

A. 风险识别　　　　　　　　　　　　　B. 风险分级管控

C. 风险评估　　　　　　　　　　　　　D. 风险响应

E. 隐患排查治理

2. 安全监理履行安全生产管理的监理职责，其管理的目标有（　　）。

A. 实现安全生产　　　　　　　　　　　B. 减少和控制危害

C. 减少和控制事故发生　　　　　　　　D. 尽量减轻事故造成的损失

E. 杜绝特大事故

3. 施工单位"三类人员"包括（　　）。

A. 企业主要负责人　　　　　　　　　　B. 项目负责人

C. 施工单位技术负责人　　　　　　　　D. 施工单位法人代表

E. 专职安全生产管理人员

4. 以下不需要对专项施工方案进行专家论证的有（　　）。

A. 水深 8 m 的围堰工程　　　　　　　　B. 移动支架

C. 深度 16 m 的人工挖孔桩　　　　　　D. 挂篮

E. 小净距隧道

5. 施工单位新从业人员必须经上岗前三级教育培训，该三级教育培训是指（　　）。

A. 企业教育培训　　　　　　　　　　　B. 建设单位教育培训

C. 分公司或项目部教育培训　　　　　　D. 监理单位教育培训

E. 作业班组教育培训

6. 应急预案体系一般是由（　　）构成的。

A. 现场应急处置方案　　　　　　　　　B. 应急响应

C. 专项预案　　　　　　　　　　　　　D. 现场应急救援

E. 总体预案　　　　　　　　　　　　　F. 外部救援

7. 审查施工单位安全生产管理体系应检查（　　）持证合规性。

A. 建设单位负责人　　　　　　　　　　B. 企业主要负责人

C. 监理单位负责人　　　　　　　　　　D. 施工单位技术负责人

E. 项目负责人　　　　　　　　　　　　F. 专职安全生产管理人员

8. 安全生产管理的原则包括（　　）。

A. 管生产必须管安全　　　　　　　　　B. 目标管理

C. 安全生产动态管理　　　　　　　　　D. 安全具有否决权

E. 事故处理"四不放过"

9. 对达到一定规模的（　　）分部分项工程，施工单位应编制专项施工方案。

A. 土方开挖工程　　　　　　　　　　　B. 起重吊装工程

C. 脚手架工程　　　　　　　　　　　　D. 主体结构工程

E. 临时用电工程

10. 对于（　　）的专项施工方案，施工单位应当组织专家进行论证、审查。

A. 起重吊装工程   B. 地下暗挖工程

C. 高大模板工程   D. 拆除、爆破工程

E. 脚手架工程

【参考答案】

一、单选题

1. A;2. B;3. B;4. B;5. D;6. C;7. D;8. B;9. C;10. A

二、多选题

1. BE;2. ABCD;3. ABE;4. ADE;5. ACE;6. ACE;7. BEF;

8. ACD;9. ABC;10. BC

学习情境6 公路工程施工环境保护监理

6.1 环境保护监理概述

公路工程施工
环境保护监理
——任务工单

6.1.1 我国公路水运工程环境保护监理的相关法律法规和方针政策

(一)《中华人民共和国环境保护法》

1)基本条款

保护环境是国家的基本国策。环境保护坚持保护优先、预防为主、综合治理、公众参与、损害担责的原则。国务院环境保护主管部门,对全国环境保护工作实施统一监督管理;县级以上地方人民政府环境保护主管部门,对本行政区域环境保护工作实施统一监督管理。

建设单位未依法提交建设项目环境影响评价文件或者环境影响评价文件未经批准,擅自开工建设的,由负有环境保护监督管理职责的部门责令停止建设,处以罚款,并可以责令其恢复原状。

2)监督管理

国务院环境保护主管部门制定国家环境质量标准。省、自治区、直辖市人民政府对国家环境质量标准中未做规定的项目,可以制定地方环境质量标准。

3)法律责任

企业事业单位和其他生产经营者超过污染物排放标准或者超过重点污染物排放总量控制指标排放污染物的,县级以上人民政府环境保护主管部门可以责令其采取限制生产、停产整治等措施;情节严重的,报经有批准权的人民政府批准,责令停业、关闭。

企业事业单位和其他生产经营者有下列行为之一,尚不构成犯罪的,除依照有关法律法规规定予以处罚外,由县级以上人民政府环境保护主管部门或者其他有关部门将案件移送公安机关,对其直接负责的主管人员和其他直接责任人员,处十日以上十五日以下拘留;情节较轻的,处五日以上十日以下拘留:

(1)建设项目未依法进行环境影响评价,被责令停止建设,拒不执行的;

(2)违反法律规定,未取得排污许可证排放污染物,被责令停止排污,拒不执行的;

（3）通过暗管、渗井、渗坑、灌注或者篡改、伪造监测数据，或者不正常运行防治污染设施等逃避监管的方式违法排放污染物的；

（4）生产、使用国家明令禁止生产、使用的农药，被责令改正，拒不改正的。

（二）《中华人民共和国固体废物污染环境防治法》与工程建设相关的主要条款

（1）建设项目的环境影响评价文件确定需要配套建设的固体废物污染环境防治设施，应当与主体工程同时设计、同时施工、同时投入使用。

建设单位应当依照有关法律法规的规定，对配套建设的固体废物污染环境防治设施进行验收，编制验收报告，并向社会公开。

（2）工程施工单位应当编制建筑垃圾处理方案，采取污染防治措施，并报县级以上地方人民政府环境卫生主管部门备案。

工程施工单位应当及时清运工程施工过程中产生的建筑垃圾等固体废物，并按照环境卫生主管部门的规定进行利用或者处置。

工程施工单位不得擅自倾倒、抛撒或者堆放工程施工过程中产生的建筑垃圾。

（三）《中华人民共和国水土保持法》与工程建设相关的主要条款

（1）有关基础设施建设、矿产资源开发、城镇建设、公共服务设施建设等方面的规划，在实施过程中可能造成水土流失的，规划的组织编制机关应当在规划中提出水土流失预防和治理的对策和措施，并在规划报请审批前征求本级人民政府水行政主管部门的意见。

（2）依法应当编制水土保持方案的生产建设项目，生产建设单位未编制水土保持方案或者水土保持方案未经水行政主管部门批准的，生产建设项目不得开工建设。

（3）开办生产建设项目或者从事其他生产建设活动造成水土流失的，应当进行治理。

在山区、丘陵区、风沙区以及水土保持规划确定的容易发生水土流失的其他区域开办生产建设项目或者从事其他生产建设活动，损坏水土保持设施、地貌植被，不能恢复原有水土保持功能的，应当缴纳水土保持补偿费，专项用于水土流失预防和治理。专项水土流失预防和治理由水行政主管部门负责组织实施。水土保持补偿费的收取使用管理办法由国务院财政部门、国务院价格主管部门会同国务院水行政主管部门制定。

生产建设项目在建设过程中和生产过程中发生的水土保持费用，按照国家统一的财务会计制度处理。

（4）对生产建设活动所占用土地的地表土应当进行分层剥离、保存和利用，做到土石方挖填平衡，减少地表扰动范围；对废弃的砂、石、土、矸石、尾矿、废渣等存放地，应当采取拦挡、坡面防护、防洪排导等措施。生产建设活动结束后，应当及时在取土场、开挖面和存放地的裸露土地上植树种草、恢复植被，对闭库的尾矿库进行复垦。

在干旱缺水地区从事生产建设活动，应当采取防止风力侵蚀措施，设置降水蓄渗设施，充分利用降水资源。

（5）违反本法规定，开办生产建设项目或者从事其他生产建设活动造成水土流失，不进行治理的，由县级以上人民政府水行政主管部门责令限期治理；逾期仍不治理的，县级以上人民政府水行政主管部门可以指定有治理能力的单位代为治理，所需费用由违法行为人承担。

（四）《生产建设项目水土保持方案管理办法》

为了规范和加强生产建设项目水土保持方案管理，预防和治理生产建设项目可能造成的水土流失,该办法适用于生产建设项目水土保持方案的编报和审批、方案实施、设施验收和监督检查。水利部负责全国范围内的监督管理工作,流域管理机构负责其管辖范围内的监督管理工作,地方水行政主管部门负责本行政区域内的监督管理工作。

生产建设单位作为水土流失防治的责任主体,负责全过程水土保持管理,优化施工工艺和时序,提高水土资源利用效率,减少地表扰动和植被损坏,并及时采取水土保持措施。任何单位和个人都有保护水土资源、预防和治理水土流失的义务,并有权对破坏水土资源、造成水土流失的行为进行举报。

6.1.2 工程建设对环境的主要影响

(一) 工程建设对生态的影响

工程建设对生态造成的影响可分为施工期和运营期两个阶段。

1) 对陆生生态的影响

工程建设会使本地区的生态发生变化,使一些有特殊要求的物种种群向其他地区迁移;可能使大型动物的活动区域缩小,使领地被重新划分。其结果可能使种群变小,使种群间交流减少。

工程施工对生态的影响,从时间上区分可大致分为长期影响和短期影响。长期影响是由施工建设对当地生态产生的直接的或间接的影响和效应,特点是具有持续性,一旦产生不易消除,有些甚至在施工结束后才逐渐显现出来。短期影响是在施工期间产生的临时影响,一旦施工结束,这类影响往往会自然消失或可经过人工恢复手段得以改善或消除。

(1) 长期影响。

①可能改变地表径流的固有态势,从而造成冲、淤、涝、渍等局部影响。

②自然景观的影响是不可避免的,其影响实际上是人造景观(如港口等)与自然景物相互作用的问题:交相辉映,相互增彩;互不协调,破坏景观,尤其是破坏自然景观的美感。

(2) 短期影响。

①施工车辆扬尘四起,可能使果木、庄稼蒙尘,花不受粉,穗不结实,农业减产。

②为开辟施工辅道和作业场地,要清除地表植被,有可能影响珍稀物种的生长,亦会加剧水土流失。

③挖山弃土弃石,顺坡滚滑,埋压植被;弃土弃石随水流失,会淤塞下游河床、水库、湖泊,严重时会形成泥石流。

2) 对水生生态的影响

(1) 水下工程疏浚、抛泥施工对生态的影响。

疏浚作业产生的污染物主要是悬浮物,它会引起施工水域内的局部水域水质浑浊,这将使阳光的透射率下降,从而使该片水域内的水生生物迁移到别处,尤其是对滤食性浮游动物和进行光合作用的浮游植物的影响较大。

(2) 吹填对生态的影响。

吹填对生态的影响主要表现在两个方面:陆域吹填区覆盖了部分潮间带滩涂,对潮间带生物的破坏是永久的;吹填往往设置围埝,围埝溢流口流出的低浓度泥浆进入水域,增加水体的浑浊度,从而对水中的浮游生物的生存环境造成影响,见图 6-1。

图 6-1　吹填对生态的影响

(3)水下爆破对海洋生态的影响。

水下爆破是水运工程施工中常见方法之一,所采用的工艺通常为钻孔装药、起爆、清除,所采用的炸药多为防水硝铵炸药。水下爆破对环境的影响主要是对水质及海洋生态的影响。

(4)路基工程建设对生态的影响。

路基工程施工期间,路堑的开挖、路基的填方对地表的扰动较大,路线两侧局部范围已有的植被易遭到破坏。降雨集中季节,在雨水的冲刷作用下,这种微地貌的改变会不可避免地造成一定程度的水土流失。另外,路基的取土、弃土,施工前临时占地,会使路线经过地区耕地及植被面积减少,路线两侧 20~30 m 范围内天然植被破坏,对农业生产发展有不利影响。

(5)桥梁工程建设对生态的影响。

桥梁工程的修建会使河床过水断面受到压缩形成桥前局部壅水,使水流速度减缓,使泥沙下沉,使桥下水流速度加快,造成局部冲刷,见图 6-2。

图 6-2　桥梁工程建设对生态的影响

钻孔灌注桩施工对河道水体的影响主要是钻孔扰动河水使水底泥浆浮起,使局部悬浮物增加,使河水变得较为浑浊。此外,基坑开挖、筑岛钻孔、打桩会使河床受到扰动,使泥沙上浮以及泥浆废渣排放,使下游局部河段水质变差。桥梁施工使用的船舶将产生含油污水并排放入水体,会引起水体的石油类污染。

（6）隧道工程建设对生态的影响。

隧道工程的修建虽对洞身所处地段扰动不大,但隧道进出口两端仰坡面的开挖会使天然的植被破坏,对局部山体的稳定不利。另外,隧道废渣若处置不当,渣土可能随汛期暴雨流失,淤塞沟渠、河道,破坏良田等。但随着隧道"零开挖"进洞和洞渣加工成机制砂等的推广应用,相关不利影响已不突出。目前隧道建设对环境的影响主要是破坏地下水循环系统,施工期产生废气、粉尘等。

（7）施工物料流失对生态的影响。

工程建设时,建筑材料堆放、管理不当,遇暴雨时被冲刷入水体,容易污染水体。

（二）公路工程对水土保持的影响

1）公路工程对水土保持的影响

公路工程对水土保持有以下影响:

（1）破坏地表植被,产生新的裸露坡面,为水土流失提供了有利条件;

（2）改变局部地貌和土壤结构,加剧水土流失;

（3）取土、弃土、弃渣产生水土流失;

（4）临时用地的清理、填方和挖方等作业,与主体工程施工一样,将造成地表植被的破坏,使土壤表层裸露,从而降低它的抗蚀能力,产生新的水土流失;

（5）港口、航道护岸处置不当产生水土流失;

（6）防波堤等水工建筑物边坡防护措施不当产生水土流失;

（7）疏浚土陆域回填处置不当产生水土流失。

2）公路工程水土流失的防治措施

公路工程水土流失有以下防治措施:

（1）工程与生物措施相结合,综合防治;

（2）取土场全部防护处理,开挖坡面不裸露,覆土加以利用;

（3）弃土、石渣得到有效拦挡或利用;

（4）最大限度地控制泥沙不进入下游河道和海域,减少对河流正常行洪能力和各项生态功能的不利影响;

（5）做好公路、港口和航道绿化工程的养护,优化生态环境。

（三）工程施工噪声和振动的影响及防治

1）噪声和振动污染源

在施工期,施工机械不仅是噪声源,而且是振动源。

2）噪声与振动的防治措施

噪声与振动的防治措施如下:

（1）法律规范;

（2）项目规划;

（3）项目周边敏感建筑区域和功能规划;

（4）运营环保管理;

（5）噪声控制工程;

（6）劳动者防护。

工作时间应满足现行《工业企业设计卫生标准》（GBZ 1—2010）中日接触 8 h 噪声限值 85 dB 的要求。防护的措施包括轮流操作高噪声机械、佩戴防声耳罩等。

（四）工程建设对水环境的影响及防治

1）工程建设对水环境的影响

（1）陆上施工对水环境的影响。

①施工物料流失及取、弃土场冲蚀的影响。建筑材料堆放、管理不当，特别是易流失物（如黄沙、土方等）露天堆放，遇暴雨时可能被冲刷进入水体。在靠近水体区域施工时，往往容易发生物料流失。

②施工人员和机械污水点源排放的影响。

施工人员集中生活，如果施工营地生活污水直接排放，会对附近河道（海域）产生一定的污染。同时，施工机械设备维修站的污水，常含有泥沙和油类物质，若不经过处理直接排入周围水体，必将造成水域的油类污染。

（2）涉水施工对水环境的影响如下：

①桩基施工的影响；

②船舶油污水的影响；

③船舶生活污水的影响；

④疏浚、挖泥作业的影响；

⑤吹填作业的影响；

⑥抛泥作业的影响；

⑦水下爆破的影响。

2）水污染的主要防治措施

（1）地表水环境影响的减缓措施。

施工材料（如沥青、油料、化学物品等）的堆放地点应设在河床之外，应备有临时遮挡物（如帆布），须妥善保管，防止被暴雨冲刷进入水体而引起污染。

（2）疏浚、吹填对水环境影响的减缓措施。

对于限制污染的施工区域，在疏浚船舶选型上，应优先选用污染较轻的挖泥船种；在使用耙吸船舶施工时，应适当控制侧扬和溢流的施工方式。应合理安排施工船舶的数量、位置及施工进度，尽量将靠近养殖区的疏浚作业以及疏浚土外抛的时间安排在水产养殖非高峰期。陆域吹填时，为防止泥沙随排水流入海域，应在吹填区四周设置抛石围堰，让排水在吹填区内经过较长距离的沉淀后变得较为澄清，再从溢流口排出。吹填围堰应有闭水和过滤功能，以保证泥沙不经堰体泄漏。应做好施工设备的日常检查维修工作。如果施工场地附近有养殖场，应注意并采取保护措施，必要时进行附近水域的水质监测。

（3）疏浚物海上倾倒对水环境影响的减缓措施。

（4）水下爆破对水环境影响的减缓措施。

应采用先进的施工工艺，如水下钻孔爆破，最大限度地减少爆破量；在爆破控制上，应采用对生态影响较小的方法，如延时爆破法，尽量减缓冲击波对鱼类的影响；在时间安排上，应尽可能避免在产卵期、鱼类洄游繁殖期、索饵期的时段和区域进行爆破施工。

（五）工程建设对大气环境的影响及防治

1）工程建设对大气环境的影响

工程建设引发的对大气环境的污染主要来自施工扬尘、施工车辆的尾气、动力船舶机械产生的尾气及沥青烟气,其中以施工扬尘和沥青烟气对周围环境的影响较为突出。

2）大气污染及防治的主要措施

（1）车辆及机械尾气的防治措施如下：

①加强汽车维修保养,保证汽车正常、安全运行；

②加强对施工机械的维修保养,合理安排运行时间,发挥其最大效率；

③工程车辆尾气排放应符合国家标准。

（2）运输扬尘的防治措施如下：

①加强运输管理,保证汽车安全、文明、按规定车速行驶；

②科学选择运输路线；

③运输道路应及时洒水,保持路面湿润；

④粉状材料应罐装或袋装,粉煤灰采用湿装湿运；

⑤土、水泥、石灰等材料运输时禁止超载并盖篷布,如有撒落应立即清除。

（3）水泥混凝土拌和扬尘的防治措施如下：

①尽量减少拌和场,拌和场不得选在环境敏感点上风向,与其距离应在300 m以上；

②拌和场操作人员配备口罩、风镜等,实行轮班制并定期体检。

（4）堆场扬尘的防治措施如下：

①粉状建材堆放地点选在环境敏感点下风向,距离100 m以上；

②遇恶劣天气加棚覆盖；

③控制堆存量并及时利用,必要时设围栏或洒水防尘。

（六）工程固体废物对环境的影响及防治

施工期固体废物主要来源于以下几个方面:工程占地范围内清表产生建筑垃圾、表层弃土及废弃植物、港口建设底泥清除产生淤泥、施工船舶垃圾、房建工程产生建筑垃圾、施工营地产生生活垃圾、工程试验室产生危险固体废物等。

工程固体废物主要产生于施工阶段。

6.1.3　环境影响评价和水土保持报告有关内容

（一）环境影响评价相关内容

环境影响评价,是指对规划和建设项目实施后可能造成的环境影响进行分析、预测和评估,提出预防或者减轻不良环境影响的对策和措施,进行跟踪监测的方法与制度。

1）规划的环境影响评价

专项规划的环境影响报告书应包括下列内容：

（1）实施该规划可能对环境造成影响的分析、预测和评估；

（2）预防或减轻不良环境影响的对策和措施；

（3）环境影响评价的结论。

专项规划的编制机关在报批规划草案时,应将环境影响报告书一并附送审批机关审查;未附送环境影响报告书的,审批机关不予审批。

对环境有重大影响的规划实施后,编制机关应及时组织环境影响的跟踪评价并将评价结果报告审批机关;发现有明显不良环境影响的,应及时提出改进措施。

2)建设项目的环境影响评价

(1)建设项目的环境影响报告书应包括下列内容:

①建设项目概况;

②建设项目周围环境现状;

③建设项目可能对环境造成影响的分析、预测和评估;

④建设项目环境保护措施及其技术、经济论证;

⑤建设项目对环境影响的经济损益分析;

⑥对建设项目实施环境监测的建议;

⑦环境影响评价的结论。

建设单位应对建设项目环境影响报告书、环境影响报告表的内容和结论负责,接受委托编制建设项目环境影响报告书、环境影响报告表的技术单位对其编制的建设项目环境影响报告书、环境影响报告表承担相应责任。

除了国家规定要保密的情形,对于可能对环境造成重大影响、应编制环境影响报告书的建设项目,建设单位应在报批建设项目环境影响报告书前举行论证会、听证会或采取其他形式征求有关单位、专家和公众的意见。

(2)国务院生态环境主管部门负责审批下列建设项目的环境影响评价文件:

①核设施、绝密工程等特殊性质的建设项目;

②跨省、自治区、直辖市行政区域的建设项目;

③由国务院审批的或由国务院授权有关部门审批的建设项目。

(二) 水土保持报告主要内容

1)基本要求

从事可能造成水土流失的项目的开发建设单位和个人,必须编报水土保持方案。其中,审批制项目应在报送可行性研究报告前完成水土保持方案报批手续;核准制项目应在提交项目申请报告前完成水土保持方案报批手续;备案制项目应在办理备案手续后、项目开工前完成水土保持方案报批手续。经批准的水土保持方案应纳入下阶段设计文件。

水土保持方案分为水土保持方案报告书和水土保持方案报告表。征用占地面积在 10000 m^2 以上或者挖填土石方总量在 10000 m^3 以上的开发建设项目应编报水土保持方案报告书;其他开发建设项目应编报水土保持方案报告表。

2)水土保持方案主要内容

水土保持方案包括以下内容:

(1)方案编制总则;

(2)建设项目地区概况;

(3)生产建设过程中水土流失预测;

(4)水土流失的防治方案;

(5)水土保持投资估(概)算及效益分析;

（6）方案实施的保证措施。

3）水土保持方案审批条件

水土保持方案审批条件如下：

（1）符合有关法律、法规、规章和规范性文件规定；

（2）符合现行《生产建设项目水土保持技术标准》（GB 50433—2018）等国家、行业的水土保持技术规范、标准；

（3）水土流失防治责任范围明确；

（4）水土流失防治措施合理、有效，与周边环境协调，达到主体工程设计深度；

（5）水土保持投资估算编制依据可靠、方法合理、结果正确；

（6）水土保持监测的内容和方法得当。

6.2 工程环保监理

6.2.1 施工环境保护监理的目标

（1）工程施工过程中的噪声（振动）、废气、污水、固体废物等排放达到国家相应标准。

（2）生态环境保护、水土保持等措施符合建设项目环境影响评价文件和水土保持方案的要求。

（3）声屏障、绿化、污水处理等环保工程设施施工符合相应规范和合同规定。

（4）施工期不发生重大环境污染和生态破坏事件。

6.2.2 施工环境保护监理的概念、依据、任务、范围、内容和程序

（一）施工环境保护监理的概念

施工环境保护监理，是指监理单位依法承担建设项目施工期间的环境监督管理工作：一是对工程建设过程中污染环境、破坏生态的行为进行监督管理，防止或减少施工过程污染物排放和生态破坏；二是对工程的环保配套设施进行施工监理，落实项目环境影响评价文件中的环保设施要求。

（二）施工环境保护监理的依据

施工环境保护监理有以下依据：

（1）国家、行业和地方相关的环境保护法律法规；

（2）工程环境影响评价报告和批复；

（3）国家、行业和地方的相关技术标准；

（4）监理合同、施工合同以及有关补充协议；

（5）经批准的工程设计文件和工程设计变更文件。

（三）施工环境保护监理的任务

施工环境保护监理一般分为环境达标监理和环保工程监理两类。

　　环境达标监理的主要任务是对工程建设过程中污染环境、破坏生态的行为进行监督管理，防止或减少施工过程污染物排放和生态破坏，实现污染物达标排放或符合生态保护要求，如噪声、废气、污水、固体废物等污染物排放达标等。

　　环保工程监理的主要任务是对工程的环保配套设施进行施工监理，落实项目环境影响评价文件中的环保设施要求，确保"三同时"的实施，如临时用地复垦、水土保持、景观绿化、雨水径流收集、污水处理、声屏障、消烟除尘设施等。

（四）施工环境保护监理的范围和内容

　　1）施工环境保护监理的工作范围

　　施工环境监理阶段应包括施工准备期、施工期、交工验收、竣工验收；施工环境保护监理的工作范围应包括工程施工区域和工程环境影响区域。

　　2）施工环境保护监理的内容

　　施工环境保护监理的主要工作内容如下：

　　（1）审批施工单位施工组织设计中的环境保护专章或专项环境保护实施方案，审查施工单位的环境管理体系，评估体系运行的有效性；

　　（2）编制监理规（计）划中的环境保护监理工作方案，编制环境保护监理实施细则；

　　（3）根据合同要求进行工程全过程、全方位环境保护监理，确保环境保护目标的实现；

　　（4）定期向建设单位报告环境保护监理工作的情况；

　　（5）协助环境污染事故调查处理；

　　（6）编写环境保护监理工作总结报告；

　　（7）参与竣工环境保护验收工作等。

（五）施工环境保护监理的程序

　　施工环境保护监理的程序如下：

　　（1）依据监理合同、设计文件、环评报告与水土保持方案及批复，以及施工合同、施工组织设计等编制施工环境保护监理规（计）划；

　　（2）按照施工环境保护监理规（计）划、工程建设进度、各项环保对策措施编制施工环境保护监理实施细则；

　　（3）依据编制的施工环境保护监理规（计）划和实施细则，开展施工期环境保护监理，检查施工单位制订的环境保护措施的落实情况，进行验收、计量与支付；

　　（4）在工程交工阶段编写施工环境保护监理总结报告，整理监理档案资料，提交建设单位；

　　（5）参与工程竣工环境保护验收和水土保持验收。

6.2.3　施工环境保护监理要点

（一）施工准备阶段环境保护监理要点

　　在施工准备阶段，环保监理工程师应做好以下准备工作：

　　（1）熟悉工程资料，掌握工程整体情况，包括工程环境影响区域；

　　（2）审查施工单位提交的临时工程设计文件中的环境保护措施和方案；

　　（3）编制施工环境保护监理规（计）划；

（4）编制监理实施细则；

（5）根据合同要求,配置满足工程需要的仪器；

（6）建立环保工作网络,要求施工单位建立环境保护管理体系；

（7）审查施工单位编制的施工组织设计,主要审查施工污染防治方案,了解污染物的排放环节、排放的主要污染物、采取的治理措施、污染物的最终处置方法和去向,对不符合工程环保要求的环节和内容提出改正要求,对遗漏的环节和内容提出增补要求；

（8）组织召开第一次工地会议,进行环境保护交底。

（二）施工阶段环境保护监理要点

1）施工临时用地环保监理要点

（1）熟悉工程环境影响评价文件和水土保持方案文件,同时实地踏勘,对项目所在区域可能涉及的生态敏感点进行识别和确认。

（2）临时用地的规划、布置应充分考虑环境保护的要求,全面规划、合理布局、统筹安排,规划施工便道、便桥、码头、取土场、弃土场、生活区、水池、油库、炸药库等建设用地,避免因选址不慎造成对环境的人为干扰。

2）临时施工道路环保监理要点

（1）运输车辆行驶产生的扬尘影响植物（作物）正常的繁殖和发育过程,应通过路面硬化处理以及定期清扫、洒水抑制扬尘的产生,路面应始终保持湿润。施工车辆应限速行驶,在主要环境敏感点附近的行驶速度宜控制在 15 km/h 以内。施工废气、粉尘排放应符合国家规定的环境空气质量标准。应规划好临时施工道路的路线走向,以减少植被破坏为首要原则,尽量利用现有道路；若无现有道路可利用,应严格控制施工道路修筑边界,使路线走向绕开各种生态敏感点（区）。

（2）施工噪声应符合国家规定的施工场界排放标准（该阶段施工场界噪声的限值为昼间 75 dB、夜间 55 dB）；居民区附近禁止施工便道的作业,必要时应报当地环保部门批准并公告居民才能夜间作业。

3）材料堆放场环保监理要点

（1）临时借地材料堆放场应按照临时用地审批文件规定的内容和要求,结合现场的实际情况划定。在施工结束后,必须恢复原有的土地利用功能。对现场初始的地形地貌、地表植被等自然特征应有客观的文字描述和完整的影像记录,作为将来进行恢复的依据和参考。

（2）水泥、石灰、矿粉等的堆置和撒落会改变土壤的理化性质,破坏土壤的结构以及土壤微生物的理化环境,从而降低土壤肥力。因此水泥、石灰、矿粉应在指定的地点堆置,应采取密封存放的方式,控制其扬尘；存放点地面应做硬化处理,硬化处理前应剥离地表熟土并集中保存。施工结束后,应去除硬化地面,将保存的熟土回填,并恢复初始地表植被。堆置点附近可能被污染的土壤应进行改良,恢复其肥力。

（3）材料仓库和临时材料堆放场要防止物料散漏污染。仓库四周应有疏水沟系,防止雨水浸湿,防止水流引起物料流失。

（4）油料、化学物品等不应堆放在民用水井及河流湖泊附近,应采取措施防止被雨水冲刷进入水体。

（5）多风天气（或大风来临前）应注意对物料加以覆盖，减少扬尘。

（6）石灰石、电石、雷管、炸药不得露天堆放，炸药应有专门的仓库。

4）拌和场和预制场环保监理要点

拌和场和预制场向周围环境排放噪声应符合施工场界排放标准（该阶段施工场界噪声限值为昼间 70 dB、夜间 55 dB）。

拌和场、预制场、砂石场及轧石场距离学校、医院、疗养院、城乡居民区和有特殊要求的地区不宜小于 300 m，同时应避免对环境敏感点的粉尘和噪声影响。

稳定土拌和场、水泥混凝土拌和场、沥青混凝土拌和场等拌和场以及砂石场等不得设在饮用水源地保护区内。大型拌和场（预制场）应配有除尘装置；砂石料场应及时洒水；砂石装卸时应尽量降低落差，施工人员应配有防尘用具以保护工人健康。

5）取、弃土场环保监理要点

（1）熟悉工程环境影响报告书，同时结合实地踏勘对取、弃土场选址和范围进行识别和确认。

（2）对于剥离的表层土，应保存，既可用于其他地面的土地改良，又可用于沿线受破坏土地的恢复；在表层土再利用之前，应要求并协助建设方设置专门的场地用于堆置和保存并配置相应的防雨和排水设施。

（3）对可恢复的临时用地，应会同建设方对现场初始的地形地貌、地表植被等自然特征进行客观的文字描述和完整的影像记录并建立档案，作为将来恢复的依据和参考。

（4）向建设方就临时防护工作提出要求，重点关注临时防护设施的选择以及实施的时间（如生态防护），通过巡视进行日常的监督和管理。

（5）对于砂石料冲洗废水，应明确要求建设方设置沉淀池，废水必须进行沉淀后排放。

6）临时码头环保监理要点

（1）临时码头包括构件出运码头、驳载码头、避风码头等。码头的建设过程、使用过程都会对周边环境造成影响。临时码头对环境的影响因素如表 6-1 所示。

表 6-1　临时码头潜在环境影响

项目	序号	活动内容	潜在影响
码头建设	1	选址	对海岸线的影响；对航行路线的影响
	2	基槽挖泥	漏油；船舶油污水；生活垃圾；水污染
	3	基础施工	漏油；船舶油污水；生活垃圾；水污染
	4	混凝土浇筑施工	废物；噪声；水污染
码头使用	1	靠泊	漏油；船舶油污水；生活垃圾
	2	装运	撒漏；船舶油污水；生活垃圾

（2）应结合永久工程的平面布置，尽量采用先期建设的永久工程作为临时泊位，减少污染源。临时码头选址宜邻近主体工程，但应与环境敏感区保持一定的保护距离（如码头离开养殖区域宜在 200 m 以上），同时应充分考虑船舶运输物料的线路。船舶航行线路应尽量避免经过环境敏感区，港池宽度应满足船舶靠泊及掉头回旋水域要求。

（3）应重点关注临时码头的选址,熟悉工程环境影响报告书,结合实地踏勘对临时码头选址、周边水生环境及保护对象进行识别和确认,对实际的选址情况进行跟踪检查。

（4）对可恢复的临时用地,应会同建设方对现场初始的自然特征进行客观的文字描述和完整的影像记录并建立档案,作为将来恢复的依据和参考。

（5）向建设方就临时防护工作提出要求,重点关注临时防护设施的选择以及实施的时间（如生态防护）,通过巡视进行日常的监督和管理。

（6）对于不可避免的河岸或海岸开挖工程,应明确并严格控制开挖界限,不得任意扩大开挖范围,将受影响的两栖动物或潮间带生物生境控制在最小范围。

（7）应熟悉工程环境影响报告书,同时结合实地踏勘对项目所在区域涉及水域的保护目标和保护范围进行识别和确认,通过文字和图件的形式明确告知建设方,不得排入现行《海水水质标准》（GB 3097—1997）中规定的一类水域;排入其他水域时,必须符合相应的水质标准,不符合时要进行水质处理,如油污水应进行隔油处理。码头上应设置生活污水、压舱水、油污水等的岸上收集处理系统,禁止船舶污水随意排放。

（8）禁止装卸有毒、有害物料;装载散料应采取防撒漏的措施,如可设置装卸溜槽。

（9）码头后方堆存货物时,应根据货物的性质采取必要的措施防止雨水冲刷流失,污染水域。

（10）应设置必要的垃圾箱。

（11）应关注拟建临时码头所处位置的水流、泥沙运动情况,避免在码头建成后由于水文条件的变化导致泥沙淤积,从而改变岸线,使水下生态环境改变、恶化。必要时应要求通过工程措施进行清淤。

7）生活、办公区及试验室环保监理要点

（1）应妥善处理生活垃圾。生活垃圾堆放点应选择 30 m 范围内无生活用水和渔用水体的废弃沟凹或废弃干塘。堆放点应无直通沟道与邻地相通。不得向垃圾点内排放生活污水。

（2）为防止生活垃圾的二次污染,垃圾箱和垃圾运输车均应采用封闭式。

（3）应修建临时性污水处理设施。为收集与处理由临时驻地的住房、办公室、其他建筑物和流动性设施排放的污水,应要求建设方在合适的地点修建容量适当的临时污水处理池,建有化粪池或其他能满足要求的系统,并予以管理、维护。

（4）应熟悉工程环境影响报告书,同时结合实地踏勘对项目所在区域涉及水域的保护目标和保护范围进行识别和确认,通过文字和图件的形式明确告知建设方,不得排入现行《地表水环境质量标准》（GB 3838—2002）中规定的一、二类水域;排入其他水域时,必须符合相应的水质标准,不符合时要进行水质处理,如油污水应进行隔油处理。

在明确上述要求后,监理人员应在日常巡视中予以监督。

（5）噪声控制。生活区对环境影响最大的噪声源是备用的柴油发电机,应放置在室内,加强门窗隔声,在进风口、出风口安装消声器。试验室各种机械设备（如切割机、取芯机、磨光机等）噪声源产生的噪声也会对周边环境产生明显的影响,也应采取隔声、消声和减振等措施。

（6）厨房油烟处理。厨房应设置排风系统。如果厨房附近有居民,应采取如下措施:

较大的通风管道安装消声器或采取管壁阻尼减振;管道穿墙(或支撑)处采用避振喉(或避振吊钩);加装油烟净化器净化油烟,以高于周围建筑的高度排放;油烟净化器安装在室内。

8) 涉水爆破施工环保监理要点

水下爆破与炸礁对周围鱼类影响较大,应制订科学、严谨、周密的施工方案,控制一次起爆药量并采取消减水中冲击波的措施。

(1) 根据以往的工程经验,鱼类嗅到炸药产生的气味会远离爆区,故在施工初期爆破应采用较小药量试爆,起到驱赶鱼类的作用,再根据现场爆破试验观察结果,决定起爆药量。

(2) 施工时应采用"先试后爆"的施工方案,安排 1～2 次试爆,根据现场爆破影响试验实际监测结果观察,决定是否减少最大起爆药量。

(3) 起爆前应驱赶受影响水域内的水生物;减少鱼汛期施工的频率,在非鱼汛期加快施工进度。

9) 路基工程环境保护监理要点

在路基工程开工前,应审批施工单位编制的施工方案,对其环保措施提出审查意见。

施工单位应对地表清理、土石方开挖与填筑、弃方处置等采取周密的生态保护和水土保持措施;施工单位应编制土石方调配方案;开挖出的土石方要尽可能加以利用。

10) 路面施工环境保护监理要点

(1) 应规定沥青混合料废料的处置方法,随时对执行情况进行巡检。

(2) 应特别注意沥青烟气的污染防治,在靠近水源的地区施工时还应关注水源保护问题。应有重点地对沥青摊铺施工过程进行旁站检查,防止沥青污染。

(3) 施工过程中,应关注扬尘、噪声、废水、悬浮物、石油类等环境监测指标。

11) 桥涵工程环境保护监理要点

(1) 需要围堰施工的,应事先取得当地水利部门的许可,手续完备并经审查后才能施工。在进行水产养殖的河道进行围堰时,应要求施工单位根据上下游的污染情况,提出合理的围堰方案,以免影响养殖,造成纠纷。

(2) 施工违反环保要求的,应签发监理指令,责令改正,情况严重时可发出暂时停工令并向建设单位报告。

12) 隧道工程环境保护监理要点

(1) 应要求石渣纵向调运,尽可能加以利用,不能随便堆放,严禁向河谷倾倒弃渣,以免阻塞河谷造成水土流失或占用当地农田。废渣应运至指定的弃渣场堆置并做好排水和拦渣设施。

(2) 对爆破方案进行审查,应明确提出防治噪声和扬尘的要求。在距离居住区较近的地区施工时,还应要求施工单位注意防止振动造成影响。

(三) 交工验收及保修期环境保护监理要点

1) 交工验收环境保护监理要点

(1) 交工验收环境保护监理的主要任务是检查施工合同约定的各项环境保护内容的完成情况,指出遗留的环境保护问题,监督其整改,以免施工单位撤出后无法落实。环境保护监理人员应参加由建设单位组织的交工验收。

（2）组织交工验收前的环境保护工作内容初验。工程进行交工验收前，施工单位提交交工验收申请报告；监理人员在收到交工验收申请后，对各施工单位的环境保护工作内容进行初验，逐一排查，若发现问题，监督其整改。

（3）整理环境保护监理资料并归档。

（4）参加交工验收。

2）保修期环境保护监理要点

（1）保修期环境保护监理的内容。

①定期检查施工单位对交工环境保护验收提出的环境保护遗留问题（环保、水保等）整改措施和计划的实施情况，必要时根据工程具体情况对施工单位的整改计划做出调整并督促实施。

②对项目环境保护设施工程施工进行现场监理，对环境保护设施运行情况进行检查，如不能达到环评报告书中的相关要求，及时督促其整改。

③督促施工单位按合同及有关规定完成施工环境保护竣工资料的整理、归档，编写施工环境保护工作总结报告。

④整理完成环境保护监理竣工资料，编写工程环境保护监理总结报告。

（2）协助竣工环境保护验收。

①对需要进行环保、水保单项验收的项目，做好验收前的初验工作，协助建设单位做好组织验收工作。

②参加项目的水保、环保及工程竣工验收，完成竣工验收小组交办的工作。

③将竣工环境保护验收资料及时归档。

6.3 环保工程监理

6.3.1 环保工程监理要点

环保工程主要包括声屏障工程、绿化工程、污水处理工程等。

（一）声屏障工程监理要点

（1）施工前应充分考虑在标志牌、桥梁伸缩装置等处的声屏障安装方式；所用材料（如水泥、砂、金属立柱、连接件、金属屏障体等）规格质量应满足要求并经监理工程师审批。

（2）基础放线应符合设计图纸要求，位置必须准确，标记必须明显。

（3）部分声屏障基础位于路基的边坡上，因此要保证基础开挖后的基坑四周土不被扰动。

（4）基础钢筋规格、质量应符合设计要求，钢筋笼绑扎应符合施工规范要求；如有预埋件，应检查预埋件的间距、摆放的角度是否准确。

（5）砌块的安装要点如下。

①根据基底高程不同，砌体应从低处砌起并应由高处向低处搭砌。设计无要求时，搭接长度不应小于基础扩大部分的高度。

②砌体的转角处与交界处应同时砌筑，不能同时砌筑时应留槎、接槎。

③墙上预留临时施工洞口的净宽度不应大于 1 m，临时施工洞口应做好补砌。

④施工过程中的墙体超过 2 m 高时，应采取临时支撑等有效措施，防止大风侵袭。

⑤砌筑墙身应挂线砌筑，以保证墙身平整和顺直。

（6）金属或合成材料的安装要点如下。

①运输金属立柱、连接件和声屏障屏障体时，应采取可靠措施防止构件变形或防腐保护层损坏。严禁安装变形的构件。

②屏障体材料表面的平整度、划痕是检查的重点。监理工程师应要求供货厂家提供屏障体的国家有关部门的吸、隔声检测报告或产品合格证。划痕面积超过面积的 1‰时不能采用。

③屏障体安装时，板材之间、立柱框架与板材之间以及屏障与基础之间的缝隙必须填灌密实，才能保证隔声效果。

（二）绿化工程监理要点

1）坡面绿化

（1）植草护坡。

此法是目前使用较多的一种护坡方法，尤其是应用于低路基边坡。其方法是清理坡面后，播种草种或按一定密度铺植草皮。这种方法前期覆盖度较低，根系在土壤中生长需要一段时间。

（2）藤本护坡。

此法是选用藤本植物，如爬山虎、常春藤、地锦、络石、薜荔等，按照一定的密度栽植于坡角或坡面，待植物覆盖后达到护坡的目的。高大岩石边坡或护坡构筑物，可同时在上部采用悬垂枝覆盖式、下部采用攀藤覆被式种植，以加快坡面覆盖速度。

（3）挂网喷播技术。

挂网喷播又称喷混植生，主要适用于岩质边坡或立地条件比较差的土石混合边坡，是工程措施与生物措施结合的综合性生态防护技术。

挂网喷播的原理是利用客土掺混黏结剂（水泥等）和固网技术，使客土物料紧贴石坡面，通过有机物料的调配使土壤固相、液相、气相趋于平衡，创造草类与灌木生存的良好环境，从而恢复石质边坡生态防护功能，见图 6-3。

挂网喷播的主要方法：清除坡面杂物后挂铁丝网，将蘑菇肥、谷壳、木屑等有机物和肥料、黏合剂、保水剂等倒入土壤中进行混拌。喷播厚度不小于 10 cm，其中基层厚度不小于 7 cm，表层厚度不小于 3 cm。

（4）普通喷播技术。

此法主要运用于土石混合边坡，原理是在坡面平整后，将种子、肥料、土壤稳定剂等按一定比例混合成泥浆状喷射到边坡上，盖无纺布，以保持水分，促进发芽，见图 6-4。

技术要点如下：坡面清理后回填土，回填土采用客土、复合肥或泥炭土混合物，覆土厚度不小于 3 cm;确保坡面基本平整,将草籽和附着剂、纸纤维、复合肥、保湿剂及水按一定比例混合搅拌,形成均匀混合液;利用高压机械喷种;厚度不小于 7 cm,其中基层厚度不小于 4 cm,表层厚度不小于 3 cm。

图 6-3　挂网喷播

图 6-4　普通喷播

2）树木的种植

树木的种植包括定点、放线,种植穴、槽的开挖,苗木种植前的修剪,树木的种植等步骤,见图 6-5。

（三）污水处理工程监理要点

1）污水管线铺设

排水管线设计时应考虑"雨污分流",使路面、屋面及草地雨水经雨水口或雨水收集管排至雨水管道,减轻污水处理系统的负担。

污水管线应控制高程,保证进、出水口流水畅通。

管道配合基础施工,一次性预埋,覆土前做第一次闭水试验,回填土后做第二次闭水试验,两次闭水试验应符合规范要求。

2）排污口

排污口设置必须符合"一明显、二合理、三便于"的要求:环境保护图形标志明显,起到

图 6-5　树木的种植

提示或警示作用;排污去向合理,不能使受纳水体超出承受能力或破坏受纳水体的水域功能。

6.3.2　施工环境保护措施和监理方法

1)施工准备阶段的环境保护监理工作

(1)参加设计交底,熟悉环评报告和设计文件,了解工程建设项目的具体环保目标。

(2)审查施工单位的施工组织设计和开工报告,对环保实施方案提出审查意见,包括施工中须保护的环境敏感点、具体的环保措施、环保管理制度和环保专业人员等。

(3)审查施工单位的临时用地方案是否符合环保要求、临时用地的恢复计划是否可行。

(4)审查施工单位的环保管理体系是否责任明确、切实有效。

(5)组织召开第一次工地会议,对工程建设项目的环保目标和环保措施提出要求。

2)施工阶段的环境保护监理工作

(1)对工地进行巡视监理。

(2)向施工单位发出环保工作指令。

(3)检查环境保护措施和成果。

(4)协助环保主管部门和建设单位处理突发环保事件。

(5)建立、保管环境保护监理资料档案。

(6)召开工地例会。

3)交、竣工阶段及缺陷责任期的环境保护监理工作

(1)参加交工检查,确认现场清理、临时用地的恢复和取(弃)土场的复绿等是否达到环保要求。

(2)评估环保任务或环保目标的完成情况,对尚存的主要环境问题提出继续监测或处理的方案和建议。

（3）定期检查施工单位对环保遗留问题整改计划的实施,根据工程具体情况建议施工单位对整改计划进行调整。

（4）检查已实施的环保达标工程和环保工程,对交工验收后发生的环保问题或工程质量缺陷及时进行调查和记录,指示施工单位进行环境恢复或工程修复。

（5）检查施工单位的环保资料是否满足竣工环保验收的要求。

（6）整理施工环境保护监理竣工资料。

（7）参与竣工环境保护验收和水土保持验收。

4）环境监测

根据有关规定,施工期的环境监测工作由建设单位委托有资质的环境监测单位开展,也称为外部监督监测。监理工程师应协助建设单位落实施工过程的环境监测计划。

5）其他环保措施的监理

监理工程师应负责其他环保措施的监理。

6）施工环境保护监理工作方法

监理工程师应常驻工地,对施工活动的环境保护工作实施动态管理,其工作方式以巡视为主。监理工程师应根据工程项目施工区污染源分布的实际情况定期或不定期对各工点进行巡视。敏感的施工地段的巡视频率应适当增加。

监理过程中如发现环境污染和生态破坏等情况,监理工程师应立即通知施工单位限期整改。一般性或操作性的问题,可以采取口头通知形式。口头通知无效或有污染隐患时,监理工程师应发出书面监理通知,要求施工单位整改,根据施工单位的书面回复检查其整改结果。严重的环保问题还应同时向建设单位汇报。如整改情况不理想,监理工程师可以发布停工指令。

自我测评

一、单选题

1.砂石场、轧石场等不得设在饮用水源地保护区内,距离学校、医院、疗养院、城乡居民区和有特殊要求的地区不宜小于(   )m。

A.100　　　　　B.200　　　　　C.300　　　　　D.400

2.拌和场和预制场向周围环境排放噪声昼间不应超过(   )dB。

A.70　　　　　B.60　　　　　C.55　　　　　D.50

3.挂网喷播技术中,喷播厚度不小于 10 cm,其中基层厚度不小于(   )cm,表层厚度不小于(   )cm。

A.8,2　　　　　B.7,3　　　　　C.6,4　　　　　D.5,5

4.施工环境保护监理的任务主要有两个方面:一是环境达标监理;二是(   )。

A.环境监测监理　　　　　　　　B.环境控制监理

C.水土保持监理　　　　　　　　D.环保工程监理

5.公路工程施工过程中,监理工程师对施工现场废气、污水、噪声等污染物排放进行控制称为(   )。

A.环境监测监理　　　　　　　　B.环境达标监理

C. 环境控制监理　　　　　　　　　　　　D. 环保工程监理

6. 环境影响报告书应由(　　)编制。

A. 建设单位　　　　　　　　　　　　　　B. 环境影响评价机构

C. 环境保护行政主管部门　　　　　　　　D. 具有相应资质的环境影响评价机构

7. 环境保护"三同时"制度,是指建设项目需要配套建设的(　　),必须与主体工程同时设计、同时施工、同时投产使用。

A. 环境保护设施　　　　　　　　　　　　B. 安全卫生设施

C. 消防设施　　　　　　　　　　　　　　D. 安全生产设施

8. 公路建设项目的环境影响评价工作,应由建设单位自主委托具有相应资质的(　　)承担。

A. 监理单位　　　　　　　　　　　　　　B. 设计单位

C. 环境影响评价单位　　　　　　　　　　D. 施工单位

9. 经有审批权的环境保护行政主管部门审批的(　　)是环境影响评价工作的依据。

A. 环境影响报告书　　　　　　　　　　　B. 环境影响报告表

C. 环境影响登记表　　　　　　　　　　　D. 环境影响评价大纲

10. 建设项目环境影响评价文件必须报(　　)审批。

A. 建设单位　　　　　　　　　　　　　　B. 交通主管部门

C. 监理单位　　　　　　　　　　　　　　D. 有审批权的环境保护行政主管部门

二、多选题

1. 以下属于工程施工对生态环境造成的短期影响的有(　　)。

A. 施工车辆扬尘

B. 为开辟施工辅道和作业场地,要清除地表植被

C. 挖山弃土弃石,顺坡滚滑,埋压植被

D. 可能改变地表径流的固有态势

E. 破坏自然景观的美感

2. 公路工程水土流失的防治措施包括的内容有(　　)。

A. 工程与生物措施结合,综合防治

B. 取土场全部防护处理,开挖坡面不裸露,覆土加以利用

C. 弃土、石渣得到有效拦挡或利用

D. 最大限度地控制泥沙不进入下游河道和海域,减少对河流正常行洪能力和各项生态功能的不利影响

E. 采用护岸工程防止水土流失

3. 工程建设引发的对空气环境的污染主要有(　　)。

A. 施工扬尘　　　　　　　　　　　　　　B. 施工车辆的尾气

C. 船舶机械的尾气　　　　　　　　　　　D. 沥青烟气

E. 机油挥发

4. 水土保持方案主要内容有(　　)。

A. 方案编制总则　　　　　　　　　　　　B. 生产建设过程中水土流失预测

C. 水土流失的防治方案　　　　　　　　　D. 水土保持投资估(概)算及效益分析

E. 资金保障条件

5. 下列选项中,属于环保工程监理的主要任务的有(　　)。

A. 临时用地复垦　　　　　　　　　　B. 水土保持

C. 景观绿化　　　　　　　　　　　　D. 污水排放达标

E. 污水处理

6. 施工阶段的环境保护监理工作要点包括(　　)。

A. 对工地进行巡视监理

B. 向施工单位发出环保工作指令

C. 检查环境保护措施和成果

D. 协助环保主管部门和建设单位处理突发环保事件

E. 审查施工单位的环保管理体系是否责任明确、切实有效

7. 公路施工期对环境的影响因素主要包括(　　)。

A. 水土流失　　　　　　　　　　　　B. 夜间施工噪声

C. 植被破坏　　　　　　　　　　　　D. 施工临时占地

E. 沥青路面的摊铺　　　　　　　　　F. 各种污水直接排放

8. 编制施工环境保护监理计划的依据包括(　　)。

A. 监理合同　　　　　　　　　　　　B. 工程设计文件

C. 环评报告、水土保持方案　　　　　D. 施工组织设计

E. 工程项目规模、特点及其他工程环保信息和资料

9. 施工环保监理的工作方式主要包括(　　)。

A. 以巡视为主

B. 对重要的环保工程及可能引起重大环境影响的施工过程进行旁站

C. 对已经发生环境污染和生态破坏等情况,应书面指令施工单位整改或暂时停工

D. 必要时进行环境监测

E. 试验测量及工序控制

10. 环境影响评价文件包括(　　)。

A. 环境影响报告书　　　　　　　　　B. 环境保护措施及技术经济论证报告

C. 环境影响报告表　　　　　　　　　D. 环境影响登记表

E. 对建设项目实施环境监测的建议书

【参考答案】

一、单选题

1. C;2. A;3. B;4. D;5. B;6. D;7. A;8. C;9. D;10. D

二、多选题

1. ABC;2. ABCD;3. ABCD;4. ABCD;5. ABCE;6. ABCD;7. ABCDF;
8. ABCE;9. ABCD;10. ACD

学习情境 7 公路工程合同管理

公路工程合同
管理——
任务工单

7.1 公路工程变更

工程变更是指承包人根据监理签发设计文件及监理变更指令进行的、在合同工作范围内各种类型的变更,包括合同工作内容的增减,合同工程量的变化,因地质原因引起的设计更改,因实际情况引起的结构物尺寸、标高的更改,合同外的工作等。

7.1.1 工程变更的依据、原因及内容

(一)变更依据

工程变更的依据是监理人下达的工程变更令和监理人对变更项目所确定的变更费用清单(工程变更清单),支付方式采用列入进度款支付证书的形式,支付货币的种类与其他支付项目相同,即按承包人投标时提出的货币种类和比例进行付款。

(二)变更原因

按引发的原因不同,工程变更一般可归纳为如下几种情况:

(1)设计不合理引起的工程变更;

(2)发包人想扩大工程规模、提高设计标准或加快施工进度引起的工程变更;

(3)为满足地方政府的要求不得不进行的工程变更;

(4)为优化设计方案而出现的工程变更;

(5)发包人风险或监理人责任等原因引起的工程变更;

(6)承包人的施工质量事故引起的工程变更。

(三)变更的范围和内容

除专用合同条款另有约定外,在履行合同中发生以下情形之一,应按照规定进行变更:

(1)取消合同中任何一项工作,但被取消的工作不能转由发包人或其他人实施;

(2)改变合同中任何一项工作的质量或其他特性;

(3)改变合同工程的基线、标高、位置或尺寸;

(4)改变合同中任何一项工作的施工时间或改变已批准的施工工艺或顺序;

（5）为完成工程需要追加的额外工作。

7.1.2　关于工程变更的若干规定

（一）变更权

发包人、监理人和承包人均可以提出变更。变更指示均通过监理人发出,监理人发出变更指示前应征得发包人同意。承包人收到经发包人签认的变更指示后,方可实施变更。未经许可,承包人不得擅自对工程的任何部分进行变更。

涉及设计变更的,设计人应提供变更后的图纸和说明。变更超过原设计标准或批准的建设规模时,发包人应及时办理规划、设计变更等审批手续。

（二）工程变更不改变合同的效力

任何工程变更,均不应以任何方式使合同作废或无效,亦不免除承包人原有责任。如工程变更是承包人过错、承包人违反合同或承包人责任造成的,这种违约引起的所有额外费用应由承包人承担。

7.1.3　变更的程序

施工过程中出现的变更包括监理人指示的变更和承包人申请的变更两类。

（一）监理人指示的变更

监理人根据工程施工的实际需要或发包人要求实施的变更,可以进一步划分为直接指示的变更和与承包人协商后确定的变更两种情况。

1）直接指示的变更

直接指示的变更属于必须实施的变更,如按照发包人的要求提高质量标准、设计错误导致设计修改、协调施工中的交叉干扰等情况。此时不用征求承包人意见,监理人经过发包人同意后发出变更指示要求承包人完成变更。

2）与承包人协商后确定的变更

此类情况属于可能发生的变更,与承包人协商后再确定是否实施变更,如增加承包范围外的某项新增工作或改变合同文件中的要求等。

（1）监理人应向承包人发出变更意向书,说明变更的具体内容、完成变更的时间要求等,并附必要的图纸和相关资料。

（2）承包人收到监理人的变更意向书后,如果同意实施变更,则向监理人提出书面变更建议。建议书的内容包括拟实施变更工作的计划、措施、竣工时间等内容的实施方案以及费用和（或）工期要求。若承包人收到监理人的变更意向书后认为难以实施此项变更,也应立即通知监理人,说明原因并附详细依据,如不具备实施变更项目的施工资质、无相应的施工机具等原因或其他理由。

（3）监理人审查承包人的建议书。如果承包人根据变更意向书要求提交的变更实施方案可行并经发包人同意,监理人发出变更指示。如果承包人不同意变更,监理人与承包人和发包人协商后确定撤销、改变或不改变变更意向书。

（二）承包人申请的变更

承包人提出的变更可能涉及建议变更和要求变更两类。

1) 建议变更

承包人对发包人提供的图纸、技术要求以及其他方面提出可能降低合同价格、缩短工期或者提高工程经济效益的合理化建议，均应以书面形式提交监理人。合理化建议书的内容应包括建议工作的详细说明、进度计划和效益以及与其他工作的协调等，应附必要的设计文件。

监理人与发包人协商是否采纳承包人提出的建议。建议被采纳并构成变更的，监理人向承包人发出变更指示。如果承包人提出的合理化建议使发包人获得了降低工程造价、缩短工期、提高工程运行效益等实际利益.应按专用合同条款中的约定给予奖励。

2) 要求变更

承包人收到监理人按合同约定发出的图纸和文件，经检查认为其中存在属于变更范围的情形，如提高工程质量标准、增加工作内容、工程的位置或尺寸发生变化等，可向监理人提出书面变更建议。变更建议应阐明要求变更的依据并附必要的图纸和说明。

监理人收到承包人的书面建议后，应与发包人共同研究，确认存在变更的，应在收到承包人书面建议后的 14 天内做出变更指示。经研究后不同意变更的，监理人需书面答复承包人。

7.1.4　核算工程数量及变更估价

（一）核算工程数量

核算变更项目的工程量是一个重要内容。毫无疑问，变更将引起工程量的变化:如果对原工程量清单已有的项目进行变更，应将变更后的数量与变更前的数量进行对比，从而确定工程量的增加量或减少量并计算出相应的百分比;如果原工程量清单中无此项目，此变更属于新增项目，也需要准确计算工程量。准确的工程数量可以从以下三方面获取:①设计图纸和合同文件及技术规格书;②监理人的记录;③承包人提供的工程数量。

（二）变更估价

1) 变更估价原则

《公路工程标准施工招标文件》(2018 年版·第三册)专用合同条款 15.4 条有如下规定:

(1) 如果取消某项工作,则该项工作的总额价不予支付;

(2) 已标价工程量清单中有适用于变更工作的子目的,采用该子目的单价;

(3) 已标价工程量清单中无适用于变更工作的子目,但有类似子目的,可在合理范围内参照类似子目的单价,由监理人按规定程序商定或确定变更工作的单价;

(4) 已标价工程量清单中无适用或类似子目的单价,可在综合考虑承包人在投标时所提供的单价分析表的基础上,由监理人按规定程序商定或确定变更工作的单价。

2) 变更估价程序

承包人应在收到变更指示后 14 天内,向监理人提交变更估价申请。监理人应在收到承包人提交的变更估价申请后 7 天内审查完毕并报送发包人,监理人对变更估价申请有异议时通知承包人修改后重新提交。发包人应在承包人提交变更估价申请后 14 天内审批完毕。发包人逾期未完成审批或未提出异议的,视为认可承包人提交的变更估价申请。

因变更引起的价格调整应计入最近一期的进度款中支付。

7.1.5 承包人的合理化建议

（1）在履行合同过程中，承包人对发包人提供的图纸、技术要求以及其他方面提出的合理化建议，均应以书面形式提交监理人。合理化建议书的内容应包括建议工作的详细说明、进度计划和效益以及与其他工作的协调等，应附必要的设计文件。监理人应与发包人协商是否采纳建议。建议被采纳并构成变更的，监理人应按规定向承包人发出变更指示。

（2）承包人提出的合理化建议降低了合同价格、缩短了工期或者提高了工程经济效益的，发包人可按国家有关规定在专用合同条款中约定给予奖励。

7.1.6 监理人处理工程变更的注意事项

（1）工程变更的范围不能随意扩大。工程变更主要涉及的是设计图纸和技术规范文件的变更，而且在合同条款中对其范围做了清楚的说明。因此，超出这个范围就不应该视为工程变更，而只能作为其他形式的合同变更处理，也就是说，此时不能按合同条款的约定由监理人处理，而只能由发包人、承包人协商解决。

（2）工程变更通常伴随工程数量的改变，但工程数量的改变并不意味着一定有工程变更的发生。例如，施工过程中，经常出现实际工程量与工程量清单中的估算工程量不一致现象，如果设计图纸不发生修改，则这种现象完全是由于估算误差造成的，这时的工程量增减并不属于工程变更的范围。

（3）承包人在执行工程变更前，必须以监理人的书面变更令为依据，即使紧急情况下执行监理人口头指令的工程变更，也应在执行过程中要求监理人尽快予以书面确认，否则这样的变更视为无效变更，即使对发包人有利，也不一定能得到认可或补偿。

工程变更可以由发包人、监理人、设计单位、承包人及当地政府提出，但不管属于何种情况，最后须由监理人组织实施。

（4）尽管工程变更情况很多，但变更后的工程一般应该是原合同中已有的同类型工程，否则承包人的施工质量（或履行能力）无法保证，而且可能会引起复杂的施工索赔并增大工程结算和费用监理的难度。

7.2 公路工程索赔

7.2.1 索赔基本知识

（一）索赔的定义

索赔是工程承包中经常发生的正常现象。由于施工现场和气候条件的变化、施工进度及物价的变化,合同条款、规范、标准和施工图纸等合同的变更等因素的影响,工程实施过程中不可避免地出现索赔。在工程承包合同的履行过程中,索赔的定义如下:发包人的原因或其他非承包人的原因使承包人的经济利益受到损失时,承包人根据合同约定,通过监理人,要求发包人补偿损失的行为。

(二)索赔的基本特征

从索赔的基本含义,可以看出索赔具有以下 3 个基本特征。

1)索赔的双向特征

索赔可以是承包人向发包人索赔,也可以是发包人向承包人索赔。实践中,发包人向承包人索赔发生的频率相对较低,而且在索赔处理中,发包人始终处于主动和有利地位。对承包人的违约行为,发包人可以直接从应付工程款中扣抵、扣留保证金或通过履约保函向银行索赔来实现自己的索赔要求。因此,在工程实践中大量发生的、处理比较困难的是承包人向发包人的索赔,也是工程师进行合同管理的重点内容之一。

承包人的索赔范围非常广泛。非承包人自身责任造成其工期延长或成本增加时,承包人都可以向发包人提出索赔。发包人违反合同,如未及时交付施工图纸、交付合格的施工现场,决策错误等造成工程修改、停工、返工、窝工,未按合同规定支付工程款时,承包人可以向发包人提出赔偿要求。发包人应承担的风险,如恶劣气候条件影响、国家法律修改等造成承包人利益损失时,承包人可以向发包人提出补偿要求。

2)索赔的实际性特征

只有实际发生了经济损失或权利损害,一方才能向对方索赔。经济损失是指因对方原因造成合同外的额外支出,如人工费、材料费、机械费、管理费等额外开支。权利损害是指虽然没有经济损失,但造成了一方权利上的损害,如恶劣气候条件对工程进度的不利影响,承包人有权要求工期延长等。

因此,发生了实际的经济损失或权利损害,是一方提出索赔的前提。有时上述两者同时存在,如发包人未及时交付合格的施工现场,既造成承包人的经济损失,又侵犯了承包人的工期权利。因此,承包人既可以要求经济赔偿,又可以要求工期延长。有时两者可单独存在,如恶劣气候条件影响、不可抗力事件等,承包人根据合同规定或惯例只能要求工期延长,不应要求经济补偿。

3)索赔的单方行为特征

索赔是一种未经对方确认的单方行为。它与通常所说的工程签证不同。在施工过程中,签证是承发包双方就额外费用补偿或工期延长等达成一致的书面证明材料和补充协议,可以直接作为工程款结算或最终增减工程造价的依据。索赔是单方面行为,对对方尚未形成约束力,这种索赔要求能否得到最终实现,必须要通过双方确认(如双方协商、谈判、调解或仲裁、诉讼)。

索赔促使承发包双方实事求是地协商工程造价,有利于双方提高管理水平、减少合同管理中的漏洞。

(三)施工索赔的起因

引起施工索赔的原因非常多且很复杂,主要有以下 6 个方面。

1）当事人违约

当事人违约常常表现为没有按照合同约定履行自己的义务。发包人违约常常表现为没有为承包人提供合同约定的施工条件、未按照合同约定的期限和数额付款等。监理人未能按照合同约定完成工作，如未能及时发出图纸、指令等，也视为发包人违约。承包人违约的情况主要是没有按照合同约定的质量、期限完成施工，由于不当行为给发包人造成其他损害。

2）不可抗力或不利的物质条件

不可抗力可以分为自然事件和社会事件。自然事件主要是工程施工过程中不可避免地发生且不能克服的自然灾害，包括地震、海啸、水灾、瘟疫等。社会事件包括国家政策、法律、法令的变更，战争、罢工等。不利的物质条件是指承包人在施工现场遇到的不可预见的自然物质条件、非自然的物质障碍和污染物，包括地下和水文条件。

3）合同缺陷

合同缺陷表现为合同文件规定的不严谨甚至矛盾，以及合同中的遗漏或错误。在这种情况下，工程师应当给予解释，如果这种解释将导致成本增加或工期延长，发包人应当给予补偿。

4）合同变更

合同变更表现为设计变更、施工方法变更、追加或者取消某些工作、合同规定的其他变更等。

5）监理人指令

监理人指令有时也会导致索赔，如监理人指令承包人加速施工、进行某项工作、更换某些材料、采取某些措施等且这些指令不是由于承包人的原因造成的。

6）其他第三方原因

其他第三方原因常常表现为与工程有关的第三方的问题而引起的对本工程的不利影响。

以上这些问题会随着工程的逐步开展而不断暴露出来，对工程项目造成影响，导致工程项目成本和工期的变化，这就是索赔形成的根源。因此，索赔的发生，不仅是索赔意识或合同观念的问题，从本质上讲，索赔是一种客观存在。

（四）索赔成立的基本条件

（1）承包人按工程承包合同条款，在索赔事件发生后的规定时间内，向监理人和发包人提交了索赔意向报告。

（2）索赔通知书中引用的合同条款正确，所报事件真实、资料齐全；报告中提供的资料和证据能说明索赔事件的全过程、索赔理由、索赔影响和索赔费用等；提供的相应证据（文书）足以证明索赔事件已经造成了实际的、额外的费用增加或工期损失且不是承包人应承担的风险所致。否则，监理人可退回报告，要求重新补充证据。

（3）索赔通知书中提出的索赔要求基本合理，索赔费用在合同中没有被包含。对合同中明示或暗示的不予支付的费用和已包含在合同其他项目中支付的费用不得提出索赔。

（4）索赔事件对承包人的影响是客观存在的。

（五）施工索赔的分类

1）按索赔的合同依据分类

（1）合同中明示的索赔。

合同中明示的索赔是指承包人提出的索赔要求在该工程项目的合同文件中有文字依据，承包人可以据此提出索赔要求并取得经济补偿。这种在合同文件中有文字规定的合同条款，称为明示条款。

（2）合同中默示的索赔。

合同中默示的索赔是指承包人的该项索赔要求，虽然在工程项目的合同条款中没有专门的文字叙述，但可以根据该合同的某些条款的含义推论出承包人有索赔权。这种索赔要求同样有法律效力，有权得到相应的经济补偿。这种有经济补偿含义的条款，称为默示条款或隐含条款。

默示条款是一个广泛的合同概念，它包含合同明示条款中没有写入，但符合双方签订合同时设想的愿望和当时环境条件的一切条款。这些默示条款，或者从明示条款所表述的设想愿望中引申出来，或者从合同双方在法律上的合同关系引申出来并经合同双方协商一致，或者被法律和政策文件等所指明，都成为合同文件的有效条款，要求合同双方遵照执行。

2）索赔目的分类

（1）工期索赔。

非承包人责任导致施工进程延误，要求批准顺延合同工期的索赔，称为工期索赔。工期索赔形式上是对权利的要求，以避免在原定合同竣工日期不能完工时被发包人追究拖期违约责任。一旦获得批准合同工期顺延，承包人不仅免除了承担误期违约赔偿费的严重风险，而且可能获得提前工期的奖励，最终仍反映在经济收益上。

（2）费用索赔。

费用索赔的目的是要求经济补偿。当施工的客观条件改变导致承包人增加开支，承包人要求对超出计划成本的附加开支给予补偿，以挽回不应由他承担的经济损失。

3）按索赔事件的性质分类

（1）工程延误索赔。

发包人未按合同要求提供施工条件（如未及时交付设计图纸、施工现场、施工道路等），发包人指令工程暂停或不可抗力事件等原因造成工期拖延的，承包人对此提出索赔。这是工程中常见的一类索赔。

（2）工程变更索赔。

发包人或监理工程师指令增加或减少工程量、增加附加工程、修改设计、变更工程顺序等，造成工期延长和费用增加时，承包人对此提出索赔。

（3）合同被迫终止索赔。

发包人或承包人违约以及不可抗力事件等原因造成合同非正常终止时，无责任的受害方因蒙受经济损失而向对方提出索赔。

（4）工程加速索赔。

发包人或工程师指令承包人加快施工速度、缩短工期，引起承包人人、财、物等额外开支时，承包人提出的索赔。

（5）意外风险和不可预见因素索赔。

工程实施过程中，不可抗拒的自然灾害、特殊风险，以及一个有经验的承包人通常不能合理预见的不利施工条件或外界障碍，如地下水、地质断层、溶洞、地下障碍物等引起索赔。

（6）其他索赔。

货币贬值、汇率变化、物价变化、工资上涨、政策法令变化等原因引起索赔。

【案例 7-1】

某工程发包人（甲方）与某公路施工承包人（乙方）签订了某项公路工程的地基处理与基础工程施工合同。工程量无法准确确定，根据施工合同规定，按施工图预算方式计价。乙方必须严格按照施工图纸、合同规定的内容及技术要求施工；乙方的分项工程应向监理人申请质量认证，取得质量认证后向造价工程师提出计量申请和支付工程款。工程开工前，乙方提交了施工组织设计并得到批准。

在施工过程中，出现了如下事件。

事件 1：在工程施工过程中，进行到施工图所规定的处理范围边缘时，乙方为了使夯击质量得到保证，将夯击范围适当扩大。施工完成后，乙方就扩大范围内的施工工程量向造价工程师提出计量付款的要求，但遭到拒绝。造价工程师拒绝承包人的要求是否合理，为什么？

事件 2：在工程施工过程中，乙方根据监理工程师指示就部分工程进行了变更施工。承包人是否可就工程变更部分提出索赔？产生该索赔的原因是什么？合同价款应根据什么原则确定？

事件 3：在开挖土方过程中，有两项重大事件使工期发生较大的拖延。一是土方开挖时遇到了一些工程地质勘探没有探明的孤石，排除孤石拖延了一定时间；二是施工过程中遇到数天季节性大雨后又转为特大暴雨引起山洪暴发，造成现场临时道路、管网和施工用房等设施以及部分已施工的基础被冲坏，施工设备损坏，运进现场的部分材料被冲走，乙方数名施工人员受伤，雨后乙方用了很多工时清理现场和恢复施工条件。乙方按照索赔程序提出了延长工期和费用补偿要求。造价工程师此时应如何处理？

【案例评析】

事件 1：造价工程师的拒绝合理。该部分的工程量超出了施工图的要求，一般来讲，也就超出了工程合同约定的工程范围。该部分的工程量可以认为是承包人保证施工质量的技术措施，一般在甲方没有批准追加相应费用的情况下，技术措施费用应由乙方自己承担。

事件 2：可以索赔，该索赔是合同执行过程中的变更引起的。工程变更价款的确定原则包括合同中已有适用于变更工程的价格，按合同已有的价格计算、变更合同价款；合同中只有类似于变更工程的价格，可以参照类似价格变更合同价款；合同中没有适用或类似于变更工程的价格，由承包人提出适当的变更价格，工程师批准执行，批准的变更价格应与承包人达成一致，否则，按合同争议的处理方法解决。

事件 3：造价工程师应对两项索赔事件做出如下处理。

（1）对于处理孤石引起的索赔，这是预先无法估计的地质条件变化，属于甲方应承担的风险，应给予乙方工期顺延和费用补偿。

（2）对于天气条件变化引起的索赔应分两种情况处理。

①对于前期的季节性大雨,这是一个有经验的承包人预先能够合理估计的因素,应在合同工期内考虑,造成的时间和费用损失不能给予补偿。

②对于后期特大暴雨引起的山洪暴发,不能视为一个有经验的承包人预先能够合理估计的因素,应按不可抗力处理引起的索赔问题。被冲坏的现场临时道路、管网和施工用房等设施以及已施工的部分基础,被冲走的部分材料,清理现场和恢复施工条件等经济损失,应由甲方承担;损坏的施工设备、受伤的施工人员以及因此造成的人员窝工和设备闲置等经济损失应由乙方承担;工期应顺延。

7.2.2　索赔的程序

索赔的程序是指从索赔事件产生到最终处理全过程包含的工作内容和工作步骤。索赔工作实质上是承包人和发包人在分担工程风险方面的重新分配过程,涉及双方的众多经济利益,是一项烦琐、细致、耗费精力和时间的工作。因此,合同双方必须严格按照合同规定办事,按合同规定的索赔程序工作,才能获得成功的索赔。

具体工程的索赔工作程序,应根据双方签订的施工合同产生。在工程实际中,承包人提出的索赔的工作程序一般可分为如下主要步骤。

（一）承包人索赔的提出

根据合同约定,承包人认为有权得到追加付款和(或)延长工期的,应按以下程序向发包人提出索赔。

（1）承包人应在知道或应当知道索赔事件发生后 28 天内,向监理人递交索赔意向通知书,说明发生索赔事件的事由。承包人未在 28 天内发出索赔意向通知书的,丧失要求追加付款和(或)延长工期的权利。

（2）承包人应在发出索赔意向通知书后 28 天内,向监理人正式递交索赔通知书。索赔通知书应详细说明索赔理由以及要求追加的付款金额和(或)延长的工期,附必要的记录和证明材料。

（3）索赔事件具有连续影响的,承包人应按合理时间间隔继续递交延续索赔通知,说明连续影响的实际情况和记录,列出累计的追加付款金额和(或)工期延长天数。

（4）在索赔事件影响结束后的 28 天内,承包人应向监理人递交最终索赔通知书,说明最终要求索赔的追加付款金额和延长的工期,附必要的记录和证明材料。

（二）索赔资料的准备

（1）索赔资料准备阶段的主要工作如下:

①跟踪和调查干扰事件,掌握事件产生的详细经过和前因后果;

②分析干扰事件产生原因,划清各方责任,确定由谁承担,分析这些干扰事件是否违反了合同规定、是否在合同规定的赔偿或补偿范围内;

③调查或计算损失或损害,通过对比实际和计划的施工进度和工程成本分析经济损失或权利损害的范围和大小,计算出工期索赔和费用索赔;

④收集证据,从干扰事件产生、持续直至结束的全过程都必须保留完整的当时记录,这是索赔能够成功的重要条件;

⑤起草索赔文件,按照索赔文件的格式和要求,将上述各项内容系统反映在索赔文件中。

(2)工程实施中,合同双方应注意以下资料的积累和准备:

①发包人指令书、确认书;

②承包人要求、请求、通知书;

③发包人提供的水文地质、地下管网资料,施工所需的证件、批件、临时用地占地证明手续、坐标控制点资料、图纸等;

④承包人的年、季、月施工计划,施工方案,施工组织设计及监理人批准、认可的记录等;

⑤施工规范、质量验收单、隐蔽工程验收单、验收记录;

⑥承包人要求预付通知、工程量核实确认单;

⑦发包人对承包人的材料供应清单、合格证书;

⑧竣工验收资料、竣工图;

⑨工程结算书、保修单等。

(三)索赔通知书

1)索赔通知书的内容

索赔通知书的具体内容,视该索赔事件的性质和特点而有所不同。一般来说,完整的索赔通知书应包括 4 个部分,即总论部分、根据部分、计算部分、证据部分。

(1)总论部分。

总论部分一般包括序言、索赔事项概述、具体索赔要求、索赔通知书编写、审核人员名单等内容。总论部分应概要地论述索赔事件的发生日期与过程、施工单位为该索赔事件所付出的努力和附加开支、施工单位的具体索赔要求。总论部分最后应附索赔通知书编写组主要人员及审核人员的名单,注明有关人员的职称、职务及施工经验,以表示该索赔通知书的严肃性和权威性。总论部分的阐述应简明扼要并能说明问题。

(2)根据部分。

根据部分主要说明自己具有的索赔权利,这是索赔能够成立的关键。其内容主要来自该工程项目的合同文件,参照有关法律规定。在该部分,施工单位应引用合同中的具体条款,说明自己理应获得经济补偿或工期延长。

根据部分的篇幅可能很大,其具体内容视各索赔事件的情况而不同。一般来说,根据部分应包括索赔事件的发生情况、已递交索赔意向书的情况、索赔事件的处理过程、索赔要求的合同根据、所附的证据资料等内容。在写法结构上,根据部分按照索赔事件的发生、发展、处理和最终解决的过程编写,明确全文引用有关的合同条款,使建设单位和监理工程师能历史性地、逻辑性地了解索赔事件的始末并充分认识该项索赔的合理性和合法性。

(3)计算部分。

计算部分以具体的计算方法和计算过程,说明自己应得经济补偿的款额或工期延长时间。如果说根据部分的任务是解决索赔能否成立,计算部分的任务就是决定应得到多少索赔款额和工期。前者是定性的,后者是定量的。

在款额计算部分,施工单位必须阐明下列问题:

①索赔款的要求总额;

②各项索赔款的计算,如额外开支的人工费、材料费、管理费和损失利润;

③各项开支的计算依据及证据资料。

施工单位应注意采用合适的计价方法,计价方法应根据索赔事件的特点及所掌握的证据资料等因素确定。同时,施工单位应注意每项开支款额的合理性,指出相应的证据资料的名称及编号,切忌采用笼统的计价方法和不真实的开支款额。

(4)证据部分。

证据部分包括该索赔事件涉及的所有证据资料,以及对这些证据的说明。证据是索赔通知书的重要组成部分,没有翔实可靠的证据,索赔是不能成功的。引用证据时,要注意该证据的效力和可信程度。因此,重要的证据资料最好附文字证明或确认件。例如,一个重要的电话内容,仅附自己的记录本是不够的,最好附经过双方签字确认的记录或附发给对方要求确认该电话记录的函件,即使对方未给复函,也可以说明责任在对方,因为对方未复函确认或修改,按惯例应理解为已默认。

①索赔依据的要求如下。

a.真实性。索赔依据必须是在实施合同过程中确定存在和发生的,必须完全反映实际情况,能经得住推敲。

b.全面性。索赔依据应能说明事件的全过程。索赔通知书中涉及的索赔理由、事件过程、影响、索赔数额等都应有相应依据,不能零乱和支离破碎。

c.关联性。索赔依据应当能够相互说明,具有关联性,不能有矛盾。

d.及时性。索赔依据的取得及提出应及时,符合合同约定。

e.具有法律证明效力。索赔依据必须是书面文件,有关记录、协议、纪要必须是双方签署的;工程重大事件、特殊情况的记录和统计必须由合同约定的监理人签证认可。

②索赔依据的种类如下:

a.招标文件、工程合同及附件、业主认可的施工组织设计、工程图纸、地质勘探报告、技术规范等;

b.工程各项有关设计交底记录、变更图纸、变更施工指令等;

c.工程各项经业主或监理工程师签认的签证;

d.工程各项往来信件、指令、信函、通知、答复等;

e.工程各项会议纪要;

f.施工计划及现场实施情况;

g.施工日报及工程工作日志、备忘录;

h.工程送电、送水,道路开通、封闭的日期及数量;

i.工程停水、停电和干扰事件影响的日期及恢复施工的日期;

j.工程预付款、进度款拨付的数额及日期;

k.工程图纸、图纸变更、交底记录的送达份数及日期;

l.工程有关施工部位的照片及录像等;

m.工程现场气候记录,有关天气的温度、风力、降雨雪量等;

n.工程验收报告及各项技术鉴定报告等；

o.工程材料采购、订货、运输、进场、验收、使用等方面的凭据；

p.工程会计核算资料；

q.国家、省、市有关影响工程造价、工期的文件、规定等。

索赔通知（示例）

致甲方代表（或监理工程师）：

我方希望你方对工程地质条件变化问题引起重视。我方在合同文件未标明有坚硬岩石的地方遇到了坚硬岩石，致使我方实际生产率降低，引起进度拖延，导致不得不在雨季施工。

上述施工条件变化，造成我方施工现场设计与原设计有很大不同，因此向你方提出工期索赔要求，具体的工期索赔、费用索赔依据及计算书在随后的索赔通知书中。

承包商：××

××年××月××日

2）索赔通知书的提交

合同通用条款规定，承包人应在发出索赔意向通知书后 28 天内，向监理人正式递交索赔通知书。索赔通知书应详细说明索赔理由以及要求追加的付款金额和（或）延长的工期，附必要的记录和证明材料；当索赔事件持续进行时，承包人应按合理时间间隔继续递交延续索赔通知，说明连续影响的实际情况和记录，列出累计的追加付款金额和（或）工期延长天数；在索赔事件结束后的 28 天内，承包人应向监理人递交最终索赔通知书，说明最终要求索赔的追加付款金额和延长的工期，附必要的记录和证明材料。

索赔通知书是承包人向监理人提交的，要求发包人给予一定经济补偿或延长工期的正式报告。索赔通知书通常是在干扰事件结束后，由承包人在收集整理相关资料的基础上编写的。

索赔通知书一般包括三部分内容。

第一部分为致监理人的索赔说明信。信中应简明扼要地说明索赔的事项、理由和金额（工期）。

第二部分为索赔通知书正文，包括标题、事实与理由、损失计算。标题应概括索赔的中心内容；事实与理由应准确叙述客观事实，合理引用合同规定，通过正确的论证推理，建立事实与损失结果之间的因果关系，说明索赔的合法合理性；损失计算是主要计算过程和计算结果的汇总。

第三部分为详细的计算结果和证明材料，作为对正文的补充。

编写索赔通知书是一项比较复杂的工作，需要多方面的知识、经验和能力，如合同、法律、计划、组织、工程技术、成本核算、财务管理等。索赔通知书的编写要求索赔事件真实，符合实际，简明扼要，说服力强，责任分析清楚、明确，索赔值计算准确。

（四）索赔的处理与解决

从递交索赔通知书到索赔结束是索赔的处理与解决过程。监理人经过对索赔文件的评审，应提出对索赔处理决定的初步意见，参加发包人和承包人之间的索赔谈判，根据谈判达成索赔最后处理的一致意见。如果发包人和承包人谈判不能达成一致，就会导致合同争议。通过协商达成互谅互让的解决方案,是处理争议的最理想方式。如不能达成谅解,承包人可根据合同规定有权将索赔争议提交争议评审组,提请仲裁或诉讼,使索赔问题得到最终解决。

承包人索赔程序(部分)如图 7-1 所示。从承包人递交索赔通知书到最终获得赔偿的支付是索赔的解决过程。这个阶段工作的重点是通过谈判、调解或仲裁,使索赔得到合理解决。

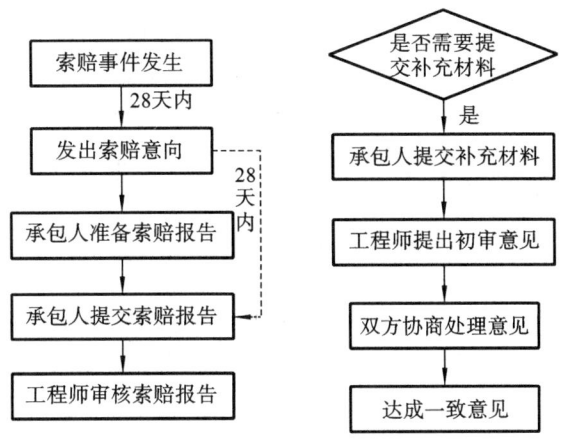

图 7-1　承包人索赔程序(部分)

【案例 7-2】

某路桥工程公司承包高速公路一座桥梁施工,该工程合同采用国内范本合同条件。承包人于 2006 年 4 月 1 日进驻工地,准备按合同开工期 2006 年 5 月 1 日开工,因征地拆迁延误到 2006 年 5 月 24 日才开始施工。在 2006 年 8 月 3 日桥梁基坑开挖后,承包人发现基底承载力不能满足设计要求,按监理变更通知将扩大基础改为钻孔桩基础,使该桥施工期延误 7 天。2007 年 9 月 20 日,业主提出要对桥梁外部进行氟碳装修,这样工程就不能在合同规定的 2007 年 10 月 1 日前竣工,要延迟到 2007 年 10 月 25 日。承包人于 2007 年 10 月 2 日就上述三项事件提出索赔要求并要求工期延长 55 天。

问题:

(1)承包人提出索赔的依据是什么?

(2)监理工程师如何处理上述索赔事件?

【案例评析】

(1)承包人提出索赔的依据是施工合同。

(2)承包人有理由要求费用索赔的有三项:开工延误 23 天的索赔,因业主原因导致;增加装修延误 25 天的索赔,因业主要求增加了工程内容;地基承载力不足而改为钻孔灌注桩延误 7 天的索赔,此项虽并非业主的原因造成的,但监理下达变更指令,因此可索赔。

上述三项均有理由要求延长工期,因为上述三项均不属于承包人的过错、失误或违约。

工期可延至 10 月 25 日。

7.2.3 索赔的计算

（一）工期索赔

工程施工中常会发生一些未能预料的事件，使施工不能顺利进行。工期延长意味着工程成本增加，对合同双方都会造成损失。

1）工程延误的分类和识别

（1）按工程延误责任分。

①发包人及监理人的责任。发包人和监理人的责任引起的延误一般可分为两种情况：第一种是由发包人和监理人主观原因引起的延误，如拖延交付施工场地、拖延交付图纸、拖延审批施工方案、拖延支付工程款、未能按合同规定及时提供材料或设备、发布错误的指令等引起的延误；第二种是由工程变更引起的延误，如设计变更引起的工程量增加、额外工作等引起的延误。

②承包人的责任。承包人的责任引起的延误包括承包人施工管理不善、组织协调不力、指挥不当、财务困难、工作失误等引起的延误。

③不可控制因素导致的延误。不可控制因素导致的延误主要有不可抗力的自然灾害、不利现场条件等引起的延误。

（2）按延误原因分。

①可原谅延误，指不是承包人的过失和违约造成的延误，如发包人责任、不可抗力因素导致的延误都是可原谅延误。

②不可原谅延误，指承包人可以预见或可以控制但由于过失造成的延误，即承包人责任的延误。

实际中，对于可原谅延误与不可原谅延误，各合同的规定可能不尽相同，遇到具体情况时，应查阅合同规定。

（3）按延误是否可补偿经济损失分。

可原谅延误根据是否可以补偿经济损失进一步划分为可补偿延误和不可补偿延误。

①可补偿延误是指承包人有权同时要求延长工期和经济损失的延误。

②不可补偿延误是指可以给予工期延长，但不能对相应的经济损失给予补偿的延误。判断延误是否可以补偿经济损失的决定因素是发包人或监理人是否应对造成该延误的情况负责或合同规定的不由承包人承担的风险。

（4）按延误出现的活动类型分。

①关键延误，是指发生在网络计划中关键活动上的延误。

②非关键延误，是指发生在非关键活动上的延误。非关键活动上都有一定的时差可以利用，具有一定的灵活性。因此，只要延误时间不超过该活动可以利用的时差，就不会导致整个工期的延误。关键活动一旦延误，会使整个工期延误。

显然，只有当延误发生在关键活动或者延误导致非关键活动成为关键活动时，监理人才会考虑承包人的延期要求。

（5）按延误出现的形式分。

①单独延误，是指只发生一项延误，没有其他延误同时发生。

②共同延误可能是在同一工作上同时发生两项或两项以上的延误，也可能是在不同的工作上同时发生两项或两项以上的延误。

工期延误索赔的分类及其处理原则见表 7-1。

表 7-1　工期延误索赔的分类及其处理原则

索赔原因	是否可原谅	责任者	延误原因	处理原则	索赔情况
工期延误	可原谅延误	发包人	修改设计、施工条件变化、发包人原因、监理人原因等（属于可补偿延误）	可给予工期延长并补偿费用损失	可获工期索赔及费用索赔
		客观原因	特殊反常的天气、工人罢工、天灾等（一般属于不可补偿延误）	可给予工期延长，但是否给予费用补偿依合同具体规定	可获工期索赔（除了合同规定，一般不获得费用索赔）
	不可原谅延误	承包人	工效不高、施工组织不好、设备材料不足等	不延长工期，也不补偿损失	无权索赔

2）工期索赔计算

工期索赔计算主要有网络分析法和比例计算法两种方法。

（1）网络分析法。

网络分析法利用进度计划的网络图，分析关键线路。如果延误的工作为关键工作，总延误的时间为批准顺延的工期。如果延误的工作为非关键工作，若该工作由于延误超过时差限制而成为关键工作，可以批准延误时间与时差的差值；若该工作延误后仍为非关键工作，不存在工期索赔问题。

（2）比例计算法。

比例计算法根据已知条件不同可采用不同的计算公式。

①已知部分工程的延期时间时，计算公式如下：

$$工期索赔额 = \frac{受干扰部分的工程价}{原合同总价} \times 该受干扰部分工期拖延时间$$

②已知额外增加工程量的价格时，计算公式如下：

$$工期索赔额 = \frac{额外增加的工程量的价格}{原合同总价} \times 原合同总工期$$

比例计算法简单方便，但有时不太符合实际情况。该法不适用于变更施工顺序、加速施工、删减工程量等事件的索赔。

【案例 7-3】

某工程原合同规定分两阶段进行施工,土建工程为 21 个月,安装工程为 12 个月。假定以一定量的劳动力需要量为相对单位,合同规定的土建工程量可折算为 310 个相对单位,安装工程量可折算为 70 个相对单位。合同规定,工程量增减 10% 以内作为承包商的工期风险,不能要求工期补偿。工程施工过程中,土建工程和安装工程的工程量都有较大幅度的增加。实际土建工程量增加到 430 个相对单位,实际安装工程量增加到 117 个相对单位。

问题:

承包商可以提出多少工期索赔额?

【案例评析】

承包商提出的工期索赔如下。

不索赔的土建工程量的上限为 $310 \times 1.1 = 341$。

不索赔的安装工程量的上限为 $70 \times 1.1 = 77$。

由于工程量增加而造成的工期延长如下。

土建工程工期延长为 $21 \times (430/341 - 1)$ 月 $= 5.5$ 月。

安装工程工期延长为 $12 \times (117/77 - 1)$ 月 $= 6.2$ 月。

总工期索赔为 $(5.5 + 6.2)$ 月 $= 11.7$ 月。

【案例 7-4】

某路桥公司(乙方)于某年 4 月 20 日与某高速公路开发公司(甲方)签订了修建高速公路服务区(带地下室)的施工合同,建筑面积为 3000 m²。乙方编制的施工方案和进度计划已获监理工程师批准。

该工程的基坑施工方案规定,土方工程采用租赁一台斗容量为 1 m³ 的反铲挖掘机施工。甲乙双方合同约定 5 月 11 日开工,5 月 20 日完工。在实际施工中发生如下几个事件。

事件 1:因租赁的挖掘机大修,晚开工 2 天,造成窝工 10 个工日。

事件 2:基坑开挖后,因遇软土层,接到监理工程师 5 月 15 日停工的指令,进行地质复查,配合用工 15 个工日。

事件 3:5 月 19 日接到监理工程师于 5 月 20 日复工的指令。5 月 20 日至 5 月 22 日,因罕见的大雨迫使基坑开挖暂停,造成窝工 10 个工日。

事件 4:5 月 23 日用 30 个工日修复冲坏的永久道路,5 月 24 日恢复正常挖掘工作,最终基坑于 5 月 30 日施工完毕。

问题:

(1)简述工程施工索赔的程序。

(2)乙方对上述哪些事件可以向甲方要求索赔?乙方对上述哪些事件不可以要求索赔?说明原因。

(3)每项事件工期索赔各是多少天?总计工期索赔是多少天?

(4)什么是共同延误?共同延误的处理原则有哪些?

【案例评析】

（1）《公路工程施工合同范本》规定了如下施工索赔程序。

①承包人应在知道或应当知道索赔事件发生后 28 天内,向监理人递交索赔意向通知书,说明发生索赔事件的事由;承包人未在前述 28 天内发出索赔意向通知书的,丧失要求追加付款和(或)延长工期的权利。

②承包人应在发出索赔意向通知书后 28 天内,向监理人正式递交索赔通知书;索赔通知书应详细说明索赔理由以及要求追加的付款金额和(或)延长的工期,附必要的记录和证明材料。

③索赔事件具有持续影响的,承包人应按合理时间间隔继续递交延续索赔通知,说明持续影响的实际情况和记录,列出累计的追加付款金额和(或)工期延长天数。

④在索赔事件影响结束后 28 天内,承包人应向监理人递交最终索赔通知书,说明最终要求索赔的追加付款金额和(或)延长的工期,附必要的记录和证明材料。

（2）事件 1:索赔不成立。因为此事件发生属于乙方自身责任。

事件 2:索赔成立。因为该施工地质条件的变化是一个有经验的承包商无法合理预见的。

事件 3:索赔成立。因为这是特殊反常的恶劣天气造成工程延误。

事件 4:索赔成立。因为恶劣的自然条件或不可抗力引起的工程损坏及修复,应由业主承担责任。

（3）事件 2:索赔工期 5 天(5 月 15 日至 5 月 19 日)。

事件 3:索赔工期 3 天(5 月 20 日至 5 月 22 日)。

事件 4:索赔工期 1 天(5 月 23 日)。

共计索赔工期:(5+3+1)天=9 天。

（4）共同延误的处理。实际施工过程中,工期拖期很少只由一方造成,往往是多种原因同时发生(或相互作用)而形成的,故称为共同延误。这种情况下,要具体分析哪种情况延误是有效的,应依据以下原则。

①判断造成拖期的哪种原因是最先发生的,即确定初始延误者,它应对工程拖期负责。初始延误者发生作用期间,其他并发的延误者不承担拖期责任。

②如果初始延误者是发包人原因,则在发包人原因造成的延误期内,承包人既可得到工期延长,又可得到经济补偿。

③如果初始延误者是客观原因,则在客观因素发生影响的延误期内,承包人可以得到工期延长,但很难得到费用补偿。

④如果初始延误者是承包人原因,则在承包人原因造成的延误期内,承包人既不能得到工期补偿,也不能得到费用补偿。

（二）费用索赔

索赔费用的计算方法主要有三种(实际费用法、总费用法、修正的总费用法),索赔费用的主要组成部分和工程款的内容相似,按国际惯例一般包括直接费、间接费、利润和税金。直接费包括人工费、材料费和机械使用费;间接费包括工地管理费、保险费、利息、总部管理费等。

1) 索赔费用的计算原则

索赔费用都以赔(补)偿实际损失为原则,在索赔费用计算中主要体现以下两个原则:①索赔的费用应反映实际损失;②实际损失必须由索赔事件引起。

2) 计算内容及方法

(1) 人工费。人工费是指完成合同之外的额外工作所花费的人工费用和由于非承包人责任的工效降低所增加的人工费用。计算方法:人工费用索赔额＝各类人员的工资单价(按合同约定或计日工资)×各类人员的人工数×应赔偿(或延长)的天数。

(2) 材料费。由于发包人修改了工程内容或需要重新施工,致使工程材料用量增加,承包人可向发包人提出材料费用索赔。计算方法:材料费用索赔额＝(实际使用的材料数量－原来材料数量)×使用材料的单价。

(3) 机械使用费。机械使用费的索赔包括以下内容:

①完成额外工作增加的机械使用费;

②非承包人责任工效降低增加的机械使用费;

③发包人或监理人原因导致机械停工的窝工费。

(4) 分包费用。分包费用索赔指的是分包人的费用索赔,一般包括人工费、材料费、机械使用费的索赔。分包人的索赔应如数列入总承包人的索赔款总额。

(5) 工地管理费。索赔款中的工地管理费是指承包人完成额外工程、索赔事项工作以及工期延长期间的工地管理费,包括管理人员工资、办公费等。

(6) 利息。在索赔款额的计算中,经常包括利息。利息的索赔通常发生于下列情况:

①延期付款的利息;

②工程变更和工程延误增加投资的利息;

③索赔款的利息;

④错误扣款的利息。

(7) 总部管理费。索赔款中的总部管理费主要指的是工程延误期间增加的管理费。这项索赔的计算目前没有统一的方法。在国际工程施工索赔中,总部管理费的计算有以下几种方法。

①按照投标书中总部管理费的比例计算:总部管理费＝合同中总部管理费比例(%)×(直接费索赔款额＋工地管理费索赔款额等)。

②按照公司总部统一规定的管理费比例计算:总部管理费＝公司管理费比例(%)×(直接费索赔款额＋工地管理费索赔款额等)。

③以工程延期的总天数为基础,计算总部管理费的索赔额:该工程向总部缴的管理费＝同期公司的总管理费×$\dfrac{\text{该工程的合同额}}{\text{同期公司的总合同额}}$;该工程的每日管理费＝$\dfrac{\text{该工程向总部上缴的管理费}}{\text{合同实施天数}}$;索赔的总部管理费＝该工程的每日管理费×工程延期的天数。

(8) 利润。一般来说,由于工程范围的变更和施工条件变化引起的索赔,承包人是可以将其列入利润的。但对于工程延误的索赔,由于利润通常包括在每项实施的工程内容的价格之内,而延误工期并未影响削减某些项目的实施而导致利润减少,所以一般的费用索赔不包括利润。

3)索赔费用的审查

(1)索赔通知书中通常存在的问题。

发包人和承包人在对待同一索赔事件的态度上是相反的,对索赔事件的处理总希望能对自己有利。任何一份索赔通知书,都会存在漏洞和薄弱环节。索赔通知书中常见的问题如下。

①对合同理解的错误。承包人片面地从自己的利益和观点出发解释合同是一种正常现象。人们对合同常常不能进行客观的、全面的分析,都做有利于自己的解释,导致索赔要求存在片面性和不客观性。索赔通知书中没有贯彻合同精神或没有正确引用合同的条文,所以索赔理由不足。

②承包人有推卸责任、转移风险的企图。索赔通知书中所列的干扰事件可能全部是或部分是承包人管理不善造成的问题,索赔要求中包括属于合同约定是承包人自己风险范围内的损失。

③扩大事实,夸大干扰事件的影响或提出一些不真实的干扰事件和没有根据的索赔要求。

④在索赔通知书中未能提出支持其索赔的详细资料,无法对索赔要求做出进一步解释,属于索赔证据不足,或没有证据。

⑤索赔值的计算不合理,多估冒算,漫天要价。按照通常的索赔策略,索赔者常常要扩大索赔额,给自己留有充分的余地,如将自己管理不善造成的损失和属于自己风险范围内的损失纳入索赔要求、扩大干扰事件的影响范围、采用对自己有利而不合理的计算方法等。所以索赔值常常会有虚假成分,甚至可能非常离谱。

这些问题在索赔通知书中屡见不鲜。如果认可这样的索赔通知书,发包人在经济上要受到损失,而且这种解决也是不合理的、不公平的。所以监理人必须对承包人的索赔通知书进行全面、系统的分析、评价、反驳,以找出问题、剔除不合理的部分,为索赔的合理解决提供依据。

(2)监理人对索赔通知书的审查。

监理人对承包人提交的索赔通知书可以从以下几个方面进行审查、核实,如图 7-2所示。

①审查索赔事件的真实性。

不真实、不肯定,没有根据或仅出于猜测的事件是不能提出索赔的。事件的真实性可以从以下两个方面证实。

a.承包人索赔通知书中的证据。不管事实怎样,只要承包人在索赔通知书中未提出事件经过的得力证据,监理人可要求承包人补充证据或否定索赔要求。

b.监理人注意合同跟踪。监理人可从合同管理中寻找对承包人不利的因素和条件,构成否定承包人索赔要求的证据。

②分清索赔事件的责任。

有些干扰事件和损失往往是存在的,但责任并不完全在发包人,通常有以下三种

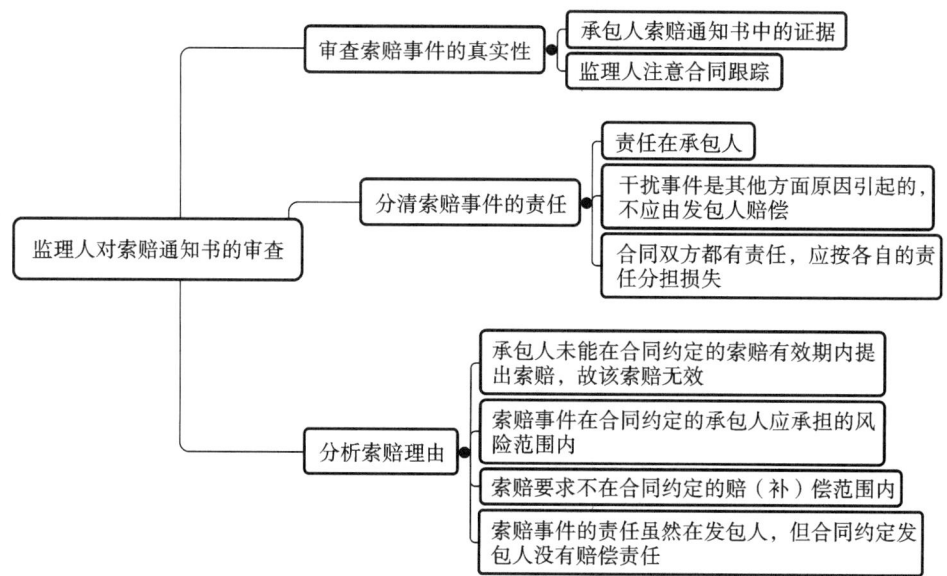

图 7-2　监理人对索赔通知书的审查

情况：

a.责任在承包人,如承包人疏忽大意、管理不善造成损失,在干扰事件发生后未采取得力、有效的措施降低损失,未遵守监理人的指令和通知等。

b.干扰事件是其他方面原因引起的,不应由发包人赔偿。

c.合同双方都有责任,应按各自的责任分担损失。

③分析索赔理由。

监理人应在审查索赔通知书的同时,努力为发包人寻找对发包人有利的合同条文,尽力推卸发包人的合同责任;寻找对承包人不利的合同条文,使承包人不能推卸或不能完全推卸自己的合同责任。这样可以从根本上否定承包人提出的索赔要求。

a.承包人未能在合同约定的索赔有效期内提出索赔,故该索赔无效。

b.索赔事件在合同约定的承包人应承担的风险范围内,如合同未明确约定或未具体约定补偿条件、范围、补偿方法等。

c.索赔要求不在合同约定的赔(补)偿范围内,不能提出索赔要求或应从索赔中扣除这部分。

d.索赔事件的责任虽然在发包人,但合同约定发包人没有赔偿责任,如合同中有对发包人的免责条款或合同约定不予赔偿等。

④分析索赔事件的影响程度和范围。

分析索赔事件和影响之间是否存在因果关系,分析干扰事件的影响范围。例如,在某工程中,承包人负责的某种材料未能及时运达工地,使分包人分包的工程受到干扰而拖延,但拖延天数在该工程活动的自由时差范围内,不影响工期且承包人已事先通知分包人,而施工计划又允许人为调整,则不能对工期和劳动力损失提出索赔;发包人拖延交付图纸造成工程延期,但在此期间,承包人未能按合同日期安排劳动力和管理人员进场,则工期可以顺延,但工期延长对费用影响比较小,不存在对承包人窝工费用的赔偿。

⑤审查索赔证据的可靠性。

对证据不足、证据不当或仅具有片面的证据的索赔,监理人可认为该索赔的证据缺乏可靠性,索赔不成立。证据不足,即证据不足以证明干扰事件的真相、全过程或证明事件的影响,需要重新补充。证据不当,即证据与本索赔事件无关或关系不大,证据的法律证明效力不足。具有片面的证据,即承包人仅具有对自己有利的证据。

例如,合同双方在合同实施过程中,对某问题进行过两次会谈,做过两次不同决议,则按合同变更次序,第二次决议(备忘录或会议纪要)的法律效力优先于第一次决议。如果在该问题相关的索赔通知书中仅出具第一次会议纪要作为双方决议的证明,则它是片面的,不完全的。

⑥审查索赔费用的计算。

监理人应在对索赔项目和索赔内容进行审核的基础上,对承包人关于索赔费用的计算进行审查,主要审查用于计算的单价和费率。

【案例 7-5】

某施工单位根据某桥梁的招标文件和全套施工图纸,采用低报价策略编制了投标文件并中标。该施工单位(承包商)于 2018 年 3 月 10 日与建设单位(业主)签订了该工程项目的固定价格施工合同,合同工期为 8 个月。工程招标文件参考资料中提供的供砂地点距工地 4 km,但是开工后,检查该砂质量不符合要求,承包商只得从另一距工地 20 km 的供砂地点采购。由于供砂距离增大,必然引起费用的增加,承包商经过仔细计算后,在业主指令下达的第 3 天向业主提交了将原用砂单价提高 5 元/t 的索赔要求。工程进行一个月后,业主因资金紧缺,无法如期支付工程款,口头要求承包商暂停施工一个月,承包商也口头答应。恢复施工后,在一个关键工作面上又因几种原因造成临时停工:5 月 20 日至 5 月 24 日承包商的施工设备出现了从未有过的故障;6 月 8 日至 6 月 12 日下了罕见的特大暴雨,造成 6 月 13 日至 6 月 14 日该地区的供电全面中断。针对上述两次停工,承包商向业主提出要求顺延工期共计 42 天。

问题:

(1)该工程采用固定价格合同是否合适?

(2)该合同的变更形式是否妥当,为什么?

(3)承包商的索赔要求成立的条件是什么?

(4)上述事件中,承包商提出的索赔要求是否合理?请说明原因。

【案例评析】

(1)因为固定价格合同适用于工程量不大且能够较准确计算、工期较短、技术不太复杂、风险不大的项目,该工程基本符合这些条件,故采用固定价格合同是合适的。

(2)该合同变更形式不妥。根据《中华人民共和国民法典》和《公路工程施工合同范本》的有关规定,建设工程合同应当采取书面形式,合同变更亦应当采取书面形式。若在紧急情况下,可以采取口头形式,但事后应予以书面形式确认。否则,在合同双方对合同变更内容有争议时,往往因口头形式很难举证,而不得不以书面协议约定的内容为准。本案例中,业主要求临时停工,承包商也答应,是双方的口头协议,事后并未以书面的形式确认。因此,该合同变更形式不妥。

(3)承包商的索赔要求成立必须同时具备如下4个条件:

①与合同相比,已造成了实际的额外费用或工期损失;

②造成费用增加或工期损失的原因不属于承包商的行为责任;

③造成费用增加或工期损失不是应由承包商承担的风险;

④承包商在事件发生后的规定时间内提交了索赔的书面意向通知和索赔通知书。

(4)因砂场地点变化提出的索赔要求不合理,原因有以下3个:

①承包商应对自己就招标文件的解释负责;

②承包商应对自己报价的正确性与完备性负责;

③一个有经验的承包商,可以通过现场踏勘确认招标文件参考资料中提供的用砂质量是否合格,若承包商没有通过现场踏勘发现用砂质量问题,其相关风险应由承包商承担。

因上述几种情况暂时停工提出的工期索赔不合理,可以批准的延长工期为7天,原因有以下3个:

①5月20日至5月24日出现的设备故障,属于承包商应承担的风险,不应考虑承包商的延长工期和费用索赔要求。

②6月8日至6月12日的特大暴雨属于双方共同的风险,应延长工期5天。

③6月13日至6月14日的停电属于有经验的承包商无法预见的自然条件变化,为业主应承担的风险,应延长工期2天。

因业主资金紧缺要求停工1个月而提出的工期索赔是合理的。原因是业主未能及时支付工程款,应对停工承担责任,故应赔偿承包商停工1个月的实际经济损失,工期顺延1个月。

综上所述,承包商可以提出的工期索赔共计37天。

【案例7-6】

某项目由于通行权地区内的电线杆、房屋和树木没有及时拆除,妨碍土方工程的进行,承包人根据《标准施工招标文件》通用合同条款第23条提出如下索赔。

(1)要求延长时间:26天。

(2)闲置(窝工)费用:62220元。

针对该项索赔,监理人做出如下决定:

(1)尽管通行权地区的问题没有完全解决好,但实际上仍可通行,因此工程无须停工;

(2)由于没有及时拆除,确实给运土造成不便,引起了一定的迟延和额外开支。

结论:此项索赔有一部分是合理的,对合理部分计算索赔费用。

【案例7-7】

某公路工程项目施工承包合同的签约合同价为8000万元(其中直接费为5200万元),建设工期为18个月。在施工过程中,发生如下5项事件。

事件1:由于发包人原因提出对原设计进行修改,造成全场性停工45天。

事件2:在基础开挖过程中,个别部位实际土质与发包人在招标时提供的参考资料中给定的地质资料不符,造成施工直接费增加了2万元、相应工序的持续时间增加了4天。

事件 3:在基础施工中,承包人除了按设计要求对基底进行了妥善处理,为了保证质量,还扩大了基坑底面尺寸,将基础混凝土强度由 C15 提高到了 C20,造成施工直接费增加了 11 万元、相应工序的持续时间增加了 5 天。

事件 4:在桥墩施工过程中,发包人提供的施工图纸有误,造成施工直接费增加了 4 万元、相应工序的持续时间增加了 6 天。

事件 5:进入雨季施工,恰逢 50 年一遇的大暴雨,造成停工损失 3 万元,工期增加了 8 天。

在以上事件中,除了事件 1 和事件 5,其余工序均未发生在关键线路上。

施工过程中,承包人在合同约定的期限内向监理人提出工期和费用索赔。承包人提出如下索赔要求。

(1)增加合同工期 68 天。

(2)增加费用 137.19 万元,计算如下。

①发包人变更设计,图纸延误,损失 45 天(1.5 个月)的管理费和利润计算如下。

管理费＝合同价÷工期×管理费费率×延误时间＝8000÷18×12％×1.5 万元＝80 万元。

利润＝(合同价＋管理费)÷工期×利润率×延误时间＝(8000＋80)÷18×5％×1.5 万元＝33.67 万元。

合计 113.67 万元。

②地质资料不符、混凝土强度提高、桥墩图纸错误、暴雨等因素造成的费用增加计算如下。

直接费＝20 万元。

管理费＝20×12％万元＝2.40 万元。

利润＝(20＋2.4)×5％万元＝1.12 万元。

合计 23.52 万元。

问题:

(1)承包人针对施工过程中发生的上述事件提出的费用索赔和工期索赔是否成立,为什么?

(2)承包人索赔计算方法是否正确?应如何计算?(计算以万元为单位,保留两位小数)

(3)如果在工程缺陷责任期发生了由承包人原因引起的质量问题,在监理人多次书面指令承包人修复而承包人一再拖延的情况下,发包人另请其他承包人修复,修复费用该如何处理?

【案例评析】

(1)事件 1:由于发包人修改设计,监理人同意索赔。

事件 2:承包人针对事件 2 提出的费用索赔和工期索赔均不成立,因为发包人提供的参考资料不构成合同文件,对于发包人提供的参考资料,承包人应对自己就该资料的解释、推论和使用负责,这是承包人应承担的风险。

事件 3:承包人针对事件 3 提出的费用索赔和工期索赔均不成立,因为扩大基坑底面尺寸及提高混凝土强度等级并非监理人下达变更指令所致,该工作属于承包人采取的质量保证措施。

事件 4:承包人针对事件 4 提出的费用索赔成立,因为这是由于发包人提供的施工图纸有误;工期索赔不成立,因为该延误未发生在关键线路上,对总工期并无影响。

事件 5:承包人针对事件 5 提出的费用索赔不成立,工期索赔成立,因为该事件是异常恶劣气候条件造成的,承包人不应得到费用补偿。

(2) 工期索赔为 53 天,即发包人修改设计和暴雨的影响可索赔工期;增加费用 80.97 万元。

①发包人变更设计,图纸延误,损失 45 天(1.5 月)的管理费和利润,计算基数应为直接费,不应为合同价。

管理费 = 直接费÷工期×管理费费率×延误时间 = 5200÷18×12%×1.5 万元 = 52 万元。

利润 = (直接费×延误时间÷工期 + 管理费)×利润率 = (5200×1.5÷18 + 52)×5% 万元 = 24.27 万元。

合计 76.27 万元。

②桥墩图纸延误造成的费用增加为 4.70 万元,计算如下。

直接费 = 4 万元。

管理费 = 4×12% 万元 = 0.48 万元。

利润 = (4 + 0.48)×5% 万元 = 0.22 万元。

合计 4.70 万元。

(3) 维修费用应由承包人承担,发包人可从质量保证金中扣除。

(三) 反索赔

反索赔就是反驳、反击或者防止对方提出的索赔,不让对方索赔成功或者全部成功。一般认为,索赔是双向的,业主和承包商都可以向对方提出索赔要求,也都可以对对方提出的索赔要求进行反击和反驳,这种反击和反驳就是反索赔。

工程实践过程中,当合同一方向对方提出索赔要求,合同另一方对对方的索赔要求和索赔文件可能会有 3 种选择:一是全部认可对方的索赔,包括索赔的数额;二是全部否定对方的索赔;三是部分否定对方的索赔。

针对一方的索赔要求,反索赔的一方应以事实为依据,以合同为准绳,反驳和拒绝对方的不合理要求或索赔要求中的不合理部分。

1) 反索赔的基本内容

反索赔的工作内容包括两个方面,即合理防止对方提出索赔、反击或者反驳对方的索赔要求。要成功地防止对方提出索赔,应采取积极防御的策略。首先,自己严格履行合同规定的各项义务,防止自己违约,通过加强合同管理使对方找不到索赔的理由和根据,使自己处于不能被索赔的地位。其次,如果工程实施过程中发生了干扰事件,应立即着手研究和分析合同依据,收集证据,为提出索赔和反索赔做好准备。

如果对方提出了索赔要求,己方应采取各种措施来反击或反驳对方的索赔要求,常用的措施有以下几种。

（1）抓对方的失误，直接向对方提出索赔，以对抗或平衡对方的索赔要求，以求在最终解决索赔时互相让步或互不支付。

（2）针对对方的索赔通知书，进行认真、仔细的研究和分析，找出理由和证据，证明对方索赔要求或索赔通知书不符合实际情况和合同规定、没有合同依据或事实证据、索赔值计算不合理或不准确等问题，反击对方的不合理索赔要求，推卸或减轻自己的责任，使自己不受或少受损失。

2）对索赔通知书的反击或反驳要点

对对方索赔通知书的反击或反驳，一般可以从以下 6 个方面进行。

（1）索赔要求或报告的时限性。审查对方是否在干扰事件发生后的索赔时限内及时提出索赔要求或报告。

（2）索赔事件的真实性。

（3）干扰事件的原因、责任分析。如果干扰事件确实存在，应通过对事件的调查分析确定原因和责任。如果事件责任属于索赔者，索赔不成立；如果合同双方都有责任，应按各自的责任大小分担损失。

（4）索赔理由分析。应分析对方的索赔要求是否与合同条款或有关法规一致，所受损失是否是非对方责任造成的。

（5）索赔证据分析。应分析对方提供的证据是否真实、有效、合法，是否能证明索赔要求成立。证据不足、不全、不当、没有法律证明效力或没有证据时，索赔不成立。

（6）索赔值审核。如果经过上述的各种分析、评价，仍不能从根本上否定对方的索赔要求，必须对索赔通知书中的索赔值进行认真细致的审核。审核的重点是索赔值的计算方法是否合情合理、各种取费是否合理适度、是否重复计算、计算结果是否准确等。

在具体的工程中，承包人向业主提出了索赔，为业主服务的工程师可以在以下 9 个方面对索赔提出质疑：

①索赔事项不属于发包人或工程师的责任，而是与承包人有关的其他第三方的责任；

②发包人和承包人共同负有责任，承包人必须划分和证明双方责任的大小；

③事实依据不足；

④合同依据不足；

⑤承包人未遵守意向通知要求；

⑥承包人以前已经放弃（明示或暗示）索赔要求；

⑦承包人没有采取适当措施避免或减少损失；

⑧承包人必须提供进一步的证据；

⑨损失计算夸大。

索赔虽然不可能完全避免，但通过努力可以减少其发生次数。工程师应正确地理解合同规定，减少分歧出现；做好日常监理工作，随时与承包人保持协调，把问题在进行过程中解决掉，而不是留到最后需要付款时再一次性处理；尽量为承包人提供力所能及的帮助，以共同目标为重，使双方基于友好合作目的而放弃模棱两可的索赔机会；建立和维护工程师处理合同事务的威信，以公正的立场、良好的合作精神、良好的处理问题的能力，让承包人在索赔前认真做好准备工作，以质取胜，减少索赔数量。

工程师是为发包人服务的,但也不能让承包人受到损失。索赔的主动权还是在承包人。

自我测评

一、单选题

1. 承包人要变动保险合同条款时,应事先征得(   )同意并通知(   )。

A.发包人　　　　　B.保险人　　　　　C.监理人　　　　　D.保险公司

2. 工程变更经(   )批准后,承包人才能实施工程变更。

A.发包人　　　　　B.保险人　　　　　C.监理人　　　　　D.设计单位

3. 索赔是在合同的实施过程中,合同一方因对方不履行或未能正确履行合同所规定的义务或未能保证承诺的合同条件实现而(   ),向对方提出的补偿要求。

A.拖延工期后　　　B.遭受损失后　　　C.产生分歧后　　　D.提起公诉后

4. 以下不属于索赔本质特征的是(   )。

A.索赔是要求给予补偿(赔偿)的权利主张

B.索赔的依据、合同文件以及适用法律

C.承包人有过错

D.必须有切实证据

5. 施工合同履行过程中,工程所在地发生洪灾造成的损失中,应由承包人承担的是(   )。

A.工程本身的损害　　　　　　　B.工程损害导致的第三方财产损失

C.承包人的施工机械损坏　　　　D.工程所需清理费用

6. 由于发包人的原因造成工程中断或进度缓慢,使工期拖延,承包人对此(   )。

A.不能提出索赔　　　　　　　　B.可以提出工期拖延索赔

C.可以提出工程变更索赔　　　　D.可以提出工程终止索赔

7. 工程索赔计算时最常用的一种方法是(   )。

A.总费用法　　　　　　　　　　B.修正的总费用法

C.实际费用法　　　　　　　　　D.协商法

8. 某工程部位隐蔽前曾得到监理工程师的认可,但重新检验后发现质量未达到合同约定的要求,则关于全部剥露、返工的费用和工期的说法,正确的是(   )。

A.费用和工期损失全部由承包人承担　　B.费用和工期损失全部由发包人承担

C.费用由发包人承担,工期不顺延　　　　D.费用由承包人承担,工期顺延

9. 出现索赔事件时,承包人以书面的索赔通知书形式,在索赔事件发生后的(   )天以内向工程师提出索赔意向通知。

A.28　　　　　　　B.14　　　　　　　C.21　　　　　　　D.7

10. 在我国工程合同索赔中,既有承包人向发包人索赔,也有发包人向承包人索赔,这说明我国工程合同索赔是(   )。

A.不确定的　　　　B.单向的　　　　　C.无法确定　　　　D.双向的

二、多选题

1. 在履行合同过程中,出现(　　　)情况时,承包人有权要求发包人延长工期。

A. 发包人提供图纸延误　　　　　　　　B. 增加合同工作内容

C. 季节性暴雨　　　　　　　　　　　　D. 改变合同中一项工作的质量要求

2. 在履行合同过程中,发生(　　　)情形时应进行工程变更。

A. 取消合同中任何一项工作,但被取消的工作能转由发包人或其他人实施

B. 改变合同中任何一项工作的质量或其他特性

C. 改变合同工程的基线、高程、位置或尺寸

D. 为完成工程需要追加额外工作

3. 可以得到工期延误的有(　　　)。

A. 发包人及其代表原因引起的延误　　　B. 承包人引起的延误

C. 与发包人有关的第三方引起的延误　　D. 与承包人有关的第三方引起的延误

E. 不可控制因素引起的延误

4. 某工程项目,为了避免加班工作及今后可能支付延误赔偿的风险,承包人根据工程理由要求将路基的完工时间延长 40 天,监理工程师应对下述理由中的(　　　)予以考虑。

A. 特别严重的降雨

B. 现场劳务问题

C. 意外事故(不可抗力)损坏机械设备,但承包人没有立即通知监理工程师

D. 监理工程师最近发布的一个变更令,即在原工地现场之外的另一个地方附加了一项工作量较大的额外工作

E. 不可预见的恶劣土质条件,使路基施工的开挖及回填工作量大大增加

5. 施工机械使用费的索赔包括(　　　)。

A. 完成额外工作增加的机械使用费

B. 恶劣天气引起机械降效增加的机械使用费

C. 施工组织设计原因造成机械停工的窝工费

D. 监理工程师原因造成机械停工的窝工费

E. 发包人原因造成工效降低增加的机械使用费

6. 索赔的程序包括(　　　)。

A. 提出索赔要求

B. 报送索赔资料

C. 监理工程师答复、工程师逾期答复后果、持续索赔

D. 领导协调

E. 仲裁与诉讼

7. 按索赔的目标不同,索赔可分为(　　　)。

A. 施工索赔　　　　B. 发包人反索赔　　　　C. 费用索赔

D. 商务索赔　　　　E. 工期索赔

8. 索赔通知书包括( )。

A. 索赔说明信   B. 索赔通知书正文

C. 详细的计算结果和证明材料   D. 索赔意向通知

E. 索赔资料

9. 公路工程索赔成立的条件有( )。

A. 与合同对照,事件已造成承包人的额外支出或直接工期损失

B. 造成费用增加或工期损失的原因,按合同约定不属于承包人的行为责任或风险责任

C. 承包人按合同规定的程序提交索赔意向通知和索赔通知书

D. 造成费用增加或工期损失额度巨大

E. 索赔费用容易计算

10. 关于总索赔的正确描述是( )。

A. 总索赔是"一揽子索赔"

B. 总索赔是"综合索赔"

C. 总索赔在工程交付时进行

D. 总索赔是国际工程中经常采用的索赔处理和解决方法

E. 总索赔在完成工程决算后提出

三、分析题

1. 变更的原因有哪些?

2. 在履行合同中发生变更内容主要包括哪些?

3. 简述公路工程索赔的原因。

4. 简述索赔成立的基本条件。

【参考答案】

一、单选题

1. AC;2. C;3. B;4. C;5. C;6. B;7. C;8. A;9. A;10. D

二、多选题

1. ABD;2. BCD;3. ACE;4. ADE;5. ADE;6. ABCE;7. CE;8. ABC;9. ABC;10. ABC

三、分析题

1. 按引发的原因不同,工程变更一般可归纳为如下几种情况:

(1) 设计不合理引起的工程变更;

(2) 发包人想扩大工程规模、提高设计标准或加快施工进度引起的工程变更;

(3) 为满足地方政府的要求不得不进行的工程变更;

(4) 为优化设计方案而出现的工程变更;

(5) 发包人风险或监理人责任等原因引起的工程变更;

(6) 承包人的施工质量事故引起的工程变更。

2. 在履行合同中发生变更内容主要包括以下内容:

(1) 更改工程有关部分的标高、基线、位置和尺寸;

(2) 增减合同中约定的工程量;

（3）增减合同中约定的工程内容；

（4）改变工程质量、性质或工程类型；

（5）改变有关工程的施工顺序和时间安排；

（6）为使工程竣工而必须实施的任何种类的附加工作。

3. 引起工程索赔的原因非常多且很复杂，主要有以下 6 个方面：

（1）当事人违约；

（2）不可抗力或不利的物质条件；

（3）合同缺陷；

（4）合同变更；

（5）监理人指令；

（6）其他第三方原因。

4. 索赔成立的基本条件如下。

（1）承包人按工程承包合同条款，在索赔事件发生后的规定时间内，向监理人和发包人提交了索赔意向报告。

（2）索赔通知书中引用的合同条款正确，所报事件真实、资料齐全；报告中提供的资料和证据能说明索赔事件的全过程、索赔理由、索赔影响和索赔费用等；提供的相应证据（文书）足以证明索赔事件已经造成了实际的、额外的费用增加或工期损失且不是承包人应承担的风险所致。否则，监理人可退回报告，要求重新补充证据。

（3）索赔通知书中提出的索赔要求基本合理，索赔费用在合同中没有被包含。对合同中明示或暗示的不予支付的费用和已包含在合同其他项目中支付的费用不得提出索赔。

（4）索赔事件对承包人的影响是客观存在的。

学习情境 8　监理的信息管理

8.1　监理计划与监理细则

8.1.1　监理管理文件的内容

监理管理文件应包括监理合同、监理方案、监理计划、监理细则、会议记录、会议纪要、综合性往来文件等。

(一) 监理合同

监理合同是根据《公路工程标准施工监理招标文件》的要求,监理单位和委托方签订的规定双方权利和义务的监理委托协议。它主要由监理合同协议书、通用合同条款、专用合同条款及合同附件组成。

(二) 监理方案

监理方案又称监理大纲,是监理单位为获得监理任务在施工监理投标阶段编制的项目监理方案性文件。监理方案是监理投标书的重要组成部分,也是监理合同的组成部分。

(三) 监理计划

监理计划是监理单位接受业主委托并签订监理合同之后,在项目总监理工程师的主持下,根据监理合同,在监理方案的基础上,结合工程的具体情况,在广泛收集工程信息和资料的情况下制订的,经监理单位技术负责人审批并报业主批准,用来指导项目监理机构全面开展监理工作的指导性文件。

监理计划的内容是随着工程的进展逐步完善、调整和补充的。监理计划的形成过程,真实地反映了一个工程项目监理的全貌。因此,它是监理单位重要的存档材料。

(四) 监理细则

监理细则是在监理计划指导下,在落实了监理机构各部门的监理职责分工后,由专业监理工程师针对公路工程中某一专业或某一方面的具体情况编制的,经总监理工程师批准实施的操作性业务文件。

(五) 会议记录、会议纪要

会议记录是指在项目施工过程中,由监理机构组织或主持召开的会议的原始资料。

根据会议记录的原始资料,综合三方协商一致的意见及各方保留的意见可以形成会议纪要。经三方确认的正式会议纪要,在监理文件下达时成为合同管理的一部分。但会议纪要中涉及合同条款变更和设计文件等内容时,应按规定监理程序办理必要手续,不能以会议纪要代替正式的文件。

(六) 综合性往来文件

综合性往来文件是指与建设单位、施工单位工作往来的综合性文件,以及不能归入其他监理专项的综合性会议记录、纪要。

8.1.2　监理管理文件的作用

监理方案、监理计划、监理细则的作用如下。

(一) 监理方案的作用

(1) 监理方案是为监理单位经营目标服务的,对承接监理任务起着重要的作用。在项目招投标过程中,监理投标人通过监理方案,使业主认识到监理单位能胜任该项目的监理工作以及采用监理单位制订的监理方案能满足业主委托的监理工作要求,进而赢得竞争,承揽到监理业务。

(2) 在监理合同签订后,监理方案可以作为编制监理计划的基础。

(3) 在监理合同签订后,监理方案可以作为业主审核监理计划的基本依据。

(二) 监理计划的作用

监理计划是指导项目监理机构全面开展监理工作的纲领性文件,可以使监理工作规范化、标准化,其作用如下。

(1) 监理计划可以指导项目监理机构全面开展监理工作。

(2) 监理计划是主管机构对监理单位实施监督管理的重要依据。

(3) 监理计划是业主确认监理单位是否全面、认真履行监理合同的主要依据。

(4) 监理计划是监理单位重要的存档资料。项目监理计划的内容随着工程的进展逐步调整、补充和完善,在一定程度上真实地反映了一个工程项目监理的全貌,是最好的监理过程记录。因此,它是监理单位的重要存档资料。

(三) 监理细则的作用

监理细则是进行监理工作的"施工图设计",是在监理计划的基础上对监理工作"做什么""如何做"的具体化和补充,它起着具体指导监理工作实施的作用。

8.1.3　监理计划的内容与编制

监理计划的编制应由项目总监理工程师主持、驻地监理工程师参加。总监理工程师主持编制整个工程项目的监理计划,所属各监理合同段的驻地监理工程师根据总监的要求和需要组织编制本监理合同段的监理计划。

(一) 监理计划内容

(1) 工程项目概况。

(2) 监理工作依据。在编写时,监理工程师应列出监理工作依据的主要文件名称。

（3）监理工程范围。监理单位可能承担整个工程的监理任务，也可能只承担其中的一部分，应严格按照监理合同的规定，准确编写监理工程范围及监理服务范围。

（4）监理工作内容。在不同的监理项目中，业主委托的监理服务工作内容有所不同。监理工作内容应根据监理合同中规定的监理服务内容准确编写。

（5）监理工作目标。监理工程师应根据施工合同及监理合同的规定，明确下列监理工作的基本目标：①费用监理目标；②进度监理目标；③质量监理目标；④安全监理目标；⑤环保监理目标；⑥合同事项管理目标。

（6）项目监理机构。项目监理机构的组织形式常用组织结构图表示。

监理人员及设备配备根据监理合同及工程监理的进度合理安排，一般应列出人员设备配备计划表以及进退场计划。

监理人员的岗位职责如下：①项目监理机构各职能部门、人员的职责分工；②主要监理人员的岗位职责。

（7）监理程序。监理主要包括以下程序：①工程质量监理程序；②安全监理程序；③环保监理程序；④工程进度监理程序；⑤工程费用监理程序；⑥合同事项管理程序；⑦协调工作程序；⑧信息管理工作程序；⑨缺陷责任期监理工作程序。

（8）监理工作制度，监理工作用表。监理计划中应制订有关监理工作制度，通过这些制度的建立来提高和确保监理工作程序、方法、措施及工作质量到位和完善。这些制度将在监理工作过程中得到修正、完善和补充。监理工作用表使用交通运输部（厅）统一的用表。

（9）工程质量、安全、环保、费用和进度等监理工作方案应明确巡视、旁站、抽检和验收等具体计划要求。

（10）合同事项管理和信息管理工作方案包括以下内容：变更的处理程序和监理工作方案；延期的处理程序和监理工作方案；索赔的处理程序和监理工作方案；分包管理的监理工作方案；违约事件处理的监理工作方案；争议调解的监理工作方案；担保与保险的审核和查验监理方案；清场与撤离的监理工作方案等。

（11）监理设施计划及规章，包括制订现场交通、通信、试验、办公、生活等设施设备的使用计划及规章制度。

（二）监理计划的编写要求

（1）监理计划的内容应具有针对性、指导性。每个监理项目各有其特点，监理单位只有根据监理项目的特点和自身的具体情况编制监理计划，而不是照搬以往的或其他项目的内容，才能保证监理计划对将要开展的监理工作具有指导意义和实用价值。

（2）监理计划应具有科学性。在编制监理计划时，只有重视科学性，才能提高监理计划的质量，从而不断指导、促进监理业务水平的提高。

（3）监理计划应实事求是。坚持实事求是是监理单位开展监理工作和市场业务经营中的原则，只有实事求是地编制监理计划并在监理工作中认真落实，才能保证监理计划在监理机构内部管理中的严肃性和约束力，才能保证监理单位在项目监理中和监理市场中拥有良好的信誉。

项目监理计划的编制时间应满足合同规定的期限要求,如合同中未明确规定,一般应在监理合同签订之日起一个月内及第一次工地会议和合同工程开工令下达之前。

8.1.4   监理计划的审批

监理计划在编制完成后应进行审核并经批准。监理单位的技术主管部门是内部审核部门,其负责人应当签认。监理计划应按合同约定提交业主,由业主批准后执行。

在监理计划的实施过程中,根据实际情况变化,监理计划应进行补充、修改和完善时,须经总监理工程师审查批准并报业主备案。

8.1.5   监理细则的编制与内容

监理细则应按照专业划分,由专业监理工程师编制。

由于监理细则涉及专业问题,不同专业的监理细则的内容不尽相同,一般的内容结构如下:①总则;②开工审批程序;③施工过程监理;④质量监理的内容、措施和方法;⑤进度监理的内容、措施和方法;⑥费用监理的内容、措施和方法;⑦施工安全与环境保护监理的内容、措施和方法;⑧合同其他事项管理的主要内容;⑨信息管理;⑩交工验收与缺陷责任期监理工作内容;⑪其他根据合同工程或专业需要应包括的内容;⑫报告与报表格式。

(一) 编制监理细则的要求

(1) 监理细则应按照施工进度要求在相应工程开工前,由专业监理工程师编制。

(2) 监理细则应根据已批准的监理计划进行编制,应与监理工程师批准的施工组织设计呼应。监理细则应结合工程项目的专业特点,明确监理的重点、难点、具体措施及方法步骤,做到详细、具体、具有可操作性。

(3) 对于二级以下公路,技术不太复杂的分项和分部工程可不编写监理细则。

(4) 采用新技术、新材料、新工艺或在特殊季节施工的分项、分部工程,应针对承包人编写的专项施工方案,编制相应的监理细则。

(二) 监理细则的审批

监理细则编制完成后应进行审核并经批准。一般情况下,监理细则应报总监理工程师办公室审核,经总监理工程师批准后实施。

编制监理细则的依据如下:

①监理合同、监理计划及施工合同;

②设计文件与图纸;

③工程建设相关的标准、规范、规程;

④施工单位提交的经监理工程师批准的施工组织计划、技术措施与施工方案;

⑤工程建设相关的原材料、半成品、构配件的使用说明,工程设备的安装、调试、检验等技术资料;

⑥建设单位相关的管理文件。

8.2 监理资料的收集、整理与保存

8.2.1 监理资料的分类与管理

(一) 监理资料分类

监理资料是指在对工程项目实施监理过程中形成的一系列文件和资料。在工程完工后,将部分监理文件与资料进行归档就形成了工程监理档案资料。《公路工程施工监理规范》(JTG G10—2016)规定,监理资料包括监理管理文件、质量监理文件、安全监理文件、环保监理文件、费用与进度监理文件、合同事项管理文件等监理文件,监理日志、巡视记录、旁站记录、监理月报、监理工作报告等其他监理文件,影像资料。

监理组织机构必须配备专门的人员负责监理资料的收集、整理、保存等管理工作。监理资料应齐全、真实、准确、完整。

监理资料按结果导向原则进行分类,共分为 3 大类、12 个小类。

(1)监理文件。

监理文件包括监理管理文件、质量监理文件、安全监理文件、环保监理文件、费用与进度监理文件、合同事项管理文件。

(2)其他监理文件。

其他监理文件包括监理日志、巡视记录、旁站记录、监理月报、监理工作报告等。

(3)影像资料。

(二) 监理资料管理

(1)监理资料管理要求如下。

①监理机构应建立健全监理资料管理制度,宜采用信息化手段进行资料管理。

②监理资料应齐全、真实、准确、完整。

③监理工程师应建立材料、试验、测量、计量支付、工程变更、安全、环保等台账。

④除了人员签字部分和现场抽检记录,监理资料可打印。现场原始记录应留存备查。

(2)监理资料的归档要求如下。

①监理资料应随监理过程及时归集,系统化排列,按规定组卷、编列案卷目录。

②监理档案应妥善存放和保管,按时移交建设单位。

③监理单位应对未列入监理资料归档的其他监理文件进行分类整理,在竣工验收前将与工程直接相关的文件提交建设单位。

④监理文件归档与保存应符合国家及省级主管部门的有关规定。按照《建设工程文件归档管理规范》(GB/T 50328—2019)的规定,归档文件分为永久保管、长期保管和短期保管;按照《建设项目档案管理规范》(DA/T 28—2018)的规定,项目档案保管期限分为永久和定期两种,定期一般分为 30 年和 10 年。

各地建设主管部门、档案管理部门及交通主管部门对归档文件内容的要求不尽相同,因此文件与资料归档与保存仍应按当地主管部门的有关规定办理。

监理文件资料的归档保存应严格遵循保存原件为主、复印件为辅和按照一定顺序归档的原则。如在监理实践中出现作废和遗失等情况,应明确记录作废和遗失原因、处理的过程。如采用计算机对监理信息进行辅助管理,相关的文件和记录经相关责任人员签字确定、正式生效并已存入项目部相关资料夹中时,计算机管理人员应将储存在计算机中的相关文件和记录的属性改为"只读"并将保存的目录记录在书面文件上以便于查阅。

8.2.2　质量监理资料

质量监理资料包括质量监理要求和往来文件,测量、材料等审查、试验资料,抽检记录,隐蔽工程验收和工程质量检验评定资料,质量问题处理资料等。

(1)质量监理要求和往来文件:主要是指在监理实施过程中,监理机构针对具体工程中的质量方面提出的要求、建议或处理措施及相关的规定,以及与之相关的和业主、承包人来往的文件和信函。

(2)测量、材料等审查、试验资料。测量资料包括审查施工单位提交的施工测量方案、数据和成果的资料,以及监理复测抽检的资料。试验资料主要是指监理过程中的验证试验、标准试验、工艺试验、抽样试验和验收试验的试验资料。试验包括原材料进场前的验证试验,标准试验(主要有土工标准试验,集料的级配试验,路面基层、底基层标准试验,混凝土配合比试验,沥青混凝土配合比试验,结构的强度试验等)、工艺试验(如路基、路面试验路段的检测试验)、抽样试验、验收试验等。

(3)抽检记录:监理对测量、试验进行的抽检记录等。

(4)隐蔽工程验收和工程质量检验评定资料:主要是指在施工过程及交工验收中监理验收签认的相关质量检测资料。

(5)质量问题处理资料:处理质量问题过程中产生的资料,包括质量问题的处理方案、审核、批复,施工及验收资料等。

8.2.3　监理月报的编制与内容

监理工程师应将工程进展情况、存在的问题,每月以工程监理月报的形式向业主及上级监理机构报告。

监理月报由项目总监理工程师组织编写,由总监理工程师签认,报送业主和本监理单位。报送时间由监理单位和业主协商确定,一般在收到承包人项目经理部报送来的工程进度,汇总了本月已完工程量和本月计划完成工程量的工程量表、工程款支付申请表等相关资料后,在最短的时间内提交,一般时间为5~7天。

监理月报包括以下内容。

(1)工程概况:当月工程概述;当月工程实施情况。

(2)当月监理工作情况。

(3)工程质量:工程质量分析;采取的工程质量措施及效果;分部、分项工程验收情况;主要施工试验情况;监理抽查检测试验情况。

（4）安全监理：施工安全情况的分析；采取的措施及效果。

（5）环保监理：施工环境保护情况的分析；采取的措施及效果。

（6）工程计量与工程款支付：工程量审核情况；工程款审批及支付情况。

（7）工程进度：实际完成情况与计划进度比较；对进度完成情况及采取措施效果的分析。

（8）合同事项管理：工程分包、履约检查情况；工程暂停与复工、变更、延期、索赔、违约和争端的处理情况；价格调整情况。

（9）施工时存在的主要问题及处理情况。

（10）下月监理工作的重点。

8.2.4　监理工作报告

监理工作报告是监理单位在工程结束后，向业主和上级主管部门提交的监理工作总结报告。

监理工作报告包括以下内容。

（1）工程概况。

（2）监理工作概况：组织机构、人员、设备和设施情况等。

（3）监理工作成效：质量、安全、环保、费用和进度监理及合同事项管理等措施；施工过程中检查情况；工程质量评定情况；问题和事故处理情况等。

（4）交工验收时存在的问题及处理情况。

（5）监理工作体会、说明和建议。

8.2.5　巡视记录、旁站记录和监理日志

在对工程项目实施监理的过程中，为保证监理数据、监理工作具有可追溯性，应对监理工作进行及时、准确、全面的记录。巡视记录、旁站记录、监理日志是监理记录中非常重要的三种记录。

（一）巡视记录

《公路工程施工监理规范》(JTG G10—2016)附录 B.1 规定的巡视记录表格内容见表8-1。

表 8-1　工程项目巡视记录

施工单位		合同段	
巡视人		巡视时间	
巡视的范围			
主要施工情况			
质量、安全、环保等情况			
发现的问题及处理意见			

监理人员每天对每道工序的巡视应不少于 1 次。监理人员每天巡视后，应将巡视的

主要内容、现场施工概况、发现的问题及处理情况等如实记录在巡视记录上。当天问题未及时处理的,应在处理完成之日及时补上。

(二)旁站记录

旁站就是监理人员对旁站项目[见《公路工程施工监理规范》(JTG G10—2016)附录A]的施工过程进行的现场监督活动。

监理机构在编制监理计划时应根据《公路工程施工监理规范》(JTG G10—2016)附录A的规定确定本工程监理旁站的项目,制订旁站计划并认真实施。旁站的最重要的成果就是旁站记录。因此,旁站监理人员应按监理规范规定的格式如实、准确、详细地记好旁站记录。

《公路工程施工监理规范》(JTG G10—2016)附录 B.2 规定的旁站记录表格内容见表8-2。

表 8-2　工程项目旁站记录

施工单位		合同段	
旁站人		旁站时间	
旁站项目			
施工过程简述			
旁站工作情况			
主要数据记录			
发现的问题及处理结果			

(三)监理日志

监理日志由专业监理工程师和监理员书写,是反映工程施工过程中的施工、监理工作情况的实录。同一个施工行为,施工和监理两本日志记载有不同的结论,在工程出现问题时,日志就起了重要的作用。因此,如实、及时、准确、详细地写好监理日志对发现问题、解决问题,甚至仲裁、起诉都有作用。

监理日志有不同角度的记录。项目总监理工程师可以指定一名监理工程师对项目每天总的情况进行记录,称为项目监理日志;专业工程监理工程师可以从专业的角度进行记录;监理员可以从负责的单位工程、分部工程、分项工程的具体部位施工情况的角度进行记录。

(1)项目监理日志的主要内容。

①当日主要施工情况:材料、构配件、设备、人员变化的情况;施工的相关部位、工序的质量、进度情况,材料使用情况,抽检、复检情况;施工程序执行情况,人员、设备安排情况;进度执行情况,索赔(工期、费用)情况,安全文明施工情况;天气、温度的情况,天气、温度对某些工序质量的影响和是否采取措施。

②当日监理主要工作:质量、安全、环保、进度、费用和合同事项管理的工作情况。

③当日监理工程师发现的问题及处理情况,监理人员对承包人提出问题的答复等。

《公路工程施工监理规范》(JTG G10—2016)附录 B.4 规定的监理日志表格内容见表8-3。

表 8-3　工程项目监理日志

监理机构			
记录人		日期	
审核人		天气情况	
主要施工情况			
监理主要工作			
问题及处理情况			

（2）专业监理工程师监理日志的主要内容。专业监理工程师的个人工作日志，一般应记录每天工程施工的详情和工地上发生的所有重要事项，特别是影响工程进度和可能导致承包人提出延期与索赔的事件，包括已经做出的重大决定、向承包人发出的书面或口头指令、合同纠纷及可能解决的办法、与监理工程师的口头协议、对下属人员的指示、向承包人签发的补充图纸和审批承包人的设计图纸等。

（3）监理员监理日志的主要内容。内容视具体情况和具体工作而不同，基本内容如下。

①所有分项工程开始、完成及检验结果，承包人每日投入的人力、材料和机械的详细情况，工程施工质量和完成的数量。

②工程延误及其原因，以及所有给承包人的口头和书面的指令。

③工地上发生各类事故的详细情况。

④为修正进度计划查阅的档案记录，包括档案记录的号码，指令的变更、批准和许可，发出最后同意的计量细目的数量及日期等。

⑤机械的运送或转移，计划中关键的机械、设备和材料的到达及使用情况。

⑥现场主要人员的缺席情况，每日开始工作和结束的时间。

⑦必要的照片、电话记录、气候及其他与工程有关的资料。

自我测评

一、单选题

1. 监理信息管理中，（　　）不是其基本原则。

A. 准确性　　　　　　B. 及时性　　　　　　C. 完整性　　　　　　D. 自愿性

2. 监理计划的主要目的是（　　）。

A. 指导施工过程　　　　　　　　　　B. 提高工程效率

C. 确保工程质量　　　　　　　　　　D. 增加工程预算

3. （　　）不是监理细则的内容。

A. 具体监理措施　　　　　　　　　　B. 验收标准和方法

C. 质量控制点　　　　　　　　　　　D. 工期延误的应对策略

4. 监理资料应由（　　）归档。

A. 施工单位　　　　B. 监理单位　　　　C. 业主单位　　　　D. 设计单位

5. 巡视记录的主要作用是(　　)。

A. 评估工程进度

B. 检查施工质量

C. 控制工程预算

D. 提高工程安全性

6. 旁站记录主要涉及(　　)。

A. 工程量确认

B. 材料检验

C. 隐蔽工程验收

D. 工程变更处理

7. 监理日志应(　　)。

A. 作为工程质量纠纷的法律依据

B. 作为施工进度调整的参考依据

C. 作为工程费用索赔的依据

D. 作为工程技术交底的工具

二、多选题

1. 监理资料管理的基本要求有(　　)。

A. 完整性　　　　B. 准确性　　　　C. 易读性　　　　D. 分类清晰

2. 监理资料应分类清晰的原因有(　　)。

A. 提高资料查找效率

B. 方便信息录入

C. 保证资料的安全性

D. 提高监理工作效率

3. 关于监理资料的保存,以下说法正确的有(　　)。

A. 应当长期保存

B. 在工程竣工后应立即销毁

C. 应根据监理项目的规模确定保存期限

D. 在工程验收合格后即可销毁

4. 监理资料管理中,保证资料准确性的方法有(　　)。

A. 定期进行资料核查

B. 使用专业的档案管理软件

C. 确保所有资料都有相关责任人签字

D. 对所有资料进行电子化备份

5. 对于监理资料的管理,以下做法不恰当的有(　　)。

A. 将所有资料随意堆放在一起

B. 不及时更新资料

C. 对重要资料进行加密处理

D. 对所有资料进行定期整理和归档

6. 在监理资料管理中,易读性主要考虑的是(　　)。

A. 资料的组织结构

B. 资料的文字大小和颜色

C. 资料的存储格式

D. 资料的内容深度和复杂度

7. 确保监理资料的完整性的方法有(　　)。

A. 在资料生成时即进行完整性检查

B. 对所有资料进行定期备份

C. 及时补充缺失的资料

D. 在资料使用后进行完整性核查

三、分析题

1. 在某一级公路的施工过程中,负责该工程监理任务的监理机构要求现场监理工作做到以下几点。

①监理工程师每月向建设单位和上级监理机构提交监理工作报告。

②编制监理月报时,内容包括工程概况,工程进度、质量、安全、环保、工程计量与工程款支付、合同事项管理等情况统计,存在的问题及处理情况。

③合同执行过程中产生的违约、争端的处理情况,以及承包人人员变动情况统计等内容属于监理月报中"监理工作情况"的内容。

④项目监理机构要定期召开工地例会。施工单位要根据会议记录及时整理工地例会纪要。例会上意见不一致的重大问题,不可将各方的观点,甚至对立的意见记入会议纪要,可在会后进行讨论。

⑤监理工程师可以向施工单位发布口头指令,但事后必须对发出的口头指令用书面指令予以确认。

问题:

(1)对背景资料中的 5 点监理工作进行分析,分析是否有不妥之处,指出不妥之处并加以分析。

(2)简述工地会议纪要的内容和签认流程。

2.某高速公路工程项目,建设单位通过招标选择了某监理单位承担施工阶段监理任务。监理合同签订后,总监理工程师组建了职能制监理组织机构并组织监理工程师开始编制监理文件。

监理计划编制有如下几点要求:

①监理计划必须符合施工合同的要求;

②监理计划要结合该项目的具体情况;

③监理计划要为监理单位的经营目标服务;

④监理计划应为监理细则的编制提出明确的目标要求;

⑤监理计划要符合项目运行内在规律;

⑥监理计划应一气呵成,不应分阶段编写。

监理细则编制有如下几点要求:

①监理细则的编制依据不包括施工合同;

②监理细则要结合该项目的具体情况;

③工程测量监理细则应由测量专业监理工程师负责编写;

④要编制混凝土冬季施工监理细则;

⑤监理细则应一气呵成,不应分阶段编写。

问题:

(1)判别监理计划编制的几点要求是否正确,说明理由。

(2)判别监理细则编制的几点要求是否正确,说明理由。

(3)监理计划内容的针对性要求是什么?

(4)监理计划内容的时效性要求是什么?

(5)说明监理方案、监理计划、监理细则的关系。

(6)监理计划中的监理工作制度有哪些?

【参考答案】

一、单选题

1.D;2.A;3.D;4.B;5.B;6.C;7.A

二、多选题

1.ABCD;2.ABD;3.AC;4.ABC;5.AB;6.ABD;7.ABCD

三、分析题

1.（1）所列 5 点监理工作均有不妥之处，具体分析如下。

①错误。监理工程师每月应向建设单位和上级监理机构提交工程监理月报。监理工作报告是在工程结束时，监理工程师应提交的文件。

②监理月报包括的内容不全，还应包括当月监理工作情况和下月监理工作重点。

③合同执行过程中产生的违约、争端的处理情况，以及承包人人员变动情况等内容属于监理月报中"合同事项管理"的内容。

④错误。项目监理机构要定期召开工地例会。会后，监理工程师要根据会议记录及时整理工地例会纪要，而不应由施工单位来整理。

工地会议记录是会议原始记录，应根据会议记录事项形成会议纪要。会议纪要中包括三方协商一致的意见及各方保留的意见。例会上意见不一致的重大问题，应将各方的主要观点，特别是相互对立的意见记入会议纪要的"其他事项"中。

⑤不妥。口头指令仅在特殊情况下使用。如果使用口头指令，发出的口头指令应在 3 天内用书面指令予以确认。时间上不应笼统地用"事后"。

（2）工地例会是履约各方沟通情况、交流信息、协调处理、研究解决合同履行中存在的各方面问题的主要协调方式。会议纪要由项目监理机构根据会议记录整理，主要包括以下内容：

①会议地点及时间；

②会议主持人；

③与会人员姓名、单位、职务；

④会议主要内容、议决事项及其负责落实单位负责人和时限要求；

⑤其他事项。

会议纪要的内容应准确如实、简明扼要。会议纪要中包括三方协商一致的意见及各方保留的意见。经三方确认的正式会议纪要，才可作为监理文件下达并成为合同管理文件的一部分，签收应有手续。

2.（1）所列的几点监理计划编制要求的判别如下。

①正确。施工合同是编制监理计划的依据之一。

②正确。编制监理计划应结合所监理项目的特点和合同要求，体现总监理工程师的组织管理思想、工作思路和总体安排，这是编制监理计划最基本的要求。

③不正确。监理方案为监理单位的经营目标服务，而监理计划是用来指导项目监理机构全面开展监理工作的指导性文件。

④正确。监理计划应为监理细则的编制提出明确的目标要求。

⑤正确。在编制监理计划时，应结合所监理项目的特点和合同要求；在实施过程中，应根据实际情况变化需要进行补充、修改和完善，即符合项目运行内在规律。

⑥不正确。在实施过程中，监理计划要根据实际情况变化需要进行补充、修改和完善，不是一气呵成、不再更改的。

（2）所列的几点监理细则编制要求的判别如下。

①不正确。编制监理细则的依据包括监理合同、监理方案和施工合同。

②正确。监理细则应根据已批准的监理计划进行编制,与监理工程师批准的施工组织设计呼应,结合工程项目的专业特点,即结合该项目的具体情况。

③正确。监理细则是由相应的专业监理工程师编写的,工程测量监理细则当然应由测量专业监理工程师负责编写。

④正确。采用新技术、新材料、新工艺或在特殊季节施工的分项、分部工程,应针对承包人编写的专项施工方案编制相应的监理细则。混凝土冬季施工属于特殊季节施工的分项工程。

⑤不正确。监理细则应按照施工进度要求在相应工程开工前,由专业监理工程师编制。

(3)监理计划内容的针对性要求是监理目标明确、监理措施有效、监理程序合理、监理工作制度健全、职责分工清楚,对监理工作有指导作用。

(4)监理计划内容的时效性要求是在项目实施过程中,根据情况的变化进行必要的补充、修改和完善,经原审批程序批准后再次报建设单位备案。

(5)监理方案、监理计划、监理细则是相互关联的,都是工程监理工作文件的组成部分,它们之间存在着明显的依据性关系。监理计划应根据监理方案的有关内容编写;制定监理细则应在监理计划的指导下进行。

(6)项目监理机构的监理工作制度如下:

①工程开工审批制度;

②施工组织设计审核制度;

③工程材料、设备质量检验制度;

④隐蔽工程质量验收制度;

⑤单位工程、分部工程、分项工程验收制度;

⑥工程质量事故处理制度;

⑦施工进度监督及报告制度;

⑧巡视检查制度;

⑨监理试验管理制度;

⑩监理报告制度;

⑪工地会议制度;

⑫监理文件行文制度;

⑬监理工作日志制度;

⑭监理文件与资料管理制度。

学习情境 9　监理的组织协调

监理的组织
协调——
任务工单

9.1　组织协调

在工程建设项目施工阶段，监理单位的组织协调工作是围绕建设监理三大目标的控制进行的。在监理单位现场工作过程中，组织协调工作既是比较经常又是比较关键和困难的工作，而且是日常监理工作必不可少的重要内容。监理单位在现场实施的组织协调工作直接影响监理目标控制的成效和监理单位的声誉。如果不把这项工作开展好，就不能有效地开展监理单位的"五控、两管、一协调"工作，就创不出监理单位的威信，就无法更好地完成委托方委托给监理单位的各项工作。

公路工程建设需要一支具有高超协调能力的监理队伍，才能有效地控制项目的工程质量、工程进度和工程费用，提高投资效益及施工管理和合同管理水平，使施工监理工作达到法制化、标准化、规范化、程序化的要求。协调能力是总监、总监代表、驻地高级监理工程师领导才能和监理工程师（人员）个人素质的重要标志。在公路建设项目开展过程中，各级监理必须能够联合所有力量，协调好项目内部、外部的种种关系，共同实现建设项目的控制目标。多年的工程监理实践经验表明，对监理工程师来说，专业知识易学，协调能力难得。

在工程项目建设过程中，组织与协调工作是十分重要的。组织是指按照一定的目的、任务和形式加以编制，使安排事务有系统或构成整体。协调即协商与调解，指为了取得一致意见而共同商量以便使双方和解。由此可见，组织与协调就是围绕实现项目的各项目标，以合同管理为基础，组织协调各参建单位、相邻单位、政府部门全力配合项目的实施，以形成高效的建设团队，共同努力实现工程建设目标的过程。在工程监理的基本职能"五控、两管、一协调"中，"五控、两管"有明确的工作内容、具体的工作要求，"一协调"贯穿于"五控、两管"之中。可以说，协调是控制的润滑剂，协调是控制的推进器。

9.1.1　组织协调的原则

建设工程项目主要包含三个组织系统，即项目业主、承包商和监理单位。整个建设项目处于社会的大环境中，项目的组织与协调工作包括系统的内部协调（项目业主、承包商和监理单位之间的协调），也包括系统的外部协调（政府部门、金融组织、社会团体、服务单位、新闻媒体和周边群众等之间的协调）。

项目内外各种关系的协调均应遵守以下原则。

（1）守法是组织与协调工作的第一原则，必须在国家和省（部）有关工程建设的法律法规的许可范围内协调、工作。业主项目部更应该严格遵守法律法规，只有这样才能做好组织与协调工作。

（2）组织协调要坚持公正原则。要公平地处理每个纠纷，一切以项目利益最大化为原则。做好组织与协调工作，就必须按照合同的规定，维护合同双方的利益，这样才能最终维护好业主的利益。

（3）协调与控制目标一致原则。在工程建设中，应注意质量、工期、投资、环境、安全的统一，不能有所偏废。协调与控制的目标是一致的，不能脱离建设目标去协调，同时要把工程的质量、工期、投资、环境、安全统一考虑，不能强调某一目标而忽视其他目标。

9.1.2　组织协调的主要任务

公路工程施工监理的核心任务是根据合同对工程项目进度、质量安全、费用三大目标进行控制，但三大目标间的对立统一关系及公路工程项目的复杂性给按合同实施公路工程施工监理带来了一些困难和问题；通过工地会议等方法协调各方关系，使影响监理目标实现的各个方面处于统一体中，使项目系统结构均衡，使监理工作实施和运行过程顺利。

组织协调的工作任务主要包括以下内容。

（1）监理工程师组织协调各方对技术规范、质量标准的统一认识，使其符合设计文件要求。

（2）监理工程师组织协调各方统一计量支付的方法和原则，使其按合同规定进行各期工程计量、工程款支付。

（3）监理工程师组织协调各方的进度安排，保证按期完工。

（4）监理工程师对工程施工安全、环保措施等予以高度重视，协调工程施工各方，安全施工，文明施工，保护环境。

（5）监理工程师组织协调、落实施工活动按计划进行，对发现的施工质量安全问题及时予以纠正，对重大问题另行召开专门会议或在工地会议上进行研究处理。

（6）监理工程师就施工进度和施工质量予以充分关注，对不符合合同文件要求的工程质量、进度、计划问题及时指示承包人采取措施纠正，保证工程按计划顺利进行。

9.1.3　组织协调的工作内容

项目组织协调工作包括项目监理机构内部的协调、与业主的协调、与承包商的协调、与设计单位的协调、与政府部门及其他单位的协调。

项目组织协调的具体工作内容如下。

（一）项目监理机构内部的协调

1）项目监理机构内部人际关系的协调

项目监理机构是由工程监理人员组成的工作体系，其工作效率在很大程度上取决于人际关系的协调程度。总监理工程师应首先协调好人际关系，激励项目监理机构人员。

（1）在人员安排上要量才录用，要根据项目监理机构中每个人的专长进行安排，做到人尽其才。工程监理人员的搭配要注意能力互补和性格互补，人员配置要尽可能少而精，避免力不胜任和忙闲不均。

（2）在工作分配上要职责分明。对于项目监理机构中的每个岗位，都要明确岗位目标和责任，通过职位分析使管理职能合理安排，做到事事有人管、人人有专责，同时明确岗位职权。

（3）在绩效评价上要实事求是。要发扬民主作风，实事求是地评价工程监理人员工作绩效，以免人员无功自傲或有功受屈，使每个人热爱自己的工作并对工作充满信心和希望。

（4）在矛盾调解上要恰到好处。人员之间的矛盾总是存在的，一旦出现矛盾，就要进行调解。要多听取项目监理机构成员的意见和建议，及时沟通，使工程监理人员始终处于团结、和谐、热情高涨的工作氛围之中。

2）项目监理机构内部组织关系的协调

项目监理机构是由若干部门（专业组）组成的工作体系，每个专业组都有自己的目标和任务。如果每个专业组都从建设工程整体利益出发，理解和履行自己的职责，整个建设工程就会处于有序的良性状态，否则，整个系统便处于无序的紊乱状态，导致功能失调、效率下降。为此，应从以下几个方面协调项目监理机构内部组织关系。

（1）在目标分解的基础上设置组织机构，根据工程特点及工程监理合同约定的工作内容，设置相应的管理部门。

（2）明确规定每个部门的目标、职责和权限，最好以规章制度形式做出明确规定。

（3）事先约定各部门在工作中的相互关系。工程建设中的许多工作都是由多个部门共同完成的，其中有主办、牵头和协作、配合之分，事先约定可避免误事、脱节等贻误工作现象的发生。

（4）建立信息沟通制度，如采用开展工作例会、业务碰头会，发送会议纪要、工作流程图、信息传递卡等来沟通信息，这样有利于从局部了解全局，服从并适应全局需要。

（5）及时消除工作中的矛盾或冲突：坚持民主作风，注意从心理学、行为科学角度激发各成员的工作积极性；实行公开信息政策，让大家了解建设工程实施情况、遇到的问题或危机，与项目监理机构成员一起商讨遇到的问题，多倾听他们的意见、建议，鼓励大家同舟共济。

3）项目监理机构内部需求关系的协调

工程监理实施中有人员需求、检测试验设备需求等，而资源是有限的，因此，内部需求平衡至关重要。协调、平衡需求关系要从以下环节考虑。

（1）对工程监理检测试验设备的平衡。建设工程监理开始实施时，要做好监理规划和监理实施细则的编写工作，合理配置建设工程监理资源，注意期限的及时性、规格的明确性、数量的准确性、质量的规定性。

（2）对建设工程监理人员的平衡。要抓住调度环节，注意各专业监理工程师的配合。工程监理人员的安排必须考虑到工程进展情况，根据工程实际进展安排工程监理人员进退场计划，以保证建设工程监理目标的实现。

（二）与业主的协调

监理实践证明，监理目标的顺利实现和与业主的协调有很大的关系。

（1）监理工程师要理解建设工程总目标，理解建设单位的意图，了解项目构思的基础、起因、出发点，否则可能对监理目标及完成任务有不完整的理解。

（2）监理工程师应利用工作之便做好监理宣传工作，增进建设单位对监理工作的理解，特别是对建设工程管理各方职责及监理程序的理解；主动帮助建设单位处理建设工程中的事务性工作，以自己规范化、标准化、制度化的工作去影响和促进双方工作的协调一致。

（3）监理工程师应尊重建设单位，执行建设单位的指令，使建设单位满意。对于原则性问题，有不同意见时，监理工程师可采取书面报告等方式说明原委，尽量避免产生误解，使建设工程顺利实施。

（三）与承包商的协调

监理工程师对质量安全、进度和投资的控制都是通过承包商的工作来实现的，所以做好与承包商的协调工作是监理工程师组织协调工作的重要内容。监理工程师在监理工作中应强调各方面利益的一致性和建设工程总目标的控制；鼓励承包商将建设工程实施状况、实施结果和遇到的困难和意见及时汇报，排除对目标控制的干扰。双方了解得越多、越深刻，监理工作中的对抗和争执就越少。协调应注意语言艺术、感情交流和用权适度。施工阶段的协调工作内容如下。

（1）与承包商项目经理部关系的协调：要做到公平、公正、通情达理并理解别人；要做到意见明确、答复及时；要注重事先控制，在工作之前发出指示。

（2）进度问题的协调。建设单位和承包商共同商定一级网络计划，由双方主要负责人签字，作为工程施工合同的附件。

（3）质量安全问题的协调。质量控制应实行监理工程师质量签字认可制度。没有出厂证明、不符合使用要求的原材料、设备和构件不准使用；工序交接应实行报验签证；不合格的工程部位不予验收签字，不予计算工程量，不予支付工程款。在建设工程实施过程中，设计变更或工程内容的增减是经常出现的，有些是合同签订时无法预料和明确规定的。对于这种变更，监理工程师要认真研究，合理计算价格，与有关方面充分协商，达成一致意见，实行监理工程师签证制度。

（4）对承包商违约行为的处理。在施工过程中，监理工程师对承包商的某些违约行为进行处理是难免的事情，但应注意慎重和适度并不超出自己的权限。在发现质量缺陷且应采取措施时，监理工程师必须立即通知承包商。监理工程师要有时间期限的概念，否则承包商有权认为监理工程师对已完成的工程内容是满意或认可的。

（5）合同争议的协调。对于工程中的合同争议，监理工程师应先采用协商解决的方式，协商不成时才由当事人向合同管理机关申请调解。如果遇到非常棘手的合同争议问题，监理工程师不妨暂时搁置，等待时机，另谋良策。

（6）对分包单位的管理。监理工程师应对分包合同中的工程质量、进度进行直接跟踪监控，通过总包商进行调控、纠偏。必要时，监理工程师应帮助协调。分包合同条款与总包合同条款发生抵触时，以总包合同条款为准。此外，分包合同不能解除总包商对总包合同承担的责任和义务。分包合同发生的索赔问题，由总包商通过监理工程师向业主提出索赔，由监理工程师进行协调。

（7）处理好人际关系。监理工程师必须善于处理各种人际关系，既要严格遵守职业道德，礼貌而坚决地拒收礼物，以保证行为的公正性，又要利用各种机会增进与各方面人员的友谊与合作，以利于工程的进展。

（四）与设计单位的协调

监理单位必须协调与设计单位的工作，以加快工程进度，确保质量，降低消耗。

（1）监理单位应尊重设计单位的意见，在发生质量事故时认真听取设计单位的处理意见等。

（2）施工中发现设计问题时，监理单位应及时向设计单位提出，以免造成大的直接损失；监理单位掌握比原设计更先进的新技术、新工艺、新材料、新结构、新设备时，可主动向设计单位推荐。

（3）监理单位应注意信息传送的及时性和程序性。监理单位与设计单位没有合同关系，协调要靠业主的支持。工程监理人员发现工程设计不符合建筑工程质量标准或合同约定的质量要求时，应报告建设单位，要求设计单位改正。

（五）与政府部门及其他单位的协调

建设工程的开展还受政府部门及其他单位的影响，如政府部门、金融组织、社会团体、新闻媒介等。它们对建设工程起着一定的控制、监督、支持、帮助作用。这些关系协调不好，建设工程实施也可能严重受阻。

1）与政府部门的协调

（1）工程质量监督站是由政府授权的工程质量监督的实施机构。对于委托监理的工程，质量监督站主要是核查勘察设计、施工单位的资质和检查工程质量。监理单位在进行工程质量控制和质量问题处理时，要做好与工程质量监督站的交流和协调。

（2）重大质量事故，在承包商采取急救、补救措施的同时，应敦促承包商立即向政府有关部门报告情况，接受检查和处理。

（3）建设工程合同报政府建设管理部门备案；现场消防设施的配置，宜请消防部门检查认可；监理单位要敦促承包商在施工中注意防止环境污染，坚持做到文明施工。

2）协调与社会团体的关系

根据目前的工程监理实践，外部环境协调应由业主负责主持；监理单位主要负责一些技术性工作协调。

9.1.4　组织协调的方法

组织协调工作复杂繁重，涉及面广，受主观和客观因素影响较大。为保证监理工作的顺利进行，监理工程师应具有较强的工作能力和组织协调能力，因地制宜、因时制宜地处理问题。监理工程师组织协调可采用以下方法。

（一）现场协调法

监理工程师在巡视检查或跟踪旁站过程中发现问题时,应根据权限范围在现场及时协调处理,将较复杂的协调问题及时报告总监、业主协调处理。

监理部应邀请建设单位领导、驻工地授权代表参加对施工现场的工程质量、安全防护、环保卫生等情况的检查活动,以使他们掌握施工现场的第一手资料,促进工程建设的良性发展。

（二）召集协调法

对工程建设过程中出现的涉及多方的问题和矛盾,监理工程师应及时召集相关单位当事人进行协商协调处理,必要时请业主出面共同参与处理。监理工程师应邀请业主参加项目监理机构的总结会、评比会及监理单位的一些活动,请业主对监理工作给予足够的支持和配合。监理工程师应邀请设计工程师参加工程质量和施工技术的研讨会、质量问题的处理会、工程验收会等。

（三）会议协调法

监理工程师应建立定期(每周一次)的工地例会制度,了解建设各方在施工过程中存在的问题和需要协调处理的事项,通过会议程序及时进行协商处理并及时转达协调指令和计划,对一些复杂的问题安排专项会议进行研究协调解决。

（四）调解和谈判协调法

对工程建设中出现的一些纠纷问题,监理工程师应认真全面地进行调查了解和充分沟通,然后召集纠纷各方当事人进行协商调解。监理工程师在处理此类问题时,应始终站在公正的立场,以保护当事人合法合理的利益和谈判结果有利于业主为原则,采取灵活机动的协调方法,将大事化小、小事化了,及时解决争端,避免把问题扩大。调解不成的问题依据合同等有关规定通过谈判解决。

（五）下达监理指令和召见承办单位协调法

对项目实施过程中出现的问题,监理工程师应下达协调处理指令,要求施工承包单位及时采取处理措施。若施工承包单位未按监理指令实施有效措施,监理工程师可召见施工承包单位管理人员进行专门的说明和提出限期整改要求,也可采取合同经济处罚措施。

（六）访问协调法

对工程建设中超出监理部协调处理权限的问题,监理工程师应通过对上级主管部门、业主、政府职能部门的访问得到协调处理意见。

9.1.5　组织协调的措施

（一）组织协调一般性措施

1) 组织协调的组织措施

监理工程师应根据本项目特点,建立直线职能式监理组织架构,确保监理机构权限明确、职责明确,设立专门的信息资料部,及时掌握工程建设动态;在项目开展后建立每周一次的工地例会协调制度,请建设各方汇报上周各自的工作进展情况及存在的主要问题、需要协商处理的事项等,请总监对有关问题进行协调和处理。

2) 组织协调的技术措施

监理工程师应利用项目监理管理软件,对工程进度、组织协调等信息进行统计、分析、对比和动态监控,及时准确地找出施工过程中存在的问题,及时采取有效协调处理措施,通过计算机对协调处理事项入库存档。

3) 组织协调的经济措施

监理工程师应按照约定条款和有关规定,对违约方或纠纷当事人责任方进行经济处罚,以确保协调工作的有效性。

4) 组织协调的合同措施

监理工程师应协助业主完善合同条款,明确各方权利和责任,预防和避免合同纠纷的发生,减少协调工作量。在实施监控过程中,监理工程师要以组成合同有关文件顺序进行解释,以合同规定的处理程序和证据进行协调处理。监理工程师对当事人违背合同文件有关明示条款有权进行否决,让此类问题无协商余地。监理工程师应对当事人违背合同文件可引申的隐示条款进行否决,对此类问题征询合同文件精神进行解释,对争议申请仲裁或诉讼,对责任方按合同条款进行处罚。

(二) 组织协调针对性措施

1) 选派组织协调能力强的总监理工程师

总监理工程师的素质和工作技巧是做好组织协调工作的关键,总监理工程师素质和水平的高低、管理经验的丰富程序、领导艺术和组织协调能力的强弱,决定着项目监理组织在工程建设过程中起作用的大小和监理业绩的优劣。

2) 强化有关管理制度、工程例会等组织协调工作

监理工程师应建立完善的工作制度,明确监理班子成员的岗位职责,在充分发挥监理班子内部作用的前提下做好相关单位的组织协调工作,强化有关管理制度,坚持工程例会,通过以上手段确保组织协调工作有序推进。

3) 建设项目各目标之间的协调

质量、进度、投资这三大控制目标本身就是既矛盾又统一的对立统一体,因此监理工程师必须对质量、进度、投资这三项控制目标进行认真分析和研究,找出最令人满意的目标期望值,通过项目运作过程中的协调工作使建设项目各项控制目标达到尽可能使业主满意的结果。要达到这个目标,监理工程师必须采取措施协调好人员、材料、施工机具的投入,同时协调好工程施工的方法,采取措施尽量避免环境的影响。

(1) 人员、材料、施工机具的协调措施。

①监理工程师应详细编制工期控制计划,针对各单项工程,按控制计划编制劳动力、材料、施工机具的分期投入数量,这是对保证工期和质量目标的量化要求。

②监理工程师应经常深入现场,检查施工单位投入人员的技术素质、投入材料的质量情况、投入施工机械的使用运行情况,这是对保证工期和质量目标的素质要求。

③发现施工单位投入的人员、材料、施工机械这三个因素中的任何一个因素达不到计划或规定的量化或素质要求时,监理工程师应及时发出书面通知或整改意见,要求承包商及时调整投入,以保证投入的适用性,继而保证工期和质量目标的实现。

④监理工程师应协助业主分析质量、进度、投资三项目标的控制期望值,科学地确定质量、进度、投资的控制目标数额。

（2）对施工工艺的协调措施。

①监理工程师经常巡视施工现场,检查施工单位对已批准的施工方案的实施和执行情况,要求不按已审批的方案施工和操作的人员和单位进行整改,不盲目施工和操作。

②监理工程师应对现场施工的各专业、各工种、各分包单位之间的交叉或混合作业进行有组织的协调;对分包单位、工种、专业之间的相互干扰而造成的影响进度和质量的状态进行及时协调。对于施工界面划分、相互之间的连接配合,监理工程师应尽量提前预料,提前提醒和解决。能提前预料、解决的情况,要在施工过程中解决,不能造成相互之间的纠纷或返工而加大投资。

③监理工程师应对设计图纸进行详细审查,尽量减少设计错误和遗漏,对设计问题提前解决和协调,避免造成因设计原因形成的返工而增加投资和影响进度、质量。

（3）对施工环境采取的协调措施。

①监理工程师应充分熟悉图纸,对不适合在雨季施工的工程分部或分项,在安排进度时避开雨季施工;督促承包商做好充分准备,要求施工单位提出科学适用的防雨措施,落实到具体施工的实施过程中。

②监理工程师应充分了解周边环境,协调好周边环境,对于周边环境可能造成对本工程的施工干扰督促承包商做好充分准备,采取相应对策减少干扰。

③监理人员应充分了解工程的地质资料,对地基的承载情况、地下水可能对基础的腐蚀情况和对施工造成的影响,要有足够的认识。

4）与项目有关的政府部门和毗邻单位的外部协调

（1）协调与政府部门的关系。

有关政府主管部门包括建设管理、规划管理、环保管理、卫生防疫、市容、消防、公安保卫等部门,均会对项目的实施行使不同的审批权或管理权。与政府的各行业主管部门进行充分、有效的组织协调,将直接影响项目建设各项目标的实现,应注意以下几点。

①协助建设单位和施工单位办理各种报建报批手续。

②协助建设单位办理质监登记手续,接受质监部门的监督,积极配合做好各项监督验收工作。

③协助组织交通疏导,在发生重大质量安全事故时督促和协助承包商向政府管理部门报告,协助做好调查、取证、处理工作。

（2）协调承包商与各管线单位的关系。

①工程开工前组织召开电信、电力、供水等有关单位参加的管线协调会,调查管线的走向、位置和埋设深度,取得管线走向图;督促承包商对施工范围内的地下管网进行详细的勘察,分类别、标高、路线画好地下管网分布图。

②督促承包商成立管线保护小组,将具体工作落实到人。

③施工过程中严格按管线图纸组织施工,必要时邀请有关管线单位派人到现场监督。

④对施工过程中造成的管线损坏情况,及时通知管线单位积极组织抢修,尽量将损失降到最低。

5）建设项目各子系统之间的内部协调

（1）协调建设单位与施工单位的关系。

①协调双方落实合同条款,明确双方的责、权、限。

②协助双方做好施工前的准备工作、施工报建工作、图纸完善工作,使双方在施工前就有一个良好的合作循环体制。

③主持开工工地会议和随后的各种例会、专题会,协调双方落实实施合同的组织问题,通过会议传递双方履行合同的信息。

④协调处理因工程变更、设计修改引起的签证,施工组织设计变动、费用等诸多问题,尽快使业主、设计和施工单位的意图在承包商方面得到落实。

⑤协调处理因承包商工程延期、费用索赔等原因引起的双方争端和仲裁;本着以工程建设大局为重、实事求是、相互尊重、相互配合、相互支持的精神,公平合理地解决合同纠纷和合同争议,公正地维护业主的合法权益和承包商的正当权益。

⑥妥善处理施工单位与友邻施工单位的工程联系、工程衔接测量贯通等各种争执问题,保障施工顺利有序地进行。

⑦协调业主与承包商的关系,主要采用会议和正规交换意见形式;注意依靠业主的力量,采用灵活的方法和策略,对不同对象用不同方法、不同途径解决,切忌激化矛盾、扩大差异、影响工程正常进展。

(2)协调与设计单位的关系。

①组织施工图纸和技术文件的会审,邀请设计代表参加由监理方召开的技术交底会。

②对施工中发现的设计问题,及时向设计单位提出并敦促尽快答复解决。

③邀请设计代表参加监理主持的各种生产例会、专题技术会议、协调会议及质量事故分析会议,认真听取设计单位的意见。

④及时将设计代表对工程质量、工程进度、施工程序等方面的正确意见传达给承包商并督促尽快落实。

⑤对设计单位提出的合理化建议,包括新技术、新工艺、新材料的建议,向施工单位积极推荐。

9.2　工地会议

9.2.1　工地会议的意义与作用

公路工程施工监理中制订并实施的工地会议制度,是工程建设三方的工作协调会议。通过工地会议检查合同执行情况和存在的问题,为工程施工全过程的监理工作提供大量反馈信息,是监理工程师对工程项目进行全面管理的一种重要方法,也是合同管理项目中普遍采用的一种手段。工地会议旨在检查、督促合同各方,特别是承包人对工程项目承包合同的执行情况,协调各方关系,促进工程项目的顺利进行。

监理工地会议根据召开时间、会议内容及参加人员等,可分为第一次工地会议、工地例会和专题会议等。监理机构应做好会议记录。会议纪要应由各参加单位签认。会议决定执行的有关事项,应按规定的监理程序办理。工地例会及专题会议可采用视频会议形式。

工地会议的目的。

(1)第一次工地会议的目的:监理工程师对工程开工前的各项准备工作进行全面检查,确保工程实施有一个良好的开端。

(2)工地例会的目的:监理工程师对工程实施过程中的进度、质量、费用、安全、环保等方面的情况进行全面检查,为正确决策提供依据,确保工程顺利进行。

(3)专题会议的目的:监理工程师对日常或经常性的施工活动中的专门问题进行研究、协商和落实,使监理工作和施工活动密切配合。

工地会议在施工监理过程中起着重要作用。通过工地会议,监理工程师可以对工程施工的进度与质量的矛盾进行协调,使各种信息迅速在业主、承包人之间传递,有利于工程的顺利进行。工地会议可用来协调解决业主、监理单位、承包人三方之间的矛盾,也可用来协调解决工程施工中的一些矛盾,使矛盾和问题及时得到解决,避免对工程项目三大目标产生不利影响。工地会议是监理工程师对工程施工进度、质量、安全、费用情况的经常性检查,通过对合同的执行情况和施工技术问题的讨论,可以发现问题,为监理工程师决策提供依据。工地会议可以集思广益,对施工过程中出现的各种问题提出建设性意见和措施。因此,工地会议是监理工程师开展监理工作的一项重要的工作内容和方法。

9.2.2 工地会议的形式与内容

(一)第一次工地会议

第一次工地会议是承包人、监理工程师进入工地后召开的第一次会议,是建设单位、施工单位、监理单位建立良好合作关系的一次机会。第一次工地会议应在工程正式开工前召开。会议的组织由总监办负责。总监办应事先将会议议程及有关事项通知建设单位、施工单位及其他有关单位并做好会议准备,必要时可先召开一次预备会议,使参加会议的各方准备好资料。在会议举行中,如果某些重大问题暂时无法解决,可以暂时休会,待条件具备时再复会。

1)会议参与者

第一次工地会议应由总监理工程师主持,建设单位、施工单位法定代表人或授权代表应出席,各方在工程项目中的主要管理、技术人员等必须参加。第一次工地会议宜邀请质量监督部门参加。

2)会议的主要内容

在第一次工地会议上,各方应介绍各自的人员、组织机构、职责范围及联系方式。

(1)介绍人员及组织机构。业主或业主代表应就其实施工程项目期间的职能机构、职责范围及主要人员名单提出书面文件,就有关细节做出说明。同时,业主应宣布对监理工程师的授权。

总监理工程师应宣布对驻地监理工程师的授权并申明自己仍保留哪些权利;以书面形式将授权书、组织机构框图、职责范围,以及全体监理人员名单和联系方式提交承包人并报业主备案。承包人应书面提出工地代表(项目经理)授权书、主要人员名单、组织机构、职责范围及有关人员的资质材料,以取得监理工程师的批准;监理工程师应在本次会议中进行审查并口头予以批准(或有保留地批准),在会后正式予以书面确认。

(2)承包人介绍施工准备情况。承包人应就施工准备情况按以下内容提出陈述报告:

①主要施工人员(含项目负责人、主要技术人员及主要机械手)是否进场或将于何日进场,以及进场人员计划及名单;

②用于工程的材料、机械、设备和设施是否进场或将于何日进场、是否会影响施工,以及进场计划和清单;

③用于工程的本地材料来源是否落实,以及料源分布图和供料计划清单;

④施工驻地和临时工程建设进展情况如何,以及驻地及临时工程建设计划分布和布置图;

⑤工地试验室、流动试验室和设备是否准备就绪或将于何日安装就绪,以及试验室布置图、流动试验室分布图和仪器设备清单;

⑥施工测量的基础资料是否已经落实并经过复核、施工测量是否进行或将于何日完成,以及施工测量计划及有关资料;

⑦履约保函和动员预付款保函及各种保险是否已办理或将于何日办理完毕,以及有关办理手续的副本;

⑧其他与开工条件有关的内容和事项。

(3)监理单位说明监理工作准备情况、主要监理程序、质量和安全事故报告程序、文件往来程序和工地例会等要求。监理单位应就监理工作准备情况和有关事项做出说明,同时明确监理工作例行程序并提出有关表格和说明,一般应包括以下内容:

①质量控制的主要程序、报表及说明;

②计量支付的主要程序、报表及说明;

③延期与索赔的主要程序、报表及说明;

④工程变更的主要程序、图表及说明;

⑤工程质量事故和安全事故的报告程序、报表及说明;

⑥函件的往来交接程序、报表及说明;

⑦施工过程中工地会议举行的时间、地点及程序。

(4)业主说明开工条件。业主代表应就建设用地、临时用地、临时道路、拆迁、工程支付担保情况及其他与开工条件有关的问题进行说明;监理工程师应根据批准或将要批准的施工进度计划的安排,对上述事项提出建议和要求。

(5)会议小结。总监理工程师应进行会议小结,明确施工准备工作还存在的主要问题并明确解决措施。

(6)具备开工条件的,总监理工程师可下达工程开工令。

第一次工地会议纪要

本次会议是工程第一次监理例会,由建设单位主持。

建设单位:

(1)授权××股份有限公司对本工程进行监理。明确以后(时间)在现场会议室召开监理例会。必须参加人员:建设单位代表,项目监理部总监(项目负责人)和专监,施工单位项目经理、技术负责人等。

(2)建设单位代表强调:该工程工期紧、任务重,希望施工单位合理安排进度,合理调配施工人员,确保工程质量及工期。

施工单位:

会上施工单位项目经理介绍了该项目的组织机构及人员构成情况,包括项目经理、总工程师、技术负责人、施工员、测量员、质检员、安全员、材料员、预算员、资料员的数量。

监理单位:

总监理工程师根据本工程实际情况做了监理交底。

一、介绍项目监理部成员

××股份有限公司授权××同志为本工程总监理工程师。本工程项目监理部机构由总监、总监代表、专业监理工程师、监理员等人组成。人员姓名及联系电话见监理联络卡。

二、介绍监理计划的主要内容

(1)工程概况。

(2)监理工作范围:本工程施工全过程。

(3)监理工作内容:五控、两管、一协调。

(4)监理工作目标:质量目标、进度目标、投资目标、安全文明施工目标均与合同中相关目标要求一致。

(5)监理工作依据:图纸等文件、国家及地方颁布的法律法规、建设文件、规范、标准、规定、施工合同、监理合同等。

(6)监理工作方法及措施:主动控制(事前、事中控制)为主、被动控制(事后控制)为辅。

(7)监理旁站制度。

(8)安全监理实施细则。

三、监理计划的主要内容

(一)工程质量控制

1)工程质量事前控制

(1)开工前,项目监理部熟悉设计文件,参加设计技术交底并进行签证,审查承包单位报送的施工组织设计及方案。

(2)审查承包单位现场管理机构的质量管理体系、技术管理体系和质量保证体系。审核内容如下:①质量管理、技术管理和质保的组织机构;②质量管理、技术管理制度;③专职管理人员和特种作业人员的资格证书、上岗证;④分包单位资质、企业营业执照、参建人员的资质、特殊工种人员上岗证、分包单位的业绩、拟分包的范围及内容等。

(3)审查承包单位报送的测量放线控制成果报审表及检查保护措施:①检查专职测量人员的岗位证书及测量设备鉴定证书;②复核控制桩的校核成果、控制桩的保护措施,以及平面控制网、高程控制网和临时水准点的测量成果。

(4)根据工程质量事前控制的要求,项目监理部对承包单位提出以下要求:①报审施工组织设计(方案);②提供现场项目管理机构的质量管理体系、技术保证体系、质量保证体系、安全管理体系的人员名单,以及脚手架、塔吊、施工电梯等安全施工方案;③及时报验施工前定位放线测量成果,将测量人员资质、上岗证书及测量设备鉴定证书等提供给项目监理部审查;④将塔吊、施工机具设备的出厂合格证及近期检修鉴定书等及时提供给项目监理部审查;⑤将特殊工种的上岗证及时提供给项目监理部审查。

2)工程质量事中控制

(1)监理工程师应要求承包单位报送重点部位、关键工序的施工工艺和确保工程质量的措施,审核同意后予以签认。

(2)新材料、新工艺、新技术、新设备的应用必须经过相关部门的审定。

(3)监理工程师应对承包单位报送施工测量放线成果进行复核和确认。

(4)监理工程师应审核进场材料、构配件、设备报审表及其质量证明材料,采取平行检验或见证取样的方式进行抽检。

(5)监理工程师监控方式为巡视、检查;对隐蔽工程过程,特别是关键工序、关键部位和施工,监理工程师应采取旁站等形式对工程质量进行监控。

(6)在承包单位自检合格的基础上,监理工程师应根据承包单位报送的相关监理报验申请表进行检查:符合要求的予以签认;对未经监理工程师验收或验收不合格的工序,监理工程师不予签认并严禁下一道工序的施工。

(7)对施工中出现的质量缺陷,监理人员应及时下达监理工程师通知,要求承包单位及时整改,检查落实整改内容。

(8)发现重大质量隐患,可能造成质量事故或已经造成质量事故的,总监理工程师应及时下达工程暂停令,要求承包单位停工整改。整改时,监理人员旁站监控整改内容;整改完毕后,监理人员全数复查;合格后,总监理工程师签署工程复工报审表。

(9)对需要返工处理或加固补强的质量事故,承包单位报送质量事故调查报告和经设计院等相关单位认可的处理方案,监理人员对处理过程和处理结果进行跟踪检查和验收。

3)工程质量事后控制

在此不详细介绍,因为监理的控制手段以事前、事中控制为主。

4)旁站监理方案

根据《建设工程监理规范》的规定,在须实施旁站监理的关键部位、关键工序,进行施工前24小时,承包单位应书面通知项目监理部。总监理工程师应根据工程需要安排旁站监理人员,按照旁站监理方案实施旁站监理。

在此强调的是:承包单位书面通知项目监理部要求旁站的前提条件是已通过承包单位自检。

5)针对工程质量事中控制的要求,承包单位必须配合的事项

(1)进场建筑主材,承包单位必须自检,填报材料、构配件、设备报审表,提供产品出厂合格证件。

(2)承包单位必须及时报送关键部位、关键工序的施工工艺和确保工程质量的措施。

(3)承包单位应及时报送工程测量放线报验申请表并附工程定位成果图。

(4)下道工序开工前,承包单位应在上道工序自检合格后填报相关监理报验申请表。

（5）承包单位应提供质量通病或质量事故发生后的处理程序。

（6）关键部位、关键工序施工时，承包单位必须安排专职质检员、技术管理人员或施工负责人和监理人员共同旁站监控施工质量。

（二）工程进度控制

1）进度事前控制

（1）编制项目实施总进度计划。

（2）审核承包单位提交的施工进度计划。

（3）审核承包单位提交的施工组织设计，主要审核组织措施的可行性、合理性，是否保证工期、是否充分利用时间的技术。

（4）审核承包单位提交的施工总平面布置图，主要审核施工总平面布置图与施工方案、施工总进度计划的协调性和合理性。

2）进度事中控制

（1）建立反映进度的监理日志，记载每日进度完成情况，记载影响进度的因素（人、机、料、法、环）。

（2）审核每月或每季度提交的工程进度报告（计划）。

（3）工程进度的动态管理，在实际进度与计划有差异时分析原因，调整施工进度计划，必要时调整工时目标。

（三）工程投资控制（根据监理合同内容确定）

1）投资事前控制

投资事前控制是进行工程风险预测，采取相应的防范措施，如熟悉图纸、明确工程费用最易突破的部位和环节，从而明确投资控制的重点。

2）投资事中控制

（1）严格按承包单位合同规定，如设计、设备、土建、安装及其他外部协调、配合，不要造成对方索赔。

（2）对工程变更、设计修改要慎重，事前要进行技术经济合理性分析。

（3）严格经费签证。

（4）及时对已完成的工程量进行验收。

（5）及时签署工程款支付证书。

（四）安全、文明施工控制

（1）参建人员必须认真学习贯彻《建设工程安全生产管理条例》。

（2）随工程进度加强安全管理资料的整理。

（3）编制危大工程专项施工方案并向监理部报验。

（4）编制塔吊、施工电梯等机具设备安装使用方案并报验。

（5）模板工程要注意支撑刚度、稳定性及拆模时间，未达到规定时间的严禁拆模。

（6）编制施工用电安全方案并报验，强调执行三相五线制，按照三极配电、两极保护，保证"一机一闸一箱一漏一锁"原则，组织现场用电安全。

四、其他

上述介绍仅为监理计划中一小部分内容，目的是要求承包单位在施工过程中了解监理监控程序,同时请承包单位积极配合。

会上,承包单位表示将积极配合建设单位、监理单位的工作,严把质量关,保质保量保工期,顺利完成预期目标。

项目监理机构(章):

总监理工程师:

日期:

(二) 工地例会

工地例会属于开工后举行的一种例行会议,用于解决施工存在的问题。工地例会一般由总监理工程师或驻地监理工程师主持,宜每月召开一次,具体时间间隔可根据施工中存在的问题由监理工程师决定。工地例会应在开工后的整个活动期内定期举行。

1)会议参加者

会议参加者包括驻地监理工程师、专业监理工程师及总监理工程师办公室的有关人员,承包人的授权代表、特殊分包单位及有关人员,业主代表及有关人员。

2)会议的主要内容。会议按既定的议程进行;承包人逐项进行陈述并提出问题和建议;监理工程师逐项组织讨论并做出决定或决议。会议一般应按以下议程进行讨论和研究。

(1)检查上次会议议定事项的落实情况。

(2)审查工程进度,主要是关键线路上的施工进展情况及影响施工进度的因素和对策。

(3)审查现场情况,主要是审查现场机械、材料、劳力的数额,以及对进度和质量的适应情况,提出解决措施。

(4)审查工程质量,主要针对工程缺陷和质量事故,就执行标准控制、施工工艺、检查验收等方面提出问题及其解决措施。

(5)审查工程费用事项,主要是材料设备预付款、价格调整、额外的暂定金额等发生或将发生的问题及初步的处理意见或意向。

(6)审查安全事项,主要是对发生的安全事故或隐藏的不安全因素,以及对交通和民众的干扰提出问题及其解决措施。

(7)审查环保事项,主要是对施工中出现违反环保规定、未按合同要求落实环保措施的情况进行讨论并提出解决措施。

(8)讨论施工环境,主要是承包人无力防范的外部施工阻挠或不可预见的施工障碍等方面的问题及其解决措施。

(9)讨论延期与索赔等合同其他事项,主要是对承包人提出延期或索赔的意向进行初步澄清和讨论,按程序申报并约定专门会议的时间和地点。

(10)审议工程分包,主要是对承包人提出的工程分包的意向进行初步审议和澄清,确定进行正式审查的程序和安排,解决监理工程师已批准(或批准进场)分包项目中管理方面的问题。

(11)其他事项。会议中若出现延期、索赔及工程事故等重大问题,可另行召开专门会议协调处理。

（三）专题会议

工地例会要研究和讨论的问题较多,施工过程中出现的某些重点、难点问题在工地例会上有时不能被深入讨论,因此,监理单位应召开专题会议进行专题讨论。

（1）专题会议由监理工程师主持,根据工程需要及时召开,邀请建设单位、施工单位代表及有关人员参加,必要时邀请有关专家参加。

（2）会议对施工期间出现的工程质量、安全、环保、进度、费用,以及合同事项等方面的重点、难点问题和需要协调的问题进行研讨,提出解决方案并形成意见。

工地会议应由监理单位做好记录,应根据记录形成会议纪要。会议纪要中包括各方协商一致的意见及各方有保留的意见。会议纪要由参加单位确认,即可成为合同文件的一部分,作为监理文件下达。

自我测评

一、单选题

1. 组织协调的原则不包括（　　　）。

A. 守法原则　　　　　　　　　　　　B. 公正原则

C. 协调与控制目标一致原则　　　　　D. 时间优先原则

2. 组织协调的主要目的是（　　　）。

A. 提高施工效率　　　　　　　　　　B. 确保工程质量

C. 加强各方的沟通　　　　　　　　　D. 促进工程的顺利进行

3. 在公路工程监理的组织协调中,（　　　）不属于协调的内容。

A. 施工单位与设计单位的沟通　　　　B. 业主与承包商之间的争议解决

C. 政府部门对工程的干预处理　　　　D. 工程资金使用的监管

4. 关于组织协调的特点,以下错误的说法是（　　　）。

A. 要处理多方面的关系　　　　　　　B. 主要目标是确保工程按计划进行

C. 无须考虑施工单位的工作效率　　　D. 要及时解决现场出现的问题

5. 监理工程师在组织协调时,（　　　）不属于其职责。

A. 组织设计交底会议　　　　　　　　B. 协助处理施工现场问题

C. 负责所有合同的谈判与签订　　　　D. 促进各参建方之间的信息交流

6. 工地会议的主要目的是（　　　）。

A. 了解工地情况　　　　　　　　　　B. 协调参建方关系

C. 通报工程进度　　　　　　　　　　D. 制订施工计划

7. 工地会议通常由（　　　）单位组织。

A. 业主　　　　　B. 监理单位　　　　C. 设计单位　　　　D. 施工单位

8. 工地会议应定期举行,通常（　　　）召开一次。

A. 每天　　　　　B. 每周　　　　　　C. 每季度　　　　　D. 每年

9. 在工地会议上,（　　　）内容通常不是讨论的重点。

A. 施工质量问题　　　　　　　　　　B. 工程进度调整

C.安全事故处理　　　　　　　　　　　D.建筑材料采购

10.工地会议的必要环节是（　　　）。

A.现场勘察　　　　B.工程验收　　　　C.施工方案评审　　　D.合同变更协商

二、多选题

1.公路工程监理在组织协调时,要考虑的因素包括（　　　）。

A.施工单位的资质和经验　　　　　　　B.施工现场的安全管理

C.施工过程中的环境保护　　　　　　　D.工程质量的监督和控制

2.（　　　）要进行组织协调。

A.设计变更时　　　　　　　　　　　　B.施工现场出现严重安全隐患时

C.业主对工程要求进行调整时　　　　　D.施工材料供应不足时

3.组织协调在公路工程监理中的作用包括（　　　）。

A.提高施工效率　　　　　　　　　　　B.加强各参建方的沟通

C.促进工程质量提升　　　　　　　　　D.确保工程提前完成

E.解决施工现场的争议和问题

4.公路工程监理组织协调的具体措施包括（　　　）。

A.定期召开工地会议　　　　　　　　　B.建立信息共享平台

C.加强各方的沟通和协商　　　　　　　D.对施工单位进行全面监督和检查

5.在组织协调中,监理工程师应当具备的能力有（　　　）。

A.决策能力　　　　B.组织能力　　　　C.沟通能力　　　　D.紧急应变能力

6.工地会议的目的有（　　　）。

A.通报工程进度　　　　　　　　　　　B.解决施工问题

C.调整施工计划　　　　　　　　　　　D.促进各参建方交流

7.工地例会的参会人员有（　　　）。

A.业主代表　　　　　　　　　　　　　B.监理工程师

C.施工单位项目经理　　　　　　　　　D.政府部门官员

8.在工地会议上,通常讨论的议题有（　　　）。

A.现场安全问题　　　　　　　　　　　B.施工质量检测结果

C.材料采购情况　　　　　　　　　　　D.工程变更需求

E.工程进度预测

9.工地会议的记录应包括（　　　）。

A.会议的时间和地点　　　　　　　　　B.参会人员名单

C.会议议程和议题　　　　　　　　　　D.讨论的重点和结论

E.解决问题的措施和责任人

10.组织好工地会议的关键要素有（　　　）。

A.保持会议氛围的融洽和开放交流

B.确保会议准时开始和结束

C.提供充足的会议资料和信息

D. 对会议内容和结论进行及时记录和跟踪

【参考答案】

一、单选题

1. D；2. D；3. D；4. C；5. C；6. B；7. D；8. B；9. B；10. A

二、多选题

1. ABCD；2. ACD；3. ABCE；4. ABC；5. BCD；6. ABCD；7. ACD；8. ABDE

9. ABCDE；10. BCD

参 考 文 献

[1] 中华人民共和国交通运输部.JTG F80/1—2017 公路工程质量检验评定标准 第一册 土建工程[S].北京:人民交通出版社,2018.

[2] 中华人民共和国交通运输部.JTG G10—2016 公路工程施工监理规范[S].北京:人民交通出版社,2016.

[3] 中华人民共和国交通运输部.JTG/T F20—2015 公路路面基层施工技术细则[S].北京:人民交通出版社,2015.

[4] 中华人民共和国交通运输部.JTG F40—2004 公路沥青路面施工技术规范[S].北京:人民交通出版社,2004.

[5] 中华人民共和国交通运输部.JTG/T 3650—2020 公路桥涵施工技术规范[S].北京:人民交通出版社,2020.

[6] 中华人民共和国交通运输部.JTG F60—2009 公路隧道施工技术规范[S].北京:人民交通出版社,2009.

[7] 中华人民共和国交通运输部.公路工程标准施工招标文件(2018 年版·第三册)[M].北京:人民交通出版社,2018.

[8] 雷俊卿.合同管理[M].北京:人民交通出版社,1999.

[9] 李宇峙,袁剑波.FIDIC 条款与公路工程施工监理[M].北京:人民交通出版社,2001.

[10] 谢新宇.高速公路沿线设施施工[M].北京:人民交通出版社,2003.

[11] 邬晓光.公路工程进度监理[M].北京:人民交通出版社,2000.

[12] 李宇峙.工程质量监理[M].北京:人民交通出版社,1999.

[13] 张建仁.工程费用监理[M].北京:人民交通出版社,1999.

[14] 扬晓林,刘光枕.建设工程监理[M].北京:机械工业出版社,2004.

[15] 刘吉士.公路工程施工监理实务[M].北京:人民交通出版社,1999.

[16] 苏权科,石国彬.桥梁施工监理方法与要点[M].北京:人民交通出版社,2005.

[17] 李文儒,杨永顺.实用公路工程监理指南[M].北京:人民交通出版社,2001.

[18] 孙大权.公路工程施工方法与实例[M].北京:人民交通出版社,2003.

[19] 范立础.预应力混凝土连续梁桥[M].北京:人民交通出版社,1988.

[20] 熊广忠.公路工程施工质量监理手册[M].北京:知识产权出版社,2003.

［21］ 刘三会.公路工程监理(多学时)［M］.北京:机械工业出版社,2005.

［22］ 殷治宁,程中则.公路施工监理［M］.北京:人民交通出版社,2003.

［23］ 王用亭.新编公路建设项目竣工资料编制指南［M］.北京:人民交通出版社,2003.

［24］ 唐杰军,蒋玲.公路施工监理［M］.北京:人民交通出版社,2006.

［25］ 彭余华,原驰.合同管理［M］.北京:人民交通出版社,2013.